# 革命芸術プロレタリア文化運動

中川成美・村田裕和［編］

森話社

〔装幀図版〕

（カバー表1）「日本プロレタリア美術家同盟東京支部ニュース」第四二号・大会準備号（PP、一九三二年五月一七日、DPRO-2075、部分）

（カバー表4）「メザマシ隊公演『赤いやつとこ』」（プログラム）」（メザマシ隊、一九三二年六月、DPRO-1141、部分）

（表紙）「プロレタリア演劇映画大会（パンフレット）」（ナップ京都地区協議会／京都「戦旗社」支局後援、一九三一年三月八日開催、DPRO-1935、部分）

（扉）『労農文学』創刊号表紙（部分、本書一二二頁参照）

# 革命芸術プロレタリア文化運動　目次

## 序論



## Ⅰ　資料をたずねて



## Ⅱ　文化運動の諸相

## Ⅲ 附録

# 凡例

・本書は昭和戦前期プロレタリア文化運動資料研究会（以下、「資料研究会」）による共同研究の成果をまとめたものである。

・本書には資料研究会編『昭和戦前期プロレタリア文化運動資料集［ＤＶＤ版］』（丸善雄松堂、二〇一七年）に収録された資料が数多く採りあげられている。本資料集について同一論文内で繰り返し言及する場合は『資料集』と略記した。

・『資料集』に収録の各資料に言及する場合は、四桁の資料番号（DPRO-1234）を資料名の後ろに付記した。

・『資料集』には、浦西和彦関西大学名誉教授所蔵（現在、日本近代文学館所蔵）、市立小樽文学館所蔵（池田壽夫旧蔵）、大原社会問題研究所所蔵、札幌大学図書館所蔵（松本克平旧蔵）、日本近代文学館所蔵（貴司山治旧蔵）の計二八五七点の資料が収められている。資料の大半は、謄写版印刷（ガリ版）のニュースやビラ、左翼演劇の公演プログラム、稀少雑誌などである。本書では適宜図版として掲示した。DPRO番号が付記されているものはすべて『資料集』が出典である。

・引用文の旧字は、固有名詞などをのぞき原則として現行字体に改めた。また、引用文中の〔 〕内は引用者による注記である。

序論

# プロレタリア文化運動研究のために

中川成美

## 1　モダニズムとしてのプロレタリア文化運動

第一次世界大戦終結から第二次世界大戦までの間——いわゆる戦間期——は、思想的、政治的、そして文化的に世界を変換させた。そしてなお絶え間ない流動と組み換えを繰り返して、世界編成を攪乱していったのである。近代に惹起したあらゆる矛盾を止揚しようとする試みは混乱しながらも、確実に人々の日常の営みの中に浸透していった。

近代資本主義の発達に伴う無産者、労働者の階級闘争は、アナーキズムやマルキシズムなどの思想的バックボーンを拠り所として、確実に世界構造の変革を促し、多種多様な価値の混沌を生み出した。モダニズムとはそれらに与えられた名であると同時に、常に意味を転覆していく可変的・流動的状況を指す表象そのものであるといえるだろう。

日本において、一九二〇年代から展開するプロレタリア文化運動は、まさしくその表象を実際的な生活へと落とし込む試みであった。一方に爛熟するブルジョア文化を睨みながら、資本主義の矛盾によって置き去りにされた「大衆」と名付けられる無産者や労働者は、その存在の意義をも見失うような過酷な貧困や疎外から、どのようにすれば救済されうるのか。高度に達成された近代主義のめくるめく物質社会は、その達成をもって経済弱者の生の根拠を曖昧にしていくのだ。国民国家の横暴と貪欲によって、世界には植民地主義という魔手が張りめぐらされ、資本の不均衡な配置が当たり前のこととなって、最下層に位置する人間を搾取してやまない。だが、この不正な搾取を蒙る当事者たちには、この搾取の実態は隠蔽され、その貧しさや苦難は自己責任へと還元される。正義は実行されないのだ。

一九二〇年代モダニズムがもっぱら消費文化に付随する先端的な意識変革としての意味ばかりに用いられるのは、はなはだ困ったことである。社会主義革命やマルキシズム運動の跋扈を、モダニズムに対峙・対立する現象として捉えてしまうと見えなくなってしまうものがある。それは、近代主義そのものが、反近代主義を内包しているという点だ。反近代主義とは復古趣味でも保守主義でもなく、「近代」（modern）と名付けられたその動向（modernity）そのものへの疑惑や懐疑を、新たな地平で考え直そうとする意志の総称である。

モダニズムを近代主義の訳語としてのみ使用するのは間違いである。そこにはその近代主義が背負った「負」の側面を参入させてみる必要がある。そうすることによって、初めてモダニズムの実態は浮かび上がる。であるから、文学用語として定着している「モダニズム文学」を、「プロレタリア文学」と対立する形で表示するのも単純すぎる。モダニズムという人類が初めて逢着したこのムーブメントはより複雑であり、混沌として絡まりあい、縺れ合って状況を構成している。そればかりか、ファシズムやミリタリズムさえも、この絡まり合いに参加しているのである。

「大衆」という概念の発見もこの時期の特徴であるが、マス（塊）としてしか見えなかった群衆の顔が消費の対象として認知されたのは、大衆文化という新たな生活様式の誕生と密接に関係している。以後、「大衆」は搾取されながら疎外されるという二重拘束を、気づかないままに甘受させられたといえよう。

アンソニー・ギデンズは近代性（モダニティ）と関連する四つの制度群を、⑴私有財産（階級）、⑵軍事的暴力（戦争の工業化）、⑶自然界の変容（創出的環境）、⑷監視（ポリアーキー）と規定し、それらが相互に緊密に連携して、私的と思われるものが、実は公的にコントロールされていると述べている。[1] 文化とはそうやって隠蔽された諸相が、最も露わにこぼれ出る社会の装置である。文化に注目することによって、社会構造の諸矛盾を突きあげようとする試みが、プロレタリア文化運動だった。

とするならば、それは民衆啓蒙や教化という側面のみによって実行されたのではなく、大衆が依拠する日常という空間に、意識の転覆を持ち込もうとする壮大な実験であったとも考えられる。『昭和戦前期プロレタリア文化運動資料集』に収録されたガリ版刷り雑誌や新聞、あるいはビラやチケットなどの紙片、断簡類は、最も民衆の間近に置かれた「証拠（ブツ）」であり、これらは日用という用途に従って、多くは捨て去られる運命を持っていた。それらの一端を、今ここに集積させてみると、「文化史」「文学史」的に見てきたこれまでのプロレタリア文化運動概念が覆っていくであろう。

## 2　小林多喜二と壁小説

昭和初頭に起きた芸術大衆化論争と芸術的価値論争をたどるとき、一般に政治的要請が芸術的価値を凌駕して、芸術はそれに屈服して、政治的プロパガンダの具となってしまったという見解に導かれがちであるが、本当にそうであろうか。

小林多喜二は「壁小説と「短い」短篇小説――プロレタリア文学の新しい努力」（板垣鷹穂編『新興芸術研究』第二輯、刀江書院、一九三一年所収）で、「昨年の半過ぎ頃から、「戦旗」で、壁小説の試みを提唱し出した」[2]（傍点原文）と記している。短篇ともいえないような、一、二頁くらいの短い文章で「大衆」の中に入りこんでいく、そのような力をもった小説の様式を模索したわけである。

すらっと読んでしまうと、リタラシーの低い「一般大衆」にむけて、安易でわかりやすい文芸を、上（インテリ）の立場から提唱したとみられがちな文章であるが、よく読むと多喜二の意図は別のところにあったことがわかる。多喜二はここで「偏向」の危惧を訴えている。すなわち、教条的な公式見解を持ち出して「説教」したり、「何々しろ！」と命令したりするのではだめなのである。読者の胸にすっと入り込むような、「水際立って割り切れ」た短篇小説の大胆さを多喜二は要求する。そうすることで、ルナチャルスキーがいうところの、「「単純な」「初歩的な」内容によって、労働している文化的水準の低い層に入り込んで行かなければならないというあの命題」が、具体的に生かされるのである。

ここで多喜二は、文化的水準から遠く隔てられた労働者や無産者にとってわかりやすい大衆的な表現技術を確立せよ、と言っているのではない。多喜二は小説の方法についても模索を重ねた作家である。志賀直哉との文学的交流は技法としての小説の可能性を探る作業であった。ビラや手紙といった日常的な表現を用いて、「救援ニュースNo.18.附録」（『北方文芸』第六号、一九二八年六月）や「健坊の作文」（『少年戦旗』一九三〇年五月）、あるいは「テガミ」（『中央公論』一九三一年八月）などの作品を書いた。こうした多喜二の視線の「低さ」は、プロレタリア文芸誌に寄せられた読者たちの文章が大きく影響していたであろう。

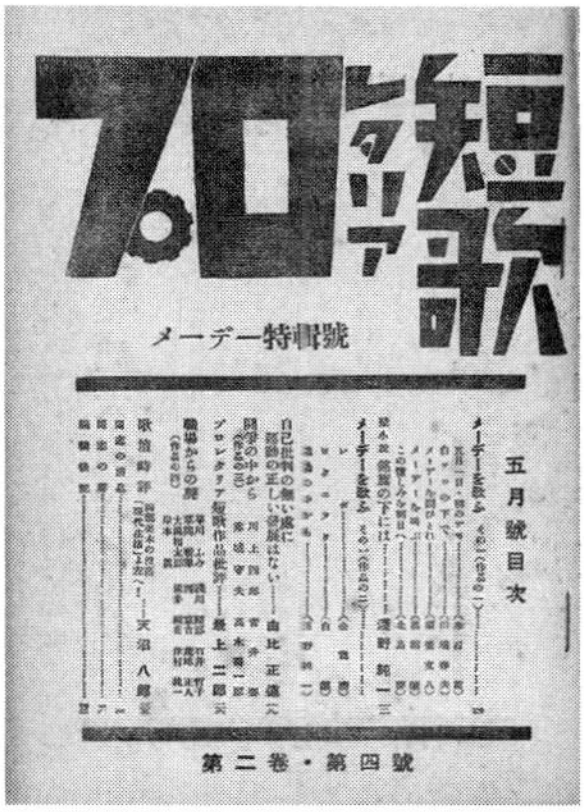

図①　『プロレタリア短歌』（第2巻第4号、1931年5月）、「メーデー特集号」表紙（DPRO-0063）

例えば、「メーデー特輯号」と銘打たれた『プロレタリア短歌』（第二巻第四号、一九三一年五月「図①」）は、短歌だけではなく、メーデーに参加した人々の詩や文章が数多く掲載されている。金龍済の詩「レポ！」や、白鉄の詩「ピクニック——日鮮労働者団結へ」は、日本と朝鮮のプロレタリア運動の協働による植民地解放への希求が裏面に隠された文章として心を打つ。

浅野純一の壁小説「銘旗の下には」は、東京市従業員組合芝支部の一員としてメーデーに参加した主人公が、総同盟（一九二一年に友愛会から発展・改称した労働組合の全国組織）の仕切りの悪さにいらだって、自分たちだけ「メーデー歌」を歌わずに「民衆の旗」と「三・一五」とを高らかに歌い、すれ違う労働者たちに「歌がちがってるぞ」と呼びかける話である。一篇の小説として成立しているばかりでなく、メーデーの喧騒と熱気、労働運動の退潮とそれへの抵抗が、スケッチのような表現の中に込められて、優れた仕上がりとなっている。多喜二が目指した方向は、資料の中にうずもれた表現の中に達成されていたのである。

## 3　小型カメラ——日常生活のアクチュアリティのための武器

大衆が好んだ文化表現の中でも、最大の効果を発揮するものは映画であろう。本資料集には映画関係資料が七三件収録されているが、実は他の分類項目にも混在していて、特に文学資料の中の記事には映画と文学が合わせ掲載されている事例も多々ある。一九二〇年代に日本の映画産業はほぼ確立して、商業映画が量産されていたが、この媒体に「大衆」との緊密な紐帯を認めていたプロレタリア文化運動は、労働者の実態と官憲による弾圧という二つの主要なテーマを見いだした。

一九二九年二月に、ナップ内に日本プロレタリア映画同盟が設立され、「プロキノ」と称された。そして、一九三四年の解散まで五年ほどの間に、ドキュメンタリー映画や劇映画、アニメーションなど、五〇本以上の映像が製作された。(3) 映画製作には膨大な費用が掛かるため、プロキノではパテベビーなどの小型カメラが用いられて、市街地でのメーデーや、山宣（一九二九年に暗殺された生物学者・代議士山本宣治）の葬儀など、いくつもの優れ

図②　プロキノ京都支部のチラシ「プロキノ第２期製作３百円基金募集！」（1931 年３月頃／ DPRO-1941）

た映像が残された。

プロキノは、中心的創立者である佐々元十《ささげんじゆう》がもともと家庭用撮影機であるパテベビー・カメラ（九・五ミリ）を所有しており、その佐々が「一九二七年メーデー」を一人で制作したことに端を発している。彼の映画評論「玩具・武器——撮影機」（『戦旗』一九二八年六月）では、このブルジョアの玩具のようなカメラが、使い手の意識とその使い方によって、無産大衆の立派な武器になると主張されていた。インダストリアル・システムズとして巨大に成長していく映画産業とは相反する方向に未来を見た佐々の見識の確かさは、この戦間期において、モダニズムの多義的な局面とその共有を背景として考えなければ理解できないものであろう。

本資料集に収められたプロキノ京都支部のチラシ「プロキノ第2期製作3百円基金募集！」（一九三一年三月頃［図②］）の文章には、映画という媒体が低く見積もられているが、実は強力な武器であることが言及されている。

映画なんかどつちにしても大したことではない――と考えるなら大変な間違ひだ／見ろ！ブルジョアジーはその豊富な資力をもつて×××〔トーキー〕、××〔発声〕等の教化映画を作り組シキ的に上映して××化する大衆をギマンしマスイさせる阿片剤として反動的役割を最も効果的に果さしめてゐるではないか！〔略〕この強力な武器の芸術――映画をプロレタリアの手へ！／さうだ！／プロレタリアはプロレタリアの映画を、もたねばならない！／そしてそれを斗争に役立たしめねばならぬ。

この呼びかけは民衆娯楽に仕掛けられた見えざる魔手への気づきを促すものである。映画は最も簡便に人々を思想的・身体的に籠絡する。私的な映画鑑賞という行為が、実は国家や社会という公的な領域が欲望する意思・規律へと知らないうちに誘惑する装置となっていることに注意を呼び掛けたのだ。だが、スターシステムによって構築された既成映画の魅力に抗するだけの力をプロレタリア映画は持たない。

そこで、プロレタリア映画がいち早く見出したのが、徹底したドキュメンタリー性やアニメーションという現代的で魅惑的な「方法」であった。著名なアニメーション映画『煙突屋ペロー』は一九二九年から三〇年にかけて作られたが、製作は京都のパテベビー映画同好会の童映社（一九二九年設立）が行った。

この映画は一九三〇年五月三一日に、「第一回プロレタリア映画の夕《ゆうべ》」で上映されて好評を得た。(4) 続いて六月一五日には京都で上映されたが、会場の大毎会館は警官や特高が取り囲み騒然たるものとなった。プロキノが製作した『山宣告別式』や『一九三〇年メーデー』との併映であったためである。上映会は、その後も各地で開催された。本資料集にはそれらのうち大阪と東京での上映会チケット、チラシが所収されている。(5)

もちろん『プロレタリア映画』や『新興映画』のバックナンバーを引いてもこうした日時の確定はできるが、実際のチラシやチケットの小さな紙面に盛り込まれた情報のリアルさは、研究における醍醐味の一つといってよい。アニメーションが持つ普及性に注目したプロレタリア文化運動の視線の変換が、いかに早い時期に試みられていたかについても今後の重要な論点となっていくであろう。(6)

人間の日々の営みによって構成される日常という地点に徹底的にこだわった思想家・戸坂潤は、日常性の重要性についてこのように言っている。

吾々は現実などといふ言葉を今の場合信じてはゐられない。場合によると之は自分と他人とをゴマ化す観念論者の最も都合のいい口実だからだ。日常生活の原則を一口で云ひ表はすには寧ろ実際性（Actuality）といふ概念の方がいいだらうと思ふ。〔略〕実際性（Actuality）といふ観念を、之等の哲学のやうに勝手に形而上学的に蒸留して使ふ限り、折角の実際性といふ範疇も、凡そ日常生活とは無縁な反対なものにさへなつて了ふ。(7)

ここで戸坂は、ほとんど意識することのない「自然」として捉えてしまいがちな日常を、今一度自らの身体、意識に「実際性」として取り込むことの必要を強調している。そのためには自らが住む世界を、強固な実体をもった具体物として実感し、認知するしかないであろう。プロレタリア文化運動とはそうした自己実験の場であったと言い換えられるかもしれない。とすればそのプロレタリア文化運動を研究するという行為は、自分の立つ場所を肉感を持って感知し、なおプロレタリア文化運動に立ち会った様々な人やモノを、これらの資料に直接触れることによって、どうやって実感していくかという、アクチュアリティの実践とも考えられるのである。

（1）アンソニー・ギデンズ著、松尾精文・小幡正敏訳『国民国家と暴力』（而立書房、一九九九年）、原著一九八五年。

（2）引用は『小林多喜二全集』第五巻（新日本出版社、一九八二年）による。

（3）プロキノ作品の一端は次の資料で視聴できる。牧野守監修、雨宮幸明編『DVDプロキノ作品集』（六花出版、二〇一三年）。

（4）禧美智章「影絵アニメーション『煙突屋ペロー』とプロキノ」（『立命館言語文化研究』第二三巻第三号、二〇一二年二月）にこの経緯が詳しく述べられている。

（5）「第二回プロレタリア映画の夕」（一九三〇年六月一三日、東京・報知講堂［図③］）、「プロキノ映画第三回公開」一九三一年四月二五日、大阪・天六北市民館、DPRO-1944）、「プロレタリア映画同盟の夕」（一九三一年七月一二日、大阪・土佐堀青年会館、DPRO-1949）。なお、『山宣告別式』はフィルム・ヴァリエーションが多く、異なるタイトルが複数存在する。詳しくは『DVDプロキノ作品集』参照。

（6）付言すればこうしたパテベビー・カメラによるドキュメンタリーの試みは京都において、プロレタリア運動の衰退、崩壊期を超えて存続した。特に能勢克男の作品にみる方法の達成は、ドキュメンタリー映画史を再考察する拠り所として貴重である。牧野守監修、雨宮幸明編『DVDファシズムと文化新聞『土曜日』の時代――一九三〇年代能勢克男映像作品集』（六花出版、二〇一二年）に詳しい。京都における反ファシズム運動への連動について考えていくためにも、一次資料としてのビラやチラシ、チケット半券などはきわめて重要な意味を持つ。

（7）戸坂潤「日常性について」（『思想としての文学』所収、三笠書房、一九三六年。初出『読売新聞』一九三四年九月六〜九日）。

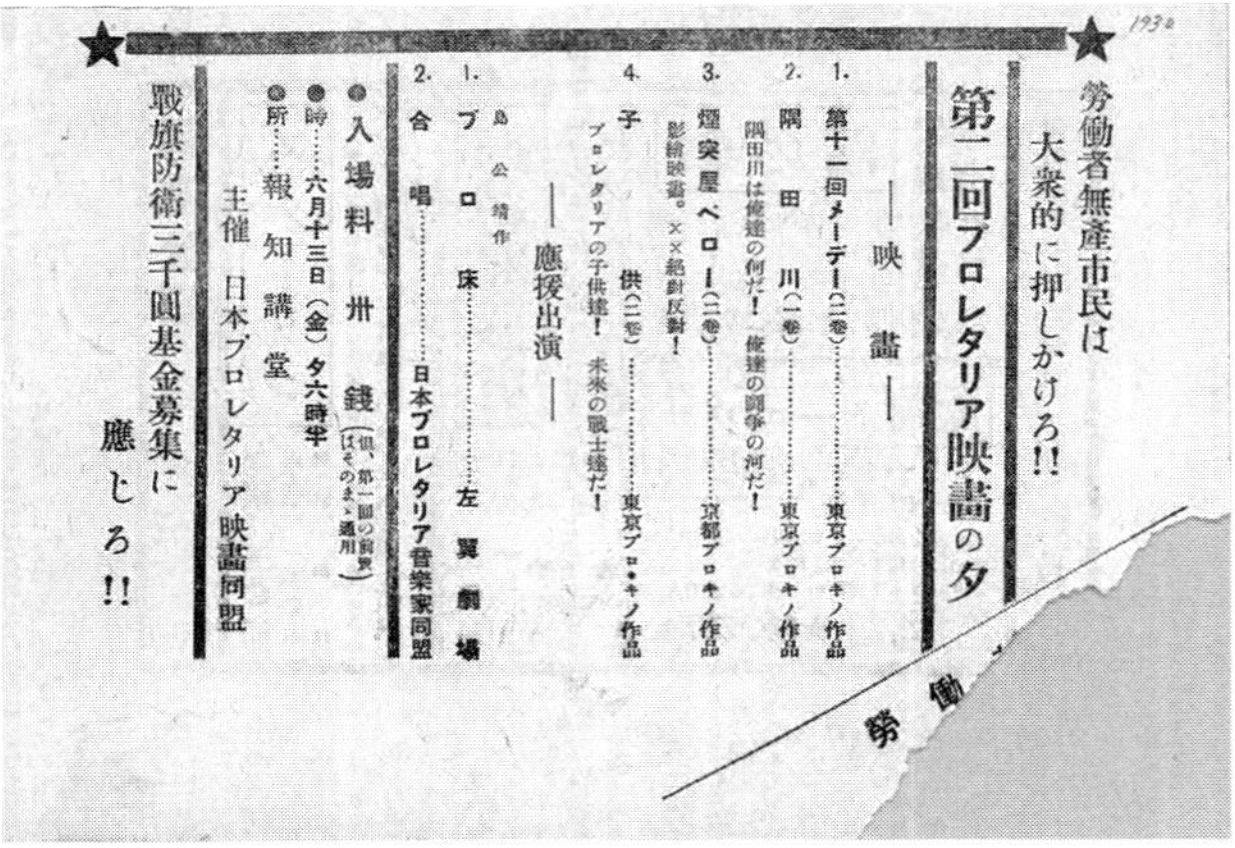

図③　プロキノのチラシ「第二回プロレタリア映画の夕」（1930年6月13日、東京・報知講堂）。右下の労働者券が切り取られている（DPRO-1925）

# 「小樽資料」「浦西資料」との出会い

伊藤　純

## まえがき

「生資料」「一次資料」に出会うということは、いわば、故人の肉声に出会うのと同じである。見知らぬ故人が、忽然として立ち現れ、語り出す。その語りは、書かれている文面・テキストだけではない。字体、紙の汚れ、保存の状態など、その存在の総てが何事かを訴えてくる。ことに、戦前のプロレタリア文化運動関連の生資料には、謄写版刷りのものが多い。謄写版は一種の肉筆であり、書き手の意気込みや疲労、時には投げやりになったに違いない気分までが伝わってくる。しかし、多くの場合その「語り」は饒舌とはいえず、片々区々として、もう少し聞かせて欲しいと思うところで途切れてしまう……。

## 1　「小樽池田資料」との出会い

私が、『昭和戦前期プロレタリア文化運動資料集』（以下『資料集』と表記）に関わるきっかけとなった「小樽資料」（市立小樽文学館所蔵「池田壽夫旧蔵書」）に出会ったのは、ごく些細な偶然からだ。

二〇〇六（平成十八）年から二〇〇七年にかけて、徳島県立文学書道館で「昭和という時代に生きた作家——貴司山治展」[1]という企画展が行われ、貴司山治《きしやまじ》の長男である私は、東京の自宅などに〝豊富〟に保存されていた資料を提供し、展示構成や解説などにも関わった。その時、文学書道館の担当者から、とある参観者が、私に伝えてくれといってこんなメモを置いていったと紙片を渡されたのである。その紙片には「小樽文学館に中野重治の、貴司から預ったと表書きされた分厚い資料があるが知っているか」というようなことが書かれてあった。

そんなことは、私は全く知らなかった。

その後、小林多喜二の命日の前後だったと思うが、雪に埋もれた小樽文学館を訪ね、その資料(2)を見せていただいた。その資料自体も大変興味深いものだったが、それを閲覧していた横の書棚に相当大きなスペースで、「池田壽夫旧蔵書」というものが納められているのに気付いた。

池田壽夫《ひさお》が日本プロレタリア文化聯盟（コップ）の中心的な人物であることは知っていたので(3)、そのような人物の残した資料とは何なのだろうと、あわせて見せていただくことにした。池田壽夫は敗戦直前に旧満州で客死した人なので、そのような人の蔵書が今、目の前にあることにある感慨を覚えたが、その大部分はプロレタリア文化運動に関連する雑誌や単行本だった。もちろんそれらも貴重なものだが、さらに私の目を惹いたのは、いくつかにファイリングされた一群の生資料だった［図①］。池田壽夫が、ナップ（全日本無産者芸術聯盟）／コップというプロレタリア文化運動の上部機関メンバーだったことから、運動の実態を生で反映するような組織的資料ではないかと期待されたからである。

図①　2012年、小樽文学館での「池田壽夫旧蔵書」生資料ファイル調査

そしてそれらは予想通り、作家同盟をはじめ映画同盟や美術家同盟などナップ／コップの主要な組織に関係する文書のみならず、例えばプロレタリア科学研究所とか無神論者同盟など

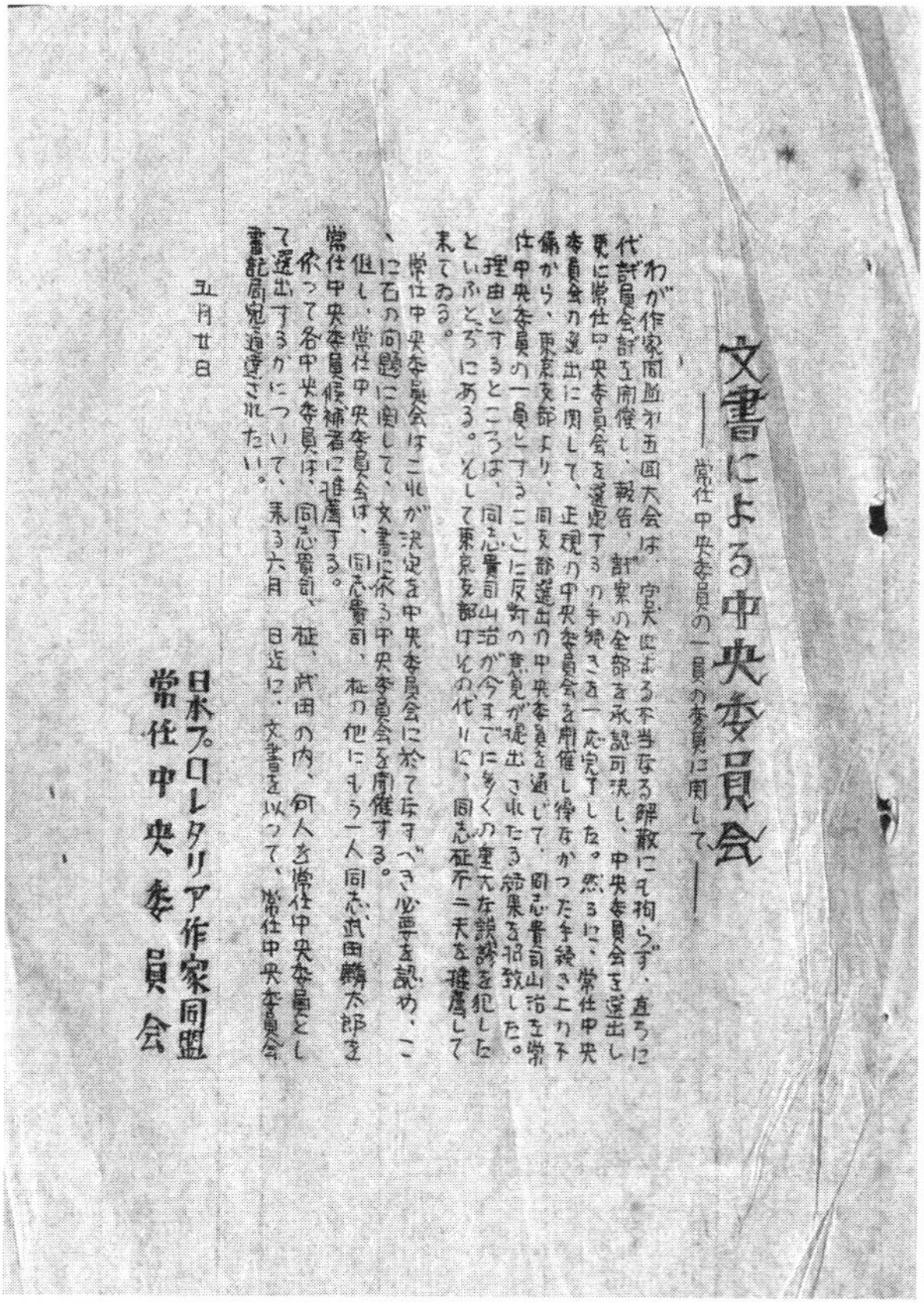

# 文書による中央委員会

——常任中央委員の一員の変更に関して——

わが作家同盟第五回大会は、官憲による不当なる解散にも拘らず、直ちに代議員会議を開催し、報告、議案の全部を承認可決し、中央委員会を選出し更に常任中央委員会を選定するの手続きを一応完了した。然るに、常任中央委員会の選出に関して、正規の中央委員会を開催し得なかった手続き上の不備から、東京支部より、同支部選出の中央委員を通じて、同志貴司山治を常任中央委員の一員とすることに反対の意見が提出されたる結果を招致した。理由とするところは、同志貴司山治が今までに多くの重大な誤謬を犯したといふところにある。そして東京支部はその代りに、同志征不二夫を推薦して来てゐる。

常任中央委員会はこれが決定を中央委員会に於て為すべき必要を認め、こゝに右の問題に関して、文書に依る中央委員会を開催する。

但し、常任中央委員会は、同志貴司、征の他にもう一人同志武田麟太郎を常任中央委員候補者に推薦する。

依って各中央委員は、同志貴司、征、武田の内、何人を常任中央委員として選出するかについて、来る六月　日迄に、文書を以って、常任中央委員会書記局宛通達されたい。

五月廿日

日本プロレタリア作家同盟
常任中央委員会

図②　作家同盟常任中央委員再選挙の告示ビラ（DPRO-0228）

の、稀覯な生資料を含む約九〇点五〇〇葉の資料群だった。（詳細は前述の『資料集』で実際に見て頂きたい）それは、見始めるとやめられない、過去の人物や運動の内ぶところをのぞき込むような、生の資料でしか得られない不思議な魅力を発散していた。その中でも、A４半切くらいの、粗末な謄写版刷りの紙片に私は目が止まった。それは「文書による中央委員会——常任中央委員の一員の変更に関して——日本プロレタリア作家同盟常任中央委員会」［図②］と題されており、大略以下のような文言が記されていた。

作家同盟第五回大会は官憲の弾圧にもかかわらず中央委員、常任中央委員の選定手続きを一応完了した。ところが、東京支部から同志貴司山治は多くの重大な誤謬を犯しているので中央委員とすることに反対する、という意見が出された。そこで、貴司に加えて柾《まさき》不二夫《ふじお》、武田麟太郎の三人を候補として、文書による再投票を行う。(4)

このような常任中央委員会の告示文書なのである。

貴司はこのような経過について「貴司山治日記」一九三四年七月三日の項で、一九三二年五月の作家同盟第五回大会直後の思い出として——

その時は私は、すでにもぐった小林〔多喜二〕を始めとするその下の同盟の幹部たちから陰に陽に排撃されて、中央委員に大会で一旦選出されたのを、ややこしい陰謀風のやり方で更めて罷免されかけてゐた。

と述べ、また戦後の発言では——

〔昭和〕八年の一月末に、佐多稲子がきて小林多喜二が会いたいといっている、というのですね。それで、指定された場所、渋谷宮益坂の途中にある古本屋の前で会ったわけだ。まず彼は、どうだったかね、と聞くんだ。ところが、小林は前年にはぼくを平同盟員に叩き落とす先頭に立ったわけです。それで、どうだったかねというのは、ふざけていやがる(5)〔と思った〕。

と述べている。

実は私は、小林多喜二虐殺直後に書かれた貴司の小説「子」の中の、以下のような謎めいた一節が何を意味するのか、長らく不思議に思っていた。三尾（貴司山治）が地下潜行中の成田（小林多喜二）から会いたいという連絡を受け、会いに出かけた折の会話である――

「僕も君にはあひたいのと、あひたくないのと両方だつたね。よびにきてもあふまいと決心してゐたんだ。」

三尾のいひ草が平然とおちついてゐるだけに成田は力をおとした様に、顔色を変へてしまつた。

「それは……何故だい……？」

と成田はひどく声を乱した。(6)

「お前さんとはもう、付き合いたくなかったんだ」といっているようなもので、人なつこさが身上の小林多喜二でさえ顔色を変えるような、相当露骨な言い方であり、「何故だ？」という成田の反問にも「まあいいじゃないか」とはぐらかして、三尾は答えていない。

このような小説表現を導いている反感の背景に何があったのかは、前記の戦後公表の日記と述懐によって明らかになったわけだが、さらにその「ややこしい陰謀風のやり方」の具体的な実態が、前掲の一枚の小さなビラによって跡付けられたということになる。

大局的に見ると、作家同盟中央が指摘する貴司の「多くの重大な誤謬」とは、作家同盟第二回大会に貴司が提起した〝講談など従来の大衆的話法を積極的に利用して、社会主義に何の関心もない人々にも面白がられるような社会性のある大衆文学を創造する〟と訴える「文学大衆化」の提案を指すと考えられる。高度の政治主義と、現在の文学の創作方法を封建的ないしブルジョア的遺物として全否定するという立場から、作家同盟中央は第二回大会の三か月後に、中央委員会の決定として「芸術大衆化に関する決議」（『戦旗』一九三〇年七月号）を発表し、〝大衆化〟の貴司提案を完全拒否した。それだけでなく、組織から排除するという行政的処置を、公然とではなく〝陰謀風〟に講じたということになる。

ここに示されたことは、芸術大衆化論争のトリビアルともいえるが、そのトリビアルこそが、論文的な要約では決して見えてこない非常に具体的で肉感的な、この論争の実態を浮き上がらせるのである。

このようなことがきっかけとなって、限りない具体性と面白さを併せ持つ小樽の生資料を、広く閲覧できるように公開出版する手立てはないものだろうかと私は考えるようになった。

## 2 「貴司山治研究会」との出会い

実は、この小樽での〝発見〟の一〇年近く前、私は秦功一さんという立命館大学の大学院生の訪問を受けていた。秦さんはおそらく、貴司山治というあまりメジャーとはいえない、しかも純文学畑でもないプロレタリア大衆作家を研究テーマに選んだ、珍しい研究者だった。初めて会った時点で、既に、私も知らないような作品まで網羅した貴司の年譜を作成しており、何と奇特な人物がいるものだと驚いた。その彼の手引きで、立命館大学日本文学専攻の中川成美教授のゼミメンバーを中心として「貴司山治研究会」というものが行われていることを知り、参加させていただくことになった。

二十代三十代の若い研究者にとっては、はるか戦前の〝歴史的研究対象〟たる人物の〝息子〟が生身で現れたというのは、一種の驚きであったかもしれない。〝歩く生資料〟などと称して、私は研究会に出席したが、実は京都は一九四五年の敗戦前後三年間、疎開崩れの開拓農民として過ごした懐かしい場所でもあった。研究会にかこつけて、半世紀前の地を逍遥する機会が得られることも、私にとっては大きなメリットだった。

それはともかく、この研究会で、私はかねがね気がかりだった「貴司山治日記」を何らかの形でデータ化したいという相談を持ち出した。貴司は、大衆作家であると同時に、裏話好き、噂好きの通俗ジャーナリスト、記録魔、という側面を持っており、厖大な日記は、いわばその集大成のようなものであった。それは、プロレタリア文学運動の表裏に関わる資料として再検討する値打ちがあるのではないかと考えられた。

おりしも、パソコンとその上を走るOS・ウインドウズ、さらにはインターネットが発展・普及の盛りにあり、日記のような生資料を画像データとして、検索しやすい形で公開する道が開けつつあった。

そして幸い中川教授のもとで、一九一七（大正六）年から一九七一（昭和四六）年に至る一万三〇〇〇頁に及ぶ日記の総てを画像データ化する作業が実行され、年余を経て完成したデータは、研究書『貴司山治研究』一冊とともに不二出版からDVD版で刊行された(7)。

このような前史があって「小樽資料」も公開の方途を模索することになったが、デジタルデータベースを前提にすると、五〇〇画像程度のデータでは少なすぎるという問題にも遭遇することになった。

## 3　「浦西資料」との出会い

プロレタリア文学運動について造詣の深い浦西和彦先生（前・関西大学教授）には、兼ねてから貴司山治関連資料について、例えば雑誌『文学案内』の複刻など、いろいろご助言やご援助をいただいていた。

そして、浦西先生が関西大学を退職された後、その厖大な所蔵資料のうち、雑誌や刊本などは秋田県立図書館のあきた文学資料館に寄贈されたけれど、文書や書簡などのいわゆる生資料はまだお手許にあるということを聞き込んだのである。二〇一三年の春、貴司山治研究会で知り合った二、三の研究者の方々と一緒に浦西先生のご自宅に押しかけ、その資料を拝見した（その頃、かっての「貴司研」は、「占領開拓期文化研究会」という名前になって、昭和前期の文学を中心とする開かれた研究会として継続していた）。そして、それらの資料をしかるべき場所まで持ち出して複写作業をしてもよい、というご了解をいただくことができた。

後日、乗用車半分くらいの量になる「浦西資料」は、立命館大学の研究室に移送され、ちょうど貴司山治日記の時と同じように研究会の多くのメンバーによってデジタルデータ化が進められた。「浦西資料」は、「小樽資料」以上にバラエティ豊富な約七〇〇点、三〇〇〇画像の、純乎たる生資料であった。

## 4 「資料研究会」の発足と「大原資料」「札大資料」

その後、この資料群のあり方をより総合的に方向付けていくために、作業を中心的にコーディネートしてきた村田裕和さん（現・北海道教育大学旭川校准教授）や、中川先生、浦西先生、玉川さん（小樽文学館長）、内藤由直さん（立命館大学准教授）、作業に当たった多くの関係者、それに、協力をお願いした外部の専門家との協議の場として「昭和戦前期プロレタリア文化運動資料研究会」が作られ、何回か会合が行われた。その中で、もう少し目配りしておくべき一次資料のライブラリーがないか検討した結果、法政大学の大原社会問題研究所所蔵資料、札幌大学図書館の松本克平《かつぺい》旧蔵資料が挙げられ、いずれもデジタルデータ化と公開の許諾を得ることができた。

「大原資料」は本来、労働・経済史的ライブラリーであるが、意外に文化関係（文学、演劇関連）の資料も多く含まれているので、それらを抽出した採録が行われた。「松本克平旧蔵資料」はいうまでもなく戦前新劇運動の厖大な資料群で、写真や新聞記事なども豊富に含んでいるが、主にパンフレットなどの公演資料を選んで採録した。

これら二つのライブラリーから抽出した資料は、法政大学大原社会問題研究所所蔵資料（大原資料・一三〇〇点、五三〇〇画像）、札幌大学図書館所蔵松本克平旧蔵資料（札大資料・一三〇〇点、五三〇〇画像）であった。全て合わせると、四つのライブラリーから採録された資料は三〇九〇点、約一万七八〇〇画像になった。

## 5　丸善雄松堂との出会いとデータベースの構築

刊本や雑誌の複刻と異なり、生資料はその一つ一つが形、大きさ、鮮明度など千差万別であり、一定の解像度を前提とした印刷による複刻では、資料としての適切な品質での再現は困難である。紙でうまく復元しようとすると、恐らく美術全集を作るような手間と費用が予想される。

他方で、ある程度高い解像度で採録したデジタルデータをモニターで閲覧するという方法なら、閲覧者側で解像度を選択し、細部をつぶさに調べたり全体像を眺めたりすることが自由にできる。デジタルデータの頒布公開は、ＤＶＤなどのメディアによるにせよ、オンラインの閲覧システムによるにせよ、紙よりはるかに廉価である。いろいろなキーワードによる検索システムの構築も、デジタルデータの方がはるかに容易だ。

当初私は、当然の帰結としてデジタルデータベースを考え、インターネットの発展を前提としたオンライン型（データはオーナーのサーバーに格納し、ユーザーはそれぞれのパソコンからオンラインで、有料でそれにアクセスして閲覧する）というのがもっとも合理的だろうと考えていた。そうすると、オンラインデータベースサービスを事業としてやっていて、小林多喜二資料のデータ複刻（『小林多喜二草稿ノート・直筆原稿』二〇一一年――これ自体はオンライン型ではないが）なども行っている丸善雄松堂（当時は雄松堂書店）に相談してみるのがいいのではないかと考えた。幸い引き出しに、どこでいただいたのかも定かでない、小林多喜二資料を担当されていた雄松堂書店の出野さんの名刺を発見した。早速アポイントしてお訪ねし、基本的にご賛同を得た。ただ、オンライン型というのは、何百万件という大型のデータベース向きであり、文学専門の学術資料をオンライン型で受け入れて購入してくれる大学や図書館はないのではないか、というご指摘もいただいた。

そのような経過を経て、最終的に、ＤＶＤによる『昭和戦前期プロレタリア文化運動資料集』公刊という現在の形に集約されたのである。

なお、その過程で、制作面でも丸善雄松堂の協力を得ている。後半の作業となった「大原資料」と「札大資料」の採録は、全面的に丸善雄松堂のスタッフによっている。

## おわりに

考えてみると、この仕事は当初、かすかな人縁と偶然から生まれたとも思える。小樽文学館で「党生活者」のゲラを閲覧しているその部屋の壁面にたまたま「池田壽夫旧蔵書」が置いてなかったら、何も始まらなかっただろう。さらには、徳島の「貴司山治展」で小さなメモを置いていってくれたのは、一体誰だったのか。今は名前も分からない。

まことに微かな人縁や偶然のどれ一つが欠けても、ことは起こらなかった。

また、生資料、一次資料はしばしば所蔵者が公開に積極的でないことが多い中で、小樽文学館、浦西先生、大原社研、札幌大学図書館など資料所蔵者が公開にきわめて前向きの対応をとってくださったことも、大きなことだったと思うし、このような基礎的な資料の公刊は一定のリスクを伴う、そのリスクを敢えて引き受けてくださった丸善雄松堂の決断も貴重なものだと思う。

しかし、最後に敢えていわなければならないと思うのは、万余の生資料の複写、データベース化という地味な仕事に丸一〇年取り組み続けた立命館大学を中心とした研究会（「占領開拓期文化研究会」と、最終的なまとめに当たった「昭和戦前期プロレタリア文化運動資料研究会」――いずれも明確な規約とか会員資格もない、任意の集まりというのが実態だったが）の、いわば〝楽天的〟な取り組みこそ、自分たちが自分たちを賞めるということになるけれど、記憶されてしかるべきことではないかと思う。

（1）「昭和という時代に生きた作家――貴司山治展」二〇〇六年一二月二一日～二〇〇七年一月二八日の間、徳島県立文学書道館で開催。

（2）「小樽文学館所蔵の貴司から預ったと表書きされた中野重治の分厚い資料」とは、ハトロン封筒の表面に中野重治の筆跡で「『党生活者』最初の小林全集のための校正刷（貴司から一通渡され、戦時を通して保管したもの）中野」と書かれており、内容は小林多喜二の小説「党生活者」の校正刷りであった［図③］。この「党生活者」校正刷りは調査の結果、興味深いことに従来、多喜二虐殺の直後『中央公論』掲載準備段階で、伏せ字前の校正刷りを四部とり、徳永直《すなお》など四人の関係者が分散保管した、とされ、戦後、手塚英孝編纂の『小林多

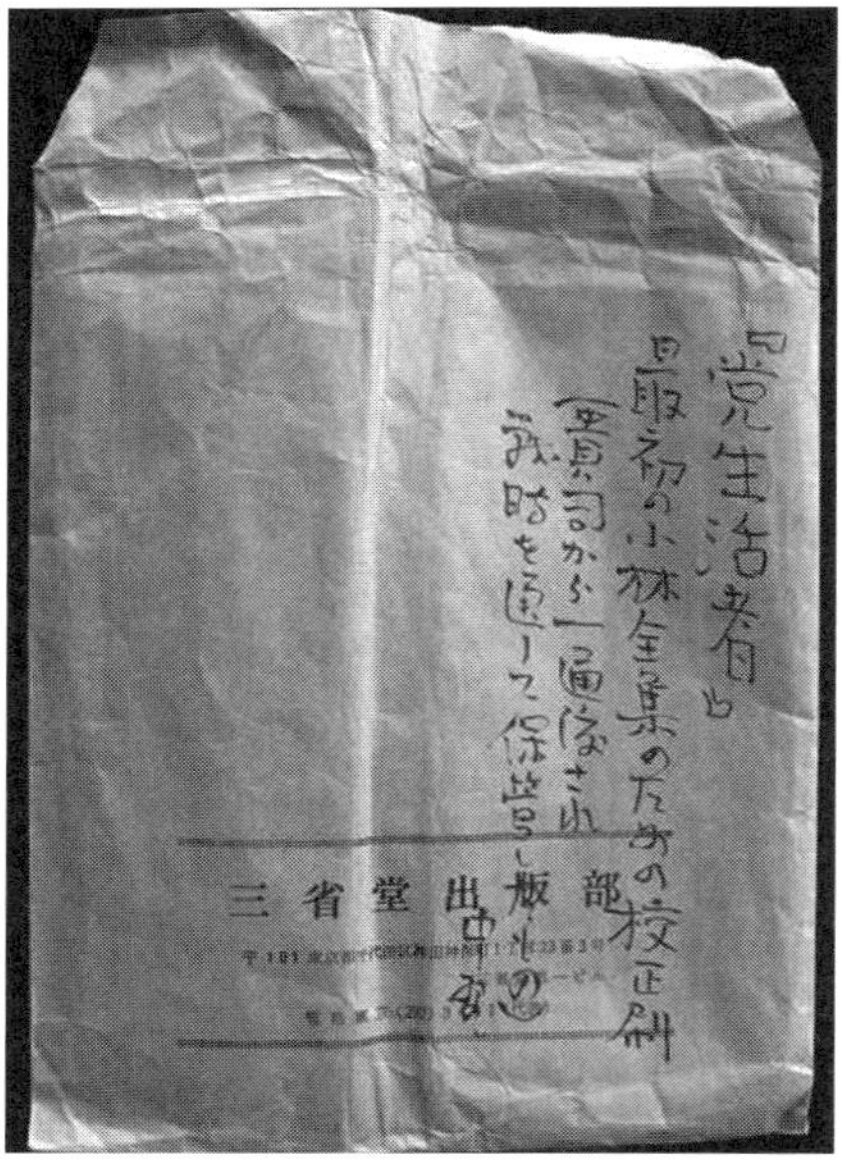

図③「党生活者」ゲラ刷りの入った封筒上書きと内容（小樽文学館所蔵／著者撮影）

喜二全集』の底本になったものとは異なるテキストであることが判明した。
詳細は拙稿「小林多喜二の死と貴司山治――貴司を出所とする「党生活者校正刷」（小樽文学館所蔵）をめぐって」（徳島県立文学書道館紀要『水脈』第九号、二〇一〇年三月）参照。同文は「貴司山治 net 資料館」に全文掲載。http://www.kisiyamaji.com/takijizensyu/2010.pdf

（3）池田壽夫（いけだひさお・一九〇六～一九四四）は、本名横山敏男、新潟県出身。新潟中学を四年で繰り上げ卒業し、新潟高校を経て東大農学部農業経済学科に入った。小中学校の同級生に坂口安吾がおり「横山にはいつもかなわなかった」といわしめた秀才であった。東大在学中に『大学左派』を創刊、一九二九年には日本プロレタリア作家同盟に加入、全国映画従業員同盟書記長も務めた。東大卒業後は作家同盟東京支部長、作家同盟常任中央委員、さらには作家同盟の上部機関である文化聯盟の中央機関紙部長となり、一九三三年共産党に入党。一九三四年入獄するが転向、一九三六年執行猶予となって出獄。一九三九年、旧満州に移住、満州農政研究会事務局長などを務め、旧満州での稲作を研究指導。一九四四年一一月九日、肺結核のため新京（現・長春）で死去。

二〇〇九年、長男の横山悟氏によって、池田の蔵書七〇〇冊と今回『資料集』に収録された一次資料類が小樽文学館に寄贈された。

新潟市弘報「ニイガタカラ .Net」www.city.niigata.jp/info/bunka/niigatakara/、池田寿夫『日本プロレタリア文学運動の再認識』（解説平野謙、三一書房、一九七一年）三四七～三六一頁、およびウィキペディア「池田寿夫」（二〇一八年一月一日閲覧）などによる。

（4）日本プロレタリア作家同盟第五回大会は、一九三二年五月十一日、築地小劇場で開催されたが、議長江口渙《かん》が開催の辞の数語を発したとたん解散を命じられ、騒乱の内に多数の検束者をだした。議事は行われておらず、決定事項も明確ではないが、機関誌『プロレタリア文学』一九三二年七月号で、鹿地亘《かじわたる》は、事前事後の意見のやり取りによって「大会は実質的に完了した」と主張している。

ちなみに、前掲の貴司に対する再選挙告示［図②］に候補者の一人として挙げられている柾不二夫とは、本名山本正喜（一八九九～一九六〇）、川端康成と東大同期で、一時プロレタリア科学研究所に加入したことがある英文学者。川端康成の養女政子の夫となった川端香男里の実父である。

（5）貴司山治・尾崎秀樹対談「私とプロレタリア文学」（『文学』岩波書店、一九六五年三月号）。

（6）貴司山治、小説「子」（『改造』一九三三年八月号）。貴司山治 net 資料館 http://www.kisiyamaji.com に全文掲載。

（7）『〔ＤＶＤ版〕貴司山治全日記（１９１９年～１９７１年）』（不二出版、二〇一一年）、貴司山治研究会編、別冊『貴司山治研究』（不二出版、二〇一一年）。

（付記）この『資料集』の核となった「浦西資料」を永年に亘って蒐集された浦西和彦先生は、『資料集』刊行直後の二〇一七年一一月一六日、膵臓癌のため逝去されました。『資料集』刊行と、ご意思に沿ったオリジナル資料の日本近代文学館への寄贈・搬入の完了をご報告できたのがせめてものことと思っています。謹んでご冥福をお祈りする次第です。

# 小樽文学館と小林多喜二と池田壽夫旧蔵書

玉川 薫

## 1　小林多喜二関係資料のゆくえ

市立小樽文学館にとって小林多喜二は特別な作家であり、多喜二の存在がなければ文学館もありえなかったといっていい。

多喜二は四歳で秋田から小樽に移住し、築港の埋立地で育ち、小樽が最も活気ある時期に青年期を送り、小樽商業学校・小樽高等商業学校で意欲的に学び、文筆を志し、金融都市小樽の象徴である北海道拓殖銀行行員時代に「一九二八年三月十五日」「蟹工船」「不在地主」を書いてプロレタリア文学の先頭に立ったのである。

恋人タキを不幸な境遇から救い出した逸話も胸を打つ。

そして何より過酷極まる非合法活動の渦中に飛び込み、筆を曲げることなく一直線に戦い、拷問に屈せず非業の死を遂げたその姿に、人々は厳冬期の北国の小さな港街に吹きつのる吹雪を連想するのかもしれない。

小樽文学館は一九七八（昭和五三）年一一月三日に開館した。

これは、市内の一ライオンズクラブの周年事業として発案され、その輪が広がり、文学館設立期成会の設立に至ったもので、小樽市分庁舎（旧・小樽地方貯金局）内部の改装等の諸費用の募金、資料の収集などが行われたものである。

私は、翌七九年四月に、学芸員として文学館に赴任したのだが、当時の小林多喜二コーナーには年譜や写真の他、自筆原稿や獄中書簡のコピー、死亡時の新聞記事と香典控え、そしてブロンズのデスマスクが飾られていた。このデスマスクは、文学館の開館を記念して、期成会の人たちが遺族にお願いをして、特別に複製の許可を得たものと聞いた。小樽文学館の開館当初より、それに携わった人たちは、小林多喜二を小樽を代表する存在として位置づけたのである。

小林多喜二に関する資料調査や借用などを、私が初めて任されたのは一九八三年一〇月から一二月開催の特別展「多喜二の青春　その彷徨と発見」であった。

資料調査を行うに当たって最も信頼すべき参考文献としたのは、やはり手塚英孝著『小林多喜二』(新日本出版社、一九七〇年)だった。著者の政治的立場を差し引いても、その細部にわたる精細な記述は、特殊な状況にあり、特殊な死に追い込まれた作家の全集編纂者として、全国各地の関係者・遺族を訪ね、聞き込みを行い、裏づけ取りも怠らなかった執念を感じさせるもので、十分に信頼に足るものと思われた。

私も、この初めての多喜二展で、能う限り頑張った。まだ岩波書店に勤務しておられた志賀直哉のご子息を社に訪ねて、奈良の直哉宛多喜二書簡を借り受け、仙台に住む阿部次郎のご息女を訪ね、多喜二が阿部に送った論文「ユリイ嬢にあらわれたストリンドベルクの思想とその態度」原稿を借り受けた。地元小樽から、友人に宛てた最初期の未発表書簡も複数発見された。

そして、最も気に掛かり、ぜひ数点でも展示をしたいと思ったのは、かつては小樽の遺族のもとにほぼ完全なかたちで残されていたと思われる相当数の「草稿ノート」だった。

『小林多喜二全集』(新日本出版社、一九八二年)の「解題」をみる限り、それは長く全集編纂者の手元にあったとしか考えられない。そしておそらく今もその状態は維持されていると思われる。

だが、それ以上調べようもなく、私は日本共産党中央委員会文化部に問い合わせた。文化部の方は、それなりに誠実に対応してくださったと思う。時間が掛かったが、丁寧な回答をいただいた。全文を引用する（〇〇は差出人の名前を示す）。

返事がおくれて申しわけありません。

一　別紙、多喜二資料のコピーをお送り致します。とり急ぎまとめてもらったものです。このほかにも若干の資料を保管しています。数年前刊行された写真集「小林多喜二――文学とその生涯」（新日本出版社）に収録されている写真、資料類がある程度所在の確認できるものです。

二　右資料の保管者は、「小林多喜二著作刊行委員会」です。代表者は蔵原惟人氏で、多喜二の旧友たちで構成されています（その大部分はすでに物故された）。同刊行委は、戦後、母親セキさんと相談してつくられたもので、多喜二の著作権継承者でもあります。たまたま、私〔〇〇〕は、蔵原さんの依頼を受けて、同刊行委員会の実務を担当していますが、大切な問題の処理については、刊行委員と相談しなければ私の独断で処理するわけにはいきません。共産党中央委文化部の方で保管しているわけではありませんので、念のため。

三　右資料の貸出については、まだ刊行委と相談していません。生原稿やノート類等、重要資料については、手塚英孝さん存命中からも慎重で、私の記憶では持ち出したことはない筈です。いずれにしても近々相談しなければならないと思っていますが、それについても、小樽文学館でおこなう展示計画の規模や運営体制、責任者、および、そちらで考えていらっしゃる条件（運搬、保険等）についてお知らせ下されば、検討させていただく上で参考になると思いますのでよろしく。
以上、返事おくれたことおわびします。
一九八二、十二、十九　〇〇〇
小樽文学館長様

今、久しぶりに読み返してみて、いろいろ奇妙な点、奥歯にものが挟まったような言い回しに気づくし、書いているご本人も、むしろ「裏の事情を察してほしい」と言外に伝えたいような書きぶりに思える。

このとき同封してくれた「小林多喜二関係資料同刊行委員会所有物」と題された手書き（コピー）のうち、「原稿、書簡、ノート類」の項目の全文を引用する。

一、原稿、書簡、ノート類
生まれ出づる子ら
疑惑と開拓
覚え書き
「不在地主」原稿（前後に欠落あり）

志賀直哉宛手紙（写真版）
中国、魯迅らの訴え（写真版）
ノート稿「その出発を出発した女」中編（一九二七年）
「折々帖」（一九二六年五月二六日―二八年一月一日）
他

ほとんど省略したのか不都合があるのか、簡単すぎるリストにも少し驚いたが、手紙にある当方側の諸条件についてはできるだけ詳しく、正直に伝えた。さらに当時の書類をみていくと、この手紙を受け取った翌年の三月二六日に、担当職員、つまり私が上京し、日本共産党中央委員会を訪ね、当時の文化部長らと面談している。そのときも部長の口から「委員の先生に諮ったうえで、結果について知らせる」と聞いている。

しかし、この後の連絡は滞った。「小林多喜二著作刊行委員会」所蔵資料のもう少し詳しいリストを、という要求にも応えてはもらえなかった。

むこうの直接の窓口は、全集刊行の担当編集者になったようなのだが、率直にいって態度横柄であり、「刊行委所蔵資料の有無はともかく、とにかく借用希望資料を挙げよ」と振り出しに戻り、最終的にそれに○×を付けたものが戻ってきたのは特別展の開催直前だった。

一応、このときに「小林多喜二著作刊行委員会」から許可されて貸与された多喜二自筆資料の全てを挙げておく。

「『文学の党派性』確立のために」原稿

島田正策『自画像』(小林多喜二自筆序文付)
斎藤次郎宛書簡　五通

私は、長いやり取りの末に借用許可していただいた資料の数の少ないことに不服だったことを思い返しているのではなく、コメカミに張り付いた頭痛のようになかなか脳裡を離れないのは、「小林多喜二著作刊行委員会」という組織、その名称、そしてその「代表者名」なのである。

## 2　池田壽夫の評論と旧蔵書

池田壽夫《ひさお》の旧蔵書、単行本約五八〇点、雑誌約一二〇点、機関紙・ビラ・パンフレットなど約八〇点をご子息である横山悟氏から寄贈の申し出をいただいたのは二〇〇九(平成二一)年のことで、同年六月四日から八月九日まで寄贈資料を広く市民に紹介する企画展「『蟹工船』の時代　プロレタリア文学とモダニティ」を開催し、二〇一〇年三月三一日に全資料タイトル・発行年などを記載した『池田壽夫(横山敏男)旧蔵書目録』を編集・発行した。

池田壽夫は一九〇六(明治三九)年新潟市に生まれ、東京帝国大学農学部を卒業し、プロレタリア文学運動の理論家として活躍し、一九三三年検挙、翌年八月起訴、豊多摩刑務所に収容、一九三六年二月、懲役二年執行猶予五年の判決を受けた。一九三九年満州に渡り、満州糧穀会社調査部に勤務、一九四四年一一月、新京にて死去した。

すなわち、池田壽夫と北海道・小樽市とは何のゆかりもない。蔵書の価値を十分に理解しておられた池田のご遺族は、現在お住まいの地元の図書館や、東京のしかるべき資料館・大学などを含め、これらの貴重な書籍・資料類を託するところについて随分悩みもされたようだ。

そのうちご遺族の信頼する知人を通じ、市立小樽文学館の存在を知ったらしい。そして池田壽夫と小樽文学館をつないだのは、結局小林多喜二なのだ。

父親と同様に、非合法下の共産主義政治・文化活動で運命が激変した作家・小林多喜二の故郷であり、その遺品や関係文献・資料を集め保存している市立小樽文学館という文学資料館を、父旧蔵書の収め場所と決めてくださったのである。

池田壽夫の代表的評論「日本プロレタリア文学運動の再認識」は、『全集・現代文学の発見　第三巻　革命と転向』（学藝書林、一九六八年）に初めて収められ、さらに一九七一年二月、三一書房より単行本として刊行された。ともに編集を担当したのは平野謙であり、読者には、池田壽夫の本文以上に、平野の解説の印象が強いものと思われる。すなわち次のようなくだりだ。

「しかし、私がいちばん気にかかったのは、この論文が豊多摩刑務所内でひとりの未決囚として書かれ、「手記」として東京地方検事局に提出された文書にほかならぬということである」。また「すくなくとも東京地方検事局は池田壽夫の手記執筆を歓迎し、そのための便宜を大幅に許したもののようである。くりかえせば、私がひっかかったのはその点にほかならない」。そして次のように続ける。

「獄中生活の苦痛、日本国家による圧迫強制ないし誘導という外的条件」なしに、池田壽夫はこの厖大な手記を書くことはなかった、と断罪することもたしかに可能だろう。それが「健全な常識」というものだ。私の気にかかったのもまたその点だった。しかし、あえて私はいいたいのだが、そういう「外的条件」をすべて肯定した上で、なおかつここにはそういう「外的条件」にかかわらぬ一片の真実がちりばめられてあるのである。

なるほど、平野のいうように「日本プロレタリア文学運動の再認識」には、苦痛と屈辱のなかから絞り出すように「一片の真実」があるのかもしれない。戦中そして戦後の左翼あるいは民主主義文学運動の渦中で起こったさまざまな軋轢のことなどを、私は十分に解っているわけではないのだが、これは多分に平野自身の心中を重ねつつ、池田の苦衷を察しているのだろう。

ただ、「日本プロレタリア文学運動の再認識」を読み返し改めて思うのは、苦衷よりむしろ晴朗というか、我に返った普通の感覚なのだ。現代的・常識的感覚といってもよい。

長い評論だが、これは端的にいえば、日本のプロレタリア文学・文化運動の方向を致命的な過ちに導いた「蔵原惟人批判」だろう。そして少なくとも評論において、また実際の言動において最も蔵原理論に忠実だった小林多喜二批判でもある。

方針自体〔蔵原惟人「「ナップ」芸術家の新しい任務」「プロレタリア芸術運動の組織問題」「芸術的方法についての感想」に代表される文学運動のボルシェヴィキ化」が含んでいた政治偏重主義的危険はこうした錯覚と上記の社会的地盤の上に立ってますます強められざるをえなかったのである。内部討論に際して、一般的規律において、日常的活動において、このことはより明瞭になってき、そして指令や、方針や、決議などにおいても顕著になった。いわば本質的には焦燥的な小ブルジョア的・英雄主義的気分が労働者的な真正のボルシェヴィキ的気分だと誤って理解せられたのである。／小林多喜二はまさにそうした心理と気分をもっとも典型的に代表していた。

（池田壽夫『日本プロレタリア文学運動の再認識』三一書房、一九七一年、九五頁）

蔵原批判はともかく、このような小林多喜二批判は、池田がこれを書いた一九三五年当時はもちろん、今でも躊躇されるような空気がなくはないが、一歩引いてみればまことに常識的で健全な批判だろう。むしろ捕らえられ獄中にあり、「運動」「同志」からいったん隔絶されて、ようやく醒めたといってもいい。

小林多喜二展の裏話めいた話、それも関係妄想的な憶測を交えた話を強引につなげるようで少し気が引けるが、今でも「小林多喜二」に薄暗い影を投げかけるようにも思える蔵原理論を、検察当局が便宜を図ったにせよいずれにせよ、「日本プロレタリア文化・文学運動」を短期間のうちに総ざらいし、何が最大の誤謬だったのか明快に解きった池田壽夫のその蔵書が小樽文学館に収まったのは宿命的である、と考えている。これが今なお政治・通俗の両面から硬直させようとする「悲劇の英雄・小林多喜二」を相対化し、「優れた文学的営為の一成果」としてすくい上げる大きな力になり得ると信じられるからである。

（付記）なお現在、小林多喜二の「草稿ノート」などは、DVD―ROM版『小林多喜二　草稿ノート・直筆原稿』（雄松堂書店、二〇一一年）で閲覧することができる。

# 大原資料の特徴

立本紘之

『昭和戦前期プロレタリア文化運動資料集』（以下『資料集』）に収録された、法政大学大原社会問題研究所（以下大原社研）が所蔵するプロレタリア文化運動関連資料は一三三七点となる。大部分は戦前・戦後を通じて大原社研が独自に収集してきた原資料・刊行物で構成され、一部に大原社研への個人寄贈資料中から抽出した文化運動関連資料を含むかたちとなっている。

収録に当たり、大原社研、もしくは過去の大原社研の研究員個人によって作成されたと思われるコピー版資料を一部使用した。大原社研では現在、所蔵資料中劣化の進んだものなど不特定多数の利用者への公開に適さないものに関しては研究所で作成したコピー版資料を公開するかたちとなっているが、『資料集』作成には極力コピー元の原資料を使用した。しかしながら一部資料に関してはコピー版しか存在しないものもあり、原本が失われたのか、元来原本が存在しない（研究員個人の調査・研究活動を通じ外部で複写したものを研究所に持ち帰ったなど）のかが不明状態となっている。資料の中身について触れる前にこの点をあらかじめ述べ置く。

『資料集』収録の大原社研所蔵資料の特徴としては第一に、大阪・京都・兵庫などの関西地方諸団体・催し等に関する資料が数多く（約四五〇点）見られることである。この点に関しては大原社研創設時の事情に関連するため、簡単に説明を加える[1]。

大原社研は一九一九（大正八）年二月、倉敷紡績（現クラボウ）などの経営者であった大原孫三郎によって創設された社会問題の調査・研究機関である。創設当初は、明治・大正期の慈善事業家石井十次《じゅうじ》の事業を継承した大原によって、大阪市南区（現 浪速区）に創設した慈善事業施設「愛染園」（現 社会福祉法人 石井記念愛染園）内に研究所が置かれるかたちであった。翌一九二〇（大正九）年、同市内天王寺区伶人町に研究所は移転、一九三七（昭和一二）年二月に東京市淀橋区（現 東京都新宿区）柏木に移転するまでの約一八年間、大原社研は大阪を拠点に活動を続けてきた［図①］。

こうした経緯もあって大原社研には大阪を中心とした関西地方に拠点を置く諸団体や、関西地方で開催された舞台演劇・講演会などに関する原資料が集まりやすくなっていた。結果大原社研は一九三七年以降現在に至るまで東京に拠点を置く研究機関でありながら、関西地方の諸運動に関する貴重な資料を今に伝えるきわめて特異な価値を持ち得たのである。

『資料集』収録の資料では以下のような関西地方組織関連資料が収録されている。

(1)文学

・日本プロレタリア芸術聯盟 関西地方協議会
・全日本無産者芸術聯盟 関西地方、大阪支部・大阪地区、京都地域協議会
・戦旗社 大阪中央、堺、神戸支局
・日本プロレタリア文化聯盟 大阪地方、兵庫地方協議会
・日本プロレタリア作家同盟 関西地方委員会、大阪支部、（大阪）西地区　ほか

図①　大阪時代の大原社会問題研究所（1920年頃）。大阪市天王寺区伶人町時代の大原社会問題研究所。ここを拠点とする調査・研究活動を通し、関西地方を中心とする多数の資料が研究所に収集され、残存することとなった（『大原社会問題研究所三十年史』1954年）

(2)演劇

・日本プロレタリア演劇同盟 大阪、京都、兵庫支部

・関西新興劇団協議会、関西小劇場、大阪戦旗座、大阪構成劇場、大阪ナッパ服劇団、大阪協同劇団、関西大学劇研究会、京都青服《あおふく》劇場、神戸全線座 ほか

(3)映画

日本プロレタリア映画同盟 関西地方評議会、大阪、神戸支部

(4)美術

日本プロレタリア美術家同盟 大阪支部

(5)音楽

・日本プロレタリア音楽家同盟 関西地方協議会、大阪、京都、兵庫地方支部

(6)宗教

・反宗教闘争同盟 大阪支部

・日本戦闘的無神論者同盟 近畿地方協議会、大阪支部

(7)その他

・日本プロレタリア科学者同盟 大阪支部

・日本プロレタリアエスペランチスト同盟 大阪支部

・日ソ文化協会 大阪支部

・朝鮮新幹会 大阪支会

ほか

以上の諸団体のほか、関西地方で開催された舞台演劇のビラ・パンフレットなども『資料集』には多数収録されている。

『資料集』収録の大原社研所蔵資料の特徴としては第二に、長野県の文化運動・運動関係者に関する資料がまとまったかたちで見られることである。これらは基本的に、戦後に大原社研が寄贈を受けた資料群から抽出した文化運動関連資料である。

寄贈者別に分けると以下の通りだが、中央・地方両方にまたがる資料が数多く見られる。

(1)坂井喜夫

・日本プロレタリア作家同盟 長野支部書記局、南信地区関連文書・書簡、伊那地区「地区ニュース」
・日本プロレタリア演劇同盟「PROT常任中央委員会組織部ニュース」「前線座ニュース」
・日本プロレタリア文化聯盟 伊那地区協議会書記局関連書簡
・日本プロレタリア科学者同盟 諏訪支部関連書簡

(2)鈴木茂利美

・プロレタリア科学研究所 書記局文書
・反宗教闘争同盟 中央常任委員会、小諸支部、上小支部関連文書

(3)山崎稔

・労農芸術家聯盟 声明書、関連書簡
・日本プロレタリア芸術聯盟 声明書、ビラ
・前衛芸術家同盟 声明書、関連書簡

日本プロレタリア作家同盟 松筑地区ニュース
八一デーに対する決議
上海反戦会議近づく!!
佐野鍋山の転落に就て
読メ!!
蔵原惟人論文集

図② 「日本プロレタリア作家同盟　松筑地区ニュース」(1933年8月1日／DPRO-0174)。長野県の文化運動関連資料が多数収録されているのも、『資料集』の大きな特徴である

・日本プロレタリア劇場同盟 報告並指令綴
・中信新興芸術研究会、諏訪新興芸術研究会 関連文書
・日本プロレタリア作家同盟「松筑地区ニュース」［図②］ほか多数

(4)若林忠一
・日本プロレタリア美術家同盟第四回プロ展チラシ
・プロレタリア科学研究所 第三回大会議案草案
・ソヴェートの友の会 関連書簡

以上の寄贈者は主に無産政党運動面では政治研究会—労働農民党—労働者農民党・政治的自由獲得労農同盟—新労農党、農民運動面では全国農民組合—同 全国会議派、という系譜の上に立ち長野県内の支部活動の中軸となって活動した人々である(2)。それ故に無産政党最左派・日本共産党の系譜に連なる文化運動組織との関連も自然と深いものとなり、支部活動や刊行物の購読などを通じ彼らが文化運動に関与したであろうことも、これらの資料は裏付けるかたちとなっている。

大原社研には戦前期の長野県農民運動・共産党運動等に関する個人寄贈資料がまとまったかたちで存在してお

り、その中から『資料集』に収録された資料群は一九三三（昭和八）年二月の長野県「二・四事件」（「教員赤化事件」などの名で全国的にも広く知られる一斉検挙事件）に至るまでの同県文化運動の発展の跡を辿る貴重なものといえるだろう。

『資料集』収録の大原社研所蔵資料の特徴としては第三に、所謂「労農派」とその系譜に連なる『文芸戦線』系文化運動関連資料が多く収録されていることである。この点に関しても大原社研の特殊性が関わってくるので、簡単に説明を加える。[3]

先に大原社研の創設状況に触れたが、同研究所の大阪時代における主な研究員としては大内兵衛・森戸辰男・山名義鶴《よしつる》らが挙げられる。彼らは大正末〜昭和初期の無産政党成立・発展期において主として合法無産政党中間派（日本労農党―日本大衆党―全国大衆党―全国労農大衆党を経て、一九三二（昭和七）年七月に単一合法無産政党社会大衆党へ合同）の系譜に近しい人々であった。大原社研の初代所長だった高野岩三郎が日本大衆党創立に際し委員長就任を要請されたこともこの関係性を示す一例である。

加えて一九二九（昭和四）年八月に右派系労働組合中央組織日本労働総同盟が左右分裂（総同盟第三次分裂）した後、翌一九三〇（昭和五）年六月に中間派系労働組合中央組織全国労働組合同盟を創設するまでの一連の流れ（翌月の無産政党中間派合同党全国大衆党結成にも繋がる）を主導したのは総同盟大阪聯合会であった。大阪聯合会と大原社研は総同盟の前身組織友愛会時代より交流があり、聯合会主催の労働講座が大原社研で開かれたり、また大阪労働学校（同校主事は総同盟大阪機械労働組合員、後に全国労農大衆党中央執行委員も務めた井上良二）に所長高野岩三郎以下大原社研の人々が財政支援・講師の派遣を行うなど親密な関係が保たれていた。[4] こうした関係性こそ無産政党・労働組合運動中間派系列の資料が大原社研に集まる上で大きな役割を果たした点の一つだろう。

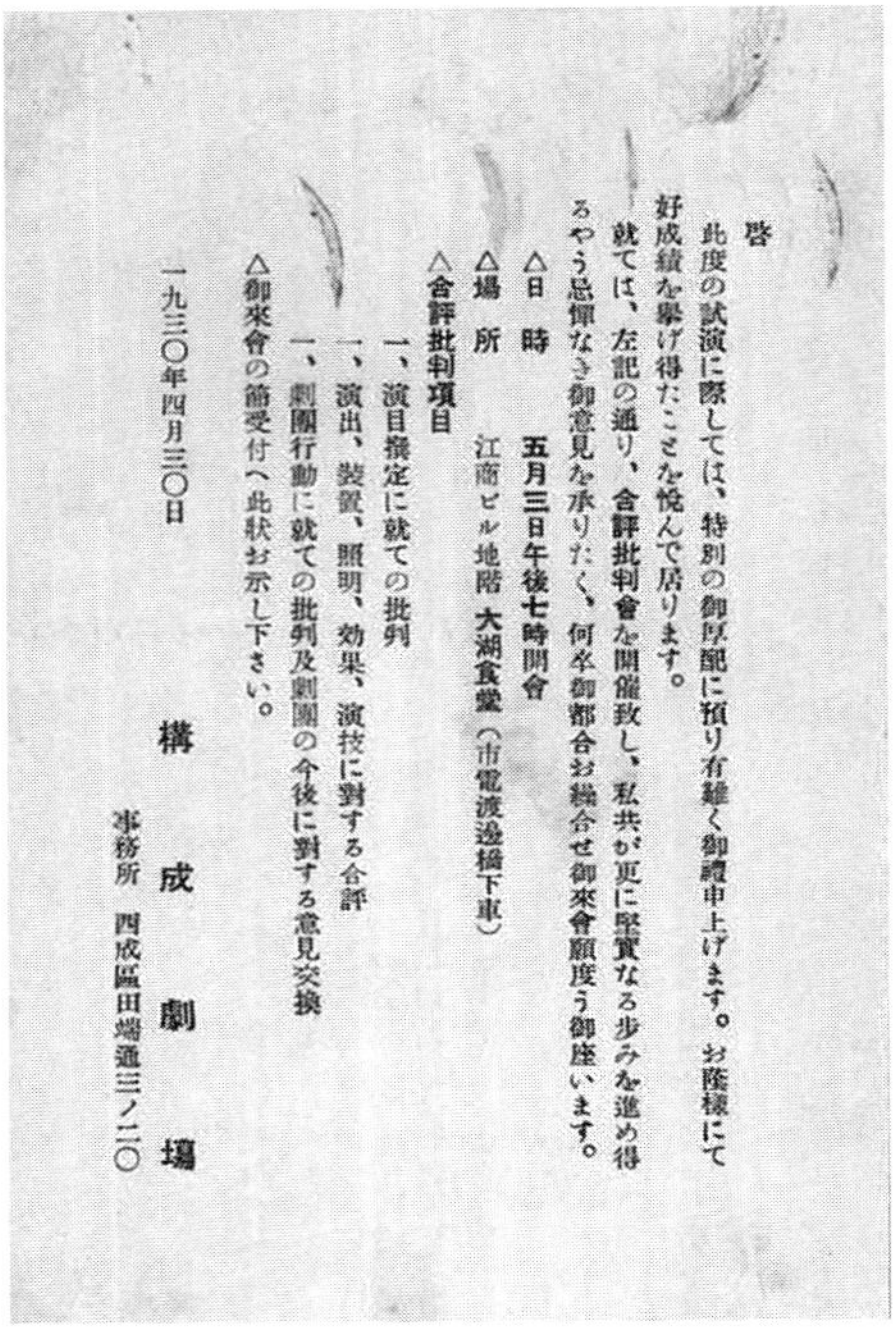
啓
此度の試演に際しては、特別の御厚配に預り有難く御禮申上げます。お陰様にて好成績を擧げ得たことを悦んで居ります。
就ては、左記の通り、合評批判會を開催致し、私共が更に堅實なる歩みを進め得るやう忌憚なき御意見を承りたく、何卒御都合お繰合せ御來會願度う御座います。
△日　時　五月三日午後七時開會
△場　所　江商ビル地階　大湖食堂（市電渡邊橋下車）
△合評批判項目
一、演目撰定に就ての批判
一、演出、裝置、照明、効果、演技に對する合評
一、劇團行動に就ての批判及劇團の今後に對する意見交換
△御來會の節受付へ此狀お示し下さい。
一九三〇年四月三〇日
構　成　劇　場
事務所　西成區田端通三ノ二〇

図③　「大原社会問題研究所　後藤貞治宛葉書」(1930年4月30日、差出人：構成劇場／ DPRO-0755)。後藤貞治宛の左翼演劇関係の通知・招待書簡がこのほかにも複数存在。政治や労働に留まらない大原社研の幅広い資料収集は、こうした交流関係なども背景に行われたものであろう

また大原社研は戦前期から資料収集に力を入れていたことでも知られている。[5] 例えば当時の社会運動諸団体に研究所刊行物（『大原社会問題研究所雑誌』『労働年鑑』等）を送付する代わりに諸団体の刊行物寄贈を求めたり、政党・組合等の大会に積極的に足を運びその場でビラ・ポスター、果てはスローガン・大会プログラムのような大型資料まで譲り受けたりしていた。『資料集』収録資料中に、大原社研資料室主任であった後藤貞治宛の書簡〔図③〕が散見されるのはこうした交流の一端を示す証左であろう。

大原社研の資料収集活動は政党・組合の側からもある程度歓迎されていた部分もあり、上述の中間派政党・組合組織合同に際して、組織指導者と大原研究員の「つて」を利用し、旧組織資料を大原社研が一括購入するような遣り取りもなされていた。[6]

こうした研究所内部の人的関係・地理的状況・意欲的資料収集活動等の影響で大阪を拠点とする大原社研には合法無産政党中間派系の原資料・刊行物が集まりやすくなっていた。

さらに一九八〇年代中盤になって、戦前には労農派の論客として活躍し、戦後は社会主義協会を創設し社会党

左派・日本労働組合総評議会（総評）の運動を理論的に牽引し続けた故向坂逸郎《さきさかいつろう》の蔵書・資料等の寄贈を受けた。同資料群は現在「向坂文庫」として保存・公開されているが、その中には向坂が戦前から集めてきた労農派関連原資料・刊行物、そして生前長らく向坂が所蔵・管理してきた堺利彦・山川均関連の資料が多数含まれていた。向坂自身及び、堺・山川の両人も無産政党成立・発展期において合法無産政党中間派の系譜に連なり、理論雑誌『労農』・文芸雑誌『文芸戦線』とも近しい立場にいた人物である。それゆえに労農芸術家聯盟の系譜の文化運動に関する資料がこの方面からも補強されていくこととなった。

以上のような経緯を経て、労農派・『文芸戦線』の系譜に連なる文化運動関連資料が多数大原社研に所蔵され、『資料集』に収録されるかたちとなった。これらの資料とその背景を合わせて考えることで、大原社研所蔵資料の特異性と価値がまた一つ窺えるであろう。

これまで述べて来た大原社研の独自性がある程度窺える資料群以外にも、大原社研所蔵のプロレタリア文化運動関連資料は多数『資料集』に収録されている。いくつか例を挙げるならば以下のようになる。

(1)地方・地区向け文芸刊行物
・北日本無産階級文化運動機関誌『労農文化』
・東京 城北労働者クラブ機関誌『クラブの友』
(2)アナキスト系文芸刊行物
・社会問題論攷会『嫩葉《どんよう》』（小川未明ら寄稿）
・解放文化聯盟『文学通信』（アナキスト 植村諦編集発行）
(3)労働者同人刊行物

・三菱職工学校同窓生会誌『地平線』

(4) 朝鮮語刊行物

・朝鮮프롤레타리아（プロレタリア）芸術同盟機関紙『芸術運動』

ほか

その他、個別資料の詳細な内容に関してはこの後に続く研究論稿へ譲るかたちとなるが、『資料集』に触れることで昭和戦前期を中心とした時代に文化運動の周囲で生きた人々の姿・活動・生き様などに触れ、何かしらを得られる一助とならんことを祈念する。

（1）法政大学大原社会問題研究所編『大原社会問題研究所五十年史』（法政大学大原社会問題研究所、一九七〇年）参考。

（2）青木恵一郎『長野県社会運動史』（巌南堂書店、一九六四年）三七一～三八〇頁、「鈴木茂利美」（『近代日本社会運動史人物大事典』③、日外アソシエーツ、一九九七年）六八～六九頁、「若林忠一」（同④、同上）九七八～九七九頁参考。

（3）前掲『大原社会問題研究所五十年史』六九頁、二村一夫「大原社会問題研究所の70年」（『大原社会問題研究所雑誌』第三六三、三六四号、一九八九年三月）二～六頁参考。

（4）法政大学大原社会問題研究所編『大阪労働学校史――独立労働者教育の足跡』（法政大学出版局、一九八二年）三五五～三五六、三六四頁参考。

（5）前掲『大原社会問題研究所五十年史』七〇頁、二村一夫「大原社研70年こぼれ話（5）後藤貞治のこと」（『大原社会問題研究所雑誌』第三六六号、一九八九年四月）七六頁参考。

（6）法政大学大原社会問題研究所「所蔵図書・資料」（『大原社会問題研究所雑誌』第三六三、三六四号）一〇一頁。

# 日本プロレタリア文芸聯盟の設立と〈プロレタリア文化運動〉

村田裕和

# はじめに

日本のプロレタリア文化運動は、一九二〇年代初めから三〇年代前半にかけておこなわれた芸術運動であり大衆啓蒙運動であった。マルクス主義・共産主義・無政府主義などの左翼思想に共鳴した若い芸術家たちが中心的な担い手となり、活動は全国に及んだ。ここには白樺派的なヒューマニズムから、未来派・ダダなどの前衛芸術（新興芸術）、大正期の労働運動、旧制高校の学生たちに広まっていた教養主義まで、多様な思想と運動が流れ込んでいた。またその背景として、一九一七年のロシア革命と、その後のソビエト社会主義共和国連邦の成立があったことはいうまでもない。

一九二〇年代後半には、共産主義（マルクス・レーニン主義）に立脚して革命を実現しようとする者たちが主流派となり、運動を共産党に従属するものと位置づけたために激しい弾圧を受けることとなった。図式的に見れば、この共産主義を信奉するナップ派と、社会民主主義的な合法無産政党を支持する文戦派（労芸派）に分かれて活動がおこなわれた。他に無政府主義（アナキズム）の立場に立つ者たちが独自に活動していたが、弾圧の上に内部的な混乱も重なって、これらはいずれも一九三四年から三五年にかけて組織的な活動を停止した。

「プロレタリア文化」という言葉は、一九一七年一〇月にペトログラードで設立されたプロレトクリト（プロレタリア文化啓蒙組織）によって知られるところとなった［図①］。プロレトクリトは、「組織的にプロレタリア文

図①　プロレトクリト第1回全ロシア大会（モスクワ、1918年9月）。垂れ幕には「万国の労働者よ、団結せよ／さかえあれ／国際的プロレトクリト」とある（『プロレトクリト第1回全ロシア大会議事録』1918年所収）

化を創造し、プロレタリアートの主導権のもとに文化革命を実現しよう(1)」とする運動であった。労働者・農民・赤軍兵士および創作家らが参加した大規模な運動で、全体としては理論的段階にとどまったとされるが、芸術綱領や宣言、理論論文、散文、絵画、風刺画などを発表し、とりわけ詩と演劇が活発であったとされる。演劇、文学、クラブ、講演、造形芸術、音楽、学校及び学外教育といった部局が設けられ、講演会や公開討論会、コンサート、集会などが開かれた(2)。

　プロレトクリトを推進したボグダーノフは、芸術を政治から独立させ、プロレタリア階級独自の「文化」を創造しようとした。しかし、党の首脳部、何よりもレーニンがそうした考えを受け入れなかった。レーニンにとってプロレタリア文化とは、識字率の向上であり、ブルジョワ文化を含む既成のあらゆる文化を摂取することから始められるべきものであった。革命を前へ進めるための具体的な知識・教養を大衆が獲得し、革命の理念を理解し共有することこそが「文化」なのである。プロレトクリト運動は一九二〇年のレーニンによる批判を契機として急速に衰えていった。(3)

日本におけるプロレタリア文化運動は、一九二一年の雑誌『種蒔く人』創刊が出発点であった。この時期には、プロレトクリトの運動も盛んに紹介されたが、「プロレタリア文化」という言葉はそれほど普及せず、既成のブルジョワ芸術に対抗するプロレタリア芸術の創出こそ必要だと認識されていった。初等教育が普及し、大衆に根ざした伝統的な芸能文化や雑誌メディアが存在していた日本では、社会運動家の間では大衆メディアや教育機関の獲得には熱心であったものの、この時期の文芸運動においては、既存の大衆演芸や初等教育にアプローチしようとする動きは一般に低調であった。

関東大震災を経て、『種蒔く人』は『文芸戦線』(一九二四年創刊)に生まれ変わり、一九二五年に日本プロレタリア文芸聯盟が結成された。ここから、一九三一年結成の日本プロレタリア文化聯盟(コップ)が壊滅する一九三四年までが、プロレタリア文化運動の最盛期である。「プロレタリア文化」という言葉は、文化聯盟の頃に蔵原惟人《くらはらこれひと》らによってようやく本格的に論議されるようになるが、運動そのものが短期間で終わりを迎えたため、この言葉はまたもや歴史の底深くに沈んでしまった。

一九三四年以降は、ポスト「プロレタリア文化運動」の時代である。弾圧の中で強いられた「転向」の問題を抱えながらも、プロレタリア文学やプロレタリア演劇を活かす道が模索された。しかしこの時期は、一九三八年に始まる「従軍作家」に象徴されるように、総動員体制下の国策的な文化運動へと文芸家たちがなしくずしに取り込まれていく時期でもあった。一九四〇年三月の治安維持法の改正を背景としつつ、同年八月には、プロレタリア演劇運動の流れを汲む「新協劇団」と「新築地劇団」が強制解散され、一〇月には大政翼賛会が結成された。旧プロレタリア芸術家たちは、移動演劇聯盟(一九四一年)や、日本文学報国会(一九四二年)に参加を余儀なくされ、プロレタリア文化運動はその最後の一片までもが大政翼賛的文化運動へと吸収されていった。日本のプロレタリア文化運動の時代は、この一九四〇年頃を下限として考えることができるだろう。

以下、本論では、これまで「プロレタリア文学運動」「プロレタリア芸術運動」など、さまざまに呼ばれてきた文芸運動を「文化」「文化運動」をキーワードとして再考する。従来――特に文学研究の領域では――ジャンルとしての「プロレタリア文学」がいくつかの前史的な流れを受けて発生し、その後、文学運動、芸術運動、文化運動へと進歩・発展していったとするプロレタリア文学史が叙述されてきた。ここには、「文学」が運動の中心であるかのような「文学」中心主義的な語りと、文学から文化へと拡大・成長するジャンル発達史的な歴史観がみられた。ここでは「文化」を基準に据えることで、今日まで自明視されてきたものを相対化し、「プロレタリア文化運動」が持っていたであろう可能性を再考したい。

## 1　日本プロレタリア文芸聯盟の誕生

一九二五（大正一四）年一〇月四日、東京・牛込区の神楽坂倶楽部で日本プロレタリア文芸聯盟の発起人会総会が開かれた。ここには、雑誌『文芸戦線』の*青野季吉《すえきち》・*佐々木孝丸・*今野賢三・中西伊之助・柳瀬正夢《やなせまさむ》・*山田清三郎［図②］、『戦闘文芸』の*岩崎一・*北見與志《よし》、『文芸市場』の梅原北明《ほくめい》・*中野正人、『解放』の*山内房吉、「先駆座」の佐藤誠也、「東大社会文芸研究会」の*林房雄が集まり、そのほか、小川未明・新居格《にいいたる》・犬田卯《いぬたしげる》・松本淳三・*山川亮・*江馬修《なかし》・陀田勘助《だだかんすけ》・内藤辰雄・本郷一郎・米田曠・川崎春二・伊福部隆輝《いふくべたかてる》らが参加した（*は聯盟本部員に就任）(4)。

その後、一二月六日に牛込区矢来倶楽部で創立大会が開かれた。ここには八〇名以上の参加があったという。

図②　ピリニャーク夫妻を歓迎する『文芸戦線』同人たち（江馬修宅、1926年5月）。中央ピリニャーク夫妻、その後ろ右から、前田河広一郎、佐々木孝丸、2人おいて青野季吉、山田清三郎、中西伊之助、今野賢三、江馬修ら（日本近代文学館提供）

プロレタリア文芸家が中心となって、日本初のプロレタリア文化団体が結成されたのである。大会では、「宣言」「綱領」「行動綱領」「規約」などを決定したほか、本部員として右に＊を付した一一名に加え、飯田徳太郎・木部正行・松村善壽郎・水野正次の計一五名を選出した。

文芸聯盟の「宣言」には、「プロレタリア文化を樹立する」という目標が謳われ、その「行動綱領」第一条には、「プロレタリア文化の普及及びそれに必要なる研究調査」が掲げられていた(5)。この後、この文芸聯盟から派生した数々の文化運動団体が一九三四年頃まで組織的活動をつづけることになる。

文芸聯盟が誕生するまで、プロレタリア文芸家たちの拠点としての役割を担ってきたのは、雑誌『種蒔く人』（一九二一年創刊）や『文芸戦線』（一九二四年創刊）のほか、冒頭に列挙した雑誌・研究会・劇団などであった。文芸聯盟は、それ以前の多様な活動を制限することなく、思想の自由を認めた上で、「プロレタリア文化」という言葉によって、運動に一つの方向性を与えようとしたのである。

この当時、こうした文芸運動に対する呼称は定まっていなかった。たとえば、文芸評論家の平林初之輔は、文芸運動は「階級闘争」の戦線の一部を「分担」してこそ意味を持つとする立場をとり、そのような「プロレタリヤの文化」「第四階級の文化運動」の一形式として「第四階級の文学」「プロレタリヤの文芸運動」という言葉を使用していた(6)。一方、階級闘争への従属を認めつつも、文芸家独自の役割を模索していた青野季吉は、「プロレタリア文学」「プロレタリアの芸術運動」という言葉を積極的に用いながら、創作主体(作家たち)が「階級意識」を獲得する必要を説いていた(7)。

いずれにせよ、『種蒔く人』を出発点として作家・批評家・詩人・演劇人が中心となって進められてきた文芸運動が、「プロレタリア文学運動」「プロレタリア芸術運動」という言葉で明確に認識されるのは、もう少し後のことである。別の角度からいえば、この混沌とした状態を、「プロレタリア文学運動」と限定的に呼んでしまうことは、そこに秘められていたいくつもの可能性を捨象してしまうことになる。確かに当事者の多くは、「文芸運動」と呼んでいたが、彼らの中には、既成の芸術ジャンルを破壊するような新興芸術運動にたずさわった人々も数多く含まれており、学問的な意味での「文学」がここで意図されていたわけではなかった。

文芸家の統一団体結成を主張した岩崎一は、「分り切つた事そして実行出来ぬ事(無産作家聯盟のＡＢＣ)」(『文芸戦線』一九二五年六月)において、将来の希望として「文化聯盟」の設立を提案していた。文芸聯盟から文化聯盟へというプランにどれほど具体性があったかは疑問であるが、実際に、いくつかの曲折を経て、文芸聯盟は日本プロレタリア文化聯盟や労農文化聯盟の結成につながっていくことになる。こうした点からいえば、『種蒔く人』以降の文芸運動は、「文学運動」というよりも、「プロレタリア文化運動」の歴史として理解する方が自然である。

だが、『種蒔く人』は、実質的にも文化運動の第一歩であった。創作活動と並行して海外動向の紹介や反戦のアピールなど、啓蒙・宣伝活動がおこなわれていた。名称もそのジャンルの輪郭さえも不明瞭だった黎明期の文芸運動に徐々に形と方向性を与えたのは、こうした同人雑誌だったのである。

また、初期の文芸運動は、同人雑誌（文学）だけで成り立っていたのではない。『種蒔く人』に発表された創作にも多くの戯曲が含まれていたように、大衆へのアピールという点では演劇こそ運動の花形であった。労働運動家の平澤計七《けいしち》は、すでに一九一九年頃から労働組合運動に演劇を持ちこんでいたが、文芸聯盟以降の運動においても、演劇（芝居）は常に大衆文化運動の最前線でありつづけた。文芸聯盟が、「プロレタリア文化」の樹立をめざす運動団体として出現したのは、むしろ当然の成り行きだったのである。

## 2 忘れられた原点

『文芸戦線』一九二五年一月号の「インタアナショナル」欄に、「万国の革命的プロレタリア著作家に檄す」と題する檄文が掲載されている。これは、世界各地の「無産階級著作家」に「強固なる国内的組合」の結成と、それらの国際的連帯・相互の連絡通信を呼びかけたもので、日本ではこれが直接のきっかけとなって、文芸聯盟設立までの動きが開始された。

この檄文は、コミンテルン（共産主義者インターナショナル）とロシア・プロレタリア作家聯盟（ラップ）の合同会議にもとづいて発せられ、一九二四年一〇月にコミンテルンの国際通信『インプレコール』に掲載されたものであった(8)。ソビエト・ロシアに拠点を置くコミンテルンからの呼びかけに応えるかたちで、日本国内の共産主義者がアクションを起こすという運動のあり方には、賛否両論ある。その受動性を非難することはたやすいが、このようにして日本の文化運動が育まれたのもまた事実であった。

プロレタリア作家の山田清三郎は、『プロレタリア文学史』下巻（理論社、一九五四年）のなかで、こうした文

文藝家よ、社會主義に來れ
眞に人類の藝術を創る者は社會主義者である

図③　「日本プロレタリア文芸聯盟会報」第１号（1926年６月）。文化運動では雑誌や単行本とは別に第３の非公刊メディアとして「会報」や「ニュース」が活用された（DPRO-2260）

芸聯盟の設立経緯を詳しく述べている。この「文学史」は、重要な文献の一つであるが、それだけに、当時の文芸運動・文化運動に対する見方を固定化する役割もはたした。同書によれば、聯盟には「文学・演劇・美術・音楽」（一〇三頁）の四つの芸術部門が設けられていた。文芸聯盟の最大の特徴は、さまざまなジャンルの創作家が集い、それぞれの専門性を活かしつつ相互に協力した点にある。最初からすべてが十全に機能したわけではないが、芸術・文化の統一戦線をめざす運動がこの時期にははっきりと意識されていたのである。

だが、同時代の資料をひもとくと、山田の記憶には大きな錯誤が含まれていたことがわかる。一九二六年六月発行の「日本プロレタリア文芸聯盟会報」第一号〔図③〕には、すでに知られている「宣言」「綱領」「行動綱領」などと並んで、一二月六日の創立大会の模様が報告されているほか、各専門部の活動も報告されている。それによると、設置された専門部は、「講演部」「演劇部」「音楽部」「美術部」「婦人部」で、ほかに「映画部」が計画されている（後に「青年部」ができた）。『文芸戦線』一九二五年九月号に掲載された「草案」の段階でも「文学部」は予定されておらず、他方、前記のほかに「出版部」「法律部」「スポーツ部」の設置が計画されていたようだ。草案の段階では「文化戦野」の範囲として、「芸術」だけではなく、メディア、法律、スポーツまでを広く含むものとして「文化」が認識されていたのである。

この文芸聯盟の計画は、山田清三郎「日本プロレタリア文芸聯盟に就て」（『読売新聞』一九二五年八月七日・八日）によって初めておおやけにされた。このときも――部門というかたちではないものの――「芝居、活動写真、スポーツ、講演会音楽会、展覧会出版等あらゆるものを利用すべし」と書かれていた。各専門部は、学術的なジャンル意識から出発していたのではなく、現実の文化闘争の場面を想定して設置されたものだったことがうかがえる。

たしかに初期の「プロ文芸運動」は、文芸家・作家を中心として成長してきた。しかし、文芸聯盟の結成は、こうした同人誌中心の運動を単に一つに束ねることが目指されたのではない。その反対に、同人誌の枠を超えて――「文学」の枠を超えてと言い換えてもよい――実践的な活動を展開するために、イデオロギーや所属を問わない共同戦線が求められたのではなかったか。ほかならぬ山田清三郎自身が、こうした原点を忘却していたのである。

「会報」第一号からは、さらに興味深い事実が明らかになる。一九二五年一〇月の発起人会総会よりも早く、同年九月一七日に、前記『読売新聞』記事を読んだ労働者たちによって「芝浦支部」が誕生していたのである。山田は「聯盟に就て」（『文芸戦線』一九二五年九月）という短文のなかで、右の『読売新聞』を見た「市電芝浦工場の有志者」などから「賛成や激励の手紙」があったと記しているが、実は本部に先立って支部が設立されると

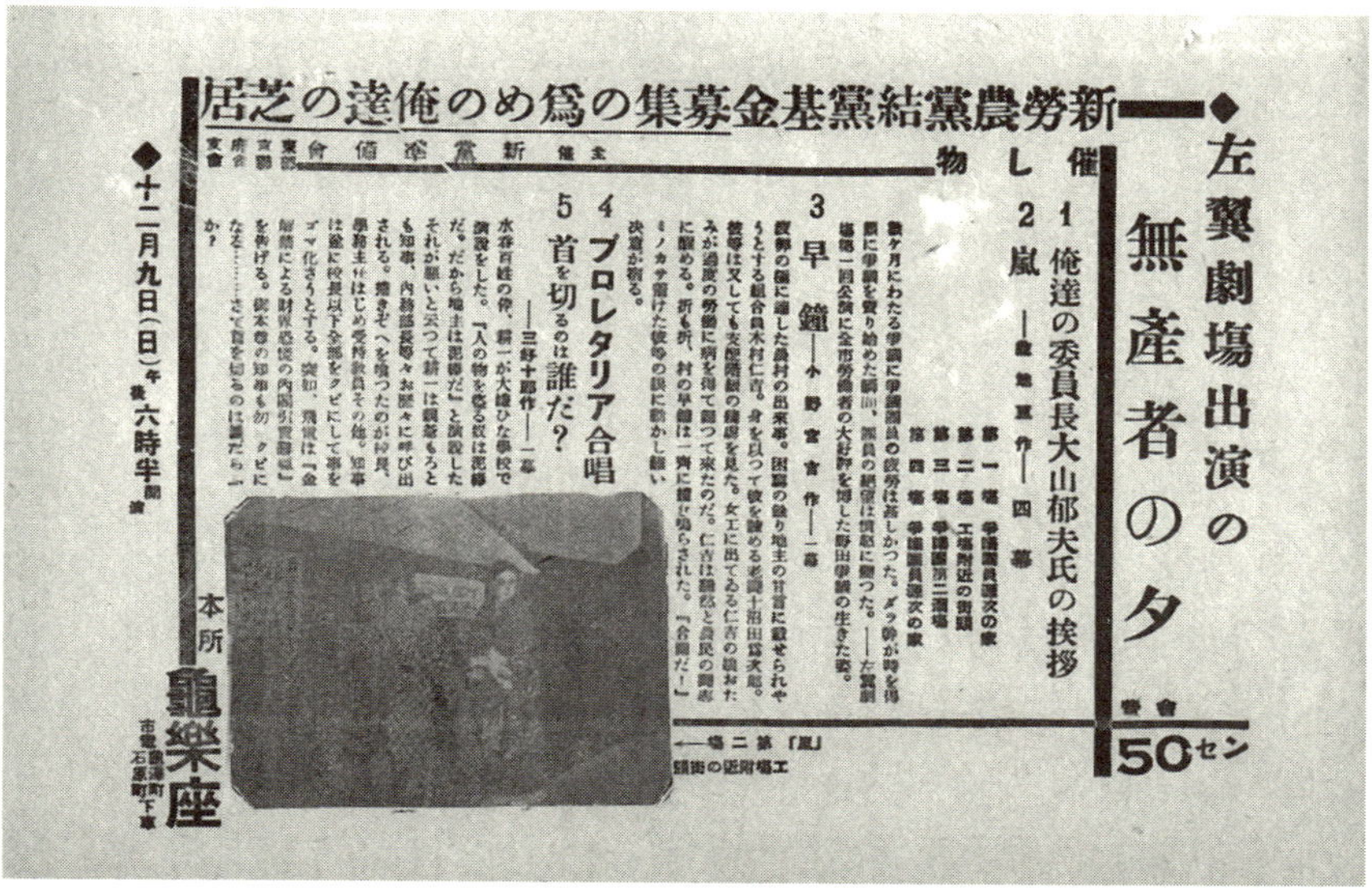


図④　左翼劇場が出演した「無産者の夕」チラシ（1928 年 12 月）。新労農党結党基金募集と称し、東京・本所区の亀楽座で開催（DPRO-0516）

いう驚くべき現象が起こっていたのである。

こうして誕生した文芸聯盟は、一九二六年二月に起こった東京・小石川の共同印刷争議の応援によって実質的な活動を開始した。演劇部が「トランク劇場」を結成して出前の公演活動をおこない、美術部は街頭で漫画を売ってその売り上げを争議団にカンパした。また、『無産者新聞』の一周年記念には、「無産者の夕《ゆうべ》」を開催した。「無産者の夕」は、一九二六年一〇月二日、三日の夜に東京の芝区協調会館で、四日夜は神奈川の川崎公会堂で行われた。東京南部から川崎・鶴見・横浜にかけては、港湾整備が進み京浜工業地帯が形成されつつあった。文芸聯盟は、こうした労働者たちの勃興するエネルギーに支えられて、独自の活動を開始したのである。なお、「無産者の夕」は、いくつもの部門が関わって芝居や歌などが実演される大衆啓蒙を意図した娯楽イベントである。この後の文化運動でも「プロレタリヤの夕」などの名称で各地で開催されたが、その源流は文芸聯盟時代の実践活動にあったのである［図④］。

## 3 「文学」中心主義

こうした実践的活動は、必ずしも晦渋なマルクス・レーニン主義文献を理解しなければ実行できないものではない。争議を工場労働者だけの孤立的な運動とせずに、労働者、その家族、組合指導者たち、そして芸術家たちの共同戦線を作りあげていく行為こそが文化運動の内実だった。日本プロレタリア文芸聯盟が、当初から「プロレタリア文化を樹立する」ことを目的としていたこと、そして、実際に文化闘争を実践していたこと、部門の構成も実践重視であって芸術ジャンルにもとづいていなかったこと等々の意義は、あらためて見直されるべきであろう。

プロレタリア文化運動は、労働運動と融合しつつストライキの空間を祝祭化し、苦しい日常生活にユーモアや対話、同情や共感、時には怒りの爆発をもたらした。こうした実践的活動は、後につづく文化運動団体にも受け継がれたが、すべての文芸家たちがこうした活動を本当に望んでいたのかは疑わしいものがある。なぜなら、青野季吉の「自然生長と目的意識」(『文芸戦線』一九二六年九月)を境として、文化運動は急速に「文学運動」へと変異してしまったからである。(9)

マルクス主義文芸批評家の蔵原惟人は、『中央公論』一九二九年一二月号に発表した「プロレタリア文芸批評界の展望」の中で、青野季吉が「プロレタリア文学運動の領域」に「目的意識を導入した」ことを高く評価している。だが正確には、「プロレタリア文学運動の領域」にそれが持ち込まれたのではなく、青野の論をきっかけとして「プロレタリア文学運動の領域」が立ち上げられたのである。「文芸運動」や「芸術運動」などと並行的に(しかしより少なく)用いられていた「文学運動」という言葉が——マルクス主義流に表現するなら——なぜへゲモニー（主導権）を獲得することができたのか。

青野論によって、文芸聯盟はマルクス主義の強い影響を蒙り、共同戦線的な組織から、非マルクス主義者を排除した日本プロレタリア芸術聯盟に改組されるに至る。福本主義[10]を信奉する帝大出身インテリゲンチャの参入によって、この後、激しい分派抗争が発生し、文芸が「政治の優位性」に引き回されたことについては繰り返し論じられてきた。しかし、それ以上に、青野の論文が前提とした「文学運動」なるものこそ問い直されるべきであろう。蔵原の言うように、青野の論文は、前衛による指導（目的意識＝マルクス主義的世界観の注入）という考えを持ちこんだ。だが、青野の主観的意図にかかわらず、目的意識論の最大の効果は、その政治主義的な「指導」の論理を持ち込むにあたって、コントロールされるべき対象としての「文学（文学運動）」を立ち上げた点にある。軌道に乗り始めたプロレタリア文化運動は、「文学運動」によって上書きされ、そこに文学者（文芸理論家）が主導的な位置を占めるかたちで文学・芸術運動を自己目的化するようなへゲモニー（主導権）が確立された。「文化」という領域を明らかにするための議論は育まれず、「政治」と「文学」という二元論的なパラダイムが導入され、両者の対立・葛藤をめぐる議論が、あたかも運動の本質的課題であるかのように繰り返されたのである。その裏側では、自己の存在証明を相互に相手にゆだねるような共犯的なもたれ合いの関係が構築された。極言すればこの時、プロレタリア文化運動の萌芽は、「文学」中心主義によって簒奪されたのである。「文学」中心主義は、この後の運動全体を方向付ける決定的に重要な意味を持っていた。芸術聯盟以後の各組織の「宣言」や「綱領」を眺めてみれば、その変化は明らかである。

文芸聯盟から芸術聯盟（プロ芸）への改組は、一九二六年一一月一四日の文芸聯盟第二回大会で行われた。翌年、三月二九日の臨時総会で、マルクス主義芸術研究会（マル芸）の中野重治・鹿地亘《かじわたる》らが幹部に就き、やや後に「宣言」（『文芸戦線』一九二七（昭和二）年六月）が発表された。この中では、「プロレタリアートを先頭とす

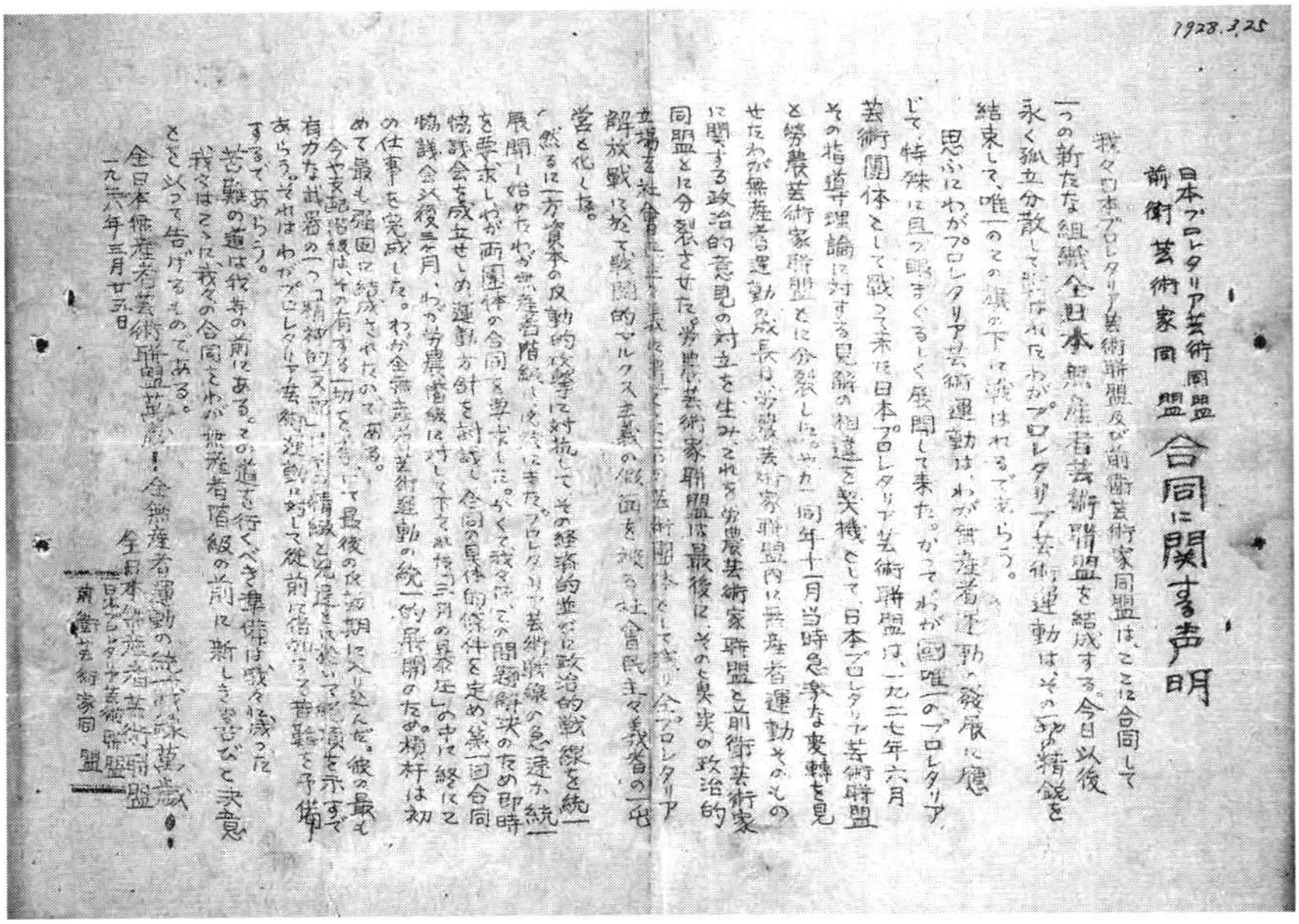


図⑤　プロ芸・前芸の「合同に関する声明」（1928年3月）。5月発行の『戦旗』創刊号にも掲載されたが、ガリ版刷りは機関誌発行までのタイムラグを埋めた（DPRO-2280）

る人類解放の闘争」[11]がうたわれたが、「プロレタリア文化」という言葉は消え、実質的な目標はあいまいにされてしまった。

プロ芸を福本主義者にのっとられた旧来からの文芸家たち（文戦派）は、プロ芸を脱退して新たに労農芸術家聯盟（労芸）を結成した。その「綱領」（『労芸パンフレット第一篇労農芸術家聯盟の綱領』一九二七年七月）では、「プロレタリア芸術運動」の基本的行動は「作品行動」であるとされ、「文学」への傾斜がさらに強まっていった。[12] さらに、労芸から分裂した前衛芸術家同盟（前芸）の「綱領」（『前衛』一九二八年一月）でも、「芸術作品の組織的生産並に統一的発表」[13]が目標と記された。

文化運動という方向性での議論は霧消し、創作活動そのものが目的化されていった。うち続く分派抗争の裏側では、ほとんど同じようなジャンル意識が育まれた。互いを鏡像関係として、うり二つの組織が乱立していく様子が、これらの「宣言」「綱領」にははっきりと現れている。プロ芸と前芸が合同して成立した全日本無産者芸術聯盟（ナップ）の「合同に関する声明」（『戦旗』一九二八年五月〔図⑤〕）では、「プロレタリア芸術運動」という言葉が繰返されるものの、その自明性ゆえか、もはや具体的に何をするために合同するのかすら明らかにされていない(14)。

文芸聯盟から芸術聯盟への改組を推進したマル芸の人々は、福本理論に依りながら、経済闘争から全無産階級的政治闘争への方向転換をとなえた。この後、作品の内容について思想的・イデオロギー的な方向付けをどのように行うかということが議論の中心的なテーマにすり替わっていくこととなる。「政治」への方向転換の中で、文学（芸術）作品の内容がより重視されていく過程は何とも奇妙である。もちろん「宣言」や「綱領」だけで全体像を推し測ることはできず、個々の議論・論争を見ていけば、単純に語れない要素は山のようにある。だが、彼らの意識が「文化」から離れてしまったことは事実であろう。特にナップ傘下の作家同盟は、創作内容に対する過剰なまでの議論をつづけた果てに、ほとんど作品に対する自己検閲機関に近い状態に達した。そうして、大衆化の不完全さと多数者獲得の不十分さばかりが反省された末に、突如として作家たちを非合法的階級闘争の第一線に投入しようとする日本プロレタリア文化聯盟（コップ）が生み出されたのである。

## 4　日本プロレタリア文化聯盟の結成とその崩壊

プロレタリア文化運動の全盛期に、一九二七年六月に結成された労農芸術家聯盟（機関誌『文芸戦線』）と、一九二八年三月に結成された全日本無産者芸術聯盟（機関誌『戦旗』）の二大勢力によってかたちづくられた。労芸（文戦派）は、前芸との分裂によって、トランク劇場から発展してきた前衛座（演劇部）および美術部の全員を失い、たった一六名でのスタートとなった。『種蒔く人』以来の有力な作家たちが残ったこともあり、後には文戦劇場を設置し勢力を回復するものの、組織的な規模においてはナップにはるかに及ばなかった。

ナップは一九二八年一二月に、全日本無産者芸術団体協議会（略称はナップのまま）に改組された。初期のナップには、文学・演劇・映画・美術・音楽・出版の各専門部が存在したが、これらの部門が独立するかたちで、日本プロレタリア作家同盟（ナルプ）、日本プロレタリア劇場同盟（プロット）、日本プロレタリア映画同盟（プロキノ）、日本プロレタリア美術家同盟（A・R、のちP・P、ヤップ）、日本プロレタリア音楽家同盟（P・M）、そして雑誌『戦旗』を発行する戦旗社が生まれた。改組後のナップはこれらの「統一連絡」のための機関として位置づけられた。弾圧を受け、内部的な課題を抱えながらも、運動は飛躍的に発展したのである。

一九三一年に入ると、芸術部門のみならず、そのほかの文化領域をも統合する統一機関創設に向けた動きが進められた。これを主導したのが、これまでも理論家として指導的役割をはたしてきた蔵原惟人であった。同年一〇月二四日に開かれた準備会を最後として、日本プロレタリア文化聯盟（コップ）は、創立大会を開かないまま事実上活動を開始し、これにともなってナップは自主的に解散した。[15]

コップは、工場内に文化サークルを創設してサークル員を獲得すること（多数者獲得）を主要課題とした。また、当時非合法であった共産党の合法面における代理機関のような立場にみずからを立たせた。このことは、これまでまがりなりにも合法性を確保していた文化運動を、非合法運動（すなわち治安維持法の取り締まり対象）と一体化してしまうことを意味した。当局からの弾圧はますます厳しくなり、一九三四年前半には自然消滅のようなかたちでコップは活動を停止する。コップの壊滅と前後して、作家同盟や演劇同盟（劇場同盟から改称）などコップ加盟の諸団体も相次いで解散した。

その約一年前に起こったのが、一九三三年二月二〇日の築地警察署における小林多喜二虐殺事件である。前年の一九三二年三月に「コップへの大暴圧」と呼ばれる一斉検挙があり、[16]共産党員でもあった多喜二はこの時から

「地下」活動に移っていた。多喜二は、匿名で次々と批評を発表して、合法性を維持しながら、あくまでも「作家」として活動しようとする者たちのことを「右翼日和見主義者」として厳しく批判したのである。「地上」に残された者たちは「作家」として作品を発表しなければ、家族の生活を維持していくことさえできない。機関誌が発禁続きの中で、指導部が満足するような内容の原稿を一般の文芸誌に掲載できるはずもなかった。小林多喜二は、ますます先鋭化＝孤立化するコップおよび作家同盟の指導部を象徴していた。一般の同盟員・サークル員との隔絶が広がるばかりの状況の中で多喜二は殺された。直接に手を下したのはもちろん国家権力に属する者たちであったが、多喜二を同志から遊離した状況に追い込んだのは、多喜二自身も深く関わったコップの文化運動そのものであった。その根源には「政治」と「文学（芸術）」の二元論的パラダイム――論理的に統合し得ない命題――があり、それを非人間的な鉄の規律と超人的な努力によって超克しようとすれば、いつかは悲劇的結末が訪れるしかなかったのである。

## 5 「政治」と「文学」とのあいだ

一九二〇～三〇年代の文化運動は、文芸聯盟からコップに至るまで、階級闘争のために大衆啓蒙・大衆宣伝の道具として芸術を活用し、文芸家を動員するというものであった。また、その実現のために創作方法・創作内容についての延々たる討議や、教条的なスローガンの連呼がおこなわれた。

戦後の文学研究は、こうした「政治の優位性」を批判してきた。たしかにマルクス・レーニン主義という名の過剰な「政治」によって運動は混乱を重ねた（その象徴的存在としての蔵原惟人への批判は根強い）。その意味では、「政治」が諸悪の根源のようにも見える。だが、本論で述べてきたように、文芸聯盟設立前後は必ずしも「文学」に運動の方向性を特化するものではなく、むしろ文芸家が中心となって、「プロレタリア文化」を実現するためにさまざまなジャンルへの越境を指向していた。スポーツから法律までを視野に収めていたそうした運動が、経済闘争（階級闘争）の一部であり、また、その闘争を支持するための広義の政治的行動であることはむしろ当然のことであった。しかし、だからこそ文芸聯盟では、運動の不徹底を招くリスクを理解した上で、特定の政治的イデオロギーに特化しないように思想的立場を問わない方針が採られていたのである。[17]

だから、文芸聯盟への参加は、すぐさま特定の政治的イデオロギーに従属することを意味しなかった。というよりも、文芸聯盟は、政治をも含む広義の文化闘争の戦線を模索していたはずである。「政治」と「文化」を切断しない領域としての〈文化〉。そのような方向性がかすかに示されていた。

たしかに、文芸聯盟にも基本的には「政治の優位性」を受け入れていく素地があり、錦の御旗（コミンテルン）を絶対視する受動性がみられた。しかし、前述のように、「政治」と「文学」との二項対立的な枠組みが、当初から自明視されていたわけではない。ストライキに駆けつけて芝居をおこない、街頭で漫画を売ってカンパするといった活動から出発し、参加者のイデオロギーを問わず、個人の創作内容に干渉しないような集団的運動のあり方を、運動初期ゆえの過渡的な状況とみなしてはならないだろう。ここには、その後の運動体とは決定的に異なる〈文化〉が実現されつつあったからである。

一九二〇年代なかばの日本で「プロレタリア文化」が注目された背景には、革命直後のソビエト・ロシアで大規模に実践されたプロレトクリト（プロレタリア文化）運動があった。この運動は、ドイツにも波及し、一九一九年には「プロレタリア文化同盟」の結成が呼びかけられている。日本においては、『種蒔く人』一九二二年九月号が「赤色プロレットカルト・インタナシヨナルの研究」を特集している。ロシアやドイツほどの規模ではないが、『種蒔く人』から文芸聯盟結成に至る流れは、大筋としてはこうした世界的な潮流に沿うものであった。

しかし、より根源的な問題としては、「政治」「経済」「文化」がテクノロジーの高度化と、植民地主義を基盤とする経済のグローバル化にともなってますます緊密で複雑な様相を呈してきたことが挙げられる。その複雑で重層的な現実を認識するための場所として〈文化〉の役割と意味が大きく変容してきたのである。

ナチスから逃れてアメリカに亡命したホルクハイマーとアドルノが「全世界が文化産業のフィルターをつうじて統率される[18]」と危機感をあらわにしたように、文化産業（映画・ラジオ・雑誌・広告）が、支配的なイデオロギーの宣伝メディアとなって大衆を啓蒙しはじめたのが戦間期（一九二〇～三〇年代）である。日本においてプロレタリア文化運動が発展したのは、ロシアやドイツの単なる影響ではなく、こうした広範囲に及ぶ「文化」の変容が日本にも波及していたからだと考えられる[19]。

「文化」と「経済」あるいは「テクノロジー」との複合性については、イギリスの思想家スチュアート・ホールが、「フォーディズム」をとりあげながら、「現代文化はその実践においても生産様式においても容赦なく物質的であり、商品とテクノロジーの物質的世界はまったく文化的である[20]」と指摘していたことも想起される。ここで話題になっている「フォーディズム」は、ライン化された生産管理システムのことで、現代の人間管理のメタファーとしてもしばしば用いられる。フォーディズムが実現したものこそ、「テクノロジー」と「文化」の融合体としての生産様式であった[21]。

ここでもう一度、プロレタリアートの〈文化〉とは何かと問うなら、それはプロレタリア文化運動の指導者たちの中ではなく、文化運動にたずさわった末端の人々の日々の実践の中にこそあったといわねばならない。芸術の素人たちが、限られた人員、道具、資金のなかで活動し、ガリ版印刷やビラ貼りをおこなった。そして、おそらくは同じ人々が、劇団の中で、切符を売り、小道具を作り、舞台にも立ったことだろう。特に地方の現場では、運動の中で一人の人間がいくつもの役割を担ったはずだ。少数性は、アマチュア精神を涵養する。

このアマチュア精神こそ、あらたな〈文化〉が発見され、構成されていくための原動力の一つだったのではないだろうか。その限りにおいて、アマチュア集団でしかなかった文芸聯盟は、その後の専門的職能集団とは異なる方向への可能性を秘めていた。

マルクス主義理論やコミンテルンの指令によってあらかじめ規定された集団がプロレタリアートなのではない。それぞれに異なる意志や目的を持つ諸個人が、それぞれにいくつもの文化的アイデンティティを同時的に生きているのが現代社会である。プロレタリアートの〈文化〉が固定的に存在するのでも、プロレタリアートというアイデンティティが本質的に存在するのでもない。「プロレタリアート」という〈文化〉を実践的・実験的に演じることが〈プロレタリア文化運動〉なのである。日本プロレタリア文芸聯盟には、そのようなプロレタリア文化運動の試みのかすかな可能性、見失われた小さな芽があった。

（1）水野忠夫『新版 マヤコフスキイ・ノート』（平凡社ライブラリー、二〇〇六年）三九五頁。
（2）タチヤナ・ヴィクトロヴナ・コトヴィチ著、桑野隆監訳『ロシア・アヴァンギャルド小百科』（水声社、二〇〇八年）「プロレトクリト」の項。
（3）瀧口順也「プロレトクリトと「新しい文化」——初期ソヴィエト政権下におけるプロレタリア文化の創造をめぐって」（『国際文化研究』二〇一四年三月）。
（4）山田清三郎『プロレタリア文学史』下巻（理論社、一九五四年）一〇〇頁。
（5）「日本プロレタリア文芸聯盟規定」（DPRO-2258）。
（6）平林初之輔「第四階級の文学」（『解放』一九二二年一月）、同「文芸運動と労働運動」（『種蒔く人』一九二二年六月）、『日本プロレタリア文学評論集3』（新日本出版社、一九九〇年）参照。
（7）青野季吉「文芸運動と労働階級」（『新興文学』一九二三年一月）、同「芸術の革命と革命の芸術」（『解放』一九二三年三

月）、前掲『日本プロレタリア文学評論集3』参照。

（8）栗原幸夫ほか編『資料世界プロレタリア文学運動』第二巻（三一書房、一九七三年）所収、池田浩士による解説参照（五三一頁）。

（9）青野季吉自身は、「文芸運動と労働階級」（注4）の中で、すでに「プロレタリア文学運動」という言葉をその独自の役割を主張する文脈の中で用いている。

（10）福本和夫「『方向転換』はいかなる諸過程をとるか」（『マルクス主義』一九二五年一〇月）における「結合する前に、先づ、きれいに分離しなければならない」とする主張が著名。福本は一九二四年以降、前衛党による政治的指導や理論闘争を重視する論文を相次いで発表し「福本主義」と呼ばれた。

（11）『日本プロレタリア文学集』別巻（新日本出版社、一九八八年）三八頁（DPRO-2261）。

（12）前掲『資料世界プロレタリア文学運動』第二巻、四六〇頁。

（13）前掲『日本プロレタリア文学集』別巻、七一頁。

（14）同前、七八頁（DPRO-2280）。専門部は「文学」「演劇」「美術」「映画」「音楽」となり、学術的なジャンル意識が投影された。

（15）コップには日本プロレタリア作家同盟、同演劇同盟、同美術家同盟、同映画同盟、同音楽家同盟、同写真家同盟のほか、無産者産児制限同盟、日本プロレタリア・エスペランティスト同盟、日本戦闘的無神論者同盟、プロレタリア科学研究所、新興教育研究所、プロレタリア図書館が加盟し、まさに「文化」の領域を広くカバーする運動体が実現することとなった。ただし当初、蔵原惟人が「プロレタリア芸術運動の組織問題」（『ナップ』一九三一年六月）で提唱した際には、スポーツ部門とラジオ部門も提案されていた。これに対抗するように、文戦派は一九三二年六月に労農文化聯盟を結成した。創立時点では、音楽、美術、映画、反宗教、排酒、演劇、医療の各同盟が参加し、科学、文学、エスペラント、スポーツの各同盟が準備された（DPRO-2476）。

（16）壺井繁治によれば約四〇〇名が検挙された。壺井繁治「『プロレタリア文学』の時代」（『プロレタリア文学』復刻版別冊、日本近代文学館、一九七二年所収）。

（17）今野賢三「文芸聯盟の行動――慎重の考慮を要す」（『文芸戦線』一九二六年二月）。

（18）ホルクハイマー／アドルノ著、徳永恂訳『啓蒙の弁証法――哲学的断想』（岩波文庫、二〇〇七年）二六二頁。原著一九四七年。

(19) ハリー・ハルトゥーニアンは、日本＝後発工業国という規定は、アメリカをも含む西洋諸国で起こったファシズムに結びつくような「知的・文化的な衝動」を無視することにつながると指摘している。同著、梅森直之訳『近代による超克——戦間期日本の歴史・文化・共同体』上（岩波書店、二〇〇七年）七頁。

(20) スチュアート・ホール著、葛西弘隆訳「「新時代」の意味」(『現代思想』二〇一四年四月臨時増刊号)。原著一九八九年。

(21) 文化とテクノロジーに関心を寄せたマルクス主義者は平林初之輔である。菅本康之『モダン・マルクス主義のシンクロニシティ——平林初之輔とヴォルター・ベンヤミン』（彩流社、二〇〇七年）および、前掲『近代による超克』参照。

# プロレタリア文化運動における組織の問題

内藤由直

## 1　組織・集団の芸術

プロレタリア文化運動の特徴は、それが組織・集団を基礎とした活動であったということである。これは個人を主体とした従来の文化・芸術のあり方とは一線を画するものであった。例えば、日本のプロレタリア文化運動の濫觴と位置付けられる雑誌『種蒔く人』は、「芸術運動に共同戦線なるものがあるか。僕らは思ふ。明かにある。そして、また、なければならない」（社論〔小牧近江《おうみ》〕「芸術運動に於ける共同戦線」『種蒔く人』一九二三年六月、四六四頁）と、芸術家たちによる大同団結の必要を高らかに揚言することで、集団的文化運動の嚆矢となった。

団結が要請されたのは、猛威を振るう資本主義に対抗し、抑圧される無産階級を解放するための力を手に入れるためである。『種蒔く人』の思想を継承・発展させた雑誌『文芸戦線』の同人たちは、一九二五年一二月、より広汎な団結を実現するために日本プロレタリア文芸聯盟を組織化するが、その結成に当たって、次のような宣言文を発表している。

現代の資本主義社会に於ては、文化もまた必然にブルジヨアによつて生み出され、支持されてゐる。そして巨大にして怪物的な資本主義が世界の民衆を余すところなく蹂躙し搾取して残滓なからしめんとしてゐると同じく、ブルジヨア文化もまた殆んど完全に現代を征服して、余すところ無からしめやうとする形勢にある。

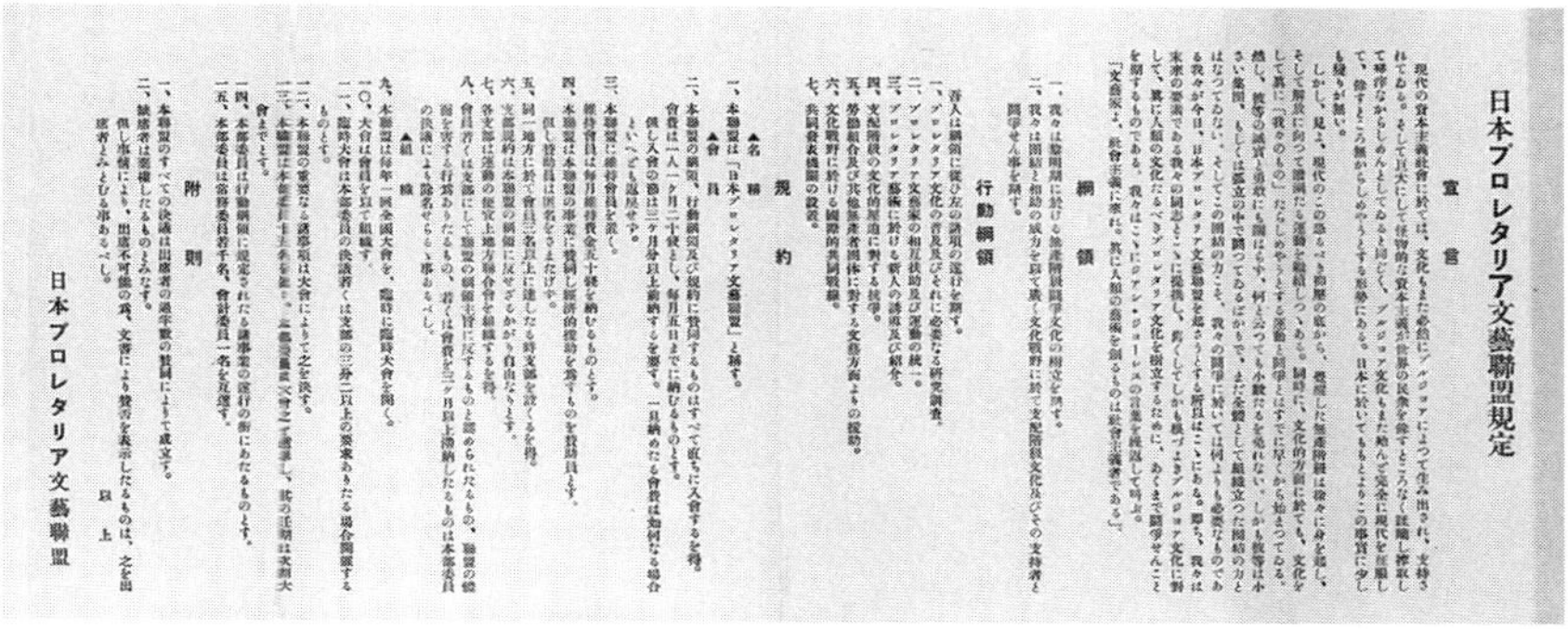
日本プロレタリア文藝聯盟規定

宣言

現代の資本主義社會に於ては、文化もまた必然にブルジョアによつて生み出され、支持されてゐる。そして巨大にして怪物的な資本主義が世界の民衆を餘すところなく試験し搾取して蹂躙なからしめんとしてゐると同じく、ブルジョア文化もまた殆んど完全に現代を征服して、餘すところ無からしめやうとする形勢にある。日本に於いてももとよりこの事實に少しも變りが無い。

しかし、見よ、現代のこの恐るべき抑壓の底から、覺醒した無産階級は徐々に身を起し、そして解放に向つて潑溂たる運動を継續しつゝある。同時に、文化的方面に於ても、文化をして眞に「我々のもの」たらしめやうとする運動と闘爭とはすでに早くから始まつてゐる。然し、彼等の誠實と勇敢にも關はらず、何と云つても小數たるを免れない。しかも彼等は小さい集團、もしくは孤立の中で闘つてゐるばかりで、まだ全體として組織立つた團結の力とはなつてゐない。そしてこの團結の力こそ、我々の闘爭に於いては何よりも必要なものである。即ち、我々が今日、日本プロレタリア文藝聯盟を起さうとする所以はこゝにある。我々は未來の要求である我々の闘志をこゝに提携し、斯くしてしかも根づよきブルジョア文化に對して、眞に人類の文化たるべきプロレタリア文化を樹立するために、あくまで闘爭せんことを期するものである。我々はこゝにジアン・ジョーレスの言葉を挽話して叫ぶ。

「文藝家よ、社會主義に來れ。眞に人類の藝術を創るものは社會主義者である」。

綱領

一、我々は黎明期に於ける無産階級闘爭文化の樹立を期す。

二、我々は團結と相互の威力を以て廣く文化戰野に於て支配階級文化及びその支持者と闘爭せん事を期す。

行動綱領

吾人は綱領に從ひ左の諸項の遂行を期す。

一、プロレタリア文化の普及及びそれに必要なる研究調査。
二、プロレタリア文藝家の相互扶助及び運動の統一。
三、プロレタリア藝術に於ける新人の誘掖及び紹介。
四、支配階級の文化的壓迫に對する抗爭。
五、勞働組合及び其他無産者團體に對する文藝方面よりの援助。
六、文化戰野に於ける國際的共同戰線。
七、共同發表機關の設置。

規約

▲名 稱

一、本聯盟は「日本プロレタリア文藝聯盟」と稱す。

▲會 員

二、本聯盟の綱領、行動綱領及び規約に贊同するものはすべて直ちに入會するを得。會費は一人一ケ月二十錢とし、毎月五日までに納むるものとす。但し入會の際は三ケ月分以上前納するを要す。一旦納めたる會費は如何なる場合といへども返戻せず。

三、本聯盟に維持會員を設く。維持會員は毎月維持費金五十錢を納むるものとす。

四、本聯盟は本聯盟の事業に贊同し經濟的援助を爲すものを贊助員とす。但し贊助員は匿名をさまたげず。

五、同一地方に於て會員三名以上に達したる時支部を設くるを得。

六、支部規約は本聯盟の綱領に反せざるかぎり自由なりとす。

七、各支部は運動の便宜上地方聯合會を組織するを得。

八、會員若くは支部にして聯盟の綱領主旨に反するものと認められたるもの、聯盟の體面を害する行爲ありたるもの、若くは會費を三ケ月以上滯納したるものは本部委員の決議により除名せらるゝ事あるべし。

▲組 織

九、本聯盟は毎年一回全國大會を、臨時に臨時大會を開く。

一〇、大會は會員を以て組織す。

一一、臨時大會は本部委員の決議若くは支部の三分二以上の要求ありたる場合開催するものとす。

一二、本聯盟の重要なる諸事項は大會によりて之を決す。

一三、本聯盟は本部委員十五名を置き、之を大會に於て選擧し、其の任期は次期大會までとす。

一四、本部委員は行動綱領に規定されたる諸事業の遂行の衝にあたるものとす。

一五、本部委員は常務委員若干名、會計委員一名を互選す。

附則

一、本聯盟のすべての決議は出席者の過半數の贊同によりて成立す。

二、缺席者は棄權したるものとみなす。但し事情により、出席不可能の爲、文書により贊否を表示したるものは、之を出席者とみとむる事あるべし。

以上

日本プロレタリア文藝聯盟

図① 「日本プロレタリア文芸聯盟規定」（DPRO-0006・2258）

日本に於いてももとよりこの事実に少しも変りが無い。／しかし、見よ、現代のこの恐るべき抑圧の底から、覚醒した無産階級は徐々に身を起し、そして解放に向つて潑溂たる運動を継続しつゝある。同時に、文化的方面に於ても、文化をして真に「我々のもの」たらしめやうとする運動と闘争とはすでに早くから始まつてゐる。然し、彼等の誠実と勇敢にも関はらず、何と云つても小数たるを免れない。しかも彼等は小さい集団、もしくは孤立の中で闘つてゐるばかりで、まだ全体として組織立つた団結の力とはなつてゐない。そしてこの団結の力こそ、我々の闘争に於いては何よりも必要なものである

（日本プロレタリア文芸聯盟「日本プロレタリア文芸聯盟規定」［図①］）

宣言文の中で「団結の力こそ、我々の闘争に於いては何よりも必要なものである」と述べられているが、この命題は約一〇年にわたって展開されたプロレタリア文化運動の盛衰を示唆しているように思われる。なぜなら、プロレタリア文化運動は、団結の力を求めて隆盛し、そして、団結の力を求めることによって衰退していったからである。

本稿では、プロレタリア文化運動の中でも最も活発に活動していた文学運動を中心として、芸術組織の形成過程を概観していく。プロレタリア文化運動がどのようにして団結を構想し実現していったのか、また、団結の

結果が運動に何を招来したのかを跡付けていきたい。

## 2　組織拡大の運動

プロレタリア文化運動の組織は、明確な目的を有して形成された集団である。例えば、前述の日本プロレタリア文芸聯盟は、その綱領に「一、我々は黎明期に於ける無産階級闘争文化の樹立を期す。／二、我々は団結と相助の威力を以て広く文化戦野に於て支配階級文化及びその支持者と闘争せん事を期す」（日本プロレタリア文芸聯盟「日本プロレタリア文芸聯盟規定」前掲）と記し、資本主義制度下における対抗文化の確立と、それによる文化闘争の実践を目標として掲げている。

文化闘争を強力に推し進めていくためには、集団の威力をより強固なものとしていかなければならない。ゆえに、プロレタリア文化運動においては、組織化が図られ、その力を高めるために、成員の増大と意志統一とが急務とされた。

初期のプロレタリア文化運動の中で、組織の拡大強化に大きな役割を果たしたのが、青野季吉《すえきち》［図②］の提唱した目的意識論である。青野は、レーニンの『何を為すべきか』を敷衍し、その組織論をいち早く文学理論へ応用したことで知られている。

青野の評論「自然生長と目的意識」（『文芸戦線』一九二六年九月、三～五頁）は、プロレタリア文学とプロレタリア文学運動とを明確に区別したことで画期的な理論となったものである。青野はこの中で、「プロレタリヤ文学運動は、〔略〕自然発生的なプロレタリヤの文学にたいして、目的意識を植えつける運動であり、それによつて、プロレタリヤ階級の全階級的運動に参加する運動である」と述べ、〝運動〟という概念を文学理論へ組み込んだ。

この運動は、「目的を自覚したプロレタリヤ芸術家が、即ち社会主義プロレタリヤ芸術家が、自然生長的なプロレタリヤの芸術家を、目的意識にまで、社会主義意識にまで、引上げる集団的活動である」と説明され、さらに「その自然生長を導き、引上げる力《クラフト》がなければならぬ」とも述べられている。この集団の力は、「社会主義的目的意識は、外部からのみ注入されるものであると信ずる。我々のプロレタリヤ文学運動は、文学の分野での、その目的意識の注入運動であると私は信ずるのである」（青野季吉「自然生長と目的意識再論」『文芸戦線』一九二七年一月、一〇四頁）というように、諸個人に対してその外部から行使されるものであると考えられた。

「自然生長と目的意識」の中では明言されないが、外部から注入される社会主義的目的意識とは、マルクス主義のイデオロギーのことである。そのことは、例えば、「マルキシズムの原理の上に立つ目的意識性を、我々――プロレタリヤ文芸運動――の陣営中に滲潤し、徹底せしむべき必要がある」（遠藤慎吾「プロレタリヤ文芸批評家の当面の任務」『文芸戦線』一九二六年一二月、一九頁）や、「マルキシズムの目的意識によつて浸透されてゐない文芸や或はまたアナーキズムの立場の上に展開された文芸などは、真の無産階級文芸たる本質を備へたものではない」（佐野袈裟美「マルキシズムに立脚する文芸運動」『文芸戦線』一九二七年三月、七一頁）といった文言から確認できる。

図②　青野季吉（1927-28年頃撮影／日本近代文学館提供）

マルクス主義イデオロギーを外部から注入するという運動理論は、雑誌『文芸戦線』の綱領に結実し（社説「社会主義文芸運動」『文芸戦線』一九二七年二月、六

～九頁／社説「無産階級文芸運動と政治闘争」『文芸戦線』一九二七年三月、六八～七〇頁）、論争を惹起するなど大きな影響を及ぼしたが、なかでも看過できないのは、集団形成の足枷になってしまったということである。そのことを平野謙は、次のように指摘している。

結果としていえば、この論文（「自然生長と目的意識」）が直接の動機となって、文学運動の共同戦線体が破れたことを第一にあげなければなるまい。「種蒔く人」以来、アナーキストもサンジカリストもコムミニストも協同して、「無産階級解放運動に於ける各個人の思想及行動は自由である」という立て前でたたかってきた共同戦線体としての文学運動は、ここに終焉したのである。具体的には、村松正俊、中西伊之助ら非共産主義者の「文芸戦線」からの脱退（一九二六・一二）と、日本プロレタリア文芸聯盟を日本プロレタリア芸術聯盟（略称プロ芸）と改称し、マルクス主義者による芸術団体として改組したこと（一九二六・一一）、これが『自然生長と目的意識』のもたらした直接の結果にほかならない。

（平野謙「解説」『日本プロレタリア文学大系2』三一書房、一九五四年、四一三頁）

平野の説明にあるように、青野が提唱した運動理論は、集団・組織の拡大強化を志向しながら同時にマルクス主義者の集団・組織として純化することを試み、非マルクス主義者および反マルクス主義者を排除したために、プロレタリア文化運動の端緒において目指されていた広汎な芸術家たちによる共同戦線を解消することとなったのである。

共同戦線の確立を目指した日本プロレタリア文芸聯盟から、マルクス主義という一定の政治イデオロギーによって統制された日本プロレタリア芸術聯盟への改組は、以後のプロレタリア文化運動のあり方を決定づけたと言ってよい。プロレタリア文化運動は、マルクス主義文化運動としての側面をより鮮明にしながら展開されていくことになるのである。

無論、マルクス主義と言っても一様ではなく、福本イズムの評価を巡る対立や活動方針の確執によって、同じマルクス主義者の中でも軋轢が生じ、日本プロレタリア芸術聯盟に対立する労農芸術家聯盟が結成されるなどした（本書の鳥木圭太「文線派の文化運動」を参照）。また、日本無産派文芸聯盟や農民文芸会のように、プロレタリア文化の概念を幅広く捉え、マルクス主義に依拠しないプロレタリア文化運動を実践しようとする集団もあった。

それらを糾合する大同団結の思想が完全に忘れ去られたわけではなかった。例えば、「我々は是非とも、これ等の芸術団体のすべてを包含し、而もこれ等諸団体の外にある所の永続的なる全左翼芸術家団体統一聯合の組織に向つて行かなければならない」（蔵原惟人《くらはらこれひと》「無産階級芸術運動の新段階」『前衛』一九二八年一月、二四頁）という呼びかけに応じて、一九二八年三月一三日に結成された日本左翼文芸家総聯合は、反資本主義・反ミリタリズムの理念を共有した団体・個人の大同団結であった。しかし、日本左翼文芸家総聯合の活動も、反軍国主義創作集『戦争に対する戦争』（南宋書院、一九二八年）を刊行しただけですぐに頓挫してしまうこととなる。

一九二八年三月一五日、活発化する共産主義運動を取り締まるために、全国で活動家たちの一斉検挙が実施された。いわゆる〝三・一五事件〟と呼ばれる政府による弾圧である。これを受けて直ちに組織の強化を目論んだ日本プロレタリア芸術聯盟は、労農芸術家聯盟から脱退して「戦闘的マルクス主義」（「綱領」『前衛』一九二八年一月、一〇八頁）の思想の下に結集していた前衛芸術家同盟と合同し、三月二五日には、全日本無産者芸術聯盟（ナップ）を結成する。この全日本無産者芸術聯盟は、一九二八年一二月に組織の再構築を実施し、全日本無産者芸術団体協議会（ナップ）を創立する。このナップは、政府による弾圧がますます激しさを増していく時代状況の中で、新たな組織形態を模索し、マルクス主義的統一集団としてプロレタリア文化運動を力強く牽引していくこととなる。

## 3　文化運動組織から政治運動組織へ

一九二八年のナップ（全日本無産者芸術聯盟／後に全日本無産者芸術団体協議会）結成は、プロレタリア文化運動の画期をなす出来事であった。

ナップは初め、文学部・演劇部・美術部・音楽部・出版部の各専門部を設け、事業部制組織の形態をとった。一九二八年末の組織再構築に当たっては、各部門の独立性を一層高めるために、それぞれを同盟組織にすることを決定した。すなわち、日本プロレタリア作家同盟（ナルプ〔図③〕）・日本プロレタリア劇場同盟（プロット、後に演劇同盟）・日本プロレタリア美術家同盟（A・R、後にP・P、ヤップ）・日本プロレタリア音楽家同盟（P・M）・日本プロレタリア映画同盟（プロキノ、後に日本プロレタリア写真家同盟〔プロフォト〕が分離独立）、および出版部を改組した戦旗社を作り、協同して運動を進めていくこととしたのである。このようなナップの組織形態は、プロレタリア文化運動の勢威拡大に大きく寄与したが、官憲によっても次のように評価されている。

我が国に於けるプロレタリア芸術運動は昭和三年末のナップ再組織によつて其の「前期」の幕を閉ぢ、以後はマルクス主義統一組織による「展開期」に入つたものと謂ふことが出来る。／加之、昭和三年十月、ナップの一部の指導分子（秋田雨雀、蔵原惟人、小川信一、林房雄、片岡鐵兵、川口浩、村山知義等）によつて「国際文化研究所」（機関紙『国際文化』）が結成された。此の事は従来専ら、文学＝芸術の領域に限られて居た運動に対し、より広汎な戦線開拓の要望を反映したもので、之れによつて運動は、文学＝芸術の範囲から発展して真に文化運動の全線的展開を準備するものであり、斯くて昭和四年以前の「芸術運動」に対し、其の後は正に「文化運動」の名に価するものとなつた。／此の意味に於て昭和四年は実に我国プロレタリア芸術＝文化運動の重大転換期であつた。

（平出禾『プロレタリア文化運動に就ての研究』司法省調査部、一九四〇年、五～六頁）

ナップの統一方針に従って各同盟・研究所・出版機関が独自の活動を展開することで、文化闘争のフィールドが飛躍的に拡大することとなった。

また、日本プロレタリア作家同盟が国際革命作家同盟（モルプ）に参加するなど、各同盟において国際連繋も模索され、プロレタリア文化運動の国際化が図られていったのである。

では、マルクス主義に基づく芸術運動から、幅広い本格的な文化運動へと展開する過程において、どのような運動論・組織論が唱えられていたのだろうか。

ナップにおいて、運動組織の指導的役割を果たしたのは、蔵原惟人

図③　日本プロレタリア作家同盟創立大会（貴司山治撮影／伊藤純氏提供）

図④　蔵原惟人（1929 年撮影／日本近代文学館提供）

〔図④〕であった。蔵原は『戦旗』創刊号に「プロレタリヤ・レアリズムへの道」（『戦旗』一九二八年五月、一四〜二〇頁）を執筆し、文学を例に挙げて、「我々に取つて重要なのは、現実を我々の主観によつて、歪めまた粉飾することではなくして、我々の主観——プロレタリアートの階級的主観——に相応するものを現実の中に発見することにあるのだ」と述べ、「戦闘的プロレタリアートの観点」から活写された「プロレタリヤ・レアリズム」こそが表現されなければならないと主張した。

プロレタリア・レアリズム論に基づいた文化運動が展開されつつある中で、蔵原は、これをさらに先鋭化させていく。佐藤耕一の筆名で発表された「「ナップ」芸術家の新しい任務」（『戦旗』一九三〇年四月、三六〜四二頁）[1]は、「××〔共産〕主義芸術の確立へ」という副題を持つものであるが、蔵原はこの論文の中で、「戦闘的プロレタリアートが大衆闘争の先頭に立つてする×〔党〕の拡大・強化を中心的課題としてゐる現代の日本に於いては、プロレタリヤ作家・芸術家の全関心も亦この線にそうて進んで行かなければならない」と主張し、そうすることによって「初めて我々は、漠然とした「プロレタリヤ芸術家」としてゞはなく、真実のボリシエヴイキー的××〔共産〕主義的芸術家となることが出来るのだ」と、ナップ所属の芸術家たちに共産主義思想の徹底を要請した。これは、ナップ内の社会民主主義的傾向を排除し、組織としてあくまでも共産主義を目指していくことを確認したものである。

ボルシェヴィズムを基軸とする運動方針は、例えば文学においては、「芸術大衆化の唯一の目的は、広汎な労働者及び農民大衆の中に、この革命的イデオロギーを浸透せしめることに外ならない」（日本プロレタリア作家同盟中央委員会「芸術大衆化に関する決議」『戦旗』一九三〇年七月、一六八頁）というように日本プロレタリア作家同盟の指針に落とし込まれ、文学・芸術がナップの方針に基づいた正しいイデオロギーを表現するならば、作品の形式や、未組織者・既組織者に関わりなく、それは労働者・農民の意識の中へ波及していくものだと考えられた。とはいえ、そう簡単に共産主義イデオロギーが浸透していくわけがない。事実、労働者・農民の組織化は困難を極めた。そのことは、蔵原自身が次のように反省することとなる。

重大な欠陥とは何か？　一言で言へば、我が国の芸術運動が、これまで、真に大衆的なプロレタリア的な基礎を有しなかつたといふことである。ナップ所属の作家同盟なり、劇場同盟なり、美術家同盟なり、また映画同盟、音楽家同盟なりが、企業内の労働者にその組織的基礎を持つてゐなかつたことである。／ナップ所属の各同盟は、昨年の春の大会に於て一斉に『××〔共産〕主義芸術の確立』、『芸術運動のボルセヴィキー化』の新しい方針を採用した。そして、それは全く正しかつた。〔略〕しかし方針の問題は常に組織の問題である。我々がもし芸術運動の方向のみをボルセヴィキー化し、××〔共産〕主義化して、組織を問題としないならば、我々の影響は結局唯イデオロギー的影響にのみ止まるであらう。だが、我々にとつてイデオロギー的影響は、それが組織的影響となつて初めてその実践的意義を獲得するのである。この意味に於いて、昨年の春、芸術運動のボルセヴィキー化の方針が採用されながら、それが直ちに組織の問題とならなかつたところに、全体としては正しいところの方針の一面性、中途半端性があつたと言はなければならない。

（古川荘一郎〔蔵原惟人〕「プロレタリア芸術運動の組織問題」『ナップ』一九三一年六月、三〇〜三一頁）(2)

非の打ちどころがない、無謬のイデオロギーを運動の根幹に据えはしたが、それを受け取る者たち、イデオロギーに呼びかけられる人々が不在であったというわけである。ゆえに、蔵原は、「ナップ所属の各同盟は、先づ、青年同盟、左翼労働組合、その他との密接な連絡の下に（勿論それが不可能な場合には独立して）企業の中に労働者自身の文学グループ、演劇グループ、美術グループ、映画グループ、音楽グループ等（勿論この名称は必要に応じて変化する）を組織すべきである」（同前、三五頁）と、まずイデオロギーの受け皿となる組織を形成しなければならないと主張した。全国の個別企業内にそれぞれ文化サークルを作り、そこでイデオロギー的指導を実践することによって、労働者自身の前衛的組織を作り出すことが急務であるとしたのである。文化サークルの活動を通して、企業内芸術グループの指導者を育成し、イデオロギーと組織の再生産を継続していく。こうすることで、イデオロギーを外部から幾度も持ち込む必要がなくなり、個別サークルの中でイデオロギーが循環し、革命運動の基礎となる強固な組織が確立できると考えられたのだ。

　加えて蔵原は、組織強化のために、ナップ組織そのものの再構築を提案する。蔵原は、ナップのプロレタリア文化運動に重なる既存のスポーツ・教育・科学・エスペラント・反宗教の諸組織をナップに引き込み、新たな統一的全国組織を作り上げるべきであると述べ、組織の拡大を図った。これを受けてナップが解体され、一九三一年一一月に結成されたのが、日本プロレタリア文化聯盟（コップ）である。コップには、ナップに加盟していた諸同盟と国際文化研究所の後身たるプロレタリア科学研究所（プロ科、後に科学者同盟）に加え、新たに新興教育研究所（新教）・日本戦闘的無神論者同盟（戦無）・日本プロレタリア＝エスペランチスト同盟（ポエウ）・無産者産児制限同盟（プロB・C）・プロレタリア図書館が参加した。コップは、各団体から選出された協議員による中央協議会を最高機関とし、書記局・各種協議会・編集局・出版所・資料部を設置した一大組織であった。

　ところで、コップ結成を促した、先の蔵原による提言の中では、「企業内に於ける芸術組織は、それが芸術的組織であると同時に、常に政治的組織である。従つて、その芸術的任務は、その政治的任務と切り離して考へることは出来ない。企業内に於ける我々の芸術活動は、全体としての××〔共産〕主義運動の政治的任務と結びついてこそ、始めてその全き意義を獲得するのである」(「プロレタリア芸術運動の組織問題」前掲、三八頁)と述べられていた。

文化運動の政治への転化を駆り立てるようなこの文言が示唆するのは何か。それは、「コップは再三再四破壊され、脆弱になっている非合法的政治組織の役割を負うものとしてつくられた」(浦西和彦「貴司山治「日記」一九三四年(昭和九年)(二)」『國文学』二〇〇〇年一一月、一一二頁)という事実である。コップは、非合法組織として再建が目指されていた日本共産党の外郭団体として結成された、いわば党勢拡大のための政治組織であったのである。

芸術運動組織から文化運動組織へ、そして政治運動組織へと変遷してきたプロレタリア革命運動の組織は、この後、内外から激しい攻撃を受け、破滅に向かっていくことになる。

## 4 政治の優位性論

ナップのように共産党を支持する組織から、共産党の指示を受けて活動するコップへの組織改編は、文化運動にどのような影響を及ぼしただろうか。

コップの運動方針においても、蔵原惟人の提唱する芸術論・組織論は、引き続き大きな影響力を行使した。蔵原は、プロレタリア芸術の創造に当たっては、「我々は我々の政治方針、組織方針についてはつきりとした認識をもつてゐなければならない」(谷本清〔蔵原惟人〕「芸術的方法についての感想」『ナップ』一九三一年九月、二七頁)と述べ、運動のボルシェビキ化をさらに前へ進めようとする。蔵原は、プロレタリア作家・芸術家が「正しいマルクス主義的認識をもつ」（同前）ことを強調し、芸術が描き出す世界を正確な唯物論に基づいて活写することを要請する。「プロレタリア芸術は現実の現象を無差別に記録するのではなくてプロレタリアートの観点からそれを整理し、統一して再現する。しかしこの場合プロレタリアートの観点――弁証法的唯物論の方法によつて、整理され統一された現実は、それが現実を認識する唯一の正しい観点であり方法である限り、現実に於ける、客観的なるものと一致し、現実の本質の表現となる。かうして初めてプロレタリア芸術は階級闘争の強力な武器として、つまり生活のプロレタリア的な認識及び組織の手段として役立ち得るのである」（谷本清〔蔵原惟人〕「芸術的方法についての感想（完結）」『ナップ』一九三一年一〇月、七〇頁）と、唯物弁証法に基づく創作を徹底し、それを組織化の手段とすることを主張したのである。

蔵原はこの後、一九三二年四月に検挙され投獄されることになるが、運動の指導者的地位を引き継いだのが宮本顕治《けんじ》であった。宮本は、蔵原の考えをさらに先鋭化させ、芸術は全て政治に従属するものであり、政治的要請に基づいて運用されなければならないと、政治の優位性論を説く。宮本は、「組織活動が特に政治的課題から立ちおくれてゐる」（野澤徹〔宮本顕治〕「政治と芸術・政治の優位性に関する問題（承前）」『プロレタリア文化』一九三二年一二月、一二三頁）と、企業内文化サークルにおけるオルグ活動がきわめて不十分であり、組織拡大において果たすべき役割を全うしていないことを批判した上で、次のように述べる。

> 我々は〔略〕、文化活動と政治的、経済的闘争の結合、特に、文化に対する政治の優位性をはつきり認識しなくてはならぬ。文化に対する政治の優位性は、経済に対する政治の優位性と同様に、理論戦線におけるレーニン主義の闘争が一段と強調して照映したところのものである。／そして文化闘争が政治闘争に従属しなければならぬと云ふことのレーニン的理解を発展させて行くとき、芸術、文化は党のものとならなくてはな

らぬ。それは党の任務に従属されなくてはならぬと云ふ文化、芸術の党派性のための闘争の意義を理解しなければならぬ。蓋し、政治闘争は党派の闘争として最高の表現を与へられるからだ。

（野澤徹〔宮本顕治〕「政治と芸術・政治の優位性に関する問題」『プロレタリア文化』一九三三年一月、二六頁）

続けて宮本は、「芸術団体、文化サークルは、広汎な意味の政治闘争のみならず、党（組合）の指導、組織する政治闘争（経済闘争）に活発に参加しなければならない」（同前）とも述べているが、これは文化・芸術活動を全て共産党の党勢拡大のためのアジ・プロ手段と見なすものである。宮本によれば、政治の優位性の下に文化運動を組織することこそが、「日本プロレタリア芸術運動に課せられた現在の瞬間の国際的に重き歴史的任務に対して正しく答へ得る」（同前、二九頁）ことなのである。文学の領域においても、小林多喜二が「政治の優位性の全面的理解は、（略）自己を最も革命的な作家、即ち「党の作家」に発展させることを意味する」（堀英之助〔小林多喜二〕「右翼的偏向の諸問題」『プロレタリア文学』一九三二年一二月、二五頁）と述べるように、党に従属・一体化した文化・文学こそが正しく、最良のものであると考えられたのである。

しかし、文化運動を政治運動化していくこのような理論的展開は、苛烈な弾圧を招き、そして、人々の支持を失うこととなった。なかでも、コップ組織に致命傷を与えたのは、構成員による内部からの造反であった。

批判の第一声を挙げたのは徳永直《すなお》である。徳永は、金科玉条となった唯物弁証法的創作方法が創作の実践において役に立たないと述べ、政治の優位性を要請する指導部の「官僚的支配」（徳永直「創作方法上の新転換」『中央公論』一九三三年九月、二二四頁）を批判する。そして、徳永は、「作家としての実践を政治とすりかへてはならぬ」（同前、二二五頁）と述べ、文化活動と政治活動の区別を求めたのである。その上で、「イデオロギー的立場を強要し、官僚的支配に作家たちをくゝりつけるなら、作品は「ビラ」のやうになり、作家は大衆からまつたく孤立するであらう」（同前）と、運動方針の大前提として政治の優位性論を据えることを継続するならば、組織の拡大どころか縮小に向かうだろうことを示唆した。

徳永に続いて、林房雄も指導部に対して、「幹部連の「政治的指導」なるものを信用する気がしない。かれらは、政治家でもなんでもない。いはば、政治の小僧である」（林房雄「プロレタリア文学の再出発」『改造』一九三三年一〇月、一六九頁）と痛罵する。林は、文学の領域において、「プロレタリアの運動は、イデオロギー的な影響だけでなく、組織的な影響をあたへなければならないといふ公式と、プロレタリア文学は、工場と農村に基礎をおかねばならないといふ公式と――この二つの公式を直訳して、同盟は、読者を文学サークルに組織することに大きな精力をさいて、しかも、ことごとく失敗してゐる」（同前、一七七頁）と指摘し、「読者をすぐ組織して、活動させるといふことは作品の役割でもなければ、作家同盟の役割でもない」（同前）と、指導部の組織論を全否定したのである。

運動の指導部へ向けられたこれらの批判には賛否両論が寄せられ、論争を惹起するが、そこから「同盟の自己分裂」（林房雄「プロレタリア文学再出発の方法」『文化集団』一九三三年一一月、特八頁）や、「コップについては、その解散を主張するのが正しいと信ずる」（伊藤貞助「プロレタリア文学運動の再認識のために」『文化集団』一九三三年一二月、六〇頁）といった声が挙がることとなる。組織の拡大強化を志向して実践されてきたコップの運動論は、その理論によって、組織そのものの崩壊を招き寄せることとなったのである。

## 5　組織の終焉

文化運動の組織から政治運動の組織へ移行する道程は、「所謂文化運動の党化主義の現はれであつて、この結果、検挙の機会は多くなり、又文化運動に追随して居つた大衆は恐れて、退却し、遂に昭和八年頃消滅するに到つた」（下川巌「人民戦線と文化運動」『人民戦線と文化運動』思想研究資料特輯第77号、東洋文化社、一九七三年、一三頁）。その結果、コップを形成していた各同盟の内、日本プロレタリア音楽家同盟（P・M）や日本プロレタリア映画同盟（プロキノ）などは自然消滅し、日本プロレタリア美術家同盟（ヤップ）や日本プロレタリア演劇同盟（プロット）などは解体声明を発表して自らの手で組織の存在に終止符を打つこととなったのである。

文学の組織であった日本プロレタリア作家同盟（ナルプ）も、第三回拡大中央委員会の名で「ナルプ解体の声明」を発表し、組織的活動の終焉を宣言した。この声明の中で、組織の問題について、次のように記されている。

> 組織問題の理解に当つては、我々は次の事実を見忘れてはならない。／二年以前、我が同盟が企業農村を基礎とする大衆的組織化の方向をとつて以来、夥しい文学的活動家の輩出と、同盟の全国的な、組織的発展とがもたらされた。これは文学サークルを基礎としての組織方針の具体化の成果であることは疑ふ余地がない。／しかし文学サークルの問題は、必しもその提起に於いて、又その後に於ける政策的実践的な諸解決に於いては、常に文学運動を組織するといふ正しい見地から、一貫して問題が立てられてゐなかつた。政党・労働組合の拡大強化といふ見地から、即ち補助組織を組織するいふ《ママ》見地から問題が建てられ勝ちであつたが故に、文学団体としての組織的活動に各種の障害が胚胎した。政党・労働組合が拡大しないといふ責任が文学団体に問はれるやうな逸脱した見解が支配した。／今その障害の顕著なものを挙げるならば、第一に文学団体の成員に政党・労働組合オルグの任務を負はせる傾向のために、作家本来の創造的任務がおろそかにされる危険が一般に生じ、又文学団体の成員に文学的活動をしないものがサークル・オルグの資格で流入する危険を、随つて文学団体としての質の低下、組織内に、文学的諸活動の誤れる評価を生じ勝ちな傾向を屡々生み出し

た。（所謂、卑俗なる政治的功利性の文学への要求等もこのことと無関係ではない。）

（日本プロレタリア作家同盟第三回拡大中央委員会「ナルプ解体の声明」一九三四年二月二二日、DPRO-0193）

ここでは、文学者の組織であったナルプが政治の優位性論の要請に基づき政治活動へ邁進したことによって、文学組織としての本来の目的を見失ってしまったことが自己批判されている。声明の中では他にも、上部団体の指導によってサークルの自主性が損なわれ、そのことが文学の創造活動を阻害したとも述べられている。

ナルプの最後の書記長であった鹿地亘《かじわたる》も、政治的目的を機械的に作家たちへ押しつける政治主義を自己批判し、それが運動に害悪を与えたことを認めながら、「少くとも我々は政治家ではない。文学者として真実を語り真の文学を建設しやうとする限り、即ちある政治的目的の下にその仕事が組織化されてゐない限り、今日、まだ文学の仕事は制限はあれ保証されている。この可能性は抛棄されてはならない」（鹿地亘「ナルプの解散について」『文学評論』一九三四年四月、五七頁）と記して組織を一旦、解散し、合法的な雑誌あるいは地方グループに分散していくことで活路を見出そうとした。統一的な組織・集団活動としてのプロレタリア文化運動は、このようにして幕を閉じたのである。

以上のように本稿では、プロレタリア文化運動における組織形成過程の一側面を概観してきた。団結の力を求めた集団・組織の運動は、団結を実現しようとする実践過程そのものが軛となって、自壊していったと言うことができる。

もちろん、小林多喜二の虐殺（一九三三年二月二〇日）に象徴されるような国家権力による弾圧とそれが人々に与えた恐怖によって、組織崩壊への拍車が掛かったのも事実であろう。だが、そうした外的条件とともに、プロレタリア文化運動の組織戦略が正しかったのかどうかが内在的に問われる必要がある。

顧みれば、蔵原惟人や宮本顕治ら指導部の組織論で幾度も強調されていたのは、自らの論理の絶対的な正しさであった。それが本当に正しかったのかどうかについては、例えば次のような指摘がある。

> さて読者諸君は恐らく私が言つてゐる指導理論家の中の一つの型（指導理論家のすべてがさうだと言つてゐるのではない）を大体お分りになつたことと思ふ。「文化」、「文学」の果たしてきたある種の役割に対する私の危惧をお分りになつたことと思ふ。そこでは一般に何かを言ひ出すことが問題となるのではなくて、何でもかまはぬことを正しく言ふことが問題となつた。何でもかでも正しく言ひをすことが問題となつた。正しい観点に引きもどすことが問題となつた。こゝで云ふ正しい観点とは一つの大義名分の立つ観点のことであるが。人が何かを言ひ出さうとすると忽ち機関紙によつてこの一つのいつも同じ観点にまで引きもどされるのである。かくして人はこの一つの観点にまで立ちかへることばかりを会得するに至るのである。この観点との間の絶えざる往復ばかりを唯一の正しい弁証法のやうに考へるに至るのである。ところでこれは論理に於ける主観主義でなくて何であらうか？（田木繁「指導理論家諸君について」『関西文学』一九三四年五月、八五頁［図⑤］）

図⑤　『関西文学』創刊号表紙（DPRO-0198）

ナルプ解散後、関西地方で創刊された雑誌に掲載されたこの批評において、田木は、組織指導者が示した理論の〝正しさ〟を問題視している。田木はプロレタリア作家として、絶対に間違わない指導者たちのあり方に疑問を呈し、唯物弁証法的創作方法や政治の優位性論が唯一の正しい観点として強要され、そこからの逸脱が厳しく指弾され続けたことが間違いであったと述べているのだ。文学者たちが常にその正しい観点に立ち帰ることを余儀なくされた結果、思うことも自由に書けなくなってしまったと、田木はプロレタリア文化運動の〝正しさ〟が正しくなかったのだと記しているのである。

蔵原や宮本の組織の論理は、マルクスやレーニンの理論、あるいはコミンテルンによって決定されたテーゼから演繹された合理性を、自らの理論的正しさの根拠としていた。彼らの論理は確かに、合理的で矛盾なく、理路整然としているかのように見える。だが、そうした合理に対する信仰にも近い画一的態度は、いかに論理的に正しくとも、真か偽かで割り切り剰余を切り捨てることにおいて、正しくないと言わざるを得ないのである。

（1）伏字の復元は、蔵原惟人「「ナップ」芸術家の新しい任務」（『日本プロレタリア文学評論集・4』新日本出版社、一九九〇年）に拠った。
（2）伏字の復元は、蔵原惟人「プロレタリア芸術運動の組織問題」（『日本プロレタリア文学評論集・4』同前）に拠った。

# 地方のプロレタリア文化運動

## 関西を中心に

和田 崇

## はじめに――地方の文化運動を探究する意義

『昭和戦前期プロレタリア文化運動資料集』（以下、『資料集』と略す）に収録されている資料のうち、東京以外を発行地や上演地とするものを機械的に抽出すると、その数は一〇一八件に及ぶ。これらの中には、東京に本拠地を置く団体（劇団など）の地方公演に関する資料も含まれているが、多くは支部組織などの地方団体が自らの手で発行したビラや冊子である。特に、大阪の資料が七二六点と最も多く、次いで京都の八二点、長野の六九点、兵庫の五四点と、長野を除いて地方資料の多くが関西に集中している。

関西の資料が多く収録されている原因としては、関西大学に勤めていた浦西和彦が大阪を地盤に収集した個人蔵の資料と、実業家の大原孫三郎が一九一九（大正八）年に設立し、三七（昭和一二）年に東京へ移転するまで大阪にあった大原社会問題研究所（大原社研）所蔵の資料とが、『資料集』の大部を占めていることが大きい。しかし、関西の資料が多い要因は、そうした物理的な事情だけではない。

プロレタリア文化運動において関西、特に京阪神が重要な拠点であったことは、当時の資料が教えてくれる。日本プロレタリア作家同盟（以下、作家同盟と略す）第五回大会の報告「大阪、京都、兵庫支部に関する決議」（『プロレタリア文学』臨時増刊号、一九三二年六月）の冒頭で、京阪神地区の特徴が次のように説明されている。

京阪神に於ける我が同盟支部の経験は日本の最も重要なる工業都市の文学運動の経験として重要視されねばならぬ。そのうち、大阪支部は、ナツプ結成以来戦旗支局活動を通じての伝統と多くの経験とに於いて、兵庫支部は特に海上労働者との密接な関連を有する重要工場地帯の経験として、京都支部は特に困難な警察的テロルの下に於ける、都市と農村との結合の経験に於いて、それぞれの活動の特徴を有して居る。

一九三〇年に三重県で行われた『戦旗』防衛巡回講演会を研究した岡村洋子は、「もとよりプロレタリア文学運動は、〈中央〉にいる少数の「優等生」作家だけで成立するものではなかったはずである。大多数の地方大衆の応答があってはじめて広汎な運動となり得るものであり、また、各地方の個別・特殊性によって〈受容〉、若しくは〈拒絶〉される一面が存したはずである」(「三重近代文学研究序説――『戦旗』防衛巡回講演会をめぐって」『三重大学日本語学文学』第一一号、二〇〇〇年六月)と、地方のプロレタリア文化運動を探究する意義を提言している。そして、その「受容」や「拒絶」の一端は、『資料集』における地方団体の資料からも見えてくる。よって本稿では、地方のプロレタリア文化運動について、大阪を中心とした関西地域に焦点を絞って考察したい。ただし、関西のプロレタリア演劇運動についてはすでに大岡欽治の大著『関西新劇史』(東方出版、一九九一年)があり、美術については本書収録の足立元「地方のプロレタリア美術――移動展と地方支部」で詳しく論じられるだろう。そのため、本稿では文学と上部団体の支部組織を軸に論じていく。

## 1　未組織下の大阪プロレタリア文学とプロ芸大阪支部の結成

『資料集』における京阪神地区のデータを時系列でたどると、文化団体の地方支部の資料として最初に登場す

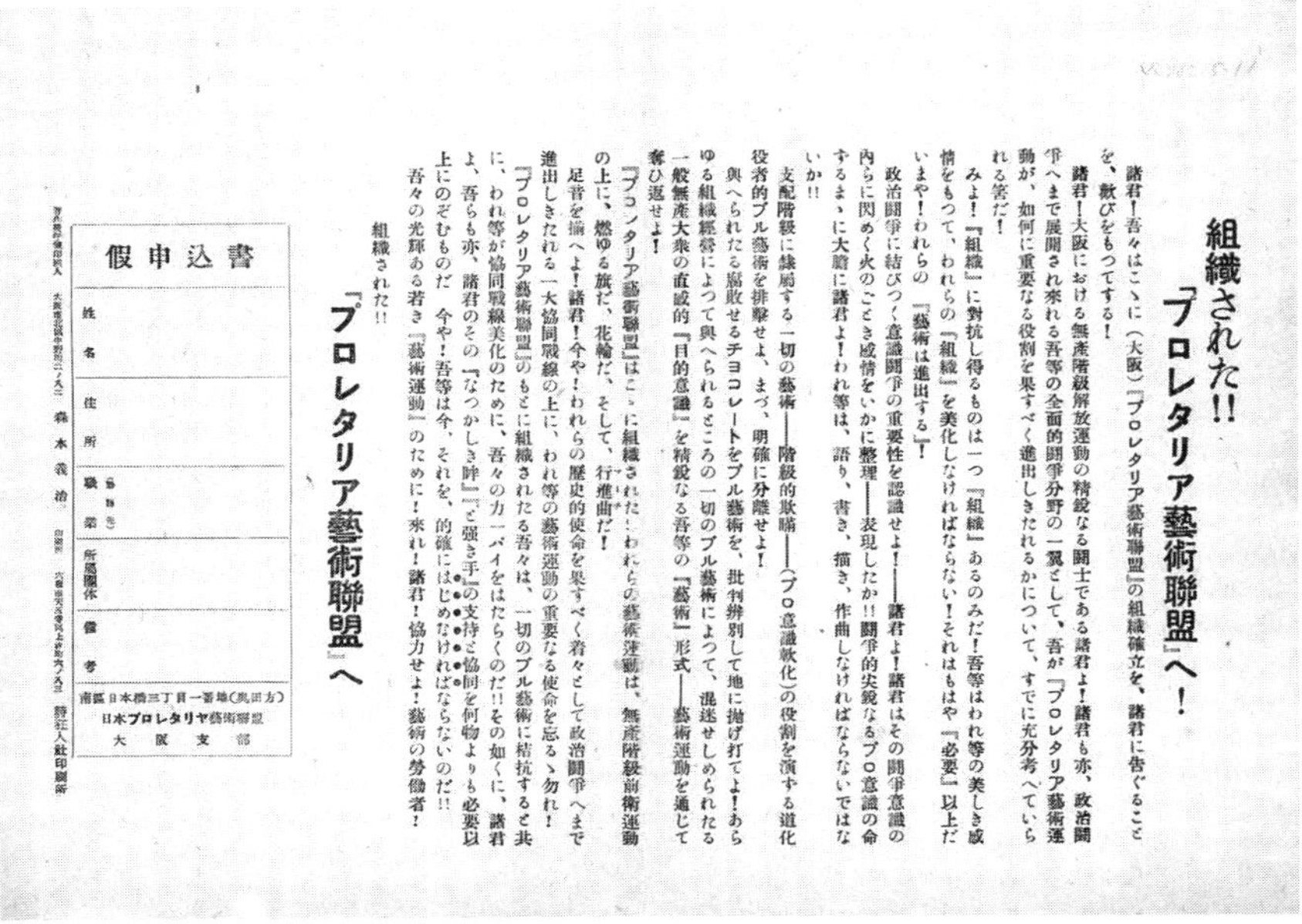

組織された!!
「プロレタリア藝術聯盟」へ!

諸君!吾々はこゝに（大阪）『プロレタリア藝術聯盟』の組織確立を、諸君に告ぐることを、歓びをもつてする!

諸君!大阪における無産階級解放運動の精鋭なる闘士である諸君よ!諸君も亦、政治闘爭へまで展開され來れる吾等の全面的闘爭分野の一翼として、吾が『プロレタリア藝術運動が、如何に重要なる役割を果すべく進出しきたれるかについて、すでに充分考へていられる筈だ!

みよ!『組織』に對抗し得るものは一つ『組織』あるのみだ!吾等はわれ等の美しき感情をもつて、われらの『組織』を美化しなければならない!それはもはや『必要』以上だいまや!われらの『藝術は進出する』!

政治闘爭に結びつく意識闘爭の重要性を認識せよ!——諸君よ!諸君はその闘爭意識の内らに閃めく火のごとき感情をいかに整理——表現したか!!闘爭的尖鋭なるプロ意識の命ずるまゝに大膽に諸君よ!われ等は、語り、書き、描き、作曲しなければならないではないか!!

支配階級に隷屬する一切の藝術——階級的欺瞞——（プロ意識軟化）の役割を演ずる道化役者的ブル藝術を排撃せよ、まづ、明確に分離せよ!

與へられたる腐敗せるチヨコレートをブル藝術を、批判辨別して地に拋げ打てよ!あらゆる組織經營によつて與へられるところの一切のブル藝術によつて、混迷せしめられたる一般無產大衆の直截的『目的意識』を精鋭なる吾等の『藝術』形式——藝術運動を通じて奪ひ返せよ!

『プロレタリア藝術聯盟』はこゝに組織された!われらの藝術運動は、無產階級前衛運動の上に、燃ゆる旗だ、花輪だ、そして、行進曲だ!

足音を揃へよ!諸君!今や!われらの歴史的使命を果すべく着々として政治闘爭へまで進出しきたれる一大協同戰線の上に、われ等の藝術運動の重要なる使命を忘るゝ勿れ!

『プロレタリア藝術聯盟』のもとに組織されたる吾々は、一切のブル藝術に拮抗すると共に、われ等が協同戰線美化のために、吾々の力一パイをはたらくのだ!!その如くに、諸君よ、吾らも亦、諸君のその『なつかしき絆』『ど強き手』の支持と協同を何物よりも必要以上にのぞむものだ　今や!吾等は今、それを、的確にはじめなければならないのだ!!

吾々の光輝ある若き『藝術運動』のために!來れ!諸君!協力せよ!藝術の勞働者!

組織された!!
『プロレタリア藝術聯盟』へ

| 假申込書 | |
|---|---|
| 姓名 | |
| 住所 | |
| 職業 | |
| 所屬團体 | |
| 備考 | |

南區日本橋三丁目一番地（奥田方）
日本プロレタリヤ藝術聯盟
大阪支部

図①「組織された !!「プロレタリア芸術聯盟」へ！」。このチラシの左側「仮申込書」の枠内下段に「大阪支部」とある（DPRO-2262）

るのは、日本プロレタリア芸術聯盟（プロ芸）大阪支部が一九二七年五月一八日に確立した際の仮申込書［図①］である。プロ芸大阪支部については後で触れるとして、本節でまず取り上げておきたいのが、それ以前の大阪におけるプロレタリア文学の動きである。

組織化以前の大阪のプロレタリア文学については、学生同人誌の左傾化をもって語られることが多い。藤沢桓夫ら大阪高校の同人誌『龍《りゅう》舫《ほう》』（一九二三年一〇月～二四年四月）と小野十三郎らダダ系の『黒猫』（一九二二年二月～二四年四月）が合同して『傾斜市街』（一九二四年七月・九月）となり、さらに一九二五年三月に『辻馬車』が創刊された。同じ頃には武田麟太郎らの『眞昼』（一九二五年五月～二六年一〇月）も出され、やがて『辻馬車』へと合流。『辻馬車』は一九二七年一〇月まで発行され、その間、東京帝大に進学した藤沢や武田などが左傾化し、プロレタリア作家となったことはよく知られている。また、『辻馬車』が終刊する頃には、関西学院の学生同人誌『木曜嶋』（一九二七年六月創刊、二八年一月より『木曜島』と表記）が登場し、これが二八年三月創刊の『文芸直線』に吸収され、同人の中で左傾化した米沢哲（鉄之輔／哲之進／銀橋渡）や原理充雄《げんりみちお》（岡田政二郎／鱶十治／小酒井雄）などが、のちのナップ大阪地方協議会や作家同盟大阪支部で活躍した。

一方、学生同人誌以外の動向についてはあまり解明されていない点が多い。大岡欽治は『関西新劇史』（前掲）の「大阪におけるプロレタリア演劇のはじまり」の章で、一九二二年四月に平林初之輔や金子洋文らが神戸と大阪で行った種蒔き社地方講演の紹介から筆を起こしており、こうした中央団体の地方講演は早くに確認できる。しかし、地方の支部組織が本格的に結成されるのは、先に紹介したプロ芸大阪支部まで下らなければならない。そんな未組織下の大阪プロレタリア文学の状況を探る上で、文芸雑誌『握手』（一九二五年八月〜二六年一月、四冊、DPRO-0002〜0005）は意義深い。「プロレタリア文芸」を志向して発刊されていた『握手』は、一九二六年五月に誌名を『労友』（DPRO-2605）へと改称した頃に、労働組合に誌面を乗っ取られる事件があり、もともとの同人たちは誌名をさらに『裸人』（一九二六年八月、DPRO-0010）と改称して文学に特化した雑誌を再発行した。ここから、文学を志す者たちが政治（社会運動）に接近しつつも、まだ文学と政治が有機的に結合していなかった状況が見て取れる。

次に、社会問題研究所が発行し「プロレタリア文芸雑誌」と冠した『人間苦』（一九二六年一二月〜二七年四月、四冊、DPRO-0011 - 0014）も、当時の文学と政治の関係を看取する上で貴重だ。一九二七年三月号の「大衆の自然生長性と指導意識の錯綜」と題する巻頭言では、政治闘争における無産階級運動の指導者たちが、歴史の必然性にもとづく大衆の自然生長を信頼せずに、過度な指導意識という観念に憑りつかれていることを批判しており、明らかに前年九月に発表された青野季吉《すえきち》「自然生長と目的意識」（『文芸戦線』）を念頭に置いている。このように、東京の機関誌で発表される理論に呼応しながら、大阪のプロレタリア文学においても、政治との関係が意識されるようになった。

こうして、政治と文学をめぐる本格的な論議が大阪でも始まった頃、プロ芸大阪支部が結成された。しかし、支部結成直後の一九二七年六月に東京のプロ芸は内部分裂し、分裂した一方は労農芸術家聯盟〔労芸〕を結成、さらに労芸は同年一一月に再分裂して前衛芸術家同盟〔前芸〕が誕生した。そして、プロ芸は同年末から前芸との合同を模索し、翌年一月に前芸の機関誌『前衛』に発表された蔵原惟人《くらはらこれひと》「無産階級芸術運動の新段階」の提唱にもとづき、左翼文化団体を再統一した連合組織ができようとしていた。

こうした組織の分裂につぐ分裂は支部にも混乱を来していた。プロ芸大阪支部が一九二七年九月に発行した「前衛座撲滅に関する声明書」〔DPRO-0427〕は、プロ芸から分裂した労芸の演劇部である前衛座が、同月一〇日に大阪朝日会館で上演した劇に関する批判声明である。その内容は、前衛座が五種類用意した脚本のうち二種を禁止され、残る三種も検閲修正の上で上演したことについて、当局への妥協的態度であると非難したものであった。一方、関連資料である「大阪市に於ける前衛座公演に対して加へられたる暴圧の報告」〔DPRO-0417〕は、同公演において検閲を受けた上に臨検に上演中止を命じられた前衛座側が発行したものである。ところが、こちらは「前衛座、〔労働農民〕党支部聯合会、日本プロレタリア芸術聯盟大阪支部、検閲制度改正期成同盟大阪支部及び当地方の各無産者団体、各新劇団体は一勢に立つて猛烈なる闘争を開始した」と、共闘者としてプロ芸大阪支部の名を挙げている。上部団体の突然の分裂で労芸地方支部の設立まで追いついていなかったのであろうか。実際は「一勢」の「猛烈なる闘争」ではなく、左翼文芸戦線のヘゲモニーをめぐる争いが大阪でも繰り広げられていたのだった。

## 2　ナップ大阪支部と関西地方協議会

一九二八年代に入ると、多数発生したプロレタリア文化団体は何度かの分離・結合を経て、先の蔵原論文にもとづいた連合組織である日本左翼文芸家総聯合（総聯合）が三月一三日に結成され、さらに、同月二五日にはプロ芸と前芸が合同して全日本無産者芸術聯盟（ナップ）が結成された（ナップの結成にともない前者の総聯合は自然消滅）。これにより、地方の文化運動においても組織立った活動が顕著となっていく。そして、関西圏における組織活動の基盤となったのが、ナップ大阪支部（ナップフ）であった。

ナップ大阪支部は一九二八年五月二〇日に第一回支部創立準備委員会を開き、同月二九日に創立大会を開催する予定だったが、当局の妨害で会場が使用禁止となった。以降、創立大会は二度も順延し、六月一二日にようやく開かれ、支部が確立された。この間の事情については、創刊号の一冊のみ発行された同支部の機関誌『ナップフ』（一九二八年八月［図②］）の「活動報告」に、五月一七日から六月二〇日までの詳しい記録が掲載されている。また、同年八月五日発行の「大阪支部活動報告」（DPRO-2292）には、六月二五日から八月二日までの記録が掲載された。

図②　『ナップフ』創刊号の表紙（DPRO-2290）

ナップ大阪支部の活動でまず目を引くのは、支部創立前の一九二八年五月二八日に天王寺公会堂で開催された文芸講演会である。天野孟「文芸講演会」（前掲『ナップフ』）によると、佐渡俊一（大阪支部創立大会で組織部長に就任）が開会の辞を述べ、西本喬、中野重治、片岡鉄兵、佐野碩《せき》、片岡貢、壺井繁治が講演し、約三〇〇人の聴衆が集ったようである。先の「活動報告」によると、中野と壺井は臨検に中止を言われ、片岡貢は一時検束された。また、「ナップ情報」第三号（DPRO-2284）では、大阪の前に開催された京都の文芸講演会の様子が伝えられており、京都支部の創立準備が進められていた同月二五日に「同志社大学及び三高に於て全日本無産者芸術聯盟本部より弁士数名を招いて、文芸講演会」が、同日午後七時からは四条大橋の菊水において「小説会」が開催されたことが報告されている。[1] 興味深いのは、大阪も京都も支部創立の動きと合わせて文芸講演会が開催されていることである。のちの戦旗防衛講演会も含め、中央のプロレタリア作家を招いた講演会が、地方の組織活動を活性化させる上で重要な役割を果たしていた。

もう一つ注目したいのが、先にも触れた『ナップフ』の発行である。支部単独で活版の製本された雑誌を発行するにはそれなりの資金力が必要で、機関誌の発行は支部組織の活動規模を測る試金石となる。また、無署名が多いビラなどに比べて雑誌は署名記事が多く、支部の人脈をたどる貴重な手がかりともなる。たとえば、先の文芸講演会で一時検束された片岡貢は、同誌に「我等の芸術運動に加へられたる任務」と題する論文を発表し、六月の合同公演でも群衆劇場の演出を担当していた。彼は、早稲田実業を卒業後、昭和初年度に報知新聞社の学芸部に入社し、昭和一〇年代には貴司山治《きしやまじ》主宰の実録文学研究会に参加、その後、海音寺潮五郎らと同人誌『文学建設』を発行し、歴史小説の作家となる人物である。そんな片岡が、この時期に大阪でナップの活動を行っていた様子が複数の資料から垣間見られる。ちなみに、『ナップフ』の発行元であるナップフ出版部は、『辻馬車』の発行所であった波屋書房内に置かれており、大阪左翼の人的つながりを想像させる。

こうして、大阪支部を中心とした支部単位の活動は活発に見えてくるのだが、ここで気になるのは、「関西」という括りでの府県をまたぐ横断的な連携があまり見えてこないことである。もちろん、演劇などでは中央の劇団と地方劇団、あるいは他府県の劇団どうしの合同公演などで実績があるのだが、文学やナップとしての活動は都市の支部単位のものが多い。連携活動の少数の事例を拾い上げると、一九二八年一〇月に行われた藤森成吉《せいきち》・村山知義・林房雄・森山啓《けい》を招いての文芸大講演会のビラ（DPRO-0024）には、二〇日開催の土佐堀青年会館（大阪）と二二日開催の山手青年会館（神戸）が併記され、主催団体が「全日本無産者芸術聯盟関西地方協議会」となっている。また、一九二八年一二月（ただし、表紙には「一月号」と記載）に共生閣京都支店より発行された雑誌『プロレタリア』（DPRO-2299）には、「全日本無産者芸術聯盟関西地方支部協議会」の名が冠されており、ナップ中央から派遣され阪神地区でオルグ活動をしていた久板栄二郎などが執筆者に名を連ねている。さらに、上部団体のナップ改組後であるが、翌年四月一二日に発行された「関西ナップ情報」臨時号（DPRO-2316）も、ナップ関西地方協議会の名で発行され、山本宣治《せんじ》の労農葬の様子を報じた。おそらく、都市をまたいだ活動や、山宣労農葬のような全国規模の催事を行う際に「関西地方」の名を使っていたようだ。

## 3　戦旗・ナップ期における地方支部の存在意義

一九二八年三月二五日に結成されたナップは、さらに同年一二月二五日に、ナップという略称はそのままに、全日本無産者芸術聯盟から全日本無産者芸術団体協議会に改組され、文学や演劇などの各部門はそれぞれ、日本プロレタリア作家同盟（作家同盟）や日本プロレタリア劇場同盟（劇場同盟／プロット）など単一の組織に発展・独立していった。これにともない、たとえば大阪では、ナップ大阪支部からナップ大阪地域協議会へと改組され、その構成団体として作家同盟大阪支部などが誕生した。(2)

ナップ改組後（一九二九年以降）の関西（京阪神）地方支部を『資料集』から抽出すると、戦旗社各支局の資料が約四〇点、ナップ（後のコップも含む）各地方協議会の資料が約五〇点ある。各同盟支部の資料では、劇場同盟関係が約一〇〇点と最も多く、次いで映画同盟と美術家同盟の約三〇点と続き、作家同盟は約二〇点と少ない。したがって、資料数だけで判断すると、劇場同盟を除く各同盟支部が活発に活動していたとは言いがたい。

　これについては二つの理由が考えられる。一つは、各支部の活動が演劇団体を中心に展開されていたことである。京都青服《せいふく》劇場や大阪戦旗座、神戸全線座などの各演劇団体は実質的に劇場同盟の地方支部を兼ねており、ストライキに出向いて移動演劇を行うなど、労働者農民大衆と直接的に結びつく実践活動として地方の文化運動の主軸を担っていた。のちに田木繁が「コップ大阪地協史㈡特にその右翼的偏向に対する闘争、地区活動と政治闘争」（『社会運動通信』一九三四年六月二六日）で「対外的に知られたのは戦旗座だけであり、作同は戦旗座の文芸部であり、ＰＰは戦旗座の美術部でしかなかつたと云ふやうな時代がしばらくつゞき、しばらくしてやうやくそれらから独立し得た」と回想したことも、前述の資料点数の差から納得できる。

　もう一つの理由は、作家同盟という下部組織と戦旗支局やナップといった上部団体との線引きが曖昧で、同盟支部の自立的な活動が少なかったことである。そもそも、東京の中央団体とは異なり、ナップ傘下の各団体は、同一事務所を拠点とすることが多かった。たとえば、大阪市港区新池田町一丁目七二番地六にあった戦旗社大阪支局（のち戦旗大阪中央支局）の事務所は、同時にナップ大阪支部（のち大阪地域協議会）の事務所でもあり、他にも作家同盟大阪支部やプロット大阪支部も兼ねるなど、複数団体の拠点となっていた[3]。

　一九三〇年夏ごろに新池田町の事務所は立ち退きを要求され、九月ごろに北区沢上江町五丁目三九（現・都島区都島南通）に移転するも、複数団体が同居する状況は変わらなかった。それを示すように、この移転を知らせる「事務所確立通知」（一九三一年一一月五日大原社研受入［図③］）の署名には、戦旗大阪中央支局とナップ大阪地域協議会、大阪戦旗座、美術家同盟大阪支部研究所が連記されている。ちなみにこうした状況は京都でも同じだったようで、三二年三月二九日に発行された作家同盟京都支部書記局発行の「京都支部ニュース」第一号

（DPRO-0092）では、「京都市西ノ京円町」を所在地として、プロキノ・プロット・作同・プロフォト支部が連記されていた。

こうした複数団体が時間と場所を共有する地方団体特有の状況のなか、特に一九二九年から三一年にかけては、同盟支部固有の活動のあり方が問われ続けた時期であった。一九三〇年七月に発行された「日本プロレタリア作家同盟大阪支部再建準ビ会ニュース」第一号（DPRO-0053）では、「旧作同大阪支部の活動報告と其の批判」と題して、旧大阪支部が産業別のパンフレットを発行したり、若干の同盟員が『戦旗』に作品を書いたりしたものの、「工場、農村へ――それがたゞ口先だけで提案され実践的に解決されなかつた」と自己批判している。つまり、かつての同盟支部は「実践」を伴わない有名無実のものとして「再建」が企図されたのである。しかし、この再建もうまくいかず、「ナップ各同盟年次全国大会報告　日本プロレタリア作家同盟第三回全国大会報告、方針書」（『ナップ』一九三一年七月）の「内部組織」の項では、「大阪支部準備会は、その後なんら具体的な活動を行はなかつたために一時消滅してしまつた」と報告された。

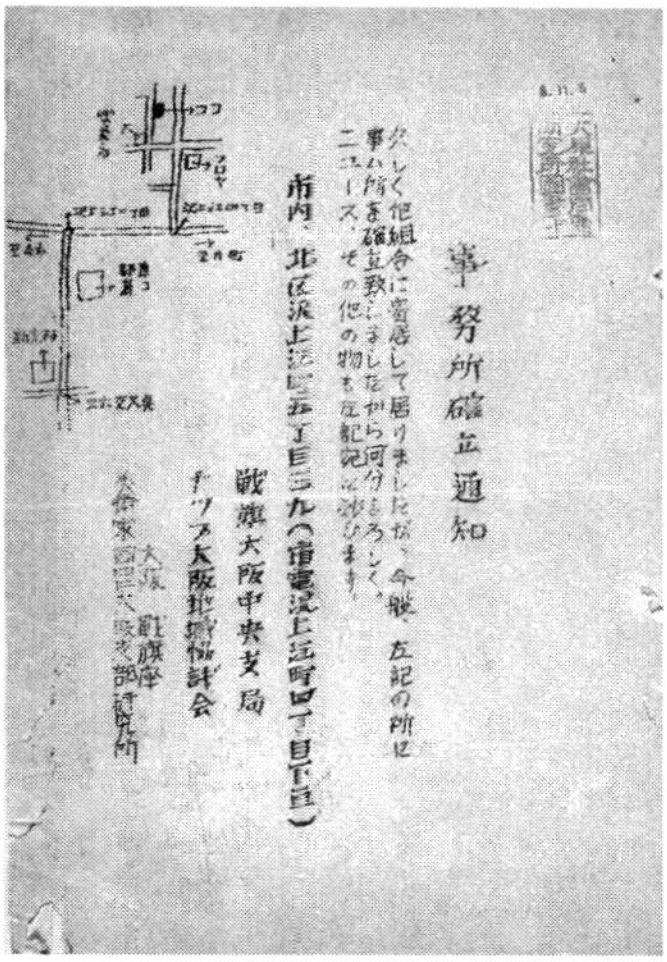
事務所確立通知
久しく他組合に寄居して居りましたが、今般、左記の所に
戦旗大阪中央支局
ナップ大阪地方協議会

図③「事務所確立通知」（DPRO-2363）

しかし、政治的実践性を伴わなければ「活動」を行っていないと判断できるのであろうか。また、実践性の有無を本部がどのように判断するのか。たとえば、関西学院出身の詩人で、戦旗支局員を経て作家同盟大阪支部のメンバーとなった米沢哲は、「作家同盟第三回大会活動報告に対して異議あり」と題する反駁文を『大阪ナップ』第一号（一九三一年六月、DPRO-2400）に掲載している。その中で彼は、先の再建準備会が不調に終わったのは本部書記局から準備

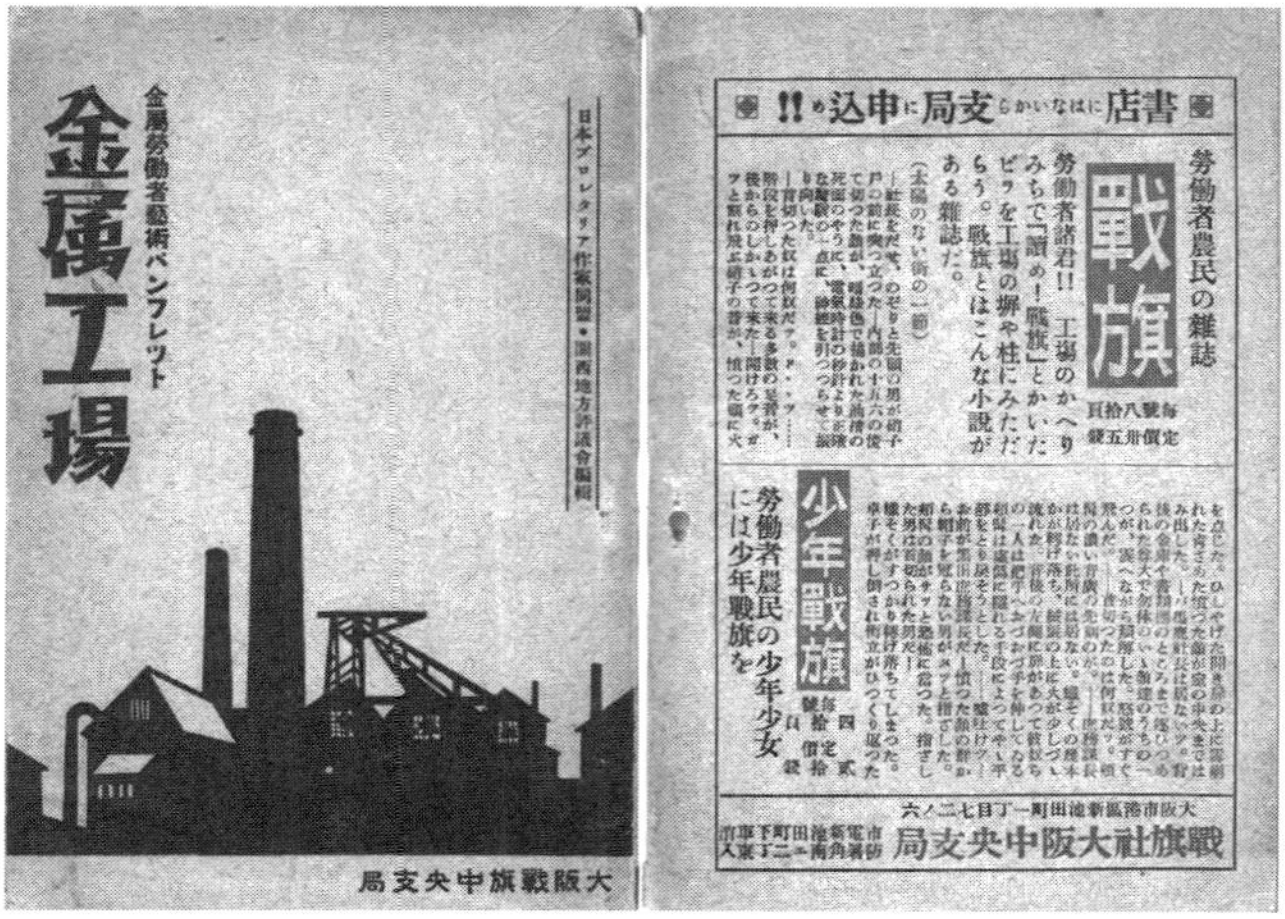

図④　『金属工場』表紙・裏表紙

会の解散を命ぜられたためであったことを暴露し、本部が一方的な判断を下したことに異を唱えている。米沢は「親愛なる本部書記局諸君よ」と前置きして中央団体への信頼を表明しているものの、そこには明らかな怨嗟が読み取れるのである。

　こうして、中央団体の方針とせめぎあいながら、各地方団体は支部としての存在意義を問い続けて活動をした。作家同盟あるいは上部団体のナップや戦旗社も含めて、地方支部は本部に叱咤され続けたが、少なくとも大阪支部は、その活動が全国の地方団体と比べて低調であったとは思えない。たとえば同支部の出版活動においては、ナップ期だけを見ても、日本プロレタリア作家同盟・関西地方評議会編『金属労働者芸術パンフレット　金属工場』（大阪戦旗中央支局、一九二九年一二月［図④］）や『文学仲間』第二号（日本プロレタリア作家同盟大阪支部、一九三一年一一月）など、実に多彩な試みを行っており、十分に「具体的な活動」だと言えるのではないか。本部の求める実践性と支部の抱える活動形態との齟齬が、同盟支部の宙づりという状況を生み出していた。

## 4　コップ期の弾圧と大阪から関西への再組織化

一九三一年に蔵原惟人が古川荘一郎名義で発表した「プロレタリア芸術運動の組織問題——工場・農村を基礎としてのその再組織の必要」（『ナップ』六月）と「芸術運動の組織問題再論」（同・八月）で経営内組織活動の必要性が提唱され、同年一一月二七日にナップが解消されて日本プロレタリア文化聯盟（コップ）が結成されると、全国のコップ（旧ナップ）系文化団体の成員たちは、工場や農村で文化サークルを組織することが要請された。政治活動のみならず左翼系文化運動さえも共産党への資金カンパなどを口実に取り締まられる状況の中で、各団体の成員たちは工場や農村へ潜ってサークルを組織し、『プロレタリア文化』をはじめとするコップ機関誌の読者を増やさなければならなかった。

中央の動きに呼応して地方でもナップからコップへの改組が進み、工場や農村におけるサークルの組織化が実行された。大阪では比較的早くにコップの支部が結成されており、「日本プロレタリア作家同盟大阪支部報告（1931年5月より1931年11月まで）」（一九三一年一一月、DPRO-0073）によると、一九三一年八月頃から本部結成に先立ち大阪地方準備会が持たれ、『プロレタリア文化』三二年二月号の「コップ地方協議会ニュース」欄には、前年一二月三〇日付のコップ大阪地方協議会成立の声明が掲載された。また、翌月号の同欄には、三二年二月七日に開催された第一回兵庫地方協議会報告も掲載されている。

前節で確認したように、地方支部は中央団体から批判され、時には反発をにじませながらも、全体としては従順に中央の指示を実行していった。『資料集』に収められたビラでは、機関誌の読者やサークル組織の拡大を他団体や他支部と競う「革命競争」への参加を呼びかける檄文が並び、「目標工場」として設定した大企業におけるオルグ活動の成果が報告されている。しかし、それにともない地方の独自性は薄れ、「暴圧に対して」「大企業に文化サークルを」「右翼日和見主義の克服」といった中央団体の機関紙に見られる檄文の文言が、地方団体の機関紙でコラージュされ、上意下達の様相を呈していった。

こうした状況はビラなどの即時性が求められる媒体だけでなく、地方団体が独自に発行した雑誌にも反映された。一九三二年八月に創刊された『大阪ノ旗』（第二巻第四号より『大阪の旗』と表記）は、作家同盟大阪支部独自の機関誌として注目に値するものの、やはり本部機関誌『プロレタリア文学』の鏡としての側面は否めない。たとえば、支部書記局長の水田衛は、「文芸時評「蛙」と「歩む」について」（第二巻第四号）において、前号に掲載された阿部眞二（芳雄／あべ・よしお）の短編小説「蛙」に対し、「主題の積極性の喪失、政治的観点の不明確性」を根拠に、「右翼的偏向を代表するものであり、創作活動不振に苦悩する街頭分子の典型的作品である」と批判している。これを中條（宮本）百合子の「一連の非プロレタリア的作品」（『プロレタリア文学』一九三三年一月）と比較すれば、中央と地方の共時性が浮かんでくる。唯物弁証法的創作方法の掲げた主題の積極性による裁断的批評が、地方の機関誌においても遂行されていたのである。

このように、政治活動と創作活動の両面において、地方支部は中央団体の方針を忠実に守る下部団体と化してしまった。これは、そもそもコップの結成が工場などを基礎とする下からの運動体を企図したことと皮肉にも相反している。その中で、地方支部の成員たちは、少ない人員を増やしては犠牲にすることを繰り返しながら、本部の掲げるサークル数や機関誌購読者の増加目標を達成すべく、果敢に活動したのであった。

しかし、こうした文化運動の名を借りた政治活動に対しても、次第に取り締まりが強化されていく。中央団体の大弾圧については、一九三二年三月から六月にかけて蔵原惟人や中條百合子などのコップ主要メンバーが検挙されたことが有名であるが、大阪においても、支部を先導する主要メンバーが次々と検挙されていった。

関西の左翼系文化団体については、「九・三事件」と呼ばれる一九三二年九月三日から翌年三月にかけての京都における共産党関連団体の一斉検挙や、同年一〇月一一日夜から翌未明にかけてのコップ大阪地協構成員の総検挙が最初の大弾圧と言えるだろう。後者については「コップ大阪地協救援ニュース」第一号（一九三二年一一月一三日、DPRO-2510）の「コップ大阪地協犠牲者一覧表」に、作家同盟本部中央委員も務めていた大阪支部の田木繁など一四名の名前が掲載されており、支部成員の相次ぐ検挙により、先に紹介した『大阪の旗』は一時休刊を余儀なくされた。そもそもこの一斉検挙は、近畿地方陸軍大演習（一一月一一～一三日）へ天皇が統監として来阪するために行われた予防拘禁であり、この時の勾留は比較的短期間に終わったが、その後も大きな弾圧は続いた。

　こうした弾圧の中で、詩人の原理充雄の死は、関西のプロレタリア文化運動にとって象徴的な出来事であった。原理は、大阪の鷺洲《さぎす》尋常高等小学校高等科を修了後、大阪郵便局に勤務するかたわら、関西学院文学部文科研究会の機関誌として出発した『想苑』（一九二二年六月～二三年一二月）に詩を発表し、この雑誌を通して知り合った草野心平に誘われ詩誌『銅鑼』（一九二五年四月～一九二八年六月）の同人となった。その後、『木曜嶋』や『文芸直線』に参加して次第に左傾化し、その後はナップ大阪地協や作家同盟大阪支部の主力メンバーとして活動した。中央団体で活躍した小林多喜二がそうであったように、原理も若くして文学的才能を発揮する一方で党の方針を忠実に守り、三一年春頃に地下（非合法）活動に入った。そして、同年四月二七日に行ったビラ撒きによって検挙され、のちに衰弱のため釈放されるも、未決監を出てわずか一カ月足らずの三二年六月三〇日に、二五歳の若さで死去したのである。[4] このように、コップ結成前後の時期には、地方組織においても弾圧に抗するばかりの後退戦を余儀なくされていた。

　しかし、こうした状況の中でも、関西の地方団体はその特色を生かして何とか運動を維持しようと努めていた。その一つの現れが、京阪神各支部を関西支部へ拡大する試みであった。そもそも、第二節で紹介したように、ナップ時代から「関西」という枠組みを設けることは何度か試みられていたものの、やはり演劇や映画の合同公演のような単発の連携のみで、京阪神の横断的かつ継続的な活動は確認できない。それは、作家同盟第五回大会

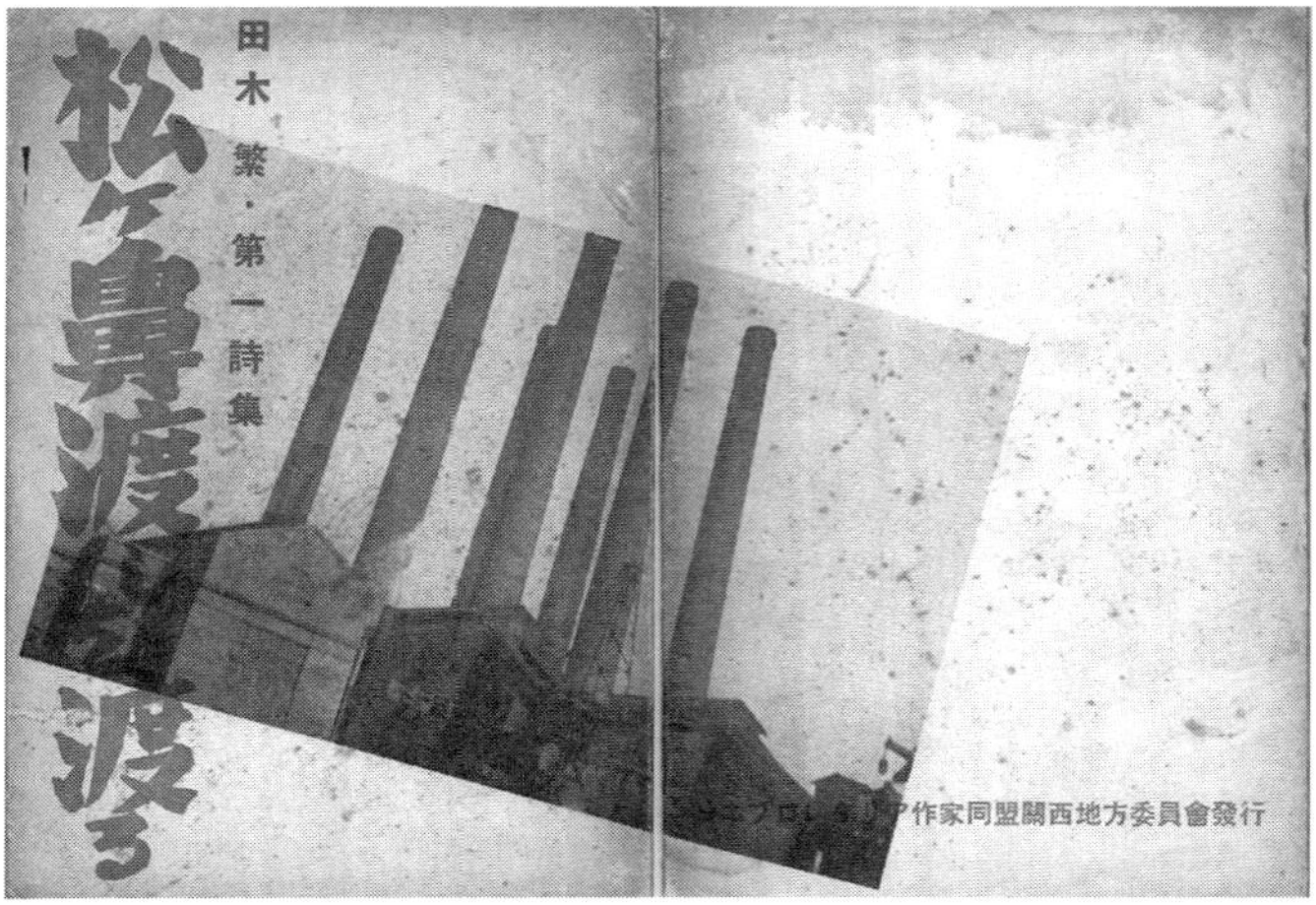

図⑤　『松ヶ鼻渡しを渡る』表紙・裏表紙

（一九三二年五月）における「大阪、京都、兵庫支部に関する決議」（前掲）で、大阪、京都、兵庫の「三つの支部は近畿における重要地方を基礎とする有力な支部」でありながら、「これらの支部間には、今日尚ほ充分な協力が保たれて居ない」と指摘されていることからも裏付けられる。ここには、共産主義社会の実現を目指す反体制運動が、体制側の既存の行政区分に則って支部を組織し、分割的に活動することの限界が見て取れる。

そんな中、コップ大阪地協や作家同盟大阪支部を中心として、「関西」への枠組み拡大が提案された。たとえば、一九三二年九月頃に発行された「コップ京都・神戸地方協議会弾圧に対して抗議す＝あわせてコップ関西地方協議会設立の提唱」（DPRO-2566）では、弾圧によるコップ京都と兵庫の壊滅状況を受け、「今后の困難な相互の斗争についての連帯性を表現するために、コップ関西地方協ギ会の設立」が提唱されている。さらに、翌年一一月二〇日には、コップ大阪地協から関西地方機関誌として『コップ』第一号が発行され、ここでも「関西地方協議会確立の提唱」が訴えられた。作家同盟においても、三三年末頃に『プロレタリア文学関西地方版』が発行されるなど、急速に関西への改組が進められた。

ただし、京阪神各支部の名称が関西へ変わったことに、どれほどの意義があったかは疑わしい。一九三四年二月に作家同盟関西地方委員会より第一詩集『松ヶ鼻渡しを渡る』〔図⑤〕を刊行した田木繁は、戦後のインタビューで、実際に関西地方委員会が存在したのかという質問に対し、「皆がやられたあとで、関西的な規模に組織編成した」が「実質的にはそうまあ……」と言葉を濁し、そのような組織は「なかった」と有名無実を証言している。(5) 地方のプロレタリア文化運動は、やはり既存の行政区分に則った各府県や都市部の活動に集約されていたのである。

## おわりに――中央と地方のはざまで

これまで論じてきたように、関西のプロレタリア文化運動は、中央からの上意下達システムの中で時には公式主義に陥り、時には状況に応じて地域性を発揮しようとした。関西のプロレタリア文化運動の一翼を担った詩人の田木繁は、「自筆年譜」(『煙』第四〇号、一九八一年四月)において、一九三一年五月に戦旗大阪中央支局を中心に生活するようになったことに触れ、次のように記している。

とにかく当分の間、見るもの聞くものすべて物珍らしかった。昼間の間できるだけ街歩きをし、又伝手を頼んで町工場の見学をした。夜になると、研究会があって、京都におけるような学生中心とはちがって、生活のにおいをぷんぷんさせた人々が集ってきた。それらの中には印刷工の三谷秀治、ペンキ職人の大元清二郎、ガリ版印刷の大月桓志(後改め常晴)、製材工の城三樹などがいた。

これは大阪ないし関西に限ったことではないが、地方支部の特色は、中央団体がインテリ出身の専門家で多く占められていたのに対し、まさしく労働をしながら運動に携わり、自身の階級意識と芸術を止揚しようと試みる成員たちで構成されていた点にある。そんな一九三〇年代当時の大阪支部の雰囲気が、京都帝大を卒業したインテリの田木には新鮮であり、自筆年譜を書いた五〇年後にもその時の情景がありありと浮かんできたのだ。

　こうした労働者と密着した感性は、関西地方で発行された雑誌やビラにも表れている。たとえば、芸術大衆化が議論の俎上に載せられていた一九二八年に、小工場の労働者でのちにナップ大阪地協の成員となる岡田頌二郎（原理充雄との説もある）は、『プロレタリア』（前掲）に「文学の大衆化に抵触すること二三」と題するエッセイを寄稿し、「戦旗は労働者の階級意識の覚醒したものに対してはそれを鞏固にするだろうが、階級意識をもつてゐないもの達へのアヂには非常に遠い」と、組合員の声を紹介していた。あるいは、「ナップ大阪地区協議会ニュース」第四号（一九三一年八月一九日、DPRO-2408）では、一九三一年八月一七日に開催されたとみられる反宗教闘争同盟大阪支部結成大講演会で講演した本部派遣の秋沢修二に対し、「修辞的な点に於て（特に）非大衆的でインテリ臭い」ところがあったとして、「今後開催される講演会の性質、大阪地方の特殊性等を一応考慮に入れて、内容的にはもつと〳〵具体性を採り入れ修辞の点に於てはもつと平易な言葉でもつて、武装して講演されるやう」に求める記事が掲載された。このようなプロレタリア文化運動のあり方に対する労働者の現実に即した批判が、地方のメディアには現れていたのである。

　中央団体の改組によって先鋭化された強固な組織論は、数々の犠牲者を生みながらも、ある意味で地方における労働者主体の文化運動の存在意義を担保していた。そうして生み出された作品に見るべきものがなかったと言えばそれまでである。しかし、ビラや機関誌など地方団体が自ら生み出したメディアを通読することで、労働者との連帯の中から無名の活動家が次々と現われては消える大衆獲得のダイナミズムを感じ取ることができる。まさに、プロレタリア文化は単行本など目に見えるかたちで残る作品だけでなく、運動体そのものが芸術だったのである。

（1）一九二八年五月二五日に京都、二八日に大阪、二九日には神戸の関西学院で講演会が開催されており、この時の模様は、『戦旗』一九二八年七月号に掲載された江馬修《なかし》「京都から」、佐渡俊一「大阪の芸術運動近勢」、無署名「大阪公演記」、西本喬「留置場に壁新聞」に詳しく書かれている。

（2）『資料集』で確認できる関西（京阪神）のナップ系文化団体支部は以下のとおりである。ただし、一九三一年までに組織もしくは準備会が持たれたものに限った。

・京都＝ナップ京都地域協議会、戦旗社京都支局、作家同盟京都支部、映画同盟（プロキノ）京都支部

・大阪＝ナップ大阪地域協議会、戦旗社大阪支局（のち、戦旗大阪中央支局）、戦旗社堺支局、作家同盟大阪支部、美術家同盟（P・P）大阪支部、プロキノ大阪支部

・神戸＝戦旗社神戸支局

（3）新池田町の事務所は、もともと一九二八年一〇月に来阪した久板栄二郎・鈴木千代夫妻の住居を間借りしたものであった。当時の様子については、戦旗二代目大阪支局長である森元宗二の「私の履歴書——戦旗大阪中央支局をめぐつて（或は忘れ難き人々）」（『煙』第二七号、一九七五年一二月）や、三代目支局長である児玉誠（義夫）の「追悼・阿部眞二」（『煙』第四二号、一九八一年一二月）に詳しい。また、並木晋作は、地方支部では活動家が少なかったために、「おおむね成員は幾つかの団体活動家を兼ねて」おり、「それだけに、階級敵の攻撃をうける確率は単団体所属員の場合よりもはるかにたかかった」（『日本プロレタリア映画同盟〔プロキノ〕全史』合同出版、一九八六年、一二九頁）と回想している。

（4）高橋夏男『西灘村の青春——原理充雄人と作品』（風来舎、二〇〇六年）を参照。

（5）田木繁（聞き手：堀鋭之助・近藤計三・中村泰）「聞き書き・大阪プロレタリア文学史⑴　自己否定の道を生きて」（『蒼馬』第四号、一九七八年一二月）。

# 文戦派の文化運動

鳥木圭太

## はじめに

本論では、戦前期プロレタリア文化運動における労農芸術家聯盟／文芸戦線派（以下、労芸／文戦派）の活動について考察する。

労芸／文戦派といえば、ナップ（全日本無産者芸術聯盟／全日本無産者芸術団体協議会）の活動を正史とするいわゆる「ナップ史観」に対するアンチテーゼとして言及されることが多く、葉山嘉樹や平林たい子といった個々の作家作品の高い評価にもかかわらず、その運動理論や実践運動の独自性に関しては言及されることが少なかった。こうした「ナップ史観」に対し、「ナップの眼鏡」を外せという小田切秀雄（「頽廃の根源について」『思想』一九五三年九月）の批判以降、文戦派を含めたプロレタリア文学運動全体の見直しが戦後おこなわれてきた。

しかし、内藤由直が「マルクス主義を内在化し、共産主義を志向するイデオロギー純化の過程でその思想と輪廓を鮮明にしていったナップ派の文学を確固不動の「プロレタリア文学」として想定」している（「第五階級の文学――犬田卯の農民文学／プロレタリア文学論」『立命館文学』二〇〇九年一二月）と批判するように、小田切自身が無自覚に使用する「ナップ派／文戦派」といった区分自体が、少なからず党派的活動を前提とするプロレタリア文化運動のあり方に対し、自己言及的にその起源を創出し、一九二一（大正一〇）年一〇月の『種蒔く人』東京版の刊行をもってその嚆矢とする文学史観を再生産していくことに繋がるだろう。

そうした前提を踏まえつつ、しかしここでは一旦立ち止まって、考察の対象が文化運動であることを思い出したい。芸術作品が作家一個人の創作活動の枠に収まらず、作家集団という運動体のあり方に強固に規定されるのであれば、それは常に既に政治的・組織的であることを免れない。だとすれば、問われるべきはそうした政治的・組織的であることを前提とする文化運動を、党派的枠組みを超え一つの総体として捉え直し、諸個人の意識や創作活動がそこにどのような意味を持ちうるのかということであろう。本稿では文戦派の文化運動に焦点を当て、戦前期プロレタリア文化運動におけるその意義を問い直したいと考える。

## 1　文戦派の組織的変遷

### 『文芸戦線』創刊

「文戦派」という呼称は、プロレタリア文学運動が日本プロレタリア芸術聯盟（プロ芸）と労農芸術家聯盟（労芸）に大きく分裂した一九二七（昭和二）年六月以降、機関誌『文芸戦線』を活動の場とする労芸所属の作家に対して向けられたものである。『文芸戦線』は一九三一年一月号より『文戦』と改題（一九三二年七月終刊。全一八号）しており、「文戦派」の呼称は自他共に認めるものとなった。この改題に関し、『文芸戦線』一九三〇年一一月号に掲載された「『文芸戦線』を『文戦』と改題する可否に就て読者諸君に問ふ！」では、運動範囲の拡大にともない、〈文芸〉戦線から〈文化〉戦線を意味する『文戦』に改題することを提起している。これはプロレタリア文化運動の持つ役割は、その当初から文学運動という枠組みを大きく超え、無産階級運動全般に渡る新たな市民文化創出にあったという認識を文戦派もまた共有していたことを示すだろう。

一九二五年一二月に発足した日本プロレタリア文芸聯盟以降、プロレタリア文化運動は組織の離合集散を繰り返していくことになるが、こうした文化運動の組織的変遷には、普通選挙推進運動や労働組合運動といった政治的背景が存在していた。それは労働組合運動を通じた直接民主主義による社会主義社会を志向するアナルコ・サンディカリストと、政党運動を通じた代議制民主主義の実現および議会における労働者階級のヘゲモニー確立を目指すボルシェビストの対立、いわゆるアナ・ボルの対立に象徴的に現れている。両者の対立は一九二二年九月三〇日の日本労働組合総聯合結成大会に至る過程ですでに決定的となっていたが、一九二二年七月の日本共産党の創立(1)とその活動方針となった山川均のいわゆる「方向転換論」がこの運動の方向を決定付けていく(2)。

「方向転換論」は資本制度の撤廃を目指す無産階級運動における政治運動と労働組合運動の意義と、その相互の関係性を明確にし、労働者大衆の要求を政治的闘争に反映させるという具体的目標を設定したという点で画期的であった。一方で山川は階級意識を「無産階級全体の頭のなかに、一様にわいてくる意識」と規定するのみで、その生成過程の精密な分析をおこなわなかった。これを受けた以降の無産階級運動では、労働者階級の階級意識生成の鍵となる文化運動独自の役割を等閑視し、政治運動や労働運動の下位に置くことになっていく。

## 福本和夫の思想

文化運動の政治的役割をいかにして理論化し、無産階級運動と接続するか。こうした課題に理論的回答を与えるかに見えたのは、一九二四年九月にフランス・ドイツ留学から帰国した福本和夫による一連の評論活動であった。福本は共産党ビューローの機関誌『マルクス主義』に留学先で仕入れたマルクス主義に関する文献をもとに精力的に論文を発表した。

福本はプロレタリアートの階級意識の発生過程について、「無産者階級が、其階級意識を意識するの過程は、同時に其階級闘争の過程である」と述べて、この階級闘争の発展段階およびその形態を、(1)意識革命、(2)経済的闘争、(3)政治的闘争、(4)経済革命という諸段階に分類し、革命へといたる政治行動の要因を階級意識にもとめ、その不断の実践、すなわち階級闘争の必要性を説いた(3)。福本のこの理論は、社会の変革過程を山川均の方向転換論のような歴史の必然としてではなく、労働者階級の意識過程と捉えることによってその変革主体の意識の生成過程を議論の俎上に載せたのだ［図①］。

一般的に福本の主要な主張としてよく知られている、いわゆる「分離結合論」は、山川の方向転換論が主張するような大衆から前衛を純化していくといったようなボルシェビズムの枠組みにとどまらず、革命へといたる政治行動の決定要因である階級意識と、その実践としての階級闘争の必要性を説き、その社会的闘争と結びついた社会科学の方法論的革新を主張した。すなわち、現実にさまざまな集団に分裂し対立している大衆を政治的に統一することを目指すのではなく、その分裂と対立の現状をこそ対象化し理論化することでその状況を実践的に乗り越えること、そのための媒介としての知識人の実践的役割を提起したのだ。

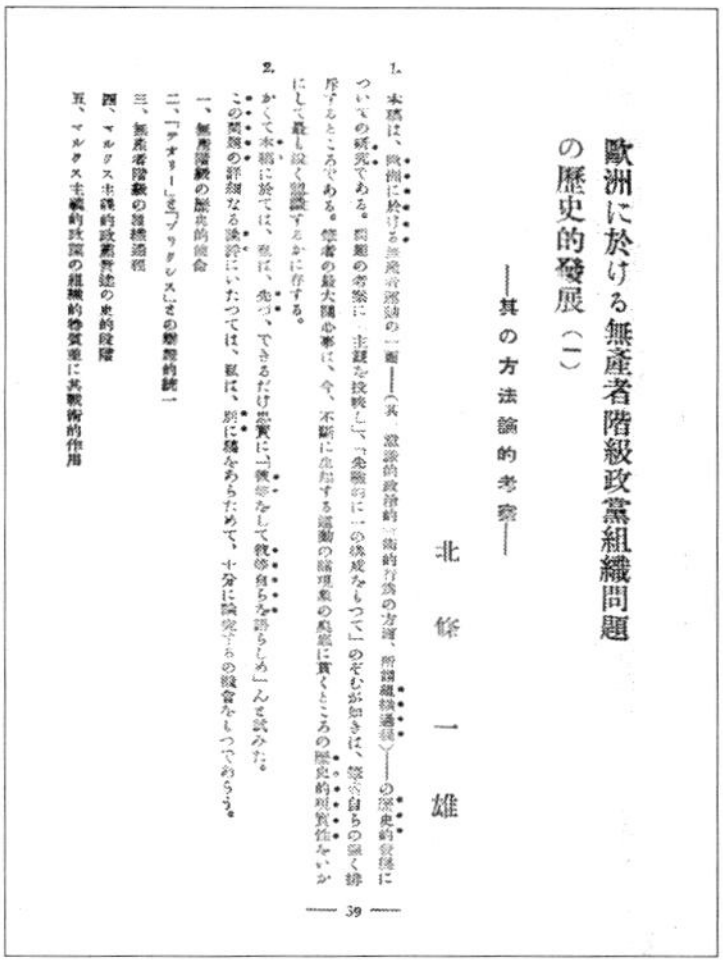

図①　福本和夫「欧洲に於ける無産者階級政党組織問題の歴史的発展（一）」（『マルクス主義』1925年4月）

この福本の思想は、「冬の時代」を乗り越えてきた堺利彦や山川均ら古い世代のマルキストに続く、いわば第二世代ともよぶべきマルキストたちに大きな影響を与えた。福本が山川や堺に代表される古い世代の社会主義者たちに仕掛けた理論闘争がもたらしたものは、歴史的背景を持たない日本のマルクス主義にいかにして世界観を確立するかという方法論の問題であり、山川均が提唱していた無産統一政党とは根本的に異なった役割を担う前衛党をいかに組織するか、という問いに対する理論的回答であった。すなわち、その本質は知識人の自己変革の理論であり、プロレタリア文学運動を担う中野重治ら若きマルキスト作家らにとって、文化運動のもつ政治的特質が労働者を階級意識の生成過程＝階級闘争へと結びつける契機となることを示すものであった(4)。

しかし福本の思想は、現実の無産階級運動の現場においては「労働者階級を経済過程に直接想定し、そこにあるはずの階級意識を政治・イデオロギーの次元で実現しようとする運動」として「階級意識形成の現実の過程よりも、あるはずの統一を顕現させる「指導」にその本質が置かれる」こととなった(5)。

これは前衛党による大衆の指導を前提とするボルシェビズムそのものの持つ構造的な問題として山川の理論にも内包されていた問題でもあるが、とまれ、先に見た福本の思想そのものと、当時の若い知識人たちに影響を及ぼしたいわゆる福本主義とは別のものとして捉えられなければならないだろう。理論そのものの持つ大きな可能性とは裏腹に、福本主義はプロレタリア文化運動の現場において多くの組織的対立と理論的混乱をもたらすこととなった。

### 労農芸術家聯盟の結成と二七年テーゼ

一九二七年六月、青野季吉《すえきち》・里村欣三・金子洋文・小牧近江・黒島伝治・前田河広一郎《まえだこうひろいちろう》・今野賢三・葉山嘉樹・小堀甚二・平林たい子・鶴田知也・岩藤雪夫ら山川イストらが福本主義をめぐる対立からプロ芸を脱退し、労農芸術家聯盟（労芸）を結成した。労芸は『文芸戦線』を機関誌とし、これに対抗するかたちでプロ芸は機関誌『プロレタリア芸術』を発刊することとなる。こうした組織的対立をさらに加速させる契機となったのが、コミンテルンによってもたらされた二七年テーゼの存在であった。

「日本問題に関する決議」、いわゆる二七年テーゼはブハーリンを中心に起草され、要約が『プラウダ』八月一九日付に「コミンテルン執行委員会の決議」として掲載され日本に伝えられた。『文芸戦線』一〇月号に蔵原惟《くらはらこれ》人《ひと》訳で掲載され〔図②〕、全文は翌二八年日本労農党系理論誌『社会思想』二月号に附録として掲載された。[6] テーゼでは日本資本主義の本質をブルジョア独裁資本と定義し、それとの対決において労働者階級のへゲモニーを握ることの重要性を説いた。福本主義に対しては、「労働組合を機械的に政治化する」と批判し、国内においても

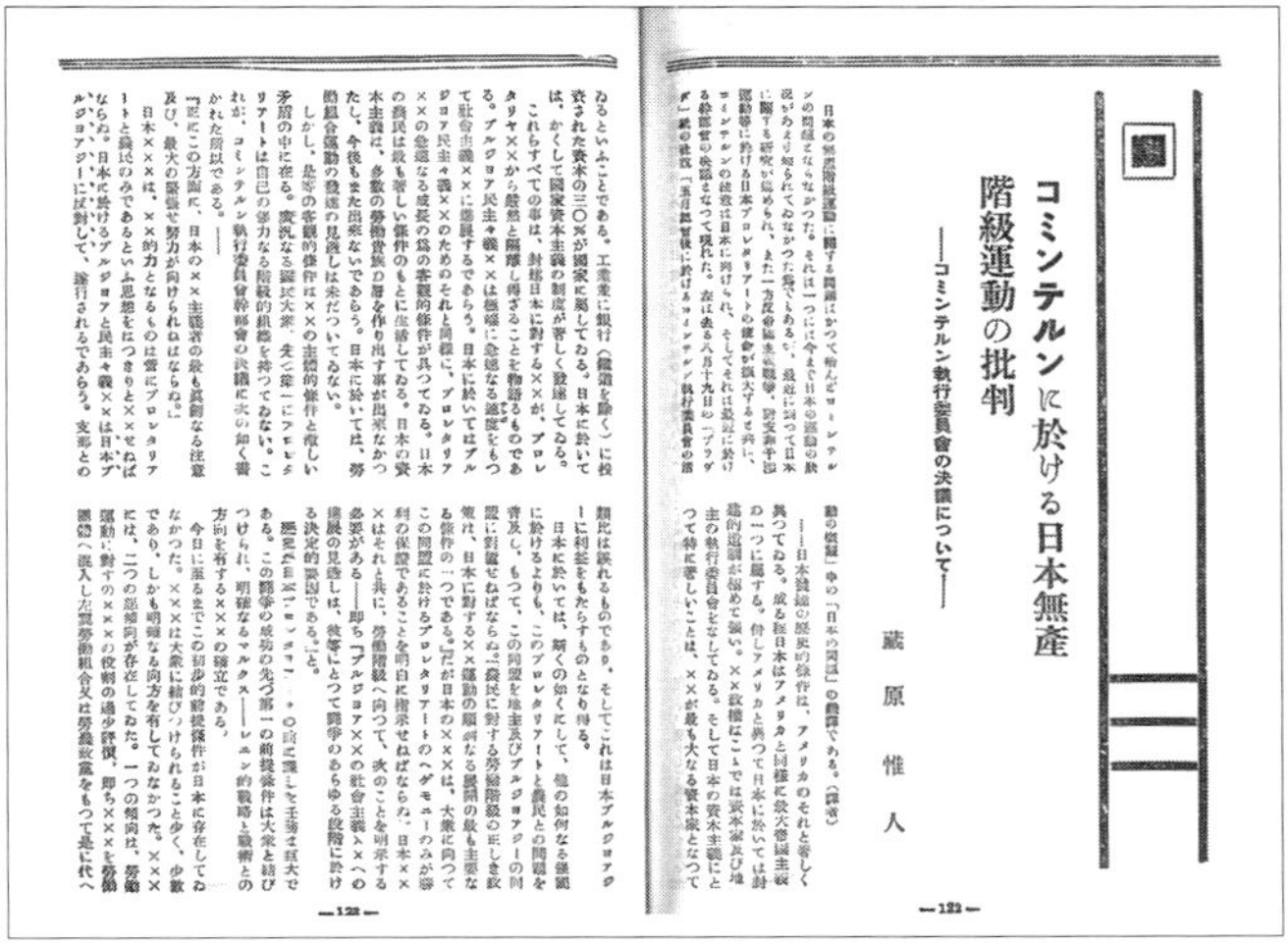
コミンテルンに於ける日本無産階級運動の批判
――コミンテルン執行委員会の決議について――
蔵原惟人

図②　蔵原惟人「コミンテルンに於ける日本無産階級運動の批判――コミンテルン執行委員会の決議について」（『文芸戦線』1927 年 10 月）

批判の高まっていた福本主義の〈没落〉を決定づけた。一方でテーゼは山川均に対しても「×××〔共産党〕を労働団体へ混入し左翼労働組合又は労農政党をもつて党に代へんとする」ものとして批判し、このテーゼの山川批判への解釈をめぐり、労芸内においても意見の対立が生じることになる。

一九二七年一一月、山川均の福本に対する反論文の『文芸戦線』への掲載をめぐる対立から、反山川派の同人（藤森成吉《せいきち》・蔵原惟人・山田清三郎・林房雄・上野壮夫《そうふ》・槇本楠《くす》郎《ろう》・川口浩・村山知義・佐々木孝丸・永田一脩《いっしゅう》ら）が脱退し、前衛芸術家同盟（前芸）を結成し、機関誌『前衛』を発行した（「声明　前衛芸術家同盟総会」DPRO-2272）。

反山川・共産党支持で一致する前芸とプロ芸の合同が模索されるなか、三・一五の共産党大弾圧をきっかけとし、弾圧に対抗するかたちで一九二八年三月二五日、両者は合

同の声明を発表、全日本無産者芸術聯盟（ナップ、機関誌『戦旗』）を結成する（「日本プロレタリア芸術同盟《ママ》・前衛芸術家同盟　合同に関する声明」DPRO-2280）。以降、労芸（文戦派）とナップ（戦旗派）は、プロレタリア文学運動における二大組織として対立を続けていくこととなる。

**雑誌『労農』創刊**

ナップが非合法の第二次共産党を支持していたのに対し、労芸の政治的主張の基盤となったのはいわゆる労農派グループであった。

労農派の名の由来となった雑誌『労農』は、政治研究会内で共産党ビューローと対立した大山郁夫・鈴木茂三郎・黒田寿男・大森義太郎・山田盛太郎・松尾茂樹らによって創刊された左翼雑誌『大衆』の後を受けて、一九二七年一二月に刊行された。同人は堺利彦・山川均・荒畑寒村・猪俣津南雄《つなお》・鈴木茂三郎・黒田寿男・足立克明・青野季吉・小堀甚二・北浦千太郎・大森義太郎・吉川守圀《もりくに》・橋浦時雄・岡田宗司・野中誠之の一五名であった。大森映によれば、労農芸術家聯盟に所属する青野の発案で誌名『労農』が決定したという(7)［図③］。

図③　『労農』創刊号

当時、労農芸術家連盟は山川の福本への反論文（『或る同志への書翰』――青野季吉宛書簡の一部）の『文芸戦線』への掲載をめぐり、山田清三郎・蔵原惟人・林房雄がこれに反対して脱退、中野重治らの日本プロレタリア芸術聯盟と合流するという分裂騒動の只中にあった。

こうしたなか、雑誌発刊にあたり山川は青野らとも緊密な連絡を取り、また労農芸術家聯盟からは青野と小堀が同人として参加した。「戦闘的マルキスト理論雑誌」を謳う『労農』と文戦派の拠点となった『文芸戦線』とは、その成立当初から密接な関係にあったのだ。

『文芸戦線』／『文戦』は、一九二七年一二月号に分裂の引き金となった山川「或る同志への書翰」が掲載されたのをはじめ、猪俣津南雄「日本無産階級運動に対するコミンテルンの批判を読む」、青野季吉「コミンタンは如何に日本の運動を批判したか（一）」が掲載されるなど、以降労農派の評論や情勢認識、運動理論を紹介する大衆的啓蒙雑誌としての性格を強めていくことになる。

## 労農芸術家聯盟の分裂

一九三〇年六月、岩藤雪夫の代作問題に端を発し、労芸より平林たい子・今村恒夫・長谷川進、七月に岡下一郎が脱退、同一一月に黒島伝治・今野大力《だいりき》・伊藤貞助・山内謙吾・宗十三郎らが脱退し、先に脱退した今村・長谷川を加えて文戦打倒同盟を結成する（労農芸術家聯盟「声明書――黒島等六名の脱退に際して」DPRO-2364/2365）。

一九三〇年一一月にロシアのハリコフで行われた第二回革命作家世界大会（ハリコフ会議）にナップの藤森成吉、勝本清一郎が参加し、その報告[(8)]をもとにしたナップの決議をめぐり[(9)]、翌三一年五月、労芸より細田民樹・細田源吉・小島勗《つとむ》・間宮茂輔《もすけ》らが脱退し、第二文戦打倒同盟を結成した。細田らは前年に脱退した文戦打倒同盟とともに、ナップが改組した全日本無産者芸術団体協議会（略称は同じくナップ）内の日本プロレタリア作家同盟（ナルプ）へ合流する。

## プロレタリア作家クラブ設立

こうした分裂によって有力な作家がナップへと移るなか、一九三二年五月一五日、労農芸術家聯盟を母胎とし、青野季吉・金子洋文・今野賢三・伊藤永之介らによって左翼芸術家聯盟（機関誌『レフト』）が結成される（DPRO-0135・0152・0158・0167・0169・0183）。

しかし葉山嘉樹・前田河広一郎らによって同年七月一四日労農文学同盟が結成される（DPRO-0119「労農文学同盟規約（暫定）」）。さらにこれが分裂して八月四日に葉山・前田河・里村欣三・石井安一・広野八郎・岩藤雪夫・井上健次ら二〇名によってプロレタリア作家クラブが結成され、翌年一月機関誌『労農文学』（DPRO-0153・0156・0160・0162・0165・0170・0178・0185・0189）を創刊する［図④］。以降三四年まで文戦派は二つに分裂し対立することとなる。

図④　『労農文学』創刊号（DPRO-0153）

分裂の直接的原因は定かではないが、大崎哲人は『労農文学』同人の特徴として、「労働体験をもとに作品を創作することを重視し、あまり文学理論、評論を心よく思っていなかった」点を指摘している[10]。『現代日本文芸総覧』解題（明治文献、一九六九年）では、もっと直截に「対立の根底には前田河や葉山の、「指導理論家」青野季吉に対する不信と反撥とがあったのではないか」と推測している。

『レフト』は一九三四年一月に『新文戦』と改題し、翌二月に荒畑寒村の仲介で『労農文学』と合同し、機関誌は『新文戦』に定められた（「新文戦ニュースNo.2」一九三四年二月、DPRO-0192）。

## 2　文戦派の文化理論

先に見たように、山川の理論はコミンテルン型変革論を批判し、実践的運動理論として機能する可能性を有していたが、市民社会における変革主体をいかに形成するかという問題においてその展望を欠いていた。そうした社会運動理論の欠点を補うものとして上部構造における変化主体の形成の契機を提示したのが福本和夫の思想であった。それは初期のプロレタリア文学運動に目的意識の形成という命題を与え、多くの文学者を文化闘争へと導いた。しかし現実において福本主義は党派性に基づく組織論としてのみ機能し、運動の分裂を招き、創作批評における権威主義的イデオロギーとして運動の硬直化を招いていくことになる。

**目的意識論の登場**

こうしたなかで、労農派における文化運動面での理論的主柱となったのが青野季吉である。青野は労農派における唯一のプロレタリア文学理論家でもあった。『文芸戦線』誌上における彼の奮闘は山川をはじめとする労農派の政治理論と、『文芸戦線』における文化運動をつなぐ紐帯ともなった。一般的に青野の文学理論としてよく知られているのが、『文芸戦線』一九二六年九月号に掲載された「自然生長と目的意識」である〔図⑤〕。

プロレタリヤ階級は自然に生長する。それが自然に生長すると共に、表現欲も自然に生長する。それの具体的の顕れがプロレタリヤ文学である。〔略〕／しかしそれは自然に生長したまで、あつて、まだ運動ではない。それがプロレタリヤ文学運動となつたのは、その自然生長の上に、目的意識が来たからである。〔略〕／目的意識とは何であるか？／プロレタリヤの生活を描き、プロレタリヤが表現を求めることは、それだけでは個人的な満足であつて、プロレタリヤ階級の闘争目的を自覚した、完全に階級的な行為ではない。プロレタリヤ階級の闘争目的を自覚して始めて、それは階級のための芸術となる。即ち社会主義思想によつて導

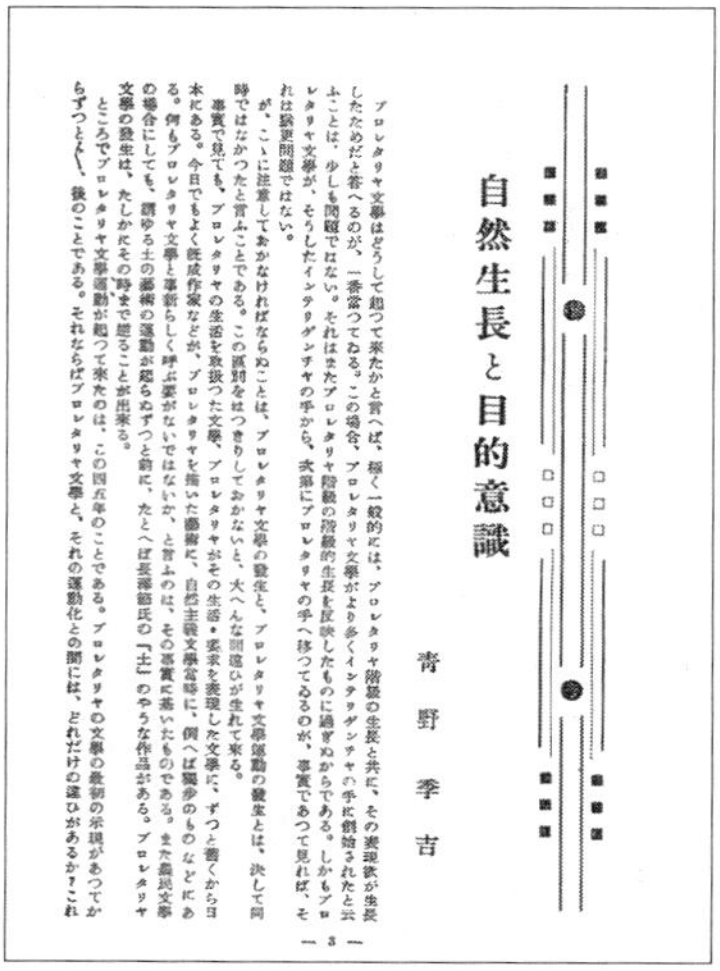

# 自然生長と目的意識

青野季吉

プロレタリヤ文學はどうして起つて來たかと言へば、極く一般的には、プロレタリヤ階級の生長と共に、その表現欲が生長したためだと答へるのが、一番當つてゐる。この場合、プロレタリヤ文學がより多くインテリゲンチヤの手に創始されたと云ふことは、少しも問題ではない。それはまたプロレタリヤ階級の階級的生長を反映したものに過ぎぬからである。しかもプロレタリヤ文學が、そうしたインテリゲンチヤの手から、次第にプロレタリヤの手へ移つてゐるのが、事實であつて見れば、それは猶更問題ではない。

が、こゝに注意しておかなければならぬことは、プロレタリヤ文學の發生と、プロレタリヤ文學運動の發生とは、決して同時ではなかつたと言ふことである。この區別をはつきりしておかないと、大へんな間違ひが生れて來る。

事實で見ても、プロレタリヤの生活を取扱つた文學、プロレタリヤがその生活・要求を表現した文學は、ずつと早くから日本にある。今日でもよく既成作家などが、プロレタリヤを描いた藝術に、自然主義文學當時に、例へば獨歩のものなどにある。何もプロレタリヤ文學と事新らしく呼ぶ要がないではないか、と言ふのは、その事實に基いたものである。また農民文學の場合にしても、謂ゆる土の藝術の運動が起らぬずつと前に、たとへば長塚節氏の『土』のやうな作品がある。プロレタリヤ文學の發生は、たしかにその時まで遡ることが出來る。

ところでプロレタリヤ文學運動が起つて來たのは、この四五年のことである。プロレタリヤの文學の最初の示現があつてからずつと〳〵後のことである。それならばプロレタリヤ文學と、それの運動化との間には、どれだけの違ひがあるか？これ

— 3 —

図⑤　青野季吉「自然成長と目的意識」（『文芸戦線』1926年9月）

かれて始めて、それは階級のための芸術となるのである。そしてこゝに始めて、プロレタリヤ文学運動が起るのであり起つたのである。

プロレタリヤ文学運動は、それであるから、自然発生的なプロレタリヤの文学にたいして、目的意識を植えつける運動であり、それによつて、プロレタリヤ階級の全階級的運動に参加する運動である。

これは福本の提起した階級意識の生成過程の問題に、芸術（運動）の役割を導入したものであり、その後のプロレタリア文化運動全般に大きな影響を与えた。しかしここで青野のいう「目的意識」という語は「階級的意識」と同義に扱われており、それは先に見た福本思想における階級意識とは大きく異なっていることに注意する必要がある。特に日本のプロレタリア文学運動においては、この「目的意識」という言葉が階級意識という概念にかわり人口に膾炙した。林淑美によればこの青野の訳語が以後の運動のあり方を方向づけ、文戦派・ナップ双方に大きな影響力を及ぼしていくことになった。(11) つまり、目的意識は文化運動の目的を、そこにあるべきものとして実体化し、そのあるべき目的に芸術を従属させていくことになるのである。以後この目的意識論は、文戦派・ナップ派を問わず、普遍的な創作理論として作家の創作意識を規定し、政治の芸術に対する優位性を担保する理論として機能していくのだ。

では、この目的意識論は文戦派においてどのように発展していったのだろうか。

青野は、「新アヂ文学論」（『文芸戦線』一九三〇年一〇月）において、芸術大衆化の問題を「アヂ・プロ作品」

創作の問題とし、新たな作品形式を創出するのではなく、従来の作品の中にそれぞれの要素を見出し、それを伸長していくべきであると主張する。そして、従来混同されてきた「プロパガンダ」と「アジテーション」の概念を区別し、レーニン「何をなすべきか」を援用して前者を「『たくさんの思想』——若干の（比較的）限られた人々によつてゞなければ直ぐには理解され得ないほど多くの思想を与へる」もの、後者を「大衆の知つてゐる例即ち眼前の事実を、大衆のまへにつきつけて、大衆にたいして『たゞ一つの思想』を与へる闘争的活動」と規定する。そして目指すべきプロレタリア文学とはプロパガンダ文学であらねばならないと主張した。

この青野の主張で注目すべきは、この二つの特質を有する文学作品が明確にその対象となる読者を区別しているということである。プロパガンダはその伝えるべき内容の多岐に渡ることから、対象となる読者は「比較的限られてゐる」ことが求められるのに対し、アジテーションは大衆に向けて創作されるという明確な読者の区別がある。前者は「運動の進展と、プロレタリア階級の文化的水準の向上とともに、つねにそれは拡大されて行」くとされており、また両者の違いは対象となる読者の数や「純文学」「大衆文学」といった作品の性質ではなく、あくまで「大衆に働きかける作用の性質の相違」であると説明される。

さらに青野は「プロレタリヤ・リヤリズムの高度化」（『新潮』一九三一年三月）において、プロレタリア・リアリズムを、ルナチャルスキー「芸術の社会的基礎」における「人間によつて考へ付かれ、彼が現実と考えるところのものを表現する一種の形式」という引用によって定義している。そしてマイケル・ゴールドを援用しつつ、芸術の描写を労働現場における労働階級の観点から、その「労働過程の描写」を「技術（機械）的正確さ」をもって描くことに主眼をおいている。こうした青野のプロレタリア・リアリズムの提唱は、労働者の視点をもって労働過程を描くことという素朴なリアリズムの実践を主張しながら、「一つの社会的機能をもつて、それ自身が階級闘争の一部を分ちもつもの」であるとその社会的意義を主張するものであった。

青野の主張は、大衆の視点を強調することで、前衛と大衆という二項対立をいかに止揚するかを目指したものであると評価できよう。しかし、文戦派においてもそうした理論活動は芸術創造のための理論ではなく、専ら芸術批評のための理論として機能していくことになる。そうした批評理論はナップのような組織においては強力な組織論として駆動していくが、文戦派においてはむしろ批評家の作家に対する優位を担保するものとして、作家たちの反発を惹起していくこととなる。文戦派の分裂の要因となった葉山嘉樹ら労働者作家の青野に対する反発も、この労働者大衆（プロレタリアート）と前衛（インテリゲンチャ）という二項対立的な枠組みと、前者が後者によって目的意識を与えられ指導されるというヒエラルキーそのものに対する反発であったということに留意する必要があるだろう。

## 文化運動と政治運動・労働運動の紐帯

先に見た福本主義は、政治運動・労働運動・社会運動がそれぞれ文化運動を媒介として有機的に結びつくという、運動そのものの一貫した存在意義の可能性と世界観の確立をプロレタリア文化運動にもたらした。結果としてそれは硬直した党派性に基づく組織論へと解消されていくことになるが、そこには文化運動の方法論構築の前提となるべき知識人による自己変革の試みがあった。

これに対し、労農派（政治・労働運動）と文戦派（文化運動）を結びつける紐帯となるべき文化理論にはどのような問題点が内包されていたか。一言で言えば、それはいかに労働者大衆に階級意識を自覚させ、階級闘争へと参画させるかという運動主体構築の問題であろう。

結論から言えば、労農派においては、次に見るような大衆演劇運動や労農学校、猪俣津南雄の『労農新聞』を用いたメディア戦略の提唱といったいくつかの興味深い試みはあったが、そうした実践を政治運動に結びつけ、労働者階級を階級闘争を担う主体として形成するための理論として構築することができず、結果として大衆をいかにアジ・プロするかという二項対立の構図（目的意識論の構図）を基本的に出ることはなかったのだ。以下、その運動の実践について見ていきたい。

## 3　労農派の文化運動の実践

### 猪俣津南雄の左翼横断戦線論

猪俣は「日本無産階級運動に対するコミンテルンの批判を読む」（『文芸戦線』一九二七年一二月）において二七年テーゼを積極的に評価し、『改造』一九二八年一月掲載の「何から始むべきか」と合わせて、左右中間に分裂した無産政党の全ての前衛分子を横断的に結びつけ、その組織的連携によって前衛を成長・発展させていくことを主張した。

猪俣は日本における「半プロレタリア化した広大な下層農民との結合は、プロレタリアの［闘争］のための不可欠条件である」（「何から始むべきか」[12]）と規定し、広大な貧農層との鞏固な同盟を主張し、そのための戦略論として革命的闘争に耐えうる強大なプロレタリア階級組織の必要性を説いた。さらに猪俣は、福本主義に対し「理論をドグマ化し、対立闘争を神聖化し、分離の意義を過大評価する傾向」（同前）と批判し、福本の「分離結合論」によって共産主義者が労農党や評議会などにのみ限定的に結集している状況を指して「縦断的結集」と呼び、これを克服するために「横断的左翼」の結成を主張した。猪俣は、

個々の特定情勢に適応して与えられる個々のスローガンは、階級的組織への傾向を特に明確に代表する労働

者分子――比較的少数の先進分子の饗応と率先とを促さねばならぬ。かかる分子の奮起、かかる分子の増大とその有機的結合と組織的闘争、――これこそが、正統的左翼主義の運動の実体である。「左翼」は常に全運動における階級的傾向の意識的尖端を代表する。（同前）

と述べて、こうした「先進分子」は、「組合意識、わが党意識を、階級意識に置き代え得るがゆえに先進分子なのだ。異なる団体に属しながらも、かかる分子として端的に支配者階級と対立し、この基本的な階級意識の強さをもって団体利己主義を克服し得るがゆえに統一運動は可能なのだ」（同前）と、一部の左翼団体のみならず、あらゆる団体における先進分子の「横断的結合」によって統一戦線を促進することを主張した。これは日本帝国主義を独占資本主義の世界的段階とする山川と共通の認識から出発し、三・一五事件以後の共産党弾圧に対応するかたちで、共産党を含む統一戦線論に重点を移していくものであった。

一方で猪俣の理論には、こうした横断的に結合すべき「先進分子」を、いかにして前衛にまで引き上げるのか、その働きかけの主体に関する具体的な議論が欠けている。この主体の問題の提起こそが、これまで検討してきた左翼文化運動の役割にほかならない。そして、その役割を果たす文化運動の重要性やメディアの役割を、おそらく猪俣自身も認識していたであろうことは、例えば『労農』一九二八年一月号掲載の「階級的政治新聞の任務」において共産党の合法機関紙『無産者新聞』に対し、横断的前衛の結成へと参加することを呼びかけていることからも窺える。しかし、こうした猪俣の主張は、無産政党の統一に重点を置く山川の主張とは齟齬をきたすものとして批判され、『労農』を離れていく契機となる。

演劇運動

文戦派の演劇運動を考察する前に、プロレタリア演劇団体の変遷について概観しておこう。

秋田雨雀や佐々木孝丸らの先駆座を母胎として、共同印刷争議支援のために日本プロレタリア文芸聯盟（プロ聯）演劇部の移動劇団として一九二六年に結成されたトランク劇場は、文字通りトランクに全ての公演道具を詰め込んで各地を巡演した。その後、日本プロレタリア芸術聯盟（プロ芸）発足に伴い、一九二六年一〇月、村山知義、千田是也らによって前衛座が結成され、築地小劇場を拠点として活動を開始する。さらに、一九二七年六月のプロ芸分裂によって、演劇団体もプロ芸所属のプロレタリア劇場（佐野碩ら）と労農芸術家聯盟（労芸）所属の前衛座（村山知義ら）に分かれた。

文戦派演劇団体は一九二七年二月の労芸の分裂によって、前衛芸術家同盟（前芸）所属の前衛場劇（村山知義ら）と労芸所属の労農演劇同盟（金子洋文ら）とに分裂することとなる。前衛場劇は一九二八年三月の全日本無産者芸術聯盟（ナップ）結成に伴い、プロレタリア劇場と合同し、東京左翼劇場が結成される。

以降、労農演劇同盟は劇作家・演出家の金子洋文を中心として一九三〇年に文戦劇場を結成し、新潟・秋田をはじめとした地方巡回公演を主な舞台として活動を展開した。文戦派の演劇運動の特徴の一つ目は、この地方公演を中心としているということである。

文戦劇場の第一回巡回公演は八月一三日から一〇日間秋田県内五カ所を巡回し、三五〇〇名を動員した（「文戦劇場は如何に闘ったか？——秋田農民組合巡回公演報告」『文芸戦線』一九三〇年一〇月）。上記公演報告によれば、公演の大きな特徴としては、現地の組合員から五名を俳優として起用し、劇団と組合が一体となって一つの公演を作り上げていることである。また、現地の観客の反応を演出や演技に取り入れるなど、いかにして現地の観客に受け入れられるかを重視していることも挙げられる。また、演出プランから観客の反応、検閲の問題や興行成果まで、逐一『文芸戦線』誌上で報告していることも興味深い。

文戦派の活動の中で、大きな特徴となっているのが、大衆自身による演劇運動である。

『文芸戦線』一九三〇年五月号に掲載された「「文戦劇場」宣言」では、「演劇的媒介性を利用することによつて無産階級の発展と勝利のために共同するものであるがそれは同時に、健全な演劇から全く遮断されてゐる無産大衆の生活を、階級的イデオロギーによつて貫く、新鮮な潑溂とした演劇の中に導入することによる」と宣言し、同年七月号掲載の「文戦劇場基本テーゼ」では、その対象を「組織されたる労農大衆」と定め、「未組織の労農大衆及び小市民層への働きかけはこれを通じて行ふ」としている。

同じくテーゼではその具体的な方途として「商業劇場公演は経済的に、地域的に大衆の面前に扉を閉」じており、「大衆に呼びかけることは殆ど不可能」であること、劇場借り入れなど「経済的興行の困難」「小ブル的・非プロレタリア的偏向への逸落への危険」といった理由から、「非劇場・非興行主義による経営の方針の下に各種の工夫をなし、又一上演（地方に於ける）に要する経費の単位を定め、積極的に、不断に労農大衆への持込みの開拓を行ふ」ことを定めた。

このように文戦劇場は地方農村の農民組合を中心とした組織大衆への働きかけを重視し、そのための巡業形態、演出構成、表現の工夫（単純化・直截化）を徹底することで、ナップ系の演劇団体との差異化を図った。そうした「労農大衆の中へ演劇を持ち込むこと」の延長線上に、大衆自身による演劇表現を目指したものとしていわゆる素人芝居が重視された。

金子は『文戦』一九三一年一月号から「演劇講座　労農素人芝居」を連載し、一般読者向けに一から劇団を立ち上げ、台本の選定から俳優の決定、演出家の役割や舞台装置、検閲への対応についてなど、事細かにプロレタリア演劇上演に関するノウハウを説いた。こうした金子の試みは、読者を単なる芸術の受け手としてだけでなく、芸術運動の担い手として育てていくことの必要性を文戦派の作家たちが意識していたことを窺わせる。天雲成津

子は、

金子は『文芸戦線』の昭和5年（1930）12月号に、文戦劇場の活動報告、「左翼劇団の一年」を掲載している。これによれば、労働演劇運動を民衆の底上げとして捉えていたことが分かる。こうした金子の考え方、つまり移動演劇の上演によって、労働者の意識の昂揚をもたらし、同時に組織づくりに役立てるという考え方をしていた。

と述べ、こうした試みが関東大震災の混乱のさなかに殺害された平沢計七の「東京労働劇団」の流れを汲むものであると評価している(13)。

一九三一年四月には、文戦劇場の指導の下に労働者自身による劇団同志劇場が結成されるなど、文戦劇場による演劇運動は、演劇を通じた労農大衆自身による表現手段の獲得と、それを通じた未組織労働者の組織化、階級闘争への参加を促進するものとして評価できるだろう。

## 労働農民学校の開設

労農派における文化事業としては、労働農民学校の開設が挙げられる。その先駆となった堺利彦労働農民学校開設の経緯については、小正路淑泰「葉山嘉樹と〈地方〉――労農教育運動をめぐって」（『社会文学』二〇〇三年九月）に詳しい。

これによると、一九二八年一二月に労農派地方同人の落合久生により、無産大衆党の支部結成にむけて無産大衆党九州遊説が企画された。これは官憲の弾圧や、無産大衆党・日本労農党・日本農民党・九州民権党・中部民衆党・島根自由民主党・信州大衆党の七党合同による日本大衆党結成（一九二八年年一二月二〇日）の影響をうけて途中で中止された。

しかし、その動員力に手応えを感じた九州の在地農村青年らにより、大衆的支持基盤拡大のための学校として堺利彦労働農民学校が開設される。第一期（一九三一年二月一一日〜二五日）は約八〇〇名の参加を得て大きな反響を呼んだ。この第二期学校（一九三一年八月二五日〜三一日）は葉山嘉樹や岡田宗司、鶴田知也、長野兼一郎、岩藤雪夫、水木楝平ら文戦派作家が講師陣として参加した。

『文戦』一九三一年一一月号には、鶴田知也「「朗読小説」に就いて」と題した、九州の農民学校における講義報告が掲載されている。ここでは朗読という形式に対応した文学作品の必要性が説かれており、都市労働者大衆に向けて書かれた従来のプロレタリア文学作品とは異なる文学形式が提唱されているのが興味深い。

また、金子洋文は文戦劇場の新潟公演の際に当地の農民学校での交流を紹介している。

我々は八ヶ所の公演の外に主として岡崎友一郎、稲村隆三両君が指導してゐる帯織の農民学校に「文戦デー」をもつた。聴集の半は婦人部で、演説、詩及び劇の朗読に大喜びだつた。これは長閑な、和気あい〳〵とした一日だつた。

（「上演禁止と新戦術――『文戦劇場』新潟公演報告」『文戦』一九三一年四月）

こうした労農学校の展開では先に見た地方における演劇運動との提携が模索されており、娯楽であると同時に教化・修養装置でもある演劇という芸術様式の特徴が最大限に利用されていたといえる。

小正路は前掲論文で、葉山が労働農民学校による地方農村の教育活動を通じた社会変革のモデルケースとして認識していたのは、群馬県東部、強戸村の「無産政党の村政」であったと指摘している。強戸村における農民教育には、農民組合青年部による農民学校や自由学校（共愛女塾）、農村問題研究所などの教育機関が大きな役割を果たしたという。こうした労農派／文戦派における運動主体構築の試みは、労働農民学校などの教育機関を通じて農村への影響力拡大をはかる中で、後の農民文学の理論化へといたるように、ナップにおける文化運動とは大きく異なる特徴を有していたといえる。

## おわりに

以上、見てきたような労農派／文戦派の文化運動の試みの中でなされた実践のいくらかは、労働者階級独自の新たな文化創出を通して、労働者階級におけるヘゲモニーの創造を目指す可能性を有していた。例えば、猪俣の左翼横断戦線論は、党派性を超えて全労働組合・政党間における運動主体の構築を課題にしたものと評価できるであろうし、地方農民組合を対象とした大衆演劇運動や労働農民学校の試みは、この猪俣の提起した課題に対する実践的回答ともなり得たであろう。

初期のプロレタリア文化運動が目指したのは、既存の大衆文化に回収されることのない新たな市民文化の形態の創出であった。仮にその基盤を既存の大衆文化に置くのであれば、商業出版やラジオ放送といったマスメディアに反乱する支配側のイデオロギーに勝つ術はないであろう。プロレタリア文化運動の迷走は「プロレタリヤ文学運動は、それであるから、自然発生的なプロレタリヤの文学にたいして、目的意識を植えつける運動」（前出「自然成長と目的意識」）であると自己規定したときにすでに始まっていたとも言える。

文化・芸術を単なるアジテーション・プロパガンダの手段に貶めることなく、いかに政治の問題として扱うか。文戦派の可能性は、むしろその文化運動の実践の中にこそあったのだ。

（1）共産党結成準備委員会が結成され、活動が開始されたのは一九二一年四月で、この時期を第一次共産党の事実上の結成とみる説もある（犬丸義一『第一次共産党史の研究』青木書店、一九九三年など）。

（2）「無産階級運動の方向転換」（『前衛』一九二二年八月）において、山川は日本無産階級運動における「前衛」の純化と、大衆の要請の政治課題化、ブルジョア支配階級との「政治的対抗」を通じた闘争の必要性を主張した。この方向転換論はコミンテルンの一定の影響のもとに執筆され、以後第一次共産党の事実上の活動方針となっていく中で運動からのアナキスト排除の理論として機能していくこととなる。

（3）福本和夫（北條一雄）「欧洲に於ける無産者階級政党組織問題の歴史的発展（一）〜（三）」（『マルクス主義』一九二五年四―六月）。

（4）栗原幸夫は「福本主義が日本のマルクス主義にもたらした決定的な貢献は、それをたんなる経済決定論や人道主義的社会主義の水準でとらえていた堺利彦や山川均や河上肇のマルクス主義理解を批判・克服し、唯物論的弁証法によって貫徹された一つの全体思想として描き出したことである」と述べ、福本の思想を政治的実践と結びつけた作家として中野重治を挙げている（『増補新版　プロレタリア文学とその時代』インパクト出版会、二〇〇四年、二四頁）。

（5）伊藤晃『日本労働組合評議会の研究』（社会評論社、二〇〇一年）一一―一六頁。

（6）引用は『現代史資料（14）　社会主義運動』（みすず書房　一九六四年）。

（7）大森映『労農派の昭和史』（三樹書房、一九八九年）三五頁。

（8）勝本精一郎（松山敏）「プロレタリア××作家、第一《ママ》回国際大会に於ける日本プロレタリア文学運動についての報告」（『ナップ』一九三一年七月）。

（9）「日本に於けるプロレタリア文学運動についての同志松山の報告に対する決議」（『ナップ』一九三一年二月）。

（10）大﨑哲人「『文芸戦線』系の空白期――『労農文学』の登場」（『社会文学』二〇〇〇年六月）。

（11）林淑美「文学と社会運動」（『岩波講座　日本文学史　第13巻　二〇世紀の文学』岩波書店　一九九六年）。

（12）引用は、猪俣津南雄『横断左翼論と人民戦線』（而立書房、一九七四年）。

（13）天雲成津子「金子洋文の研究：その文化活動から」（『筑波大学つくばリポジトリ』二〇一四年。https://tsukuba.repo.nii.ac.jp/?action=pages_view_main&active_action=repository_view_main_item_detail&item_id=35410&item_no=1&page_id=13&block_id=83 最終閲覧日二〇一八年四月二七日）。

# 「プロレタリア文化運動」の理論化の意義と諸問題

立本紘之

## はじめに

本稿ではプロレタリア文化運動における運動理論の問題を考える。文化運動と理論の関係については、共産党影響下の文化運動を正統な運動系譜とする、いわゆる「ナップ史観」[1]が長らく影響を及ぼしてきた。すなわち正統な運動＝共産党影響下の社会運動では、自然発生的運動から「目的意識」に目覚め一定の方向へと向かう運動（革命達成を第一義的目的とする運動）に発展することが不可欠とされる。そしてその方向付けをもたらす外部からの理論注入は、度合いの多寡・手法の良し悪しを除き自明のものと考えられてきた。

しかし戦後、『近代文学』『新日本文学』等における戦前期運動総括に始まるナップ史観再検討や、その後の共産党・文化運動組織間の関係変遷、さらには冷戦崩壊前後を通じた「ロシア型社会主義」自体への疑義を経て、文化運動における理論の必然性にもメスが入りはじめる。

その過程で理論化以前の初期プロレタリア文化運動や大正期労働文学・民衆芸術などナップ史観で前史とされてきたものが注目され、その多様性・発展可能性や現代の社会運動との直接接続の可能性といった観点からそれらの再評価が進んだ。それに伴い理論の存在が自明だった時期＝共産党影響下の文化運動に関しては「党の指導」と「政治」に従属させられ、様々な誤りを経て党運動と共に退潮・解体に向かうとの考え方が固定的となる[2]。

以上の前提を踏まえた上で本稿では共産党影響下で理論の必然性が自明だった時代の文化運動を中心に、なぜ文化運動＝直接行動でない社会運動が理論を必要としたのか、そして理論化がもたらしたものは何だったのかなどを含め、改めて文化運動と理論の関係性を考えたい。なお個別の組織・事象などの詳細は本論集収録の諸論稿に譲るが、『昭和戦前期プロレタリア文化運動資料集』収録資料等に関しては適宜引用しつつ論を進める。

## 1　理論化以前のプロレタリア文化運動

そもそも「プロレタリア文化運動」はいつ頃明確なかたちで成立したのか。その萌芽、すなわち左翼社会運動と接点を持つ文芸の源流は大正期、果ては明治期にまで遡ることが可能である。(3) しかし研究史上では一九二一（大正一〇）年二月文芸誌『種蒔く人』創刊［図①］を文化運動の起点とするのが一般的である。秋田県土崎《つちざき》港で地方文芸誌として創刊、同年一〇月東京に移り全国的雑誌へと発展した同誌は、関東大震災直後の一九二三（大正一二）年一〇月終刊まで多様な誌面・活動を展開した。その過程で文学史上においても大きな意義・影響をもたらした同誌だが、理論の問題を考える上で特に重要な点は第三インターナショナル＝コミンテルンの日本への本格的紹介と、(4) 文芸者の立場からの社会運動参画である。

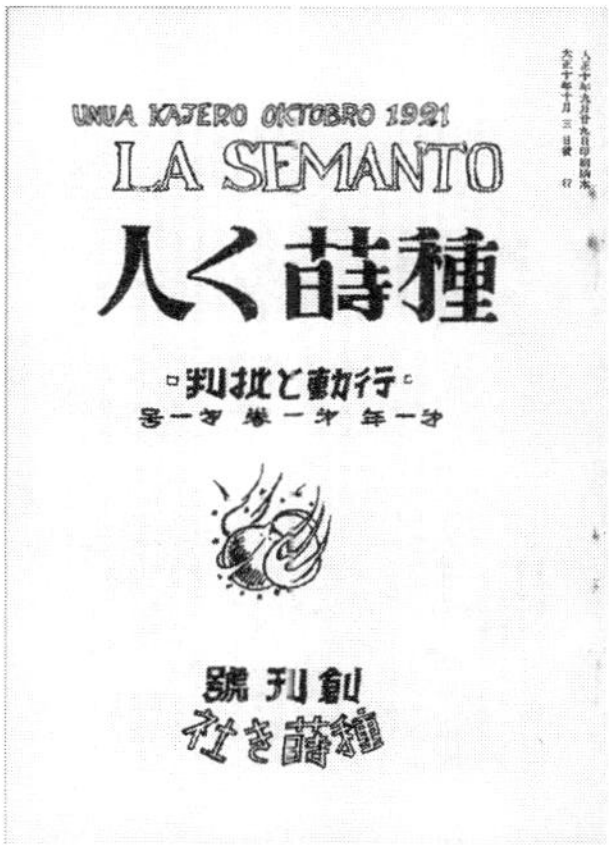

図①　『種蒔く人』東京版創刊号（1921年10月）表紙。第一次世界大戦後の欧州「クラルテ」運動の影響を受けた文芸雑誌で、文芸者の「行動」＝社会運動参画の旗振り役ともなる

当時日本国内でソ連・コミンテルンに関しては学生社会運動団体の機関誌（東京帝国大学新人会機関誌『同胞』ほか）・社会主義者の個人雑誌（山川均『社会主義研究』ほか）など、ある程度意識的な人々の集う領域

で紹介記事が散見される程度にすぎず、いまだ一般新聞ではソビエト政権を「過激派政府」と表していた時代であった。そんな時代に同誌では成功した革命の拡大・伝播を目論む世界組織が紹介され、「ロシア飢饉救済」のような社会運動参画が人々の良心・道義心に訴えるかたちで企図されていく。

これらの行動は文芸者自身が行動の一歩を踏み出し、成功した革命の道程を明確に目標と意識したところに画期性を持つ。そして文芸者たちがこうした行動に足を踏み出した背景には、社会運動内での自己の有用性を強く訴える意識が存在する。

一九二〇年代初頭の左翼社会運動においては所謂「アナ・ボル論争」と呼ばれる、直接行動・組織運動どちらに運動の重点を置くかの対立が存在し、同時にそれは労働者・知識人間の運動主導権を巡る対立の側面も持っていた。ボルシェヴィズム＝ロシア型革命運動の実態がいまだ十分に知られておらず、アナキズム＝直接行動路線が優位だった当時の社会運動では知識人排斥（学生社会科学団体出身者らに対する労働者側の反発・直接行動の明快さなどに根差す）の動きが強く起こっていた。さらに実践運動をせず文芸領域から社会運動に参画する所為に対し、既成文壇・社会運動者両面からの疑義も根強かった(5)。

つまり文芸者が社会問題に対する思索段階を超え、自覚的に運動に参画しようと考えた時、眼前の社会運動は彼らを含む知識人層を排斥し、文芸を通しての運動貢献も疑問視される状態にあった。ならばどうするかと考えた際に、自分たちが社会運動に有用な存在であることを訴え、労働者側の認識を変える方向へ向かえばよいという結論が生じるのは自然な流れである。

ゆえに『種蒔く人』に集った文芸者たちは、成功した革命の型＝ロシア型社会主義の紹介や、文芸者としての社会運動参画を通して運動への貢献と自身の有用性アピールを試みたのである。また『種蒔く人』創刊の立役者である小牧近江《おうみ》がフランスから持ち帰った社会主義的国際反戦運動「クラルテ」と、それへの文芸者の積極的参加という国際的現状なども、同誌に集った文芸者が文芸者の立場のまま社会運動に参画する所為を強く後押しするものとなった。同誌の活動期間は二年半ほどにすぎないが、そこに集った人々のこうした試みこそ後に続く文化運動発展の礎となっていく。

## 2　文化運動組織化と理論

一九二四（大正一三）年六月創刊の雑誌『文芸戦線』は前述『種蒔く人』の事実上の後継誌に当たる。同誌は前年の第一次共産党検挙・関東大震災を経た社会運動の一時停頓期になお社会運動参画を希求する文芸者に表現の場を提供、創作・評論などの活動が展開されていった。

その後、時代が大正から昭和に移行した一九二〇年代中盤の日本では、普通選挙法制定―無産政党樹立の流れや労働・農民組合運動高揚などを受け、再度社会運動が盛り上がりを見せる。文芸者たちもその影響下で活動を活発化させるが、彼らを取り巻く状況にも変化が生じはじめていた。

変化の第一はロシア革命理論伝播の本格化である。ロシア革命運動主導理論家（レーニン、スターリン、ブハーリンほか）著作の翻訳はこの時期本格的に始まる。この所為自体は理論・文献紹介を通し社会運動の発展を願う、明治期社会主義者以来の伝統的な意識＝前述した運動に対する貢献意識の産物にほかならない。

しかし訳出による理論伝播を通し、成功した革命の型＝ロシア革命運動理論が人々の手の届きやすいところに現れたことは理論の信憑性・確からしさの保証に繋がると同時に、理論習熟に優れた知識人層が運動の中で重要視されることにも繋がる。当該期のこの代表例が福本和夫であり、ドイツ経由の革命理論を背景に（同時に『何をなすべきか』に代表されるレーニン理論によっても彼の理論の確からしさは担保された）一躍日本左翼運動の中心的地位に躍り出ていく。

第二は新しい世代の文芸者の登場である。鹿地亘《かじわたる》・中野重治らの学生文芸者（東京帝国大学「マルクス主義芸術研究会」の学生が中心）がその代表例となるが、彼らは前述した知識人排斥・直接行動優位時代を基本的にリアルタイムでは経験していない。また東京帝大新人会員でもあった鹿地・中野らは革命理論伝播本格化時代に理論習熟を得た世代＝理論の優位性・運動における重要性が保証された時代の文芸者であった。こうした点が『種蒔く人』以来の文芸者との大きな違いである。

彼らはまた当時の左翼学生の共通項として福本和夫の理論的影響を強く受けており、理論習熟者による運動主導という社会運動のあり方を体得し、実践へと移す。彼らはそうすることが知識人の社会運動参画にとっての一番の近道で、自身の知識人としての有用性を最も示し得る運動のかたちだと確信していたのである。

こうした状況を背景に一九二〇年代中盤以降、プロレタリア文化運動は同人雑誌への文芸者結集の段階を超え、文芸者による独自運動組織構築＝「組織化」段階へ移行する。一九二五（大正一四）年一二月の日本プロレタリア文芸聯盟（プロ聯）の結成、翌年の日本プロレタリア芸術聯盟（プロ芸）への改組はその端緒となる。この時期の組織化の意義を示すのが以下の公式文書である。


文化的方面に於ても、文化をして真に「我々のもの」たらしめやうとする運動と闘争とはすでに早くから始まつてゐる。然し、彼等の誠実と勇敢にも関はらず、何と云つても小数たるを免れない。しかも彼等は小さい集団、もしくは孤立の中で闘つてゐるばかりで、まだ全体として組織立つた団結の力とはなつてゐない。そしてこの団結の力こそ、我々の闘争に於いては何よりも必要なものである。

（「日本プロレタリア文芸聯盟規定」DPRO-2258）

同文ではさらに続けて「ジアン・ジョーレスの言葉」として「文芸家よ、社会主義に来れ。真に人類の芸術を創るものは社会主義者である」と芸術を社会主義的方向へ向けることの意義が謳われる。ここで現れた社会主義文化獲得という闘争目標の明示は文化運動の次段階移行の証左ともいえる。

こうした組織化進展の背景には前述の革命理論伝播（例 レーニン『何をなすべきか』の青野季吉《すえきち》訳出）の副産物としての、文化運動への「目的意識論」の移入があったことはよく知られている。要するに成功した革命運動の型＝ロシア革命理論に沿った運動展開が正しいとすれば、文芸領域でも自然発生的なものから正しい運動の方向に沿って意識的に活動すべきだというロジックが働いた結果が、文化運動の組織化なのである。しかしこの時期、文芸領域独自の理論構築はいまだ不十分で、文芸者同士の評論・創作を通じた自己錬成の過渡期、福本的な言い方をすれば理論体得過程を「過程」していた段階だったと言える。

## 3　文化運動組織分裂・統一と理論

前述の文芸理論錬成過程、とりわけ福本和夫の理論的影響が強い状況下におけるそれは、端緒に就いたばかりの組織的文化運動に分裂をもたらすことになる。一九二七（昭和二）年六月のプロ芸からの労農芸術家聯盟（労芸）の分裂がそれである。詳細は他論稿に譲るが、以後しばらくの間両組織が互いに「反動」のレッテル貼りや、果ては「撲滅」の語まで用いて（「雑誌「文芸戦線」撲滅に関する声明書」DPRO-2266 ほか）批判の応酬を繰り返していく。この状況の根本には目的意識、ひいては理論の存在があった。

運動貢献意識に基づく理論紹介段階に留まるなら、こうした攻撃性を伴う対立は大々的にはなり得ない。だが

図②　永田一脩《いつしゅう》「プラウダを持つ蔵原惟人」。1928年夏頃の蔵原惟人を描いた作品。『プラウダ』原紙を読み解き、最新の運動理論をもたらす権威者としての端緒に就いたばかりの蔵原の姿を表した一枚（『日本のリアリズム　時代のかたち・まなざしの軌跡　1920s-50s』1992年）

理論訳出者、あるいは理論から影響を受けた人々が明確な目的を持って組織化し、自らの組織原理に基づいて行動し出すことでそこに抜き差しならぬ対立が生まれていく。二七年六月の文化運動組織分裂も福本主義という明確な目的意識を持って行動するプロ芸と、「目的意識論」提唱者青野季吉らを擁し、自分たちも明確な目的意識を持つと考える労芸との対立劇である。そして組織を割るレベルにまで対立が加速すると、双方ともに自らの目的意識の確からしさを譲れない(6)以上、目的意識を担保する理論や組織の変容が起こらぬ限りは妥協の余地がないところにまで至ってしまう。

そしてこの理論上の変容が現実に起こった結果、同年一一月労芸からの前衛芸術家同盟（前芸）の分裂がもたらされる。その際この変容の源となったのが、同年のコミンテルン裁定による福本理論の否定と共産党の新運動方針「二七年テーゼ」の日本到来である。この分裂の背景としてまず一方に新テーゼの福本否定部分を強調、福本の反対者だった山川均の主導理論に依拠するかたちで運動総括を目論む人々が存在する。そしてもう一方に同テーゼの山川批判部分にも目を向け、テーゼに依拠したかたちで運動総括を目論む人々が存在する。この対立構図が再度の組織分裂を招いたのである（「声明　前衛芸術家同盟総会」DPRO-2272）。

ここで注目すべき点の第一はコミンテルン裁定の受け止め方の相違である。『文芸戦線』二七年一〇月号掲載の新テーゼ梗概（蔵原惟人《くらはらこれひと》訳［図②］）には、「統一と分離の理論」（福本）、「清算派的傾向」（山川）の両理論を共に誤りとする旨が記されている。そして労芸残留組はここから福本批判部分のみを援用、山川批判部分を事実上黙殺していく。つまりコミンテルン裁定を恣意的に援用し自らの運動に役立てようとするスタンスが見て取れる。

それに対し前芸移行組（梗概訳者蔵原を中軸に）は新テーゼで批判された山川理論の下にある労芸での活動を続け得ないとして、コミンテルン裁定とそれに従い動く党運動の線に沿うスタンスで組織分裂へと向かう。そして福本主義＝テーゼ前の共産党運動理論を奉じていたプロ芸との間に共産党運動に従うという一致点（理論の変容による妥協の余地誕生）を見たことに伴いプロ芸・前芸は組織合同へ歩を進める。

第二は蔵原惟人がテーゼ梗概訳出から、テーゼに沿うかたちの組織分裂・再合同という一連の動きの中心に位置していたことである。新テーゼが福本の理論を否定したことは、ドイツ経由の革命理論に依拠した福本が退けられ、ロシアの最新革命理論が改めて日本の歩むべき革命の道程として提示されたことを意味する。そしてロシア語・ロシア文献を解し、ロシア型革命理論を理解し得る能力を持つ蔵原が、左翼運動における権威的存在として浮上することにも繋がった(7)。

さらに蔵原は前述のようにテーゼの示す運動の線に沿い、積極的に組織分裂・合同（「合法大衆組織拡大」というテーゼの路線にも適合）推進の方向へ向かった。つまり蔵原はこの一件以降、文化運動局面における新テーゼの体現者＝革命運動の模範者として登場し、運動規範の領域でも文化運動を主導する存在となる。この点もまた運動内部での蔵原の立場を強めていく。

## 4　ナップ時代の運動と理論

前述したプロ芸・前芸の合同協議だが、一九二八（昭和三）年の初頭には停頓状態にあった。しかし同年三月に起こった共産党・関連団体大弾圧（三・一五事件）を受け、急転直下分裂状態の解消・合同へと向かい、三月二五日に全日本無産者芸術聯盟（ナップ）は誕生した（「日本プロレタリア芸術同盟《ママ》・前衛芸術家同盟　合同に関する声明」DPRO-2280）。

両組織合同は実現されたが、急なかたちの合同決定だったため組織間の運動観・運動方針などのすり合わせが十分でなく、何らかのかたちで改めて行う必要があった。その結果ナップ機関誌『戦旗』誌上を主な舞台として展開されたのがいわゆる「芸術大衆化論争」である。旧プロ芸（鹿地亘・中野重治）と旧前芸（蔵原惟人・林房雄）関係者間で展開されたこの論争では、文学を大衆的なものとそうでないものに分けることの是非・プロレタリア大衆雑誌刊行問題などが争われた後、同年一一月に一応総括を迎えるかたちで終結、そして翌月の臨時大会において以下の報告がなされた。

> 七月以来東京を中心とする日本に於ける芸術運動組織体の組織方針に関する討議は曲折を経たる後遂に纏しいその成果を見、芸術運動担当者としての実体を具備するに至つたのである。
>
> （「全日本無産者芸術団体協議会成立経過報告」DPRO-2297）

依然先送りされた問題（作品形式の問題等）もあり、運動局面の変化（合法無産政党「労働農民党」の再建問題[8]など）の影響を受けた手打ちの部分は否めないが、約半年以上にわたる論争での意見すり合わせはその後のナップの活動活発化にとっては有意義なものだった。

同年一二月ナップは正式組織名を全日本無産者芸術団体協議会と改め、同時に大幅な組織改編も行った。そして翌一九二九（昭和四）年以降本格化した組織活動の中で、小林多喜二『蟹工船』（文学）、村山知義『暴力団記』（演劇）など組織を代表する作品も続々と生まれ、実践を通じその「実体を具備」していく。

前述のようにナップは共産党テーゼの確からしさを確信し、その旗の下に集う組織の合同で生まれた。しかしながら三・一五事件以降、共産党は地下に潜り、影響下にある合法無産政党（労働農民党）・合法宣伝紙（『無産者新聞』）も失い、一般大衆から「見えない」存在となっていた。その結果『戦旗』を中心とするナップの刊行物や諸活動が、ナップの仰ぐ共産党運動のあり方・方針等を一般大衆に広く伝える、いわば見えない党と大衆の架け橋として機能するようになる。ゆえに本格化したナップの活動には党の方針の反映が求められ始め、それを受けたナップ側も自発的に党の方針の線に沿って動いていく構図（党からの直接「指導」ではなく、あくまで自発的に党の線に沿う状態）が生まれる。そうした構図の生じる根拠を明示したのが佐藤耕一（蔵原惟人）の以下の文章である［図③］。

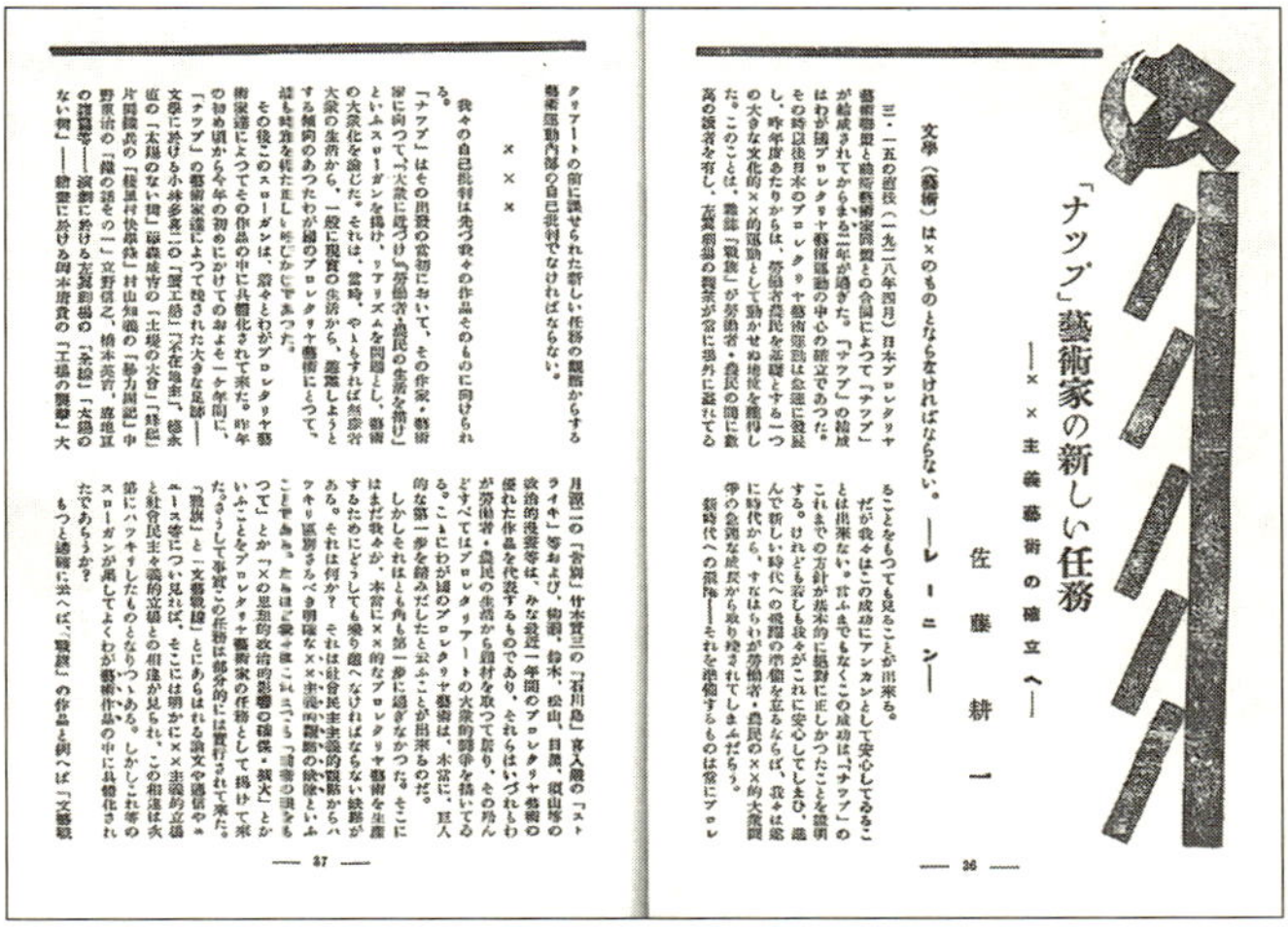
「ナップ」藝術家の新しい任務
――××主義藝術の確立へ――
佐藤耕一
文學（藝術）は×のものとならなければならない。――レーニン――
― 36 ―
― 37 ―

図③　佐藤耕一（蔵原惟人）「「ナップ」芸術家の新しい任務」（『戦旗』1930年4月号）　第一次五ヶ年計画の成功などが喧伝される中、ソ連・共産党の系譜に連なる事物の「正しさ」が文化運動の運動方針決定に大きく影響を与えた証左となる文章の一つ

若しも彼が××〔共産〕主義者であるならば、第一に彼はプロレタリアートとその×〔党〕の必要から全然かけ離れた題材を取扱ふことは出来ないであらうし、第二に彼はあらゆる問題をその時代におけるプロレタリアートの××〔革命〕的課題と結びつける所の「前衛の観点」をもつてその題材に向ふであらう。

（「「ナップ」芸術家の新しい任務」『戦旗』一九三〇年四月号、三九頁）

要するに共産主義的立場の文芸者は「前衛の観点」で当然創作に向かうものであるがゆえに、プロレタリアの代表たる党の線に沿う活動は必然だとするロジックが党の権威の自発的受け入れを正当化したのである。

こうした自発的な党運動受け入れの線に沿った運動展開に際して、重要な役割を果たしたのがほかならぬ蔵原惟人の存在である。テーゼ受け入れを経て、党の線に沿って行動することを決定した直後から始まる見えない党の常態化と相次ぐ弾圧によって、文化運動関係者にとっても党運動の確からしさに対する動揺が生まれかねない状態にあった。そうした状況に対し見える領域にいる運動主導者が党運動の線に沿って模範的に振る舞うことで、周囲の人々はその「模範的共産主義者」を通じて運動の確からしさを改めて認識、模範者に近づくよう自己の錬成に努めるというかたちで運動の自浄・維持が図られ得る。

この動きの中心にいた模範者こそ蔵原であった。彼は一貫して党の線に沿う運動の展開・発展を説き、同時に文芸領域を中心とした最先端のロシア理論を訳出・紹介し続けることができるロシア語能力を持つ「余人をもって代え難い」存在でもあった。二九年九月に蔵原は本格的党活動開始以後の文化人としては初めて非合法共産党の党員となり自身も地下潜行状態に入るが、翌一九三〇（昭和五）年上半期頃までは重要局面での文化運動主導（例 貴司《きし》山治《やまじ》の作品を巡る三〇年の「芸術大衆化論争」）を継続する。

またナップと全般的対抗関係にあった労芸で、この時期所属作家の代作問題などを発端とする組織分裂が発生（三〇年六月。「労農芸術家聯盟《ママ》分裂に関する声明」DPRO-2358 ほか参照）、作家陣の一部が文戦打倒同盟を経てナップへ合流する。同様の動きは翌年にも起こる（第二文戦打倒同盟→ナップ）が、この一件もナップの模範性と、模範者の下で自浄・維持がなされる運動組織のあり方の「正しさ」を印象付けていく。

## 5　文化運動組織再編と理論

前述のようにナップの運動が充実を見せていた一九三〇年五月、文化運動関係者一斉弾圧（共産党への資金提供容疑）が発生、中野重治・小林多喜二ら主要活動家が一時的に失われた。また同時期蔵原惟人が地下に潜行し、

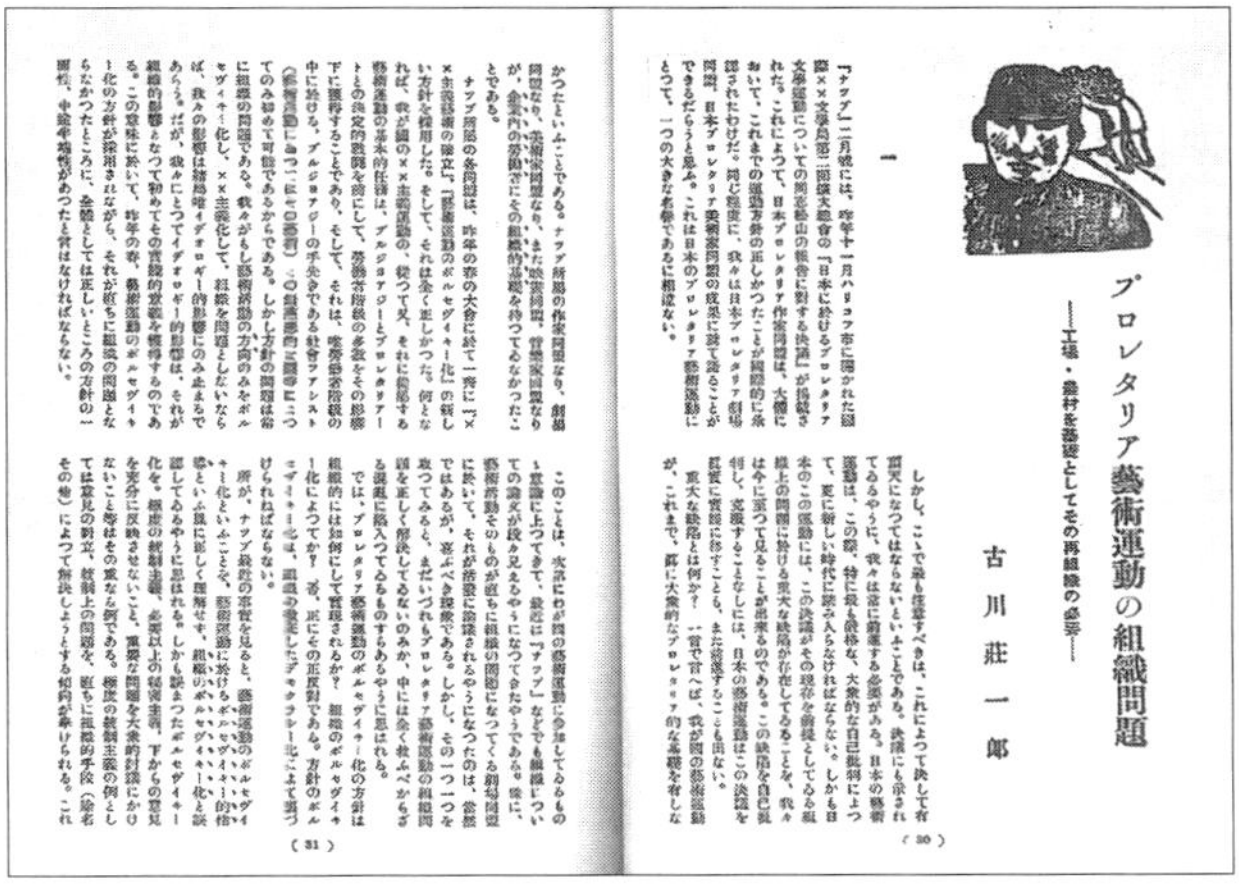


図④　古川荘一郎（蔵原惟人）「プロレタリア芸術運動の組織問題」（『ナップ』1931年6月号）。1931年3月・5月に書かれた論稿が6月号の『ナップ』に掲載されたもの。文化運動組織の停頓・混乱及び、同時期に進行していた再建共産党と文化運動の接近がその背景に存在

その後党中央の要請でソ連に渡った（プロフィンテルン大会通訳名目）状況下で、文化運動は一時的な混乱状態に陥る。三〇年七月の共産党中央部壊滅後、翌一九三一（昭和六）年一月まで党中央不在が続いたことも相俟って、この間文化運動は一時停頓と言える状態を迎える。

この状況が変化するのは三一年二月蔵原帰国以後のことである。同年六月に蔵原はナップの理論機関誌『ナップ』に古川荘一郎名義で「プロレタリア芸術運動の組織問題」を寄稿した［図④］。同論文において蔵原は未組織労農大衆取り込みを目的とした文化運動組織の大衆化を説き、その実現のため文化運動組織の方向転換を強く訴えた。以後これを受けるかたちで文化運動組織再編討議がナップ傘下団体を中心に進んでいく。

この古川論文に関しては蔵原がソ連より持ち帰った労働組合運動組織テーゼを、文化運動に機械的援用したものと考えられることが多い[9]が、蔵原の最先端理論導入者の側面にこそ注目すべきだろう。

先に二七年一一月の組織分裂に触れた際、蔵原ら前芸移行組の人々はテーゼの運動の線に沿うスタンスを取ったと述べた。しかしその中でも蔵原は特徴的で、出されたテーゼに対して遵守的態度は取るが、そのテーゼや理論が情勢に合わせて変化した場合、その変化を受け入れ、方針を変えることに何ら抵抗を持たず、自身のロシア語能力を生かしてその変化を積極的に文化運動領域へ移入し続けた。この点に蔵原が大衆化路線の文化運動領域への移入を推進した理由がある。そしてこのあり方は模範者蔵原のフォロワー化した文化運動関係者が蔵原不在期に既定路線墨守に終始した結果、半年以上の文化運動停頓に陥った状況打破を図るべく、最先端理論適用を通した文化運動再活性化を企図したものだと考えることもできる[10]。

こうした過程を経て三一年一一月日本プロレタリア文化聯盟（コップ）が創設され、コップ傘下各組織（文学・演劇・映画・美術ほか）にプロレタリア科学研究所・日本戦闘的無神論者同盟などの組織も加えた横断的組織の下「文化運動」は名実共に新たな一歩を踏み出した[11]。

## 6　文化運動大弾圧以後の運動と理論

コップの諸活動が本格化（各組織の新雑誌等刊行開始など）の端緒に就いた直後の一九三二（昭和七）年三月〜四月にかけコップ傘下諸団体への大弾圧が発生、蔵原を始めとする主要活動家が一斉に文化運動から失われた。この一斉検挙はこれまでの事例（前述三〇年五月の例など）とは異なり、検挙者の多くが非合法共産党員だったことが決定的な影響を文化運動に及ぼす。

コップ創設に先立つ三一年中の諸討議過程で文化運動団体主要構成員の入党が盛んに行われたが、これは一面では当時の党中央の大衆化方針の反映である。だがもう一面では文化運動団体内に党員による合議機関を「党フラクション」のかたちで設置し、文化運動を熟知した模範者＝「文化人党員」が運動を主導する体制の構築を目指すという、三〇年の運動停頓の反省から生まれた新しい運動路線でもあった。

だが文化人党員の増加は三二年の弾圧に際し逆にマイナス要素として作用した。つまり文化運動を熟知した文化人党員による運動主導＝ロシアの最先端運動理論の積極的移入・状況に合わせた運動方針変化で絶えざる好循環状態を創出し運動停頓を抑止する目論見が、当の文化人党員大量検挙で破綻したためである。

例えば一九三一年一一月の『ナップ』最終号で蔵原（古川荘一郎名義）は、日本のこれまでの芸術理論が誤った理論の影響を受け続けて来たことを批判し、これらを過去の出来事と切り捨てるのではなく、「新しい段階の見地から」改めて批判し総括する必要性を訴えている。この文章で蔵原は「プレハーノフ、ブハーリン、デボーリン」らの「右翼日和見主義的理論」だけでなく、「これまでソヴエート同盟に於てさへマルクス主義芸術理論の正統派と目されてゐた」人々（ルナチャルスキー、ファジェーエフら蔵原自身が理論・著作を訳出した人物や「ラップ指導部の一部」までも含む）の名を列挙しながら、その「観念論的・機械論的・折衷主義的芸術理論」を批判の対象としている(12)。

三一年一一月、すなわち「コップ」結成期から検挙前の段階における蔵原は、当時ソ連で進行していた「ラップ」（ロシア・プロレタリア作家協会）内部の批判状況、すなわち運動理論の変容の状況などをある程度摑んだ上で、進行形の日本における文化運動再編・再出発の状況にそれを反映させようとしていたのである。そして情勢に合わせた方向転換のためならば、自身が過去に理論や著作を訳出し、紹介してきた理論家・文化人であろうと批判の対象とすることを厭わない所に蔵原の特質が窺える。こうした蔵原のあり方こそが理論と運動の絶えざる好循環を持続する鍵の一つと考えられるのではないだろうか。しかしこの鍵を持ち、循環の核となるはずであった蔵原は三二年春に検挙されてしまう。

以後の文化運動は地下に潜った文化人党員宮本顕治・小林多喜二らを軸に維持されていく。彼らは評論・創作の領域では才を揮い得たが、蔵原と異なりロシア理論を移入するためのロシア語能力に欠けていた。そのため必然的に三二年初頭段階の文化運動のあり方＝蔵原路線墨守のかたちを取らざるを得ず、弾圧に伴う運動沈滞状況への即応性を失っていく。

こうして最先端理論適用が三二年初頭以後ほぼ頭打ちとなった結果、例えば三二年中盤段階で三〇年の前掲佐藤耕一（蔵原惟人）論文を援用し、「政治の指導」を創作題材・課題の「強制」「制限」と受け取り、煩悶を重ねる組織構成員の文学的方面への「脱落」を戒めたり（作家同盟大阪支部教育部「前車の轍を警戒せよ！　三君の脱退について」［図⑤］）、あるいは、

我々の組織活動の著しい行詰りと沈滞の最大の原因は、決して政治主義的偏向にあるのではなく、むしろ依然として右翼文化主義的偏向が最大の原因であつたといはなければならぬ。

（「本部組織部ニュース　組織活動にあらはれた右翼的文化主義を克服せよ!!」DPRO-0143）

と述べるなど、総じて左右両極面への「偏向」との闘争を訴えつつ、「右翼文化主義」＝「文学的活動」方面への「脱落」をより強く戒める「機械的」な方針提起が常態化する。

最先端理論の適用不能による客観的情勢（三二年のソ連「第一次五ヶ年計画」達成・共産党新テーゼ「三二年テーゼ」到来ほか）からの「立ち遅れ」への焦りや、組織大衆化＝新規構成員の意識の低さに引き摺られることへの

警戒等を背景とする運動指導硬直化（日本プロレタリア作家同盟「第5回大会議事録　報告並びに議案」（DPRO-0110）参照）は、相次ぐ弾圧・創作の場の縮小などと相俟って文化運動関係者を苛んでいく。また三二年一〇月の共産党中央部検挙、翌一九三三（昭和八）年二月の小林多喜二検挙・「虐殺」、同年七月の手塚英孝検挙などを経て、唯一残された指導者宮本も党中央へ引き上げられた後一二月に検挙される。ここに至り党員文化人の文化運動指導は完全に機能不全に陥った。

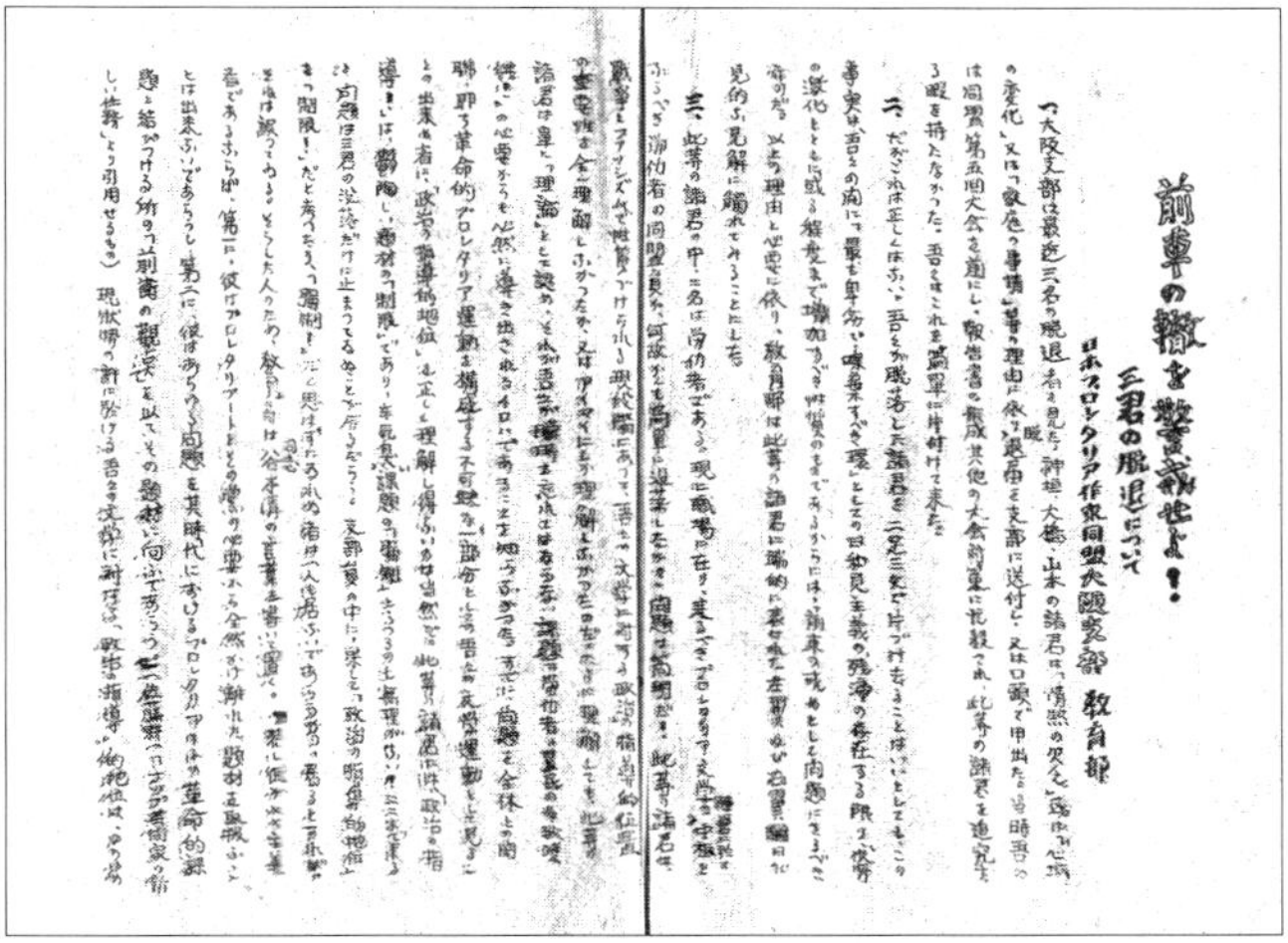
前車の轍を警戒せよ！
三君の脱退について
日本プロレタリア作家同盟大阪支部　教育部

図⑤　作家同盟大阪支部教育部「前車の轍を警戒せよ！　三君の脱退について」（1932年6月25日／DPRO-0117）。「労働者」作家にまで「文学に対する政治の指導的地位」への理解を要求し、そのあり方について行けぬ者にレッテルを貼り、機械的にその「敗北」を批判する文書。批判の根拠となるのが1930年初頭の佐藤耕一（蔵原惟人）論文である点も当時の文化運動の硬直性を表している

　ほぼ時を同じくしてソ連発の新しい文化運動理論「社会主義リアリズム」が日本にも到来し、この理論をめぐって文化運動領域でも激論が交わされていく。三二年初頭以降の理論的停滞を打破し得る可能性を大いに秘めていたこの運動理論は、それを日本の運動に適用し得る中核人物が存在するならば、三一年の古川論文を契機とする運動再編と同様の流れを築き得たかもしれないものであった。

　しかし当時の運動組織状況や客観的情勢、そしてなにより、中核人物たる蔵原惟人を失った文化運動においては以前の蔵原が導入した理論が、社会主義リアリズムを拒む大きな障壁となった。「リアリズム」が内包する諸要素の中で、「政治性

からの脱却」という面が賛否両方の側から強調されたことも相俟って、機械的な批判で硬直化した文化運動中軸には、この理論を取り入れ、運動のあり方を変える余地は残されていなかった。

こうした状況の中、コップ傘下団体は次第に活動を縮小、機関誌類の定期刊行もままならぬ状態となる。加えて三三年頃から具体化し始め、一九三四（昭和九）年初頭、議会に提出された「治安維持法」改正案が文化運動をさらに追い込んでいく。同案には「外郭団体」取り締まりが盛り込まれており、委員会での答弁において文化聯盟結成に言が及ぶなど、文化運動を意識した改正であった。三二年春以降検挙を逃れ得た非党員文化人を中心に維持されてきた文化運動にも、団体自体が取り締まり対象となり、天皇制反対を掲げ壊滅的弾圧を受けた日本労働組合全国協議会（全協）のような前途が目前に迫りつつあったのである。

三四年及び、翌一九三五（昭和一〇）年の治安維持法改正案は審議未了に終わるが、作家同盟・演劇同盟を始めとするコップ傘下団体は三四年中に自発的解散を遂げる。以後も例えば演劇運動団体自体は個別存続し、文学領域でも三五年一二月結成の「独立作家クラブ」など交流団体のかたちで文化人再結集（旧コップに加え旧労芸、あるいは文化運動関係者でない人々など幅広い層を対象）が試みられる。しかし統一的理論の下に集う文化運動組織は戦前期には再建され得ず、理論と結合した文化運動の時代は一時終焉を迎える。

（1）一九三〇年一一月にソ連のハリコフで開かれた国際革命作家会議（ハリコフ会議）で日本代表（勝本清一郎・藤森成吉。共にナップ員）が提出、会議決議に盛り込まれた日本プロレタリア文学史総括に起源を持つ考え方。同決議は『種蒔く人』『文芸戦線』をプロレタリア文学前史とし、ナップの誕生を以て日本プロレタリア文学の正統なる組織の成立と位置付け、ナップと対立する『文芸戦線』をその社会民主主義的立場から排撃する観点に立っていた。この会議に関しては中川成美「ハリコフ会議経緯――勝本清一郎の役割を中心に」（『日本近代文学』一九八一年九月）ほかに詳しい。

（2）共産党影響下の文化運動の語られ方に関しては、一方に『日本共産党の五十年』（日本共産党中央委員会出版局、一九七二年）初出後、『日本共産党の七十年』（新日本出版社、一九九四年）までの間加筆され続けた党の歴史的文献での文化運動叙述がある。そしてもう一方に一九五〇年代中盤の「スターリン批判」以後のロシア型社会主義批判とリンクする従属的文化運動批判の著述（戦前期文化運動批判に仮託しての党批判・戦後文化運動批判の側面も）が存在する。これら双方の著述を通し戦前期文化運動の誤り・問題点が提示・固定化されていった。

（3）飛鳥井雅道『日本プロレタリア文学史論』（八木書店、一九八二年）所収の諸研究では、明治社会主義文学や大杉栄・荒畑寒村の『近代思想』など明治末・大正初年まで視野に入れ考察がなされている。

（4）本書収録の村田裕和「日本プロレタリア文芸聯盟の設立と〈プロレタリア文化運動〉」に述べられたように、「文学」「芸術」に限定されない幅広い人々を総称する言葉として、当該期当事者の言説にも則る形で「文芸者」という呼称をここでは用いた。後の時代の「文化運動関係者」「プロレタリア文学者」とは異なる重層性・多様性が一九二〇年代前半の文化運動に存在し得た証左としてもこの総称が適切であろう。

（5）当時のこうした左右両面からの批判に関しては、青野季吉「解放戦と芸術運動」（『東京朝日新聞』一九二三年八月二五～三一日）ほかに詳しい。

（6）蔵原惟人は文化運動の組織分裂に関して「運動の中核をつくるという、歴史的な時期」に「中心となるべきものをつくっていくためには、それと対立するものに対する批判」が「重点」となった、と後年に語っている（「文化運動の歴史と党の文化政策」『文化評論』一九七二年九月、三三・三四頁）。対立を通した自己形成というと、いく分建設的だが、実際の対立の中には一方的な悪罵・中傷の類が多々あったことも資料集収録の諸資料からは窺える。

（7）福本→蔵原という理論主導者転換は一種の世代交代とも考えられ得る。テーゼ到来の一九二七年時点では福本三三歳・蔵原二五歳で、異なる世代に属すると言ってよい。戦後すぐに『近代文学』同人が展開した戦前期文化運動・運動者の「転向」批判の中で、当時「三十代」の荒正人・平野謙が「四十代」の中野重治らを批判した背景にも両者の世代差がある。運動者の世代差は運動状況・客観的情勢の相違をも内包しており、改めて検討が必要だろう。

（8）二八年秋に具体化した労働農民党再建運動は、再建大会直前に地下の共産党指導部より合法無産政党否定方針がもたらされたことや、当局の新党即時禁止方針もあり一二月二四日に大会は解散、準備組織は政治的自由獲得労農同盟へ移行した。

なお同月のナップ臨時大会はこの労農党再建大会への全国代表者集合を見越すかたちで日程が組まれていたが、「会場の都合と官憲の妨害に依て至急会場を変更して小規模に聯盟事務所に於て挙行」(前掲「全日本無産者芸術団体協議会成立経過報告」)された。加えて先述の地下共産党指導部方針を伝える矢島益夫(三田村四郎)「新党準備会とその結党」が『戦旗』一二月号の附録として刊行されるなどの状況証拠から、芸術大衆化論争終結の背景となる現実的要請や当時のナップと党の関係の一端が窺い得る。

(9)栗原幸夫『増補新版　プロレタリア文学とその時代』(インパクト出版会、二〇〇四年)一一〇〜一二〇頁ほか参照。

(10)蔵原自身も当時からロシア理論の内「日本に適しているようなものを取り入れて、日本の独自な条件のなかでそれを発展させる」ための理論選択・適用に努めていたと述べている(注6前掲文、三九頁)。

(11)内務省警保局編『社会運動の状況』では、コップ結成の年である昭和六年以降「プロレタリア芸術運動」から「プロレタリア文化運動」へ項目名が変化する(同運動の単独項は昭和一〇年を最後に姿を消す)。

(12)古川荘一郎「芸術理論に於けるレーニン主義のための闘争——忽卒な覚え書」(『ナップ』一九三一年一一月号)一〇頁。同文中では蔵原自身も「最も系統づけられ、最も大きな影響力を持つてゐる」ことを理由に批判しなければならない対象と位置付けられている。

蔵原が検挙された三二年四月、ソ連で「ラップ」を始めとする作家団体の解散・文化組織単一化の決議が出される。その後の三四年八月の「ソビエト作家同盟」結成に至る流れを主導した運動指導理論が社会主義リアリズムであり、本文中でも述べたように同理論の日本への移入をめぐる論争が展開される。だが獄中の蔵原はその流れに関与できない状況にあり、同理論の受け入れ方に関する蔵原の同時代的な考え方を推し量る公的な言説は存在しない。

# 小山内薫と「築地小劇場」

伊藤　純

## はじめに

『昭和戦前期プロレタリア文化運動資料集』（以下『資料集』と略す）には演劇資料が非常に多く含まれている。

例えば、一九一三（大正二）年九月二九日付けの「関西劇術研究会第一回公演『僧房夢』（エルガー）筋書」という稀覯な資料がある［図①］。『僧房夢』とは、ハウプトマン作・森鷗外訳、原題『エルガ』である。この「筋書」と題されたプログラムを子細に見ると、出演者に女性の名前が見当たらない。『近代歌舞伎年表　京都篇　六』[1]によると、この公演は京都明治座で行われたが、「朗読的」「動作が操人形式」「ヂレッタントの（自己）満足」とさんざんな酷評（主に新聞評）が記録されている。しかし逆に多くの評言からも草創期の〝新劇〟というものに対する人々の関心も察することができる。

図①　1913年関西劇術研究会第一回公演『僧房夢』筋書（DPRO-0254）

「エルガ」は、姦通と殺人の濃厚なドラマだが、それを、京都明治座の舞台で、男性ばかりで朗読劇のようなかたちで上演したのだろうか。一枚のプログラムといえども、生資料はさまざまなイメージを伝え、想念をかき立てる。

しかし、やはり最も多いのは小山内薫を起点とする日本近代演劇と、それに続くプロレタリア演劇の、さまざまな資料である。二、三の例をあげると――

　築地小劇場建設着手案内はがき（一九二四年五月一日付け〔図②〕）

　築地小劇場第一回公演のパンフレット（「築地小劇場案内」〔図③〕）

などが見出され、築地小劇場草創期の一次資料を見ることができる。

同様に一九二九年三月の分裂に直面した残留組が発した「声明書」（『資料集』では「築地小劇場分裂声明書」DPRO-0549）やその直後の脱退組の「「新築地」劇団旗挙げ興行」（DPRO-0581）のチラシ、残留組の「築地小劇場残留組巡演挨拶状」（DPRO-0566）など、小劇場分裂のさまざまな同時代資料もある。また、プロレタリア文化運動の、組織・機関文書も多数含まれている。

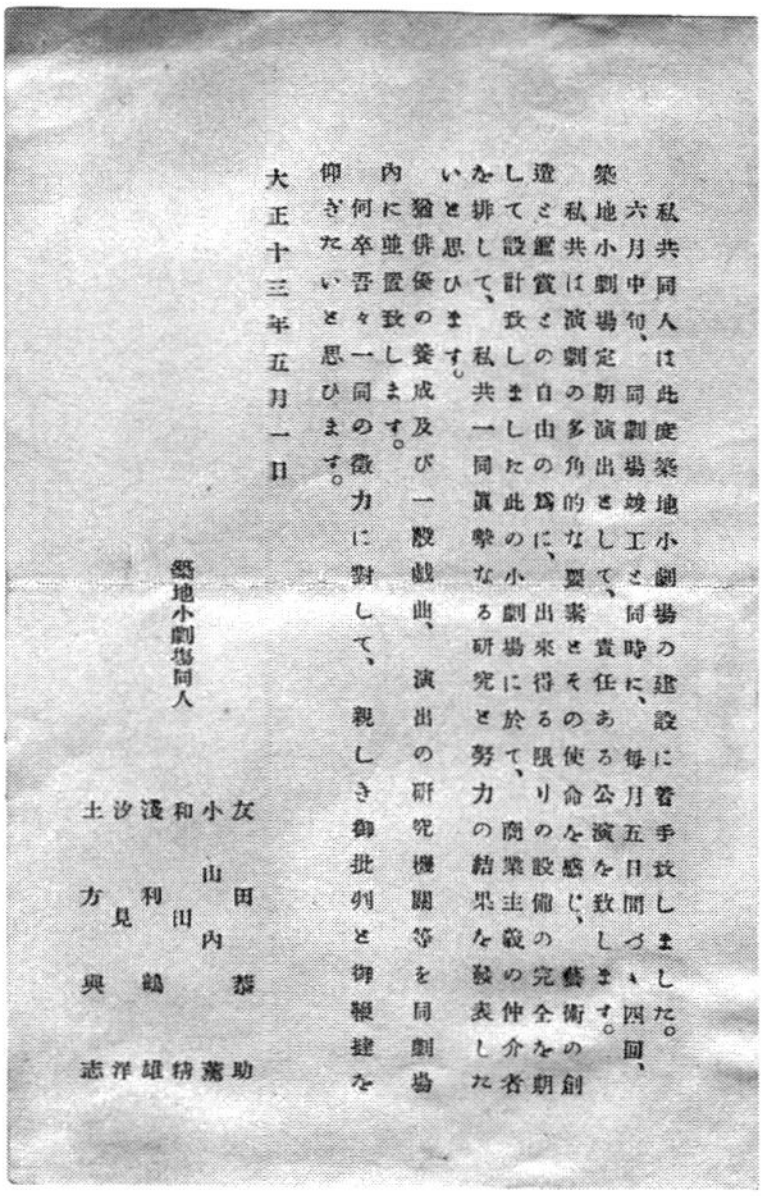

私共同人は此度築地小劇場の建設に着手致しました。六月中旬、同劇場竣工と同時に、毎月五日間づゝ四回、築地小劇場定期演出をして、責任ある公演を致します。

私共は演劇の多角的な要素とその使命を感じ、藝術の創造と鑑賞との自由の爲に、出来得る限りの設備の完全を期して設計致しました此の小劇場に於て、商業主義の仲介者を排して、私共一同眞摯なる研究と努力の結果を發表したいと思ひます。

猶俳優の養成及び一般戯曲、演出の研究機關等を同劇場内に並置致します。

何卒吾々一同の微力に對して、親しき御批判と御援護を仰ぎたいと思ひます。

大正十三年五月一日

築地小劇場同人

友田恭助
小山内薫
和田精
淺利鶴雄
汐見洋
土方與志

図②　築地小劇場建設着手案内はがき（DPRO-0274）

生資料ならではのものとして、一九三一年六月、北九州若松で計画された左翼劇場の『太陽のない街』公演が、地元暴力団の妨害によって中止に至った事件の、暴力団との日々の抗争をチラシの裏にメモして劇団本部にレポートしている手書きメモのコピーがある。（DPRO-0931）

さらに一九四〇年、新築地劇団によって上演された三好十郎の『浮標』の台本が、相当の欠頁を含みながらではあるが保存されている。この台本には、鉛筆やペン書きで台詞の変更やダメ出しが細かく書き込まれている〔図④〕。三好

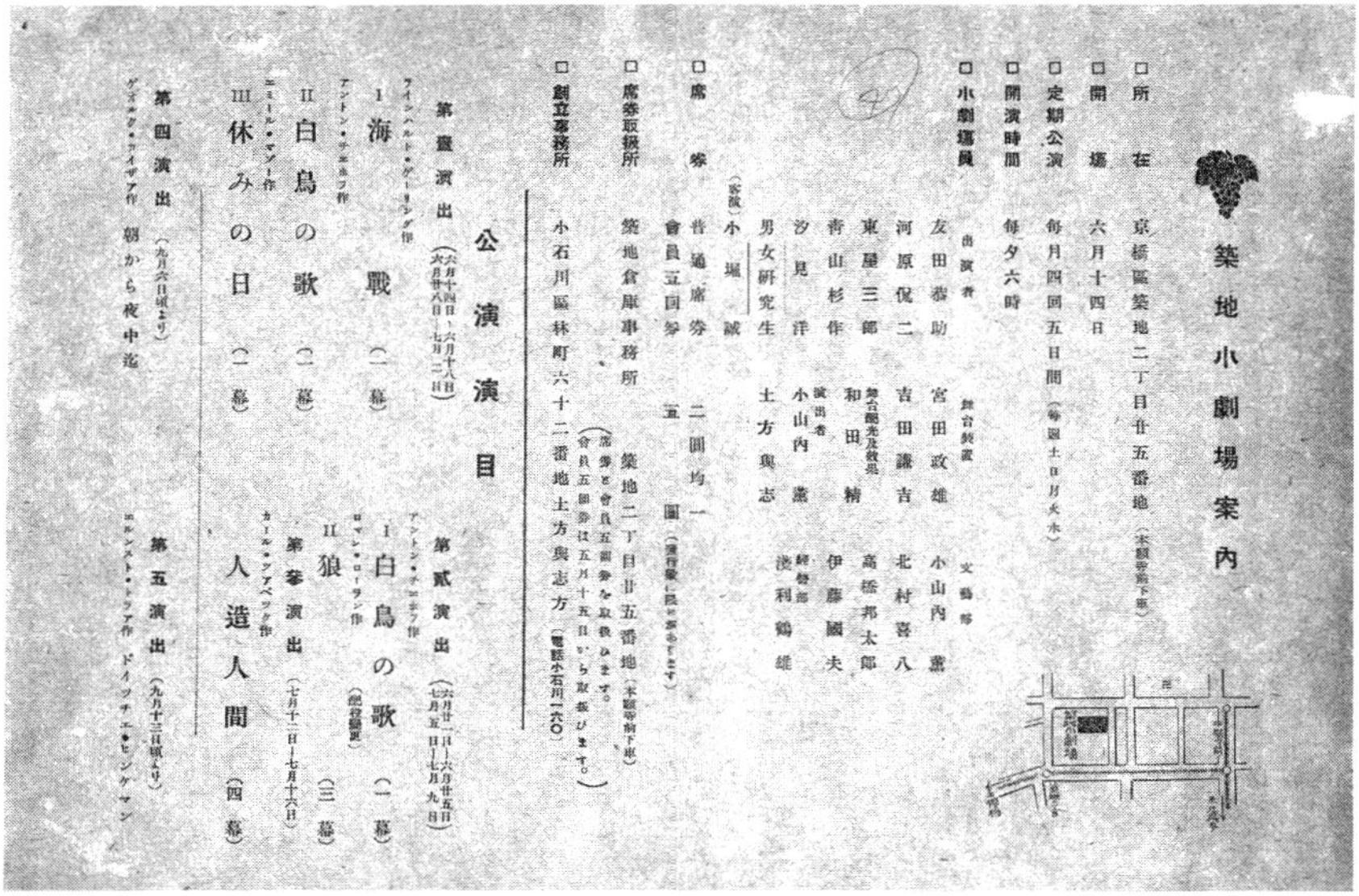
築地小劇場案内

□所在　京橋區築地二丁目廿五番地（本願寺前下車）
□開場　六月十四日
□定期公演　毎月四回五日間（毎週土日月火水）
□開演時間　毎夕六時
□小劇場員
出演者　友田恭助　河原侃二　東屋三郎　青山杉作　汐見洋　男女研究生
舞台裝置　宮田政雄　吉田謙吉
舞台照光及效果　和田精
演出者　小山内薫　土方與志
文藝部　小山内薫　北村喜八　高橋邦太郎　伊藤圀夫
經營部　淺利鶴雄
（客演）小堀誠
□席券　普通席券　二圓均一
會員五回券　五圓
□席券取扱所　築地倉庫事務所　築地二丁目廿五番地（本願寺前下車）
（席券と會員五回券を取扱ひます。會員五回券は五月十五日から取扱ひます。）
□創立事務所　小石川區林町六十二番地土方與志方（電話小石川一六〇）

公演演目

第壹演出（六月十四日―六月十八日 六月廿八日―七月二日）
ラインハルト・ゲーリング作　I 海戦（一幕）
アントン・チエホフ作　II 白鳥の歌（一幕）
エミール・マゾー作　III 休みの日（一幕）

第貳演出（六月廿一日―六月廿五日 七月五日―七月九日）
アントン・チエホフ作　I 白鳥の歌（一幕）（配役變更）
ロマン・ローラン作　II 狼（三幕）

第參演出（七月十二日―七月十六日）
カール・チアペック作　人造人間（四幕）

第四演出（九月六日頃より）
ゲオルク・カイザア作　朝から夜中迄

第五演出（九月十三日頃より）
エルンスト・トラア作　ドイツチエ・ヒンケマン

図③　築地小劇場第一回公演のパンフレット（DPRO-0275）

十郎の『浮標』は、戦時体制の下で究極の状況に追いこまれる良心的創作者の苦悩を描いた、演劇・文学世界の秀作として位置づけられる作品であり、その稽古状況と稽古中の改訂を反映する台本はきわめて貴重なものと考えられる。

そして最後に印象的なのは、一九四三年、敗戦二年前の築地小劇場（国民新劇場と名を変えている）での文学座公演チラシである。粗末な一色のビラの左端には「頑張れ！　敵も必死だ！」という、究極の時代を想起させる悲鳴のようなスローガンが印刷されている［図⑤］。その後、一九四五年三月の空襲によって築地小劇場は焼け落ち、今に至るもついに再建されることはなかった。

なお「札幌大学図書館所蔵松本克平旧蔵資料」が新劇資料の巨大な集積であることは自明のことだったが、「浦西資料」にも非常に多くの演劇資料、それも関西中心の公演資料（例えば築地小劇場の関西公演など）が含まれていることは、意外な発見だった。浦西先生没後、奥様に「先生は新劇好きだったのか」とお尋ねしたが、芝居を愛好し見に行っていたというような記憶はない、とのお返事だった。ファイリングに「関西新劇史資料」と命名のものもあるので、研究対象として新劇資料を蒐集されていたのだと推察される。

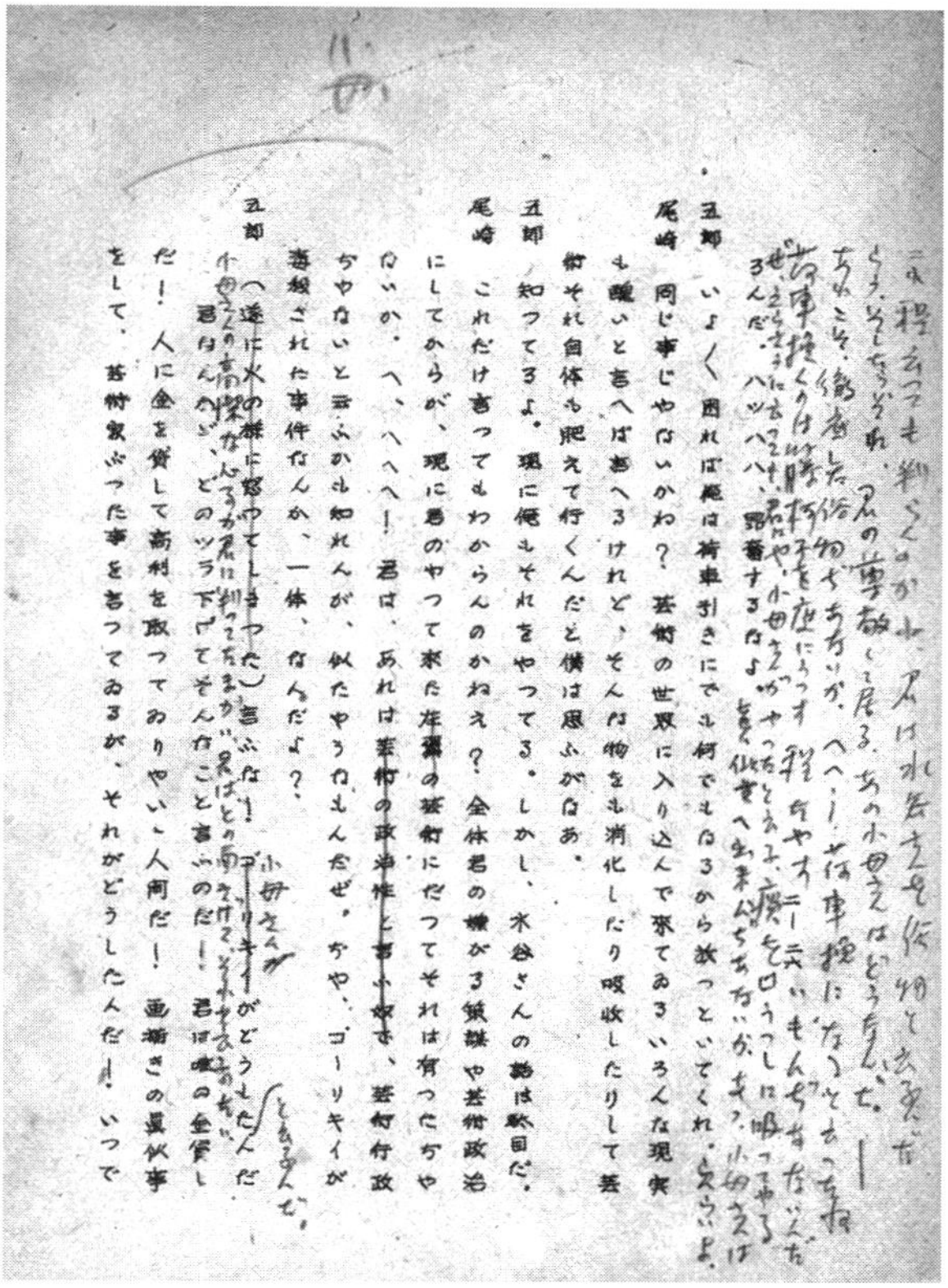
五郎　いよく困れば俺は俥車引きにでも何でもなるから放つといてくれ。
尾崎　同じ事じやないかね？　芸術の世界に入り込んで来てゐるいろんな現実も醜いと言へば言へるけれど、そんな物をも消化したり吸収したりして芸術それ自体も肥えて行くんだと僕は思ふがなあ。
五郎　知つてるよ。現に俺もそれをやつてる。しかし、水谷さんの話は駄目だ。
尾崎　これだけ言つてもわからんのかねえ？　全体君の嫌がる策謀や芸術政治にしてからが、現に君のやつて来た左翼の芸術にだつてそれは有つたぢやないか。へ、へへへ！　君は、あれは芸術の政治性と言ふ奴さ、芸術行政ぢやないと言ふかも知れんが、似たやうなもんだぜ。ぢや、ゴーリキイが毒殺された事件なんか、一体、なんだよ？
五郎　（遂に火の様に怒つてしまつた）言ふな！　ゴーリキイがどうしたんだ！　人に金を貸して高利を取つてをりやいゝ人間だ！　画描きの贋作事をして、芸術家ぶつた事を言つてゐるが、それがどうしたんだ！　いつで

図④　三好十郎『浮標』台本の頁（DPRO-1876）

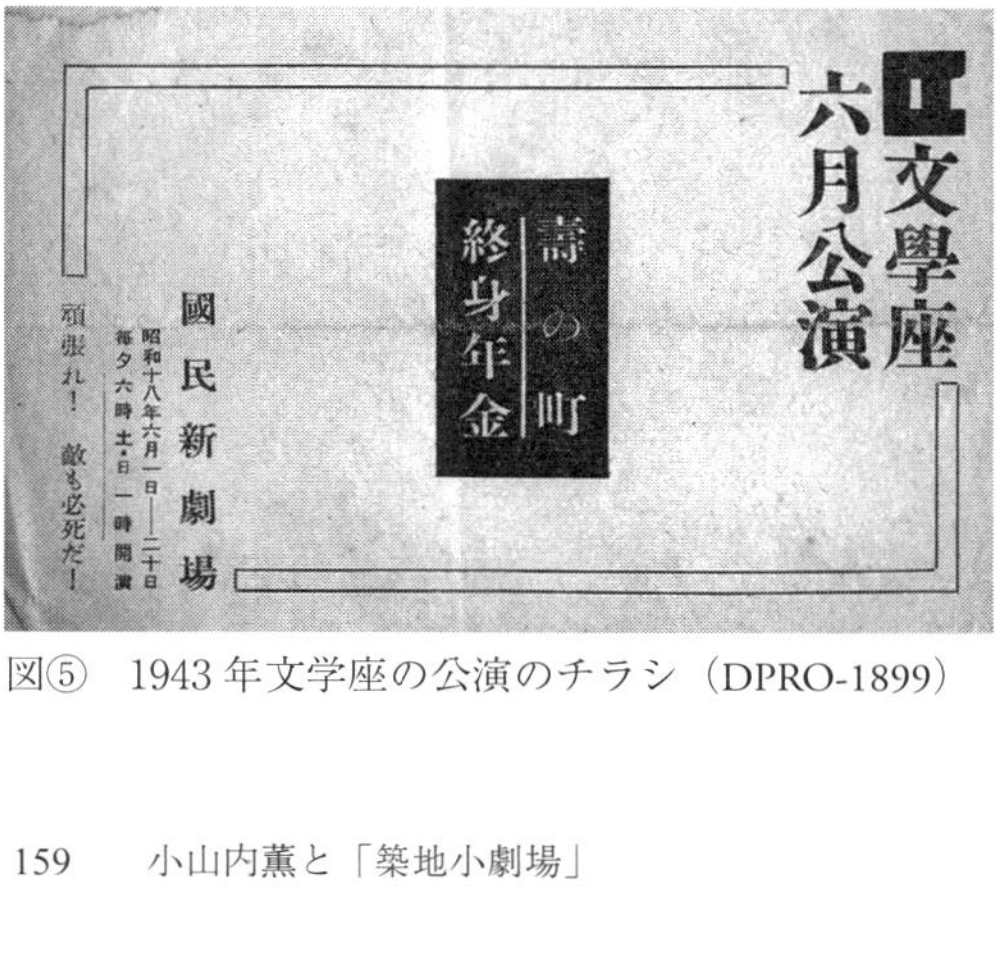


図⑤　1943年文学座の公演のチラシ（DPRO-1899）

## 1　小山内薫と日本の近代演劇――自由劇場までの道程

この『資料集』では、豊富な一次資料によって、大正期から昭和戦前期に至る日本の近代演劇運動の姿を具体的に追うことができるが、その中でも、小山内薫による「築地小劇場」の実践の歴史的重要性はきわめて大きい。そこでまず、資料読解の前提となるその前史ともいうべき経緯を概観してみたい。

築地小劇場で小山内の演出助手などを務めた劇作家久保栄は、著書『小山内薫』の後書きで――

小山内といふ人が、私の芸術上の師に当るといつた縁故からだけではなく、言へば日本の新劇の系統発生を個体発生のうちに体現したやうな人の、四半世紀にわたる業績をかへりみることは、そのまゝ劇の、乃至は芸術の根本問題に触れることにもなる(2)

と書いている。

では、小山内薫は何ゆえに、〝個体発生〟の裡に日本近代演劇の創始に関わる何ごとかを胚胎せしめたのか？転機は、一高・帝大と進む過程で武林無想庵の影響下に、文学に目覚めたことだったと思われる。前掲久保栄『小山内薫』の四二頁に無想庵の「小山内薫の死」からの引用として――

――僕もとう〳〵自然主義の洗礼を受けちやつた……と、例のファナチツクじみた叫声をあげて、忽ち独歩、花袋等の新運動に馳せ参じた小山内は、忘れたやうに内村鑑三の「聖書の研究」から遠ざかると、〔略〕鷗外兄弟の圓光をたよりにして、やがて真砂座の舞台裏から、熱誠面に漲つた一演劇研究者として、怠らず伊井蓉峰の楽屋へ通いつゞける身の上となつた。

という一文が記載されている。「鷗外兄弟」とは、鷗外と、弟篤次郎（明治期の著名な劇評家、雑誌『歌舞伎』の主宰者、筆名・三木竹二）をまとめてこのように呼称したのであろう。小山内は軍医であった父親の同輩森鷗外のツテを頼って新派の真砂座に、[3]文芸部員のようなかたちで出入りすることから、演劇青年としての生活を始めたということになる。

もう一つ、無想庵の記述で重要なのは「自然主義の洗礼を受けちやつた……と、例のファナチツクじみた叫声をあげて……」（傍線引用者、以下同じ）という描写である。「例の」とあるからには、このような叫声（嬌声？）を発してのファナチックなはしゃぎ方が常のことだったのであろう。沈鬱な明治の文人とは大分異なる、騒々しい活動的なキャラクターを感じさせる。

しかし、小山内の〝新派修業〟はそう長くは続かなかった。小山内薫は「自然主義の洗礼を受けちやつた」という嬌声からも分かるように、元来は鷗外、島崎藤村、国木田独歩などに傾倒し雑誌『新思潮』（第一次）を創刊した人であり、西欧の演劇に〝近代〟を学ぼうとした人である。

新派劇のスタンスはそれとは相当に異なる。『金色夜叉』や『不如帰《ふじょき》』の台本や原作小説からそのありさまを想像すると、そこから読み取れるのは金や前近代的な人間関係によって痛めつけられる弱者の悲嘆と不幸を、これでもか、これでもかと描きあげ、告発するドラマである。

たしかに、このようなドラマは、その種の対立関係を秩序と考え、義理と人情の避けがたい（受忍すべき）桎梏として劇化・美化する旧劇的スタンスからすれば、一歩前進であり、「金持ちのいやらしさや親族間のイジメは、受忍せず〝告発〟していいのだ」という新しいモラルを打ち出したことは、大変大きな一歩だったと思われる。

しかし、そのようなスタンスは「自然主義の洗礼を受けちやつた」小山内にとっては、どうしようもなく食い足りないものだったに違いない。イプセンやチェーホフ、さらには目の前の先達である鷗外や藤村をはじめとする文学者たちは、それらの桎梏を、人の生きざまの問題として内面化し、人は〝なぜイジメられるのか〟〝なぜイジメるのか〟を〝社会生物学的〟に考え詰めようとしていたのだ。

一九〇九（明治四二）年、小山内は「自由劇場」を創立する。この自由劇場の最初の公演（試演）に選ばれたレパートリーは、イプセンのあまり知られていない戯曲『ボルクマン』だった。なぜそのような戯曲を選んだかについて小山内は「自由劇場と本郷座と、何処が異つて居るか(4)」と、新派演劇の本拠たる本郷座の名前を上げ、それとの差違を明確にすることを、公演の第一義と宣言しているのである。そのためには著名な演目よりも、あえてイメージが汚されていない『ボルクマン』を選んだというのである。

自由劇場の活動は、小山内薫自身の外遊を挟んで一〇年間に及んだ。

その演目を見ると、単なるチェーホフ的なリアリズム演劇志向・翻訳劇志向という見方では括れない非常に多面的なものに取り組んでいることが注目される(5)。

要約すれば、小山内が第一次外遊（一九一二〜一三年）までの時点で到達したのは、歌舞伎や新派というレベルからなかなか抜け出す方途が見えない演劇に対して、近代化という点で一歩先を行く身近な先達たちの自然主義文学、さらにはその先に見える西欧の近代文学・戯曲、これらの力を借りて演劇の近代化の牽引力を得よう、という〝文芸依存〟戦略であった。そのために俳優たるもの、すべからく「自我」をすてて「脚本」の人形になれ、というきわめてラジカルな戦略が宣言されるに至るのである。

既にこの〔自由劇場の〕運動に附属することになって居る役者は、総て脚本の人形になる覚悟を持って居ります。〔略〕絶対的に脚本に従うことは絶対的に自家の技芸を表わす所以だと云う少なくともこれだけの自覚ある役者でなければこの運動を助けることは出来ません。

（「自由劇場の計画」(6)）

こういった言説は、論争をこめた強められた言い方であろう。現実問題、役者は「自我を持ってはならぬ」とダメ出しされたら、やることがなくなってしまう。小山内のいいたい真意は、やや異なるニュアンスなのだ。久保栄が摘記した築地小劇場四年目の時期の小山内の言葉の中に――

市川左団次がイプセンの芝居をやりましても、何処か台詞廻しに歌舞伎劇見たやうなものが出て来る。〔略〕所謂左団次式の台詞が出て来る。不純なものである

（前掲、久保栄『小山内薫』八二頁）

と、具体的に指摘した文言がある。小山内の敵は実は役者の自我ではなくて、役者の身体に染みついた〝旧劇・新派〟のステロタイプな表現形式だったのだ。

## 2　モスクワ芸術座との遭遇

伝統的なステロタイプな演技との訣別……。しかし、その訣別した空白を埋めるべきものは何か、が判然とはしない段階で、小山内はその答えを先進の西欧の演劇に求めるべく外遊に旅立った。

外遊はシベリア鉄道を経由する大旅行で、一九一二年一二月一五日新橋発、一九一三年八月八日神戸帰着、ほとんど欧州全土を掩う半年を超える旅程だった。その中でも、最初の一か月を占めるにすぎないモスクワでのモスクワ芸術座との出会いが、最も鮮烈なものになったとみられる。曽田秀彦の詳細な調査によると、モスクワで小山内が見たという舞台の一覧は左記のようになる。(7)

モスクワ芸術座

ゴーリキー『どん底』(二回)

トルストイ『生ける屍』

チェーホフ『桜の園』

チェーホフ『三人姉妹』

チェーホフ『ワーニャー伯父さん』

イプセン『ペール・ギュント』

シェイクスピア『ハムレット』

メーテルリンク『青い鳥』

ツルゲーネフ『田舎の一月』

ツルゲーネフ『食客』

ツルゲーネフ『田舎おんな』(原題『プロビンシャルカ』)

ツルゲーネフ『田舎の一月』(二幕目のみ)

オストロフスキー『どんな賢人にもぬかりはある』

ネズロビナ劇場

シュウラフスキー『エロスとプシケ』
ドストエフスキー原作『白痴』
シミナ・オペラ劇場
ビゼー作曲オペラ『カルメン』
プッチーニ作曲オペラ『トスカ』
アントン・ルビンスティン作曲オペラ『商人カラーシニコフ』
モスクワ帝室大劇場
バレエ公演（一回）

一見して明らかなように、小山内が淫するように見続けたのは、スタニスラフスキーが率いるモスクワ芸術座の芝居である。それが具体的にどのようなものだったかは、今見ることはできない。しかし、小山内が最初に出会い強い感銘を受けたのが『どん底』だったということが、一つの推測を与えてくれる。

『どん底』という芝居は、決して最貧の人々がごろごろしている〝ドヤ〟を描いた自然主義的な写実劇ではない。貧困というよりはむしろ抽象化された人間的絶望、それも一人一人背負い込んでいる絶望の質が異なるという複雑な人々の絡み合いを、ドヤという狭い空間に押し込んだ、観念劇ともいうべき非常に癖の強い芝居である。そのような抽象的・観念的な設定の中で、演劇的表現としては抽象的ではなく、一人一人の登場人物が具体的な己の生理的ドラマを、心理的・身体的行動としてフォローし演じるのである。おそらく、鋭敏な小山内はめざとくこの芝居が、単なる写実劇ではなく、一人一人の役が、それぞれに〝生きて行動している〟ことに気づいたのではないか。それは、古いステロタイプな演技と苦闘していた小山内にとって、新しい脱出の道を示唆するものではなかったのか。

事後の例ではあるが、実際に稽古場で小山内がどのように役者と取り組んだかという貴重な様子が、久保栄の前掲『小山内薫』に書き留められている。

「桜の園」を例にとれば、ロパーヒンになった役者が先づ「悠々と歩いて」出て来るのを見て、小山内は一体この部屋へ何をしに来たのかと問いたゞし、汽車が着いたのでみんなを出迎へに来たという返事を受けて、手に持つている本はどうしたのだと聞き、汽車を待つ間、退屈しのぎに奥で読んでゐたと答へる役者に、では始めからこゝの家で待つ積もりだつたのかと問いを重ね、実はついうとうとして駅まで迎ひに行けなくなつたのだと説明させて、それならばさう悠然とは出て来られないのではないかと注意して、始めて役者に、急いで出て来るといふ一つの動きを極めさせるやうにしたのである。

（一六一―一六二頁）

台本を読解して役の置かれている状況を明らかにし、寝過ぎて遅刻し「焦っている」という心理的状況を引き出し、その心理的状況から急いで出迎えに駆けつける、という身体的行動課題を明らかにするという、まさにスタニスラフスキー・システムの初歩を絵に描いたような事例が示されている。

このようなことを総合して考えると、小山内は、自分が直面している日本の演劇の近代化の焦点は、近代的な戯曲の読解によってその深奥に見えてくるリアルな実在、そのようなリアルに対応する俳優術にあること、新たなリアリズム演技術の獲得にあることに気付いたと思われる。それが証拠に、すでに帰国の時点で彼はすっかり役者づいていた。神戸に帰り着いた時の第一声は――「僕は西洋から役者になるつもりで帰ってきた」（大場白水郎「渡欧前後」『三田文学』一九二九年三月号）であった。

## 3　築地小劇場の出発

しかし、小山内が近代劇における〝俳優〟ないし〝俳優術〟の重要性に気づいて帰国した後、すぐに築地小劇場の実践に突入できたわけではない。第一次外遊から、一九二四（大正一三）年の築地小劇場創建までには一〇年余りの年月が経過している。この間、小山内は演劇界での居場所を次第に失っていく。その不安定さの根源は、喰わんがための、興行資本とのさまざまなストレスにあったように見える。挙げ句は小山内は自らを「劇壇の余計者」などと署名し「芝居はもう亡びる」と放言するまでに至る（前掲久保栄『小山内薫』一二七頁ほか）。

この小山内が、築地小劇場という再出発のチャンスにたどり着くためには、土方与志《ひじかたよし》との出会いが必要だった。土方は大学時代から〝演劇青年〟で、一九一八年には小山内の知己を得、公演の手伝いもして〝弟子〟となっていた。土方与志は本名・土方久敬《ひさよし》、伯爵の爵位を持つ資産家の御曹司でもあった(8)。土方は震災の前年、演劇修業を志してドイツに滞在中、震災による東京壊滅のニュースに驚き、急遽帰国した。その途次、経由地のモスクワで見たメイエルホリドの、客席からサイドカーが舞台に駆け上がるといった強烈な前衛劇『大地は逆立つ』に烈しい衝撃を受け、長いシベリア鉄道の旅の中で新たな近代劇のための劇場建設のイメージをふくらませ、帰国後すぐ小山内を訪ね、劇場建設の提案をした(9)。

このようにして、築地小劇場は、震災後の焦土東京で立ち上げられることになる。このあたりの生き生きとした描写は『土方梅子自伝』に多い。例えば、劇場ができる前から、こけら落としの芝居の準備はもっぱら伯爵土方の〝豪邸〟で始まっており――

図⑥　築地のビル街の一画に残された「築地小劇場跡」のレリーフと説明板（筆者撮影）

> 毎日、毎日、朝から夜中まで大勢の人が出たり入ったりで、家中はひっくりかえるような騒ぎでした。庭の芝生では海水着を着てダルクローズのリズム体操を習っている人たちがいるかと思うと、家の中では発声をやっている人たちもあり、別の部屋では上演する三つの芝居の稽古、地下室の模型舞台研究所で装置や照明の研究、模型の作成に忙しく働いている人たち、庭も家の中もまるで戦場のようでした。
>
> 食事時には、この方たちに食事を出し、ビールを出す。一ダースくらいのビールはすぐなくなってしまう。（八八頁）

と記されている。またこの『土方梅子自伝』には、なぜ築地小劇場を作ったかという、その意味についても、百の芸術論議よりも分かりやすい「興行資本に毒されない理想的な小劇場〔略〕を創ろう」（八〇頁）とした、という言葉も記されている。

ただ、生き生きとした準備風景の描写には、注意すべきポイントが隠されている。一読して分かることは、上演準備の総てが、食事やビールの一杯に至るまで、土方伯爵の丸抱えで進んでいたということである。このすぐあとの行に、梅子はさりげなく書きとめている。「これらの建築費と設備費は〔略〕両方で十万円くらいかかったように思います。千円あれば普通の家が建った時代のことです」――つまり「興行資本に毒されない」ための対価は、土方伯爵の資産によって賄われていたのだ。

それらもろもろのことを乗り越えて、築地小劇場は一九二四（大正一三）年六月一三日開場した。その初日の様子は久保栄の前掲『小山内薫伝』に書き遺されている。

築地小劇場はこの年の六月十三日を招待日に、十四日を公開の初日として、土方の演出するゲーリングの「海戦」と、小山内の演出するチェーホフの「白鳥の歌」とエミール・マゾオの「休みの日」とで、期待と敵意に囲まれながら蓋をあけた。〔略〕日本の観客が始めて見るホリゾントへ、汐見の扮する水兵が「前兆だ！　前兆だ！」といふ最初のセリフを響かせ、以下、水兵たちの急テンポの動作と叫喚が、砲塔の砕け飛ぶまで続いた。〔略〕やがて最後の演目に移ると、ホリゾントは照明の効果で透きとほるやうな青空をあらはし、〔略〕フランスの田舎町の気分を醸し出した。（一四六頁）

この短い記述だけからでも、築地小劇場があの時代の中で〝何者〟であったかが分かる。一つは、無限の蒼穹を舞台の上に現出する「ホリゾント」に、決定的な新しさを見る。もう一つは、非現実的な叫喚から始まるゲーリング『海戦』と、クラシックな写実劇『白鳥の歌』『休みの日』が並立していることである。ヨーロッパ近代劇と前衛劇の潮流に依拠して、旧劇・新派の日本演劇を〝超克〟しようという小山内の意図が鮮明にあらわれている。

## 4　困難と蹉跌

しかし、この理想に燃えた成り行きは、比較的早い時期から困難に逢着する。

その要因は、今から見れば大変分かりやすい。築地小劇場は一九二四年六月のこけら落としから、一九二九年の事実上の終焉に至る約五年間に、実に八四回の本公演を持ち、一一七作品を上演したのである。

単純に割り算しても、一作品の稽古期間は二週間くらいで、実際には休みもあれば盆正月もある。さらには地方公演もある。それらを勘案すると、無茶苦茶なスケジュールだったと思われる。その現実は、前記の久保栄『小山内薫』にも書かれていて、例えば汐見洋には一年間で一〇以上の役がキャスティングされ、「セリフを入れてゐるうちに、いつも初日が来てしまつた」（一五九頁）とある。しかも、汐見のような経験のある役者は数人で、大半は研究生とは名ばかりの〝新人〟たちだったのである。久保栄は続けて、大変気になることを書いている。

> 新劇史に例のない恵まれた時期が、俳優教育の上では必ずしも有効に使われてゐなかつたという事実は、ここから出た役者たちのその後の姿にも関係が深い。（一六〇頁）

あの外遊で、俳優術こそが近代演劇の根幹と気づき、大いに役者づいていたはずの小山内が、完全にそのことを忘れてしまったのはなぜなのだろう。おそらくそれは、モスクワ芸術座の舞台に現わされた〝俳優術〟の結果に感銘したけれど、それが作り出される俳優訓練の実態に深く思いを致す心の余裕が無かったと想像するほかない。絶望の一〇年による〝焦燥〟と、その最中に思いもかけず出会うことができた「拠点となる小劇場の実現」、この予想外の幸運とが、小山内を爆走させたといわざるをえない。

## 5　小山内の死と築地小劇場の崩壊

一九二八（昭和三）年一二月二五日、小山内薫はおそらく心筋梗塞と思われる病状で急死する。そして、その後半年を待たず築地小劇場は分裂・瓦解する。

一九二八年という年は、全日本無産者芸術聯盟（ナップ）が結成され、革命を志向する左翼劇場が既に盛んな活動を展開していた。築地小劇場に対してもオルグがなされていた。劇団総会では、演劇修業を志向する地味な意見から、左翼用語の乱舞する革命的言説までさまざまな意見が飛び交い、議論は二か月かかっても際限がない状況に陥っていた。これに対して小山内は次のように述べている。大変有名な言葉だが――

私は劇場を二種に分ける。一つが政治劇場で、他が芸術劇場である。私は築地をアカデミカルシヤターとして存在させたい。私達はまだ本質的に演劇といふものを摑んでゐない。それをやるには学問的芸術的の自由を保留しておかなければならない。(10)

と〝芸術路線〟を選択すると答えている。しかし土方すらが、もっとプロレタリア系の演目を増やそうと提案しているし、当時の知識階級にとってロマンであり、時には〝大義〟となりつつあった社会主義に対する憧憬は、今想像できないほど強いものだったと思われる。〝政治路線〟はマグマのように劇団に底流し、小山内の権威が辛くもその爆発を抑えていた、と思われる。その、小山内が死んだのである。

さらに、後継者たるべき土方にも、さまざまな不信が渦巻いていた様子が見える。五年間の巨額の赤字を、私財をなげうって埋め続けてきた土方が怨まれるというのは、筋が通らない話だけれど、集団というものはえてしてそういうものである。気に入ったメンバーだけを選別しようとしているとか、利益を隠しているのではないかとか、挙げはじめれば切りがない。そして土方の、小山内と較べての演劇指導者としての力量の差に対する不満ないし不信も、重要な〝マグマ〟だったと思う。

その根柢には、久保栄が指摘している「新劇史に例のない恵まれた時期が、俳優教育の上では必ずしも有効に使はれてゐなかつたといふ事実は、ここから出た役者たちのその後の姿にも関係が深い」という根源的な問題がある。つまり、五年間の爆走の中で「技芸の人」プロの俳優が育てられなかった、その状態のままで時代の波濤と対決しなければならなかった、というのが崩壊と分裂の根柢にあったと考えられる。

## 6　新築地劇団

築地小劇場は一九二九（昭和四）年四月、土方、山本安英《やすえ》、丸山定夫、薄田研二《すすきだ》などの「新築地劇団」と、残留組の「劇団築地小劇場」に分裂する。小山内のもとで裏方を務めてきた水品《みずしな》春樹のアケスケな類別（後日談ではなく一九三〇年一一月という同時代時点での見立て）では、脱退した新築地劇団が「中間派」で、残留組は技術的に優秀な「右翼」と、血気にはやる若い「左翼」の混成部隊とされている（『新劇去来』一一六頁）。

分裂後、外部劇場での大規模公演などで両劇団とも健闘したが、劇団築地小劇場は友田恭助、田村秋子の脱退などで衰退・消滅した。

結局、築地小劇場の衣鉢を継ぐものは「新築地劇団」ということになった。水品春樹によって「中間派」と品定めされた劇団が、事実上の後継劇団になり、小山内薫の遺言「アカデミカルシヤターとして存在させたい」ということが、いくらかでも維持される結果になったのではないかと思われる。

当時、プロット側からの「政治化」工作は熾烈をきわめたが、ともかく、新築地劇団は一九三四（昭和九）年の村山知義提唱の新劇大同団結にも加わらず独自路線を行く。

『資料集』にも、公演パンフレットだけでなく、機関誌なども含む相当大量の新築地劇団関係の資料がある。これらを参照して、政治主義とファシズムという困難な時代の狭間を生き抜いたこの劇団の、より具体的な検証が望まれる。

## むすび――スタニスラフスキー・システムについて

小山内薫を原点とし、一旦は戦争の谷間に消えていったかのように見える日本近代演劇の歴史は、具体的な資料に立脚して検証し解明しなければならない多くの問題点を残していると思う。一時ＮＨＫが『昭和演劇大全集』[11]という貴重な映像ライブラリーを連続放映したことがある。それらを通して、今は現存しない過去の俳優の演技、過去の舞台を実見できるというのは希有のことだが、戦後ほどなく来日したモスクワ芸術座のチェーホフの舞台の記録などは、何度見ても汲み尽くせぬ意味を感じる。

それらを見ていると、小山内薫が大きな衝撃を受けた〝役を生きる演技〟が何を意味していたのかが、いくらかでも想像できるような気がする。かって小山内に〝一瞬の啓示〟を与えた俳優の演技――それは初期のスタニスラフスキー・システムを反映したものだったと思われる。その後に積み上げられていった後期スタニスラフスキー・システムを含めたこの方法論は、現時点では、記述可能な、したがって具体的な論議・試行・教程化可能な唯一の俳優術の方法論ではないかと考えられる。

もっとも、今これは多くの誤解にまみれ、スターリニズムによる不適切な教条化の記憶も加わって、過去の亡霊のような認知を受けているきらいもある。

幸い、最近「日本におけるスタニスラフスキー・システム受容」研究プロジェクトが立ち上げられ、その一報[12]を見る機会があった。これは、小山内薫が必ずしもスタニスラフスキー・システムの受容者・理解者ではなかったことを論証するという逆照射によってシステムの位置づけを検討しており、今後の展開が期待される。

また、演劇に実際に携わっている谷賢一の論文はその深奥に触れようとしたものとして注目される。曰く――

スタニスラフスキーの「身体的行動の方法」は、従来的な「内から外へ」のパラダイムを破壊し尽くすことなく内に取り込み、「外から内へ」という新たな視座を提供した上で、最終的に「内から外」「外から内」を融合した形での心身理解の図式を考えることを促してくれる。[13]

スタニスラフスキー・システムは、俳優術という一見きわめて技術論的な体系の探求を通して、実は、西欧的な自我の一元論、一神教的な自我認識を超えるリアルな人間認識に到達しようとする、思想的営為を内包していると考えられる。

このような考え方はむしろ、認知科学や情報理論の進んだ現代にいたって漸く受け入れられる考え方かもしれない。人間は、日々の生活の中でごく日常的に複数のアナザーワールドをハンドリングし、適切に対応している。家庭と勤務先と居酒屋と、それぞれの世界でそれぞれの情報系を駆使して、高い適応性を発揮して行動できる。人間の脳は、そのような複数の情報系を同時並行で演算できる構造を持っている。

戯曲は、一つのアナザーワールドを開示する仕様書のようなものである。その読み込みから始め、その中での生活行動の筋道を読み取り、心理的・身体的行動として再構築する。そしてそのアナザーワールドをも〝わがこと〟としてリアルに了解し、その世界の中で〝分かりやすく〟行動することができる。……ただ、問題はそのためには若干時間がかかる。築地小劇場的な短期稽古では無理だったのかもしれない。

小山内薫が、一瞬閃きながら取りこぼしてしまった〝近代の演劇〟を、おそまきながら取り戻すために、何事か考え直す時ではないだろうか。

（1）『近代歌舞伎年表　京都篇六　大正二年〜六年』（八木書店、二〇〇〇年）八九頁。
（2）久保栄『小山内薫』（文藝春秋新社、一九四七年）二五〇―二五一頁。
（3）真砂座は、一八九三（明治二六）年〜一九一七（大正六）年、東京の隅田川に面する埋立て地・中州河岸（現・東京都中央区日本橋中州）に存在した小劇場。伊井蓉峰の新派劇をしばしば上演したが、一九一七年廃座。『演劇百科大事典』第五巻（平凡社、一九八三年）、一色九月堂「日本橋中洲繁昌記」（二〇一八年四月二四日インターネット閲覧）などによる。
（4）小山内薫「自由劇場論」（『新声』一九〇九年一〇月号）。『新声』は一八九六（明治二九）年創刊の佐藤義亮による投書雑誌で、文芸雑誌『新潮』の前身とされ、復刻版も出ている。
（5）自由劇場の上演演目は次の通り。

第一回試演（一九〇九年一一月、有楽座）『ジヨン・ガブルエル・ボルクマン』（イプセン）
第二回試演（一九一〇年五月、有楽座）『出発前半時間』（ウエデキンド）、『生田川』（森鷗外）、『犬』（チェホフ）
第三回試演（一九一〇年一二月、有楽座）『夜の宿』（ゴリキイ）、『夢介と僧と』（吉井勇）
第四回試演（一九一一年六月、有楽座）『歓楽の鬼（長田秀雄）、『河内屋與平』（吉井勇）、『第一の暁』（秋田雨雀）、『奇蹟』（マアテルリンク）
第五回試演（一九一一年一一月、帝国劇場）『淋しき人々』（ハウプトマン）
第六回試演（一九一二年四月、帝国劇場）『道成寺』（萱野二十一〔郡虎彦〕）、『タンタヂイルの死』（マアテルリンク）
第七回試演（一九一三年一〇月、帝国劇場）『夜の宿』（ゴリキイ）
第八回試演（一九一四年一〇月、有楽座）『星の世界へ』（アンドレエフ）
第九回試演（一九一九年九月、帝国劇場）『信仰』（ウーヂェーヌ・ブリウ）
第一回〜第八回は豊島屋主人（鈴木泉三郎）『俳優評伝左団次の巻』（玄文社、一九一八年）七四―九二頁、第九回は水品

春樹『小山内薫と築地小劇場』（ハト書房、一九五四年）四六頁。演目、作者名は原文表記による。

（6）『小山内薫全集』第六巻（臨川書店、一九七五年。春陽堂、一九二九年―一九三二年刊の複刻）五頁。

（7）曽田秀彦『小山内薫と二十世紀演劇』（勉誠出版、一九九九年）五四頁。

（8）土方与志（一八九八～一九五九）の爵位と戦前の経歴――土方与志の祖父土方久元は、土佐藩勤王党員で、長州藩士でもないのに禁門の変に加わり、〝七卿落ち〟にも随行したという生粋の倒幕派志士であった。この土方久元は維新後、内閣制度発足当初から農商務大臣、宮内大臣などを歴任、立憲君主制に反対する天皇親政派の政治家として重きをなした。一八九五年、伯爵。久元の死の直前、爵位は孫の土方与志に引き継がれたが、一九三三年、ソ連作家同盟第一回大会に出席、報告を行い、そのことが日本に伝わった結果、剝奪された。土方与志（夫妻）はそのままソ連にとどまったが、一九三七年スターリン粛清の余波を受けて国外追放となり、パリに再亡命。一九四一年、逮捕覚悟の下に帰国。治安維持法で起訴され、懲役五年の実刑を受けて敗戦に至るまで拘禁された。『明治維新人名辞典』（吉川弘文館、一九八一年）、『日本近現代人名辞典』（吉川弘文館、二〇〇一年）、『土方梅子自伝』（早川書房、一九七六年）などによる。

（9）前掲、土方梅子『土方梅子自伝』。土方与志『なすの夜ばなし』（影書房、一九九八年）。

（10）水品春樹『築地小劇場史』（初版、日日書房、一九三一年）。引用は同書の復刻を含む『新劇去来――築地小劇場史〈復元〉その他』（ダヴィッド社、一九七一年）八六頁による。なお水品春樹（一八九九～一九八八）は、長野県出身、専修大学中退、築地小劇場に入り小山内の演出助手、舞台監督などを務めた。

（11）ＮＨＫ衛星第二テレビの番組『昭和演劇大全集』二〇〇七年四月七日から二〇〇九年三月一四日まで、月二回、ＮＨＫ所蔵の昭和演劇の記録映像を放映した番組。

（12）内田健介「日本におけるスタニスラフスキー・システム受容の系譜（Ｉ）――小山内薫はスタニスラフスキー・システムの受容者だったのか？」（『千葉大学大学院人文社会科学研究プロジェクト報告書　第二八九集　文学と歴史――表象と語り（二〇一三―二〇一四年度）』二〇一五年二月）五―二〇頁。

（13）谷賢一「スタニスラフスキーの「身体的行動の方法」――演技創造における俳優の心身をめぐって」（明治大学文学部文学科演劇学専攻卒業論文、二〇〇七年、http://www.playnote.net/docs/physical-action.html　二〇一八年四月二四日インターネット閲覧）。

# プロットと移動劇場

正木喜勝

## はじめに

一九二九（昭和四）年二月四日、日本のプロレタリア演劇運動を統括する全国組織として日本プロレタリア劇場同盟（プロット）(1)が誕生した。芸術は個性の発露とするような価値観から見れば理解しがたいかもしれないが、それは中央集権的な構造を有していた。中央は地方から情報を収集し、指令を出したりオルガナイザーを派遣したりすることで、各地のプロレタリア演劇運動を掌握しようとした。地方の側でもこうした上下関係を内面化し、中央からの指導をなかば当然のように受け入れた(2)。演劇の実践において地方が先例となることもあったが、そこに意義を見出し普及させるのは中央の仕事だった。この中央集権的性格は、結果的であるにせよ意外な成果を遺した。それはその構造においてこそ生成された資料群である。遠く離れた劇団に方針を共有させるには、決定事項を明文化して一時に示さねばならないし、きめ細かい通信も不可欠だった。そのために一定の書式を伴った文書が作成された。たとえば、司令部から加盟劇団に送られる指令書、活動方針を諮る議案書、諸委員会の報告書、統一的に情報を共有するための「ニュース」などである。これらは、遠く離れた現代の我々にとっても、プロレタリア演劇の実態を知る媒体として有効だろう。『昭和戦前期プロレタリア文化運動資料集』（以下、『資料集』）には、こうしたいわば内部文書が多数収録されている。

これらを通覧して再認識せざるを得ないのは、プロレタリア演劇運動における「移動劇場」の役割の大きさである。後述するように移動劇場とは、問題が生起している現場に当事者の要請を受けて赴き、合唱や朗読を含む様々な形式の上演を行うものである。プロットの初期、とくに地方ではこの移動劇場が活動の主たるものだったし、中央からの眼差しもそこに注がれていた。移動劇場は、それに対置される劇場公演とともに、プロレタリア演劇運動の両輪だったのである。それにもかかわらず、移動劇場についての従来の記述は、千田是也《これや》が参加するようになったメザマシ隊に関するものがほとんどで、そこに至るまでの各地の実態は、秋庭太郎『日本新劇史』下巻（理想社、一九五六年）など通史の一部として限定的に見るよりほかなかった。

プロットをプロレタリア演劇運動の本流とすれば、その源流はトランク劇場まで遡ることができる。すなわち、プロレタリア演劇は移動劇場から始まったともいえる。トランク劇場は、徳永直《すなお》『太陽のない街』でも描かれた、東京・小石川の共同印刷争議団詰所での上演＝争議の応援をきっかけに結成された劇団である。その後もいくつかの争議に駆けつけたが、労働農民党支部や『無産者新聞』が主催するイベントに参加するかたちで、会館や演芸場で上演を行うことが多かった。(3) トランク劇場以後、演劇史で移動劇場が言及されるのは、たいてい東京左翼劇場の移動劇場部の独立についてである。一九三〇年三月、それまで劇場公演と兼務していた移動劇場部を専門化し、公演に携わらない移動劇場専任者を置いた。その後まもなく移動劇場部は東京左翼劇場から独立してプロレタリア演芸団を名乗り、同年五月にはプロットに加盟した。(4) そして一九三二年二月、ドイツから帰国した千田がこの活動を手伝うようになり、『青いユニフォーム』の上演に合わせてメザマシ隊と改名したのだった。

メザマシ隊については、当事者の回想として千田是也『もうひとつの新劇史――千田是也自伝』（筑摩書房、一九七五年）、江津萩枝『メザマシ隊の青春――築地小劇場とともに』（未来社、一九八三年）、築地三期会（踏み越えし年輪を拡げる会）刊『年輪』（一九七五～九四年）があり、分析的なものとして萩原健の論考もあるが、(5) それ以前についてはあまり重視されていないようである。そこで本論では『資料集』に収録された資料も用いて、従来のプロット史記述に修正を加えつつ、メザマシ隊以前の移動劇場の様相を明らかにしたいと思う。そこでは、プロレタリア演劇における地方―中央の関係や、上演に関わる俳優―観客の関係などが捉え直され、近代日本演劇に対する一般的な概念も問い直されることになるだろう。

## 1　忘れられた移動劇場

一九二八年三月一五日、日本共産党員らが一斉に検挙される三・一五事件が発生した。これに危機を覚えたプロレタリア芸術の諸団体は合流し、全日本無産者芸術聯盟（ナップ）を結成した。ナップは地方支部を構成単位とし、その各支部下に専門部を置いた。たとえば、ナップ東京支部にはその演劇部として東京左翼劇場が所属、また大阪支部演劇部としては大阪左翼劇場が誕生することになった。東京左翼劇場はナップを形成する二大組織、日本プロレタリア芸術聯盟（プロ芸）と前衛芸術家同盟（前芸）[6]の各劇団であるプロレタリア劇場と前衛劇場が合同して生まれた劇団だった。ナップ結成を宣言する声明書は一九二八年三月二五日付で発行され、同年四月二九日に創立大会が開催されたが、その間の四月二一～二四日、東京左翼劇場は旗揚げ公演を実施した[7]［図①］。関西では同年六月六日、大阪の三劇団、すなわち戦旗座、群衆劇場、明日への劇場と、京都の原始劇場による連合公演[8]が行われ、この大阪三劇団の合流によって大阪左翼劇場が誕生した。

図①　東京左翼劇場第1回公演広告（DPRO-0471）

大阪左翼劇場について、原始劇場、京都青服《あおふく》劇場、大阪戦旗座、メガホン隊を渡り歩いた大岡欽治は大著『関西新劇史』（東方出版、一九九一年）の中で「この合同は完全には実を結ばなかったし、大阪左翼劇場という名による活動は何も記録されていない」「プロット結成に際しては、大阪戦旗座として加盟している」(9)と説明している。ところがこれは『資料集』に収録された資料と齟齬があるようだ。というのも、一九二九年二月二〇日付プロット書記局名義「日本プロレタリア劇場同盟創立大会報告」(10)の各加盟劇場報告欄には、大阪左翼劇場が「１９２９年１月中旬プロットへ加盟を決議す」と明記され、創立からおよそ半年間に行われた活動歴が次のように記録されているからである。

１・１９２８年６月６日　新興劇団聯合公演　於朝日講堂
２・８月　無産者新聞読者会へ詩の朗読、合唱を持って出動。
３・其他「ボタン工争議応援」「堺労働者懇談会」「ミヅノ運動具店争議応援」等に於ける移動劇場活動は主催者側の準備の不充分とダラ幹の妨害等によって不成功に終る。
４・１９２９年１月４日　神戸「労農同盟」新年懇談会へ詩の朗読と合唱を持込む。
１月９日「海上青年」へ詩の朗読と合唱を持込む。

このように大阪左翼劇場として活動実績があるのは明らかだが、詩の朗読や合唱の持ち込みなど移動劇場の活動が、資料を渉猟し事情を知悉していたはずの大岡の目にも留まらなかったのは示唆的である。たしかに移動劇場は劇場公演に比べて、生成される資料が少ないため記録から漏れやすいのだろう。しかしより重要なのは、移動劇場は演劇としては一段下、あるいはそもそも「演劇」というジャンルに属さないもので、劇団の正式な活動と見なさない傾向が、大岡に限らず後に生まれたのではないかということである。新劇が広く認知され、制度化

図②　新興劇団聯合公演プログラム（DPRO-0482）

された劇場公演が成功を収める中で、中間的で複数ジャンルに開かれた移動劇場は記録からも記憶からも遺却、黙殺される運命にあったようだ。こうして見てみると、いやが上にも我々は移動劇場に惹かれてしまうのではないだろうか。それは忘却されたものの復権のみならず、「演劇」という枠組みが相対化されて久しい我々の時代の「演劇」をも彷彿させるからである。

この点で参考にすべきは萩原健のメザマシ隊についての論考だろう。萩原は〈脱・制度化〉したメザマシ隊の活動を〈作品〉ではなく〈作用〉として、〈上演〉ではなく〈出来事〉として見なすべきだと繰り返し主張した。それはパフォーマンス研究的観点の演劇史研究への導入であり、それによるメザマシ隊の再評価は、現代の演劇の発展にもヒントを与え得るという。本論も同様の観点を念頭に置きながら進めていく。

## 2　プロットの綱領

移動劇場の詳細を見る前に、プロット機関誌・紙の復刻に携わった祖父江昭二が呈した疑問に、『資料集』を通して答えておきたい。一九二八年一二月二五日、ナップは「技術的部門別による全国的統一団体の結集体」[11]、すなわち全日本無産者芸術団体協議会（略称は引き続きナップ）に再組織された。というのは、上述のように支部ごとに各部門が独立して存在している状態では、同じ芸術部門——たとえば大阪左翼劇場と東京左翼劇場——

にもかかわらず、横の連携が取りにくく、中央でも部門固有の課題を把握しにくいためだった。これらを解決するために、ナップは組織構造を改め、「技術的部門別による全国的統一団体」の一つとしてプロット結成が決定されたのである。ほかに日本プロレタリア美術家同盟、日本プロレタリア映画同盟、日本プロレタリア作家同盟、日本プロレタリア音楽家同盟が生まれることになった。

プロットの創立大会で決定されたとされる綱領は、これまで次の二種が伝えられてきた。まず一つ目、前掲秋庭太郎『日本新劇史』などで引用されているもの。

吾同盟は一切のブルジョア演劇を実践的に克服しつゝプロレタリア演劇の組織的生産並びに統一的発表を期す。

一、吾同盟は斯かる一切の演劇活動を通じて無産階級の解放の為に闘ふことを期す。

一、吾同盟は演劇に加へられる一切の政治的抑圧撤廃の為に闘ふことを期す。

次に大会議題の草案を作成し、プロット初代書記長でもあった佐野碩《せき》によって示されたもの。当事者による同時代の記述である。

1　吾が同盟は、プロレタリア演劇を組織的に生産し之を統一的に発表する事によつて、一切のブルジョア演劇を実践的に克服しつゝ、無産階級解放運動の為に計《はから》ふことを期す。

2　吾が同盟は、演劇に加へられる一切の政治的抑圧撤廃のために計ふことを期す。

祖父江はこの齟齬に注目し、佐野の二条の方が正しいという断定は避けたものの、出典を示していない秋庭の三条は、なるほど創立大会の議案書が存在し、そこから引用された可能性もなくはないが、実際のところは『司法研究』などの二次的資料から転載したのではないかと推定している。復刻版出版当時、祖父江は議案書の類を入手できなかったために、慎重にどちらが正しいか判断を留保したのだった。(12)

『資料集』には、祖父江がその存在の可能性を指摘した議案書が収められている。「全日本無産者芸術団体協議会参加 日本プロレタリア劇場同盟創立大会 報告・議案」(13)である。これには仮中央委員会提出草案として綱領も記されている。それは秋庭の三条とほぼ同一である。しかしながら、実際の創立大会では臨席警察官から中止を命じられたため、ほかの多くの議題とともに審議の俎上に載せられることはなかった。その後おそらく中央委員会において、佐野の二条に修正されることになった。その証拠に、第二回大会議案書「日本プロレタリア劇場同盟(プロット)第二回大会」(14)には、旧綱領として佐野の二条とほとんど同一の内容が記されているのである。(15)

結局、三条から二条に変更されたわけだが、その要点は、第一に、第一条と第二条を足して簡略化することにあり、第二に、プロレタリア演劇の組織的生産および統一的発表を、ブルジョワ演劇の克服よりも前に持ってくることで、前者が実践できればおのずと後者は克服されるという考えが反映されたことにあろう。第二回大会ではさらに簡略化され、「吾同盟は労働者農民の国際的解放のため演劇的活動により闘ふ」の一条にまとめられた。ブルジョワ演劇の克服と政治的抑圧撤廃が削除されたのは、いずれも「分りきつてゐる」(16)という理由だった。その代わり「国際的」が新たに追加され、それ以降の方針に反映されることになった。

なお、秋庭の引用元は山田清三郎『ナップ戦線に立ちて』(白揚社、一九三二年)で間違いないだろう。両者は、最初の行頭の「一、」が欠落している点、抜粋の箇所、誤字まで一致している。山田がプロットの議案書から引用し、それを秋庭がさらに転載したのではないだろうか。いずれにせよこれで祖父江の問いに答えられた。

## 3　地方と中央

プロット初期の移動劇場を端的に表しているのは、一九二九年一一月六日発行「プロットニュース」第一号［図③］に掲載された呼びかけ文だろう。曰く、「全国の労働者農民諸君！　職場の懇親会、組合の茶話会、争ギ団の溜り場、家族も加った懇親会などに持ち込んで諸君に元気をつけ慰安を与へる様な芝居を実費で手軽に引受けるのが此、移動劇場だ。我がプロット（プロレタリア劇場全盟）に加盟してゐる劇団はいつ何どきでも、室内劇、脚本及び詩の朗読、斗争歌の合唱、社会講談、プロレタリア落語、琵琶を用意して諸君等の申込みを待つてゐる」と。(17)つまり、まさに労働問題が生起している現場、職場の問題を語り合う場所に、当事者の要請を受けて、いわゆる演劇だけではなく、朗読、合唱、話芸の類を持ち込んで鼓舞、慰安するのが移動劇場だといえるだろう。ここには移動劇場の二つの特徴が見てとれる。一つは観客の特定性であり、もう一つは演芸的演目を準備している点である。

一般に演劇の観客は不特定多数と見なされるが、そういう雑多な構成をプロレタリア演劇は街頭的と非難し、広範な層を対象とし得た劇場公演でも労働者・農民の組織的で計画的な動員を求めた。そして持ち込むという言葉自体が、持ち込まれる場所の境界の明確化を含意しているように、移動劇場においては、労働者・農民という集合にさらに特定的な

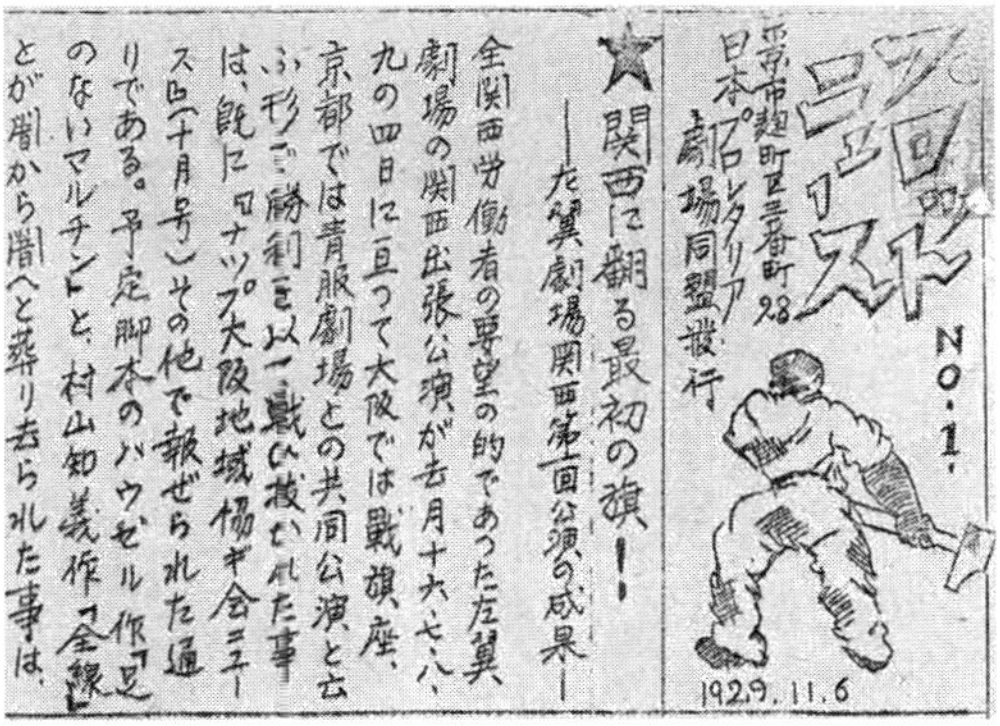
プロットニュース
NO・1
東京市麹町区三番町28
日本プロレタリア劇場同盟発行
1929.11.6
★関西に翻る最初の旗！！
――左翼劇場関西第一回公演の成果――
全関西労働者の要望の的であつた左翼劇場の関西出張公演が去月十六、七、八、九の四日に亘つて大阪では戦旗座、京都では青服劇場との共同公演と云ふ形で勝利を以て戦ひ抜かれた事は、既にナップ大阪地域協議会ニュース（十月号）その他で報ぜられた通りである。予定脚本のバウゼル作「足のないマルチン」と、村山知義作「全線」とが闇から闇へと葬り去られた事は、

図③　「プロットニュース」第１号（DPRO-0656）

輪郭が与えられ、職場という既存の共同体を観客の前提とした。東京左翼劇場員でプロット中央執行委員だった小野宮吉《みやきち》によれば、「労働者農民の職場に直接に結び付き、しかも其のあらゆる職場の具体的な諸条件に従つて屈伸自在に活動するアヂ・プロの機関(18)」であるべきだった。この意味において、寄席や会館を巡演したとしても、特定の職場との結び付きがない限りは本来移動劇場と呼べるものではなかったのである(19)。

こうした観客の特定性は、演劇のある種のヒエラルキーを切り崩す。台本は場所に応じてそのつど書き換えられることが推奨され、作品としての固定性や普遍性は放棄される。また、強烈な具体性を帯びることで、演劇から地続きで観客の演説へとスライドさせることも可能になり、見せる・聞かせる俳優と、見る・聞く観客という一方通行的な関係が曖昧化されることもあった。実はこうしたことが、中央と地方のヒエラルキーにも影響を与えることになったと思われる。すでに見たように、プロットは中央集権的な構造を持っていたが、公演活動における東京の絶対的地位に比べれば、移動劇場活動については少なくとも初期においては、中央も地方もほとんど対等だった。移動劇場は各特定の場所での成果〈作用〉こそが問われるのであって、劇作家や俳優の優れた〈作品〉を提示することが目的ではない。観客も主体となり得る〈出来事〉としての評価は、その固有の場を切り離してできるものではない。したがって、劇場公演のように「プロレタリア演劇の代表作」といった抽象を伴う評価は移動劇場にとっては意味をなさず、だからこそ中央も一定の指標を示すに留まり、地方の移動劇場に対して一方的に強権を振るうことはなかった。

もう一つの特徴である演芸的演目の導入について見てみると、このことはより明らかとなる。講談、落語、琵琶といった形態は、静岡の移動劇場活動から見出されて定式化されたものだった。先に挙げた「日本プロレタリア劇場同盟創立大会報告」には、東京左翼劇場員でプロット中央執行委員の中村栄二による「静岡地方劇場準備会報告」が掲載されている。曰く、「演劇的活動は最も緊密に無産者運動と結合して居り、其結果として移動劇場的活動は旺盛である。「演芸団」と称する組織を造り琵琶講談等をも取入れ、独創的に其活動を遂行して居る」と。演芸団の活動記録として残るのは次のとおりである。

1929年1月16日「農民の夕」を開催し「演芸団」出動す。(20)

2月7日静岡帝国食糧会社ストライキ争議団を激励慰問の為「第1回労働者の夕」を開催、盛会を極め、席上ナップ静岡地方協議会機関誌「前衛」の読者五十名を獲得す。プログラムは「詩の朗読」「プロレタリア琵琶」「スパルタカスの歌」「プロレタリア童話」「社会講談」

1月《ママ》27日 全農麻機支部応援の為「第2回農民の夕」開催。盛会裡に続行中血迷った官憲の為解散された。但し犠牲者は一名も出さず。(21)

一九三〇年、東京左翼劇場から独立した移動劇場部が同じ「演芸団」を名乗るようになったのは、明らかにこの影響である。小野宮吉によれば、東京左翼劇場は「移動劇場的活動に於ても静岡前衛座の有力な活動の経験に依り講談、琵琶、落語等の演芸的曲目を取り入れて其独自の技術的形式を作り上げて行つた」のであった。(22)

プロットが成立してこうした地方の状況が共有される以前、たとえば一九二八年の移動劇場の内容は、すでに確認したとおり大阪左翼劇場では詩の朗読と合唱が中心だったが、東京もほとんど同様だった。四月二二日、東亜工業の争議応援では詩と脚本『嵐』が朗読された。(23)『嵐』は鹿地亘《かじわたる》の作で、東京左翼劇場が築地小劇場で上演中の演目だった。五月二〇日、沖電気大崎分会家族懇談会ではアプトン・シンクレア『二階の男』上演と合唱、五月二三日、無産者新聞読者懇談会では詩とル・メルテン『炭坑夫』の朗読および合唱、五月二四日、東海堂争議応援では『炭坑夫』上演と詩の朗読、合唱が行われた。(24)『二階の男』『炭坑夫』はプロレタリア演劇ではよく知

図④　金沢前衛劇場第５回特別公演広告（DPRO-0437）

られた戯曲で、東京左翼劇場の前身プロレタリア劇場や前衛座でも経験のあるものだった。いわば劇場公演の簡略版にすぎなかったところに、静岡の演芸的要素が移動劇場の新しい形式として加わることになったのである。

これとは対照的に、公演活動は中央の影響が良きにつけ悪しきにつけ強大だった。たとえば「プロットニュース」第一号は、一九二九年一〇月の東京左翼劇場京阪公演『母』について、「プロレタリアの芝居を話にしか聞いてゐなかつた全関西の労働者に対して、本物のプロレタリアの芝居と云ふものをハツキリと知らせた[25]」と報告し、あからさまに〈作品〉として優劣をつけてしまっている。そして金沢前衛劇場による『全線』の公演が初日前日に延期された事件は、この種の最たる例だろう。金沢では一九二九年一一月に同作を上演する予定で準備を進めていた［図④］。『全線』は、蔵原惟人《くらはらこれひと》をして「プロレアリア・リアリズムの最高傑作」といわしめた村山知義の戯曲『暴力団記』を改題したもので、先だって東京左翼劇場が築地小劇場で上演し、大きな評判を得ていたものである。その後再演を繰り返し、まさしくプロレタリア演劇の代表作と呼ばれることになった。一方、すでに四回劇場公演の実績がある金沢前衛劇場も相応の体制で臨んでいたはずだが、「「全線」の様な大がかりな脚本を選ぶに当って前衛劇場は劇場員の技術その他の主体的条件を充分に考慮に入れなかつた」とされたうえ、「単に街頭的な華さだけを追ふ様な従来の公演万能的傾向を清算し、ジリ〳〵と日常不断の演劇活動を通じて工場農村へ喰ひ込み、その収穫の総決算として公演を断行する方針を採る事を決意した」のだった(26)。このプロットの報告では自発的な延期のようにも読めるが、実際のところは派遣員である佐野碩らがそのように促したとみて間違いないだろう(27)。佐野は東京左翼劇場で同作を演出し高い評価を受けていた。〈作品〉は守られるべきものであり、環境に応じて「屈伸自在」に変更されるべきものではなかった。

もっともこの点には外的要因も働いている。久板栄二郎によれば移動劇場は少なくとも一九三〇年中頃の段階で、「最もよい条件の場合は、官憲からの何等の干渉なしに、百%のボリシエヰキ的内容を演劇に生かすことが出来」「比較的に悪い条件の場合、例へば、臨官や××が頑張つてゐると云ふやうな場合でも、『興行』としての取締りでなく普通の集会なみの取締りを受けるのであるから、こつち側に強みがあ(28)」った。一方、興行場及興行取締規則の対象となる劇場や演芸場での公演はこうはいかず、あらかじめ認可を受けた脚本と違わず上演することが求められたのだった。検閲という点からも、移動劇場には公演にはない柔軟性が限定的ではあったが許容されたのである。

## 4　開かれた場所

移動劇場は特定的な観客を前提とする一方で、そこで行われる事象にとっては開かれた場所だったといえる。すでに確認したように、いわゆる演劇の上演もあれば、朗読、合唱、落語、講談、琵琶もあった。具体的には、東京左翼劇場が一九二九年九月一日（国際無産青年デー）に出動した無産者新聞支局のピクニックでは、以下の演目が取りあげられた。すなわち朗読は田木繁「拷×（問）を耐える歌」（『戦旗』一九二九年四月）、高木進二「別れ」（同六月）、森山啓《けい》「レニン《ママ》及びカールとローザ」（『プロレタリア芸術』一九二八年一月）、プロレタリア琵琶は峰桐太郎「山宣追悼」（『戦旗』一九二九年一〇月）、合唱は「インターナショナルの歌」、演劇は佐々木孝丸『勧進帳』である。[29] 上演の形態を問わないこうした性質は、他のナップ参加同盟との協同を促し、複合的な文化イベントの構築へと向かわせた。

一九三一年五月一七日開催のプロット第三回全国大会に提出された「ナップ参加他同盟との共同斗争促進の件」という議案には、それについての状況が次のとおり記されている。「東京に於ては、東京プロレタリア演芸団独立当初、直ちに問題になりながら、それは各同盟の移動活動が未だ何等具体的活動に入つて居なかつた為に、中途立消えの形と成つた。／その後、一九三〇年度以来、プロキノ〔日本プロレタリア映画同盟〕移動隊の活動と相俟って演芸団との共同斗争が始められた。例へば、東洋モスリンストライキの際、プロキノは「こども」「メーデー」「共同製作」を、演芸団は「プロ床」を、P．M．〔日本プロレタリア音楽家同盟〕は禁止されたが、三団体協力による活溌《ママ》な共同斗争が行はれた。最近に至り、P．P．〔日本プロレタリア美術家同盟〕も参加し且、各同盟との間に特別に、書記局の如きものの設立を見るに到って漸く共同斗争は、活溌に成らうとしてゐる。／大阪戦旗座に於てもプロキノとの活動が行はれてゐる」[30]。

このように、おそらくプロレタリア演芸団を中心に各同盟の移動活動の連携が進められ、争議の現場や、茶話会、ピクニック、家族懇談会といった集会に出動するナップ移動隊が誕生した。この移動隊が持ち込むものは「プロレタリア演芸団なら／プロまんざい、プロ漫談、手品、掛合話、芝居、子供のための芝居／プロキノ移動活動部なら／活動写真、幻灯、闘争写真集／美術家同盟／即席漫画、豆展覧会、切抜き人形、ドロ人形細工、ビラ、ニユース用さしゑ製作／音楽家同盟／闘争歌の合唱、ハーモニカ、蓄音機／作家同盟／詩・小説の朗読、子供のためのお話、等々」[31]だが、これらを複合的に実施するのが要点だった。「従来は、これらの仕事が各同盟毎にバラ〳〵にやられてゐたために、多くの不便があつた。この度われ〳〵五つの移動活動部は協議の結果、緊密な連絡の下に共同闘争することを決定した。例へば——一つの茶話会が、先づ、社長やダラ幹の似顔漫画から職場の話に花を咲かせながら、間に、子供のための話や簡単な芝居を挟み、最後に闘争歌の合唱で終る……と云ふやうなことが手軽に出来るやうになつたわけだ[32]」。

こうした複合的なイベントの中に置かれた演劇が、相互に他の出し物から影響を受けるのは当然だろう。しかも実施される場所はたいてい座敷や屋外であり、劇場のように舞台機構が整っているわけではない。いみじくも「話に花を咲かせ」「合唱」と表現されているように、イベントの「観客」は能動的な行動を促される「参加者」であることが求められた。演劇も〈作品〉の提示で終わるものでなかったことは容易に想像できよう。「メザマシ隊の歌」の一節「みんな役者だ見物だ／一緒にどなれ同誌諸君[33]」もそのことを雄弁に語っている。つまり別の見方をすれば、移動劇場は観客にとっても開かれた場だったということができる。観客は俳優にもなり得る存在で、観客と俳優の、受け手と作り手の境界は曖昧であるべきだった。

## 5 『山宣追悼』

一九二九年三月に宇治で敢行された「山宣労農葬」における移動劇場は、このような中間的な観客＝参加者の存在を示す最もふさわしい例だろう。当事者の一人、北川鉄夫の報告[34]にしたがってその様子を追ってみよう。一九二九年三月五日、治安維持法改正に反対していた共産党系の代議士山本宣治《せんじ》が殺害され、その遺骨が故郷宇治へと運ばれた。葬儀実行委員会より指令を受け、プロットに加盟したばかりの京都青服劇場、P・P支部準備会、プロキノ支部準備会、作家同盟支部が協同して出し物の準備に取りかかった。九日、到着した「山×〔宣〕遺骨を前にして、大広間に集つた労働者農民に詩の朗読、××〔追悼〕歌の合唱が行はれた」。「赤い紙片を持つた農民達が憤激を歌声に籠め乍ら、リーダアに随いて歌つた」。そして、一四日の最後の通夜で『山宣追悼』を上演

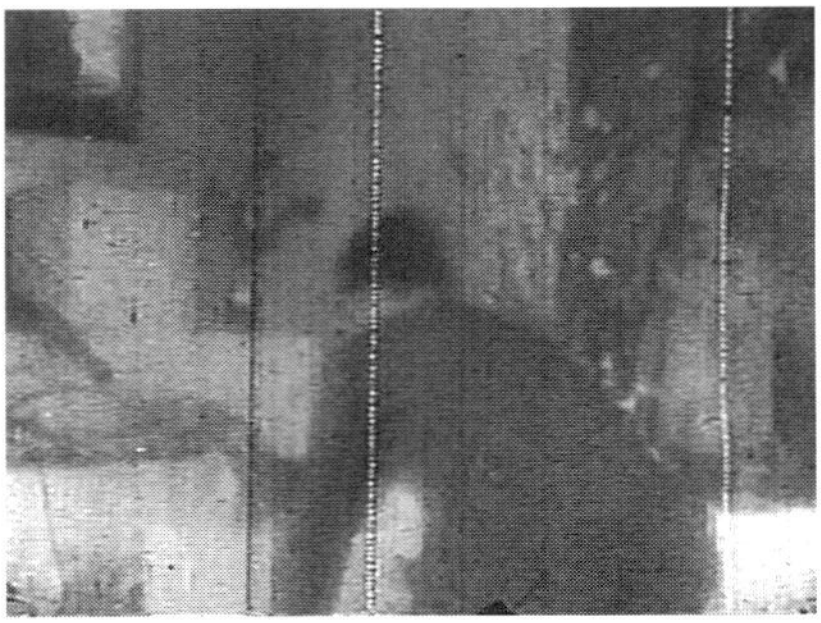

図⑤　プロキノ上映版『山宣渡政労農葬』より、生家「花やしき」に運ばれた山本宣治の遺骨と会葬者（牧野守監修『DVD プロキノ作品集』六花出版、2013 年）

することを決め、久板栄二郎、北川鉄夫、辻本浩一郎が台本を分担執筆した。ところが「山×〔宣〕邸は殆んど遠巻きに官憲に包囲され」「京都を中心に、十三日の夜から一斉に総検が始」まった。当然十分な稽古はできず、「大体のキツカケを打ち合せ、上演の中時は台本を読み〳〵やることになつた」。俳優には「胸にボール紙で議長とか浅×〔原〕とか書」いて役柄を示し、「単にナツプ員許りでなく、奥×〔村〕甚××〔之助〕とか田×〔村〕某とか現実の闘士〔略〕が之れに参加することになつた」。そして、遺骨を安置した大広間で劇は始まり、「芝居は生々しい現実を、そのま、素材にしてゐるので観客は自分も芝居をやつてゐる気で怒鳴つた。／白×××〔色テロ〕を倒せ！／労働者農×〔民〕の××〔政府〕樹立！／最後に奥甚が観客席から立つて、「馬鹿奴！」と一喝しそれからブルジョア議会の曝露演説をやつて大拍手裡に終つた」。その後、合唱と詩の朗読があり、映画『山宣葬』が未編集のまま上映された。

筋立て自体は簡素である。鈴木文治、水谷長三郎らをブルジョワに買収される裏切り者として描き、山本宣治の殺害後も、彼らが議会で保身に走る様を見せるというものだ。しかし、殺害直後の通夜の席、遺骨の前という現実の大事件に直結した場所、そのうえ、虚構的な設えも乏しくむき出しの空間で行われる演劇だから、観客が「自分も芝居をやつてゐる気で」参加したのは当然だったといえるし、実際の運動家が劇を引き取って議会批判の演説を打っても不思議はなかった。現実がそのまま地続きで演劇の中に入り込んでいるのだ。プロットはこの『山宣追悼』を、静岡における演芸的要素とは別の、もう一つの移動劇場の理想型として高く評価した。

移動劇場における虚構への現実の侵入は、その場が持つ強烈な現実性（この場合、通夜の席上であるということ）だけによってもたらされるのではない。演技の手法もそれに寄与する。すでに確認した「上演の中時は台本を読み〳〵やる」「胸にボール紙で議長とか浅×〔原〕とか書」いて役柄を示す方法は、観客が俳優と人物を同一化することを妨げようとする。プロレタリア演芸団の藤木貞治《ていじ》は「僕達は演劇を行ふ。然し、僕達は、観客を演劇的幻想へ導く手段を奪はれてゐる」[35]と移動劇場の特徴を述べているが、俳優と人物が同一化して「幻想」を生み出すのでなく、両者がそれと分かるかたちで共存していることこそ、観客を扇動し参加者に仕立てるうえで重要だったのではないだろうか。仮にリアルな「裏切り者」がそこに現出されたとして、この場の観客は心を揺さぶられただろうか。「裏切り者」は記号的に示されれば十分であり、より重要なのはそれに対する俳優の自己言及的な演技である。つまり、『山宣追悼』では、鈴木と水谷がブルジョワに投げつけられた札束を「両人　ヘッ、ヘッ（うや〳〵しく札束を拾ひ上げる）」「（両人ベコ〳〵頭をさげながら退場）[36]」するが、これらの台詞やト書きはいかにも諷刺的であり、俳優の演技それ自体による人物への批判が込められているのであった。その批判という意思表明に賛同するからこそ、観客は「怒鳴つた」のではないだろうか。この意味で、移動劇場においては俳優もまた中間的な存在だったといえるだろう。

## おわりに

プロット第二回全国大会では、綱領とは別にスローガンも制定された。「演劇を工場農村へ」「労働者農民を先頭に観客を組織せよ」「職場を中心とする労働者農民劇団の結成へ[37]」の三つである。このスローガンを見ても、直接職場や農村に赴き、現実と地続きの中で演劇やそのほかの活動を行う移動劇場に大きな期待が寄せられていたことが分かるだろう。移動劇場が持つ出動網はやがて公演活動のドラマ・リーグと統一され、プロレタリア演劇の観客組織に貢献した。さらに一九三一年、ナップから日本プロレタリア文化聯盟（コップ）への改組に合わせて、企業内により広範な演劇サークルを組織させることが課題になると、移動劇場はそこへ注力することを自らに課した。[38] その一方で、労働者・農民を単なる観客から参加者へ、さらには、演劇活動の主体すなわち劇団の結成へと導くのも、移動劇場に与えられた重要な役割となった。決して長くはないプロレタリア演劇運動の歴史の中で、劇場公演はすべて移動劇場に取って代わられるべきだという極論が提出されたこともある。それほどまで大きな存在だった移動劇場を、その始まりからもう一度表舞台にさらす試みは、今後も継続されねばならないだろう。

（1）エスペラント語表記 Japana Prolet-Teatra Unio を略して Prot といった。戯曲の筋を意味する Plot に似ているのは偶然だった（佐々木孝丸「プロット創立大会と佐野碩」『プロット機関誌・紙別巻』戦旗復刻版刊行会、一九八三年、五〇頁）。

（2）たとえば長野に松本青服劇場を創設した江津誠は、「一回公演をやったがなかなかうまくいかない、築地小劇場で直接指導をうけたくて上京し、戦旗社のあったナップ（プロレタリア作家同盟）の事務所に住みこんで書記をしながら築地小劇場に通っていた」（江津萩枝『メザマシ隊の青春――築地小劇場とともに』未来社、一九八三年、四四頁）。

（3）詳しくは「中央劇場上演目録史」DPRO-1419 を参照。

（4）「日本プロレタリア劇場同盟報告」（『プロレタリア演劇』一九三〇年八月）五一～五二頁による。

（5）萩原健「アジプロ隊〈メザマシ隊〉の演劇について――〈脱・制度〉の演劇、その十五年戦争の間の変容」（『演劇学論集』日本演劇学会、第四九号、二〇〇九年一〇月）五三～七三頁、同「出来事としての舞台――アジプロ隊〈メザマシ隊〉の活動について――両大戦間期の日独演劇（2）」（『演劇研究』早稲田大学坪内博士記念演劇博物館、第三一号、二〇〇八年三月）一三～三〇頁。

(6)「日本プロレタリア芸術同盟　前衛芸術家同盟　合同に関する声明」一九二八年三月二五日、DPRO-2280。

(7)詳しくは左翼劇場合同第一回公演チラシおよびプログラム DPRO-0470 ~ 0473 を参照。

(8)詳しくは新興劇団聯合公演チラシおよびプログラム DPRO-0482・0483・2288 を参照。

(9)大岡欽治『関西新劇史』(東方出版、一九九一年)六八~六九頁。

(10)「日本プロレタリア劇場同盟創立大会報告」一九二九年二月一〇日、DPRO-0532。

(11)「ナップ大会の記」(『戦旗』一九二九年二月)一五八頁。

(12)祖父江昭二「プロット機関誌・紙　解説」(前掲『プロット機関誌・紙別巻』)七~八頁。

(13)「全日本無産者芸術団体協議会参加　日本プロレタリア劇場同盟創立大会　報告・議案」一九二九年二月四日、DPRO-0530・0534。

(14)「日本プロレタリア劇場同盟(プロット)第二回大会」一九三〇年四月四日、DPRO-0743。

(15)「演劇運動と一九三〇年　日本プロレタリア劇場同盟第2回全国大会議事録(抜萃)」(『プロレタリア演劇』一九三〇年六月)一三九頁にも旧綱領として同じ二条が取りあげられている。

(16)同右、一三九頁。

(17)「プロットニュース」第一号、一九二九年一一月六日、DPRO-0656。本紙には第一号と記されているが、これ以前にも同ニュースが刊行されていたことを伝える報告もある。

(18)小野宮吉「公演的活動と移動劇場的活動の新しき発展」(『プロレタリア演劇』一九三〇年八月)三五頁。

(19)これらは移動的小公演あるいは単に小公演と呼ばれ、移動劇場とは別に、プロレタリア演劇の活動形態の一つとして認識されるようになった。

(20)前掲「日本プロレタリア劇場同盟創立大会報告」DPRO-0532。

(21)「プロット第3回常任中央執行委員会報告」一九二九年三月五日、DPRO-0538。

(22)前掲「公演的活動と移動劇場的活動の新しき発展」三五頁。静岡の活動については、杉本良吉「プロレタリア演劇運動当面の諸問題」(『プロレタリア科学』一九三〇年四月号)八一頁でも示唆に富むものとして取りあげられており、与えた影響の大きさが窺える。

(23)西澤隆二「移動劇場」(『戦旗』一九二八年六月)七八~八〇頁。

(24) 西澤隆二「移動劇場」（『戦旗』一九二八年七月）八一～八二頁。
(25)「関西に翻る最初の旗！――左翼劇場関西第一回公演の成果」（前掲「プロットニュース」第一号、DPRO-0656）。
(26)「金沢前衛劇場の『全線』延期さる！」（前掲「プロットニュース」第一号、DPRO-0656）。
(27) 詳しい経緯は、藤田富士男「金沢における新劇運動のプロフィール――一九三〇年代を探求してゆく過程で……」（『年輪』第八号、一九八一年一〇月）三一～三九頁、大岡欽治「金沢前衛劇場の『全線』上演問題について――藤田富士男論文に関連して」（『年輪』第九号、一九八二年一〇月）一〇～一二頁を参照。
(28) 久板栄二郎「演劇運動のボリシェキ化」（『プロレタリア演劇』一九三〇年七月）七頁。
(29)「ピクニックに、争議に、集合に、移動劇場の活躍」（「左翼劇場ニュース」一九二九年一〇月一〇日、DPRO-0641）。
(30)「日本プロレタリア劇場同盟第三回全国大会報告議案」DPRO-1026。同大会の資料はこれまで議事録として『ナップ』一九三一年八月号所収の「ナップ各同盟年次全国大会報告　日本プロレタリア劇場同盟第三回大会報告、方針書」や、『プロット機関誌・紙』付録として復刻された「一九三〇年度に於ける活動の一般報告」「プロット加盟各地劇団報告」「一九三一年度に於ける同盟活動の一般的方針（草案）」が知られていたが、いずれも「移動的活動の共同闘争に関しては、益々重要性を帯びて来てゐる現在、各同盟との協議により、慎重な対策が樹てらるべきである」とあるのみだった。
(31)「ナップ移動隊を利用せよ」（『ナップ』一九三一年七月）九〇～九一頁。
(32) 同右。なおナップ移動体の申込所はプロレタリア演芸団内に置かれた。
(33)「メザマシ隊の歌」（『メザマシ隊パンフレット』第一号、一九三二年五月）五頁、DPRO-1111。
(34) 北川鉄夫「「山×（宣）追悼」の上演」（『プロレタリア演劇』一九三〇年八月）一一四～一一七頁。
(35) 藤木貞治「移動劇場用脚本のこと」（『ナップ』一九三一年二月）九八頁。
(36)「即興劇山×（宣）追悼（六場）」（『プロレタリア演劇』一九三〇年八月）一〇九頁。
(37) 前掲「演劇運動と一九三〇年　日本プロレタリア劇場同盟第2回全国大会議事録（抜萃）」一三九頁。この大会より前の一九二九年一二月一七日付で常任中央委員会が制定したスローガンが元になっている。「プロット・ニュース」号外、一九二九年一二月一七日、DPRO-0685を参照。
(38)「日本プロレタリア劇場同盟第四回全国大会報告及議案」一九三一年一〇月一一日、DPRO-0976掲載のプロレタリア演芸団の報告による。

鴨川都美

# 新協劇団と『月刊 新協劇団』

## 左翼と国策のあいだ

## はじめに——新協劇団の結成

一九三四年九月、弱体化する新劇界の現状を憂いた村山知義は、「新劇団大同団結の提唱」(『改造』)のなかで、一つの具体的解決策を提案した。村山は、「まづ新劇当事者は現在において如何なる演劇を創造提供すべきであるかといふ問題が解決されねばならぬ」と述べた上で、「A、進歩的な、芸術的に良心的な、B、観客と妥協せぬ、C、演出上に統一ある演劇[1]」を創造することを主張した。さらに、これを基本理念として、一九三二年の新劇への大弾圧以降、衰退していく新劇団が個々に活動を続けていくのではなく、各劇団から看板役者を集めて単一劇団をつくり、新劇界が一丸となって危機を乗り切る必要性を訴えた[2]。

プロレタリア劇作家・演出家であった村山は、「新劇団大同団結の提唱」を発表する以前、現状への危機感を「新劇の危機」(『新潮』一九三四年七月)という小論にまとめ、形骸化したプロット(日本プロレタリア演劇同盟)を解散させ、築地小劇場を常打ち小屋とする「ただ一つの職業的劇団をつくること」を主張していた。「新劇の危機」は反響を呼び、『テアトロ』一九三四年七月号には、「「新劇の危機」座談会——新劇団大同団結の提唱と討論と」が企画された。ここには、村山をはじめ、秋田雨雀《うじゃく》、八田元夫、長田秀雄、田郷虎雄、松田粂太郎《くめたろう》、三好十郎など、後の新協・新築地時代を盛り立てる面々が参加している。座談会では、村山の提唱について意見が交わされ、単一劇団を発足させるという考えに賛同する者は多かったものの、劇団経営について具体的な解決策が提示されていないことに批判が集中した。

座談会での討論を受けて発表された村山の「新劇団大同団結の提唱」は、「日本の新劇の最高峰となす演劇を提供す」る単一劇団を、各劇団の「ピック・アップ・チーム」によって構成すること、そこに洩れた俳優のためには「スタヂオ劇団」が必要であること、資金調達のために、ドイツのフォルクスビューネを真似た後援会組織を強化することなどを訴えた。また、経理宣伝部員、文芸部員、劇作家、演出家、舞台美術家、照明家、効果、音楽、舞踊家などの各クラブを組織し、各クラブ内での自己研鑽や交流を深め、ひいては新劇界全体の底上げを図るために、「日本新演劇協会」（仮称）の発足を促した。

「新劇団大同団結の提唱」の結果、一九三四年九月二九日、東京・お茶の水文化アパートにて新協劇団（以下、新協）が結成された[3]。当時『中央公論』誌上で連載中だった島崎藤村「夜明け前　第一部」が劇団の旗揚げ公演に選ばれ、村山知義の脚色、久保栄の演出で一九三四年一一月一〇日から三〇日まで上演された〔図①〕。

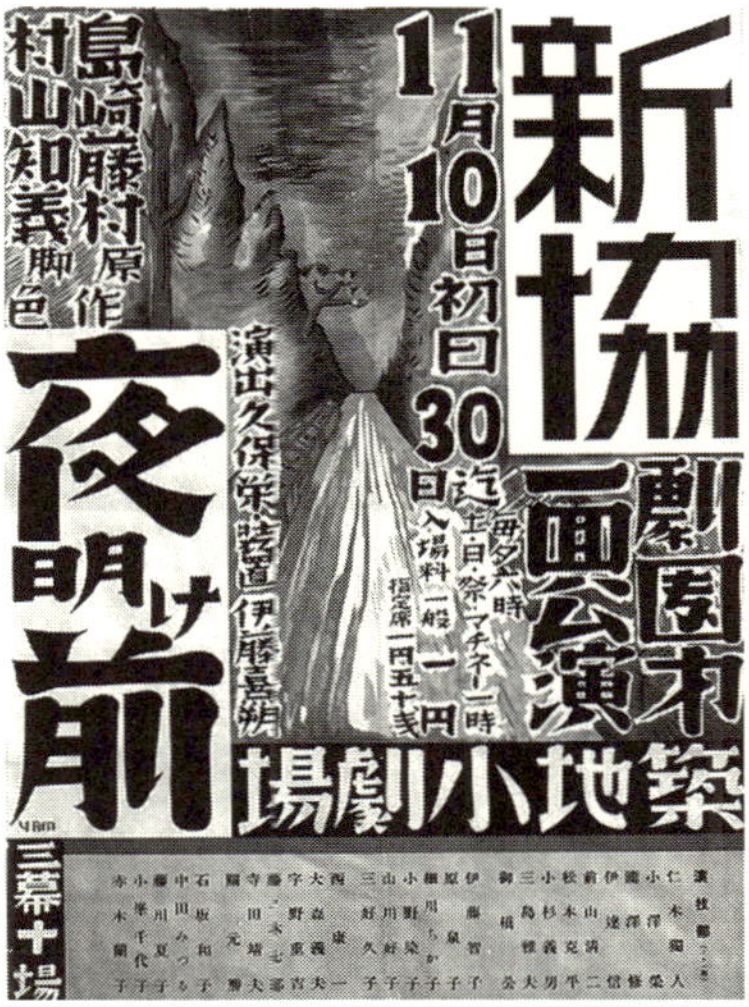

図①　新協劇団創設第１回公演『夜明け前』（ポスター／ DPRO-1482）

この公演は、座席数が四〇〇強から五〇〇席といわれる築地小劇場で三九回も行われた。総入場者数は四五〇一名[4]とされており、平均すると一公演あたり一一五名であった。これは明らかに不入りであった。また、村山が促進しようとした「日本新演劇協会」は、新協劇団結成と同時に発足したものの、参加を希望する団体を思うように確保できず、同年一二月、岸田國士《くにお》を中心に改組し、「日本新劇倶楽部」という名称で発足した。加盟団体は、新協、新築地劇団（以下、新築地）、築地座、金曜会、創作座、テアトル・コメディである。

なお、一九三四年以降の新協、新築地の活動は、プロット時代の「挫折・敗退による反省をきっかけとして、その芸術的な成熟の糸口をつかみ始め、困難な中である程度の達成をなしとげた」（祖父江昭二）と評価されている。(5)

新協の構成メンバーは、「プロット系三八名、非プロット系一七名でプロット系が多く占めていたとはいえ、「思想的にも芸術的にも混成旅団(6)」」であった。一九三四年当時、執行猶予中だった村山は、新協結成前に警視庁を訪れ、担当した警部から次のように言い渡された。

警視庁は君に二つの条件をつける。一は、労働者階級を観客対象としてないこと。（従って職場にサークルをつくったり、労働者券を発売してはならぬ。）二は、明確に社会主義的内容を持った劇を上演してはならぬこと。〔略〕この二つのいずれにでも違反したと認めた時は、直ちに劇団は解散し、君を検挙し、保釈の取り消しを検事に要求する。(7)

条件の一に注目すると、⑴職場にサークルを作らないこと、⑵労働者券を発行しないこととあるが、一九三五年から発行される新協の機関紙『新協劇団』（のち『月刊 新協劇団』と改題）や、『昭和戦前期プロレタリア文化運動資料集』（以下、『資料集』）に収められた資料、そのほかを精査すると、必ずしもこれらの条件が忠実に守られていたとは言い難い。本稿では、まず、⑴⑵が警視庁の監視下でどのように遂行されたのかについて考察する。さらに、一九三七年の日中戦争開戦以降の新協の動向について、『新協劇団』『月刊 新協劇団』を中心に検証していく。

## 1　『月刊 新協劇団』の概要

『新協劇団』第一号（二六二×一九四ミリ・片面印刷）は、仁木独人《どくじん》を編集兼発行人(8)として、一九三五年二月一五日に刊行された。劇団創立から約半年ほど経過してからの発行である。この第一号には、冒頭が「新協劇団進歩的な、芸術的に良心的な、新しい演劇の創造普及を目的としてゐます」から始まる挨拶文、劇団員の氏名一覧、新協劇団特別公演と銘打った『雷雨』（オストロフスキー作、八住利雄訳、村山知義演出）の新演出についての紹介、そして、同時上映する「ソヴェート映画」の宣伝が掲載されている。

第二号（一九三五年四月一日、二六九×一八九ミリ・両面印刷）では、第三回公演『花嫁学校』（片岡鉄兵原作、村山知義脚色、青柳信雄演出）の宣伝や、『雷雨』公演の報告が掲載されている。他方、新協は同月二十五日付で、『新協ニュース』第一号（DPRO-1516）を発行している。発行元は「新協劇団事ム局」である。「事務局のあいさつ」として、「ニユースは劇団のやつた仕事と、これからやらうとする仕事の報告を中心に、総会と総会の間の「くさび」として、いろいろの事をのせていきます」とある。ほかにも、経（計）画部、文芸部、教育委員会からの報告、『花嫁学校』の経済報告、劇団や劇団員の活動についての紹介が記載されている。ただし、『新協ニュース』は第二号以降が確認できない。その後の『月刊 新協劇団』に文芸部の活動や劇団員の消息等が含まれていることから、『新協ニュース』の外向きの情報は『月刊 新協劇団』に吸収され、内向きの情報は総会資料などに別途掲載された可能性が高い。

## 期間、発行回数

『新協劇団』第三号、第四号は現物の確認ができない。発行日や内容については不明だが、公演時期を鑑みるに、五月の浅草公演『白虎隊饅頭』ほか二作品についての宣伝・報告等が掲載されていたと推察される。

第五号［図②］は、九月二〇日発行で、タイトルに「月刊」が冠されている（第三号〜第五号のどの号で追加されたかは不明）。この号では、劇団の一周年とその記念公演『石田三成』（貴司山治《きしやまじ》作、村山知義演出）の特集が組まれている。これ以降、『月刊 新協劇団』は名称の通り、ほぼ毎月の発行となり、このあと新劇事件による強制解散がある一九四〇年八月の第七三号まで続いていく。これらの通常号の他にも、『夜明け前』や『春香伝』『火山灰地』などの上演に際して発行された「特報」や「臨時号」、さらには地方巡演の際に発行された「地方公演臨時号」が合計一一号存在している。

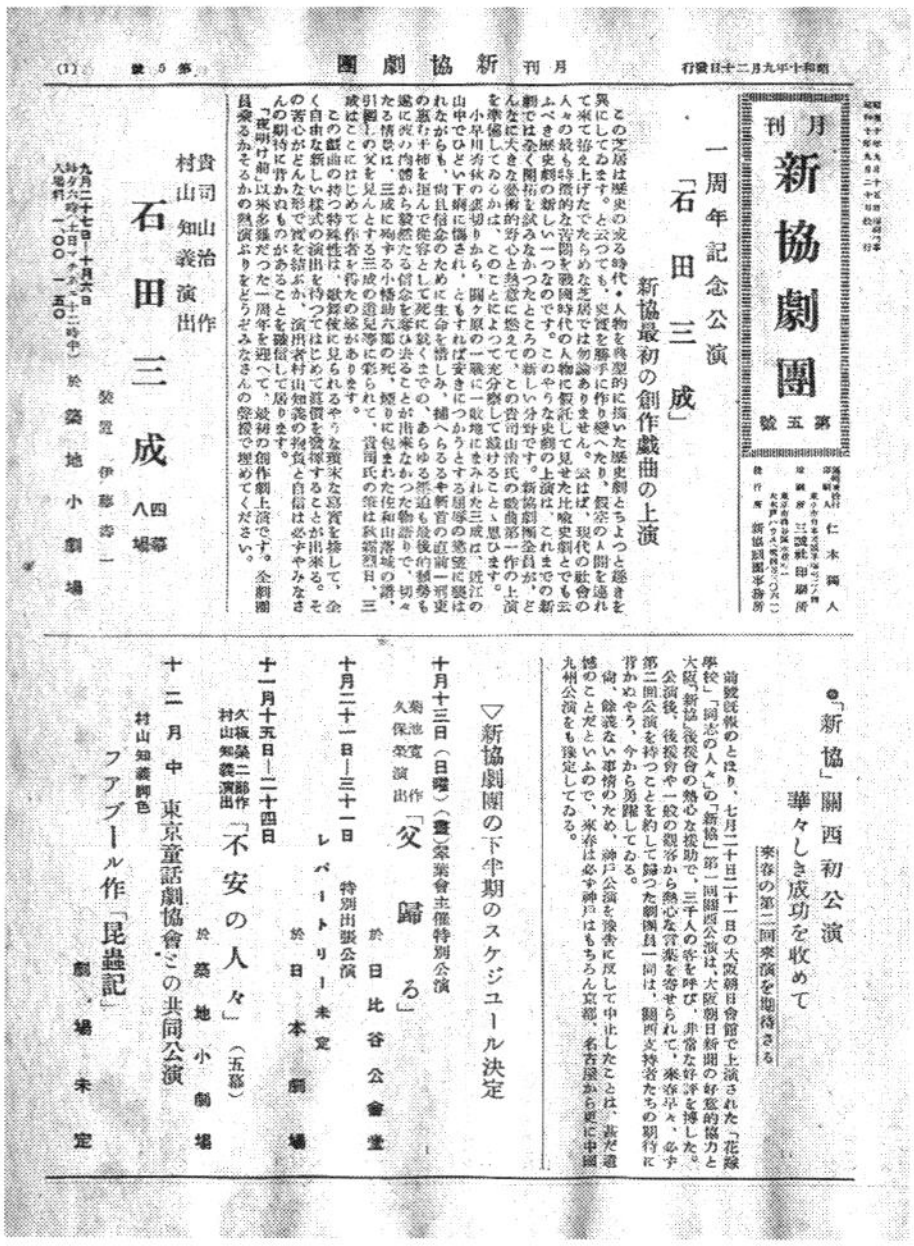
昭和十年九月二十日發行　月刊　新協劇團　第5號　(1)

月刊 新協劇團 第五號

編輯兼發行印刷人 仁木獨人　印刷所 三誠社印刷所　發行所 新協劇團事務所

一周年記念公演
「石田三成」
新協最初の創作戯曲の上演

この芝居は歴史の或る時代・人物を典型的に描いた歴史劇とちよつと趣きを異にしてゐます。と云つても、史實を勝手に作り變へたり、假空の人間を連れて來て拵え上げたでたらめな芝居では勿論ありません。云はば、現代の社會の人々の最も特徴的な苦悶を戰國時代の人物に假託して見せた比喩史劇とでも云ふべき歴史劇の新しい一つなのです。このやうな史劇の上演は、これまでの新劇では全く開拓を試みなかつたところの新しい分野です。新協劇團全員が、どんなに大きな藝術的野心と熱意に燃えて、この貴司山治氏の戯曲第一作の上演を準備してゐるかは、このことによつて充分察して頂けること、思ひます。

小早川秀秋の裏切りから、關ヶ原の一戰に一敗地にまみれた三成は、近江の山中でひどい下痢に惱され、ともすれば安きにつかうとする部下の慾望に襲はれながらも、尚且信念のために生命を惜しみ、捕へらるゝや斬首の直前一刑吏の惠む干柿を拒んで從容として死に就くまでの、あらゆる窮迫も最後的頽勢も遂に彼の肉體から毅然たる信念を奪ひ去ることが出來なかつた物語りで、切々たる情景は、三成に殉ずる小幡助六郎の死、煙りに包まれた佐和山落城の譜、引廻しの父を見んとする三成の遺兒等に彩られて、貴司氏の筆は秋霜烈日、三成はここにはじめて作者を得たの感があります。

この戯曲の持つ特殊性は、歌舞伎に見られるやうな環境な寫實を排して、全く自由な新しい様式の演出を待つてはじめて眞價を發揮することが出來る。その苦心がどんな形で實を結ぶか、演出者村山知義の抱負と自信は必ずやみなさんの期待に背かぬものがあることを確信して居ります。

「夜明け前」以來多難だつた一周年を迎へて、最初の創作劇上演です。全劇團員乘るかそるかの熱演ぶりをどうぞみなさんの聲援で埋めてください。

貴司山治作　村山知義演出
石田三成　四幕八場
装置 伊藤壽一
九月二十七日―十月六日 毎夕六時（土日マチネー十二時半）於 築地小劇場
入場料 一、〇〇 一、五〇

●「新協」關西初公演
華々しき成功を収めて
來春の第二回來演を期待さる

前號既報のとほり、七月二十日二十一日の大阪朝日會館で上演された「花嫁學校」「同志の人々」の「新協」第一回關西公演は、大阪朝日新聞の好意的協力と大阪「新協」後援會の熱心な援助で、三千人の客を呼び、非常な好評を博した。公演後、後援會や一般の觀客から熱心な言葉を寄せられて、來春早々、必ず第二回公演を持つことを約して歸つた劇團員一同は、關西支持者たちの期待に背かぬやう、今から勇躍してゐる。尚、餘儀ない事情のため、神戸公演を豫告に反して中止したことは、甚だ遺憾のことだといふので、來春は必ず神戸はもちろん京都、名古屋から更に中國九州公演をも豫定してゐる。

▽新協劇團の下半期のスケジュール決定

十月十三日（日曜）（晝）母樂會主催特別公演　菊池寛作　久保榮演出「父歸る」　於 日比谷公會堂
十月二十一日―三十一日　特別出張公演　レパートリー未定　於 日本劇場
十一月十五日―二十四日　久板榮二郎作　村山知義演出「不安の人々」（五幕）　於 築地小劇場
十二月中　東京童話劇協會との共同公演　ファブール作　村山知義脚色「昆蟲記」　劇場未定

図② 『月刊 新協劇団』第5号（1935年9月20日／DPRO-1529）第1頁

## 購読料と後援会費

『月刊 新協劇団』の購読料が初めて明記されたのは、第一〇号（一九三六年三月一日発行〔以下、一日発行の場合は「一日」は略す〕）である。一頁の右上（題号下）に、「購読料一部二銭一年二十銭」とある。また、三頁右上の、

「本紙倍大成る！　後援会に入つて発行を支持せよ！」という記事のとおり、これまでB５判程度・四頁立てだったものが、この号からB４判程度・四頁立てに用紙の大きさが二倍になっている（厳密には現在の判型サイズと異なる）。この記事には、これまで無料で頒布されていた『月刊 新協劇団』について、印刷・発送費に二〇〇円かかるが、広告費は全体の三分の一にも満たないことが記されている。その上で、これまでとっていなかった後援会費について、あらたに年間二〇銭を切手で徴収し、後援会員にのみ『月刊 新協劇団』を配布することが告知されている。ただし、第一二号までは従来通り無料で提供するので、この機会に後援会に入るようにとの呼びかけもある。これによって同紙は、実質的な定期購読者を一気に獲得することができた。

その後、年間二〇銭からスタートした後援会費＝定期購読費は、劇団三周年を祝う第二七号（一九三七年八月、DPRO-1753）で、印刷・発送費の値上げに伴い三〇銭（一部三銭）に値上げ、一九四〇年一月発行の第六六号からは、紙面上での断りなく五〇銭に上昇している（機関紙代は一部三銭に据え置き）。

## 主な記事――上演作品、地方劇団、プレイガイド

『月刊 新協劇団』では、上演作品の劇作家や原作者・演出家・俳優たちが、公演ごとに作品に対するコメントを寄せ、作品の概要、舞台背景についての解説、有識者によるコメントなどが紙面を賑わせている。また、公演が終了した作品については、新聞の劇評の転載、有識者の感想、一般の観客から投稿された感想など、公演の規模にもよるが、紙面の半分以上を上演作品に関連する記事が占めている。また、劇団の活動や俳優の消息についても詳らかに記事にしている（「楽屋雀」「運動部だより」「劇団消息」「劇団閑話」など）。

ただし、同紙に顕著なのは、新協の公演関連情報に留まらず、演劇の総合情報紙としての機能も持ち合わせていたことである。たとえば、新劇倶楽部に加盟する他劇団の公演情報欄「新劇界の動き」「新協の姉妹劇団」「新

劇案内」や、商業演劇を含む日本の演劇界の事情を広く伝える「とんぼの眼玉」、海外の演劇情報欄「海外便り」、映画紹介欄「巴里の劇場」などである。第一二号から開始された「一号一題」欄では、村山や秋田雨雀、長田秀雄、松本克平らが、自分たちの劇団だけでなく、新劇界全体の動向や時局についても目を向けて執筆している。

新築地も『月刊 新築地劇団』を一九三六年一〇月から発行しているが、多彩な記事を数多く詰め込んだ『月刊 新協劇団』とは異なり、一つの記事の分量が多く、自分たちの上演作品の紹介が中心となっている。新協の活動や商業演劇を含む公演などの情報も掲載しているが、基本的には自劇団の後援会に向けた情報が中心となっている。

一方、『月刊 新協劇団』最大の特徴といえるのが、多様な読者・観客との交流や地方のネットワークを意識している点である。地方劇団の活動報告（「地方通信」「地方の新劇」）、劇団や各俳優たちの後援会組織からの報告（「後援会だより」「俳優後援会だより」）、大学の演劇研究会の紹介なども丁寧に取り上げられている。中央と地方、劇団と観客を結ぶ架け橋としての『月刊 新協劇団』の役割は看過できない。

## 2　組織と地方

新協劇団（中央）と後援会組織や地方劇団とをつなぐ『月刊 新協劇団』の紙面は、劇団後援会、俳優後援会、地方劇団の情報で活気づいており、なかでも地方劇団の活動は、一九三七年の半ばまで、さかんに紹介されている。

地方劇団に対して、村山は「地方に進歩的演劇を成長させることを大事な任務の一つとして痛感して」おり、地方公演を足掛かりに各地の後援会や劇団との交流を図ろうとしているが、うまく連携できないことを吐露した上で、次のように続けている。[9]

各地方に出来つつある勤労者の文化クラブのやうなものは、まづ小規模な朗読会や試演会をやるとい〻。さういふものが、進歩的インテリゲンチヤと協力して劇団を作り上げるとい〻。実際にやつて見るといろいろの疑問や要求が出るから、それをこちらの劇団の地方係りへ持ち込んでほしい。

「勤労者の文化クラブ」というのは、警察に禁じられていた職場サークルに等しいものであろう。大胆にも、その活動の相談を『月刊 新協劇団』紙面上で行うというのである。[10]『月刊 新協劇団』の地方通信欄〔図③〕には、大阪協同劇団をはじめ、北陸新劇協会や岡山青年舞台、青森新興舞台、松江市民座などが参加していた。こうした地方通信欄の充実は、かつてプロット（日本プロレタリア演劇同盟）が発行していた『プロットＮＥＷＳ』の地方通信欄〔図④〕と比較すると非常に似通ったものであることがわかる。

村山は大阪協同劇団発行の機関紙『大阪協同劇団』第一号（一九三六年一月二五日、DPRO-1574）に寄稿し、プロット時代に全国的に広がっていった各地の劇団が「困難な情勢の中で活動」を遂行できたことに対し、「あの頃出来たものが、今出来ぬ筈はない」と述べている。[11] この頃の村山が、プロットを意識し、地方劇団との連携を

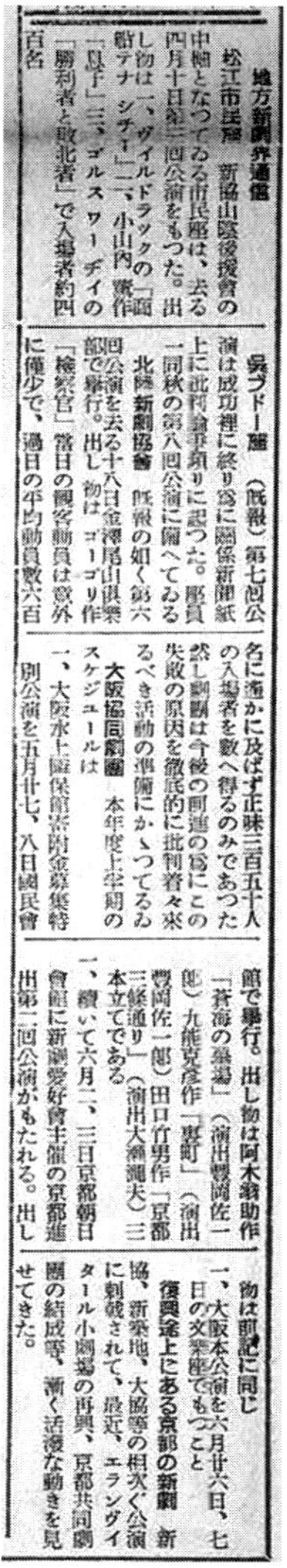
地方新劇界通信

松江市民座　新協山陰後援會の中軸となつてゐる市民座は、去る四月十日第三回公演をもつた。出し物は一、ヴィルドラックの「商船テナシチー」二、小山内薫作「息子」三、ゴルスワーディの「勝利者と敗北者」で入場者約四百名

呉ブドー座　（既報）第七回公演は成功裡に終り當に關係新聞紙上に批判論爭頻りに起つた。座員一同秋の第八回公演に備へてゐる

北陸新劇協會　既報の如く第六回公演を去る十六日金澤尾山倶樂部で擧行。出し物はゴーゴリ作「檢察官」當日の觀客動員は意外に僅少で、過日の平均動員數六百名に遙かに及ばず正味三百五十人の入場者を數へ得るのみであつた然し劇團は今後の躍進の爲にこの失敗の原因を徹底的に批判着々來るべき活動の準備にかゝつてゐる

大阪協同劇團　本年度上半期のスケジユールは
一、大阪水上協保館寄附金募集特別公演を五月廿七、八日國民會館で擧行。出し物は阿木翁助作「蒼海の奔湯」（演出豐岡佐一郎）九能克彦作「裏町」（演出豐岡佐一郎）田口竹男作「京都三條通り」（演出大瀬瀾夫）三本立てである
一、續いて六月二、三日京都朝日會館に新劇愛好會主催の京都進出第二回公演がもたれる。出し物は前記に同じ
一、大阪本公演を六月廿六日、七日の文樂座でもつこと

復興途上にある京都の新劇　新協、新築地、大阪等の相次ぐ公演に刺戟されて、最近、エランヴィタール小劇場の再興、京都共同劇團の結成等、漸く活潑な動きを見せてきた。

図③　『月刊新協劇団』第25号（1937年6月1日／DPRO-1734）第1頁右側の「地方新劇界通信」

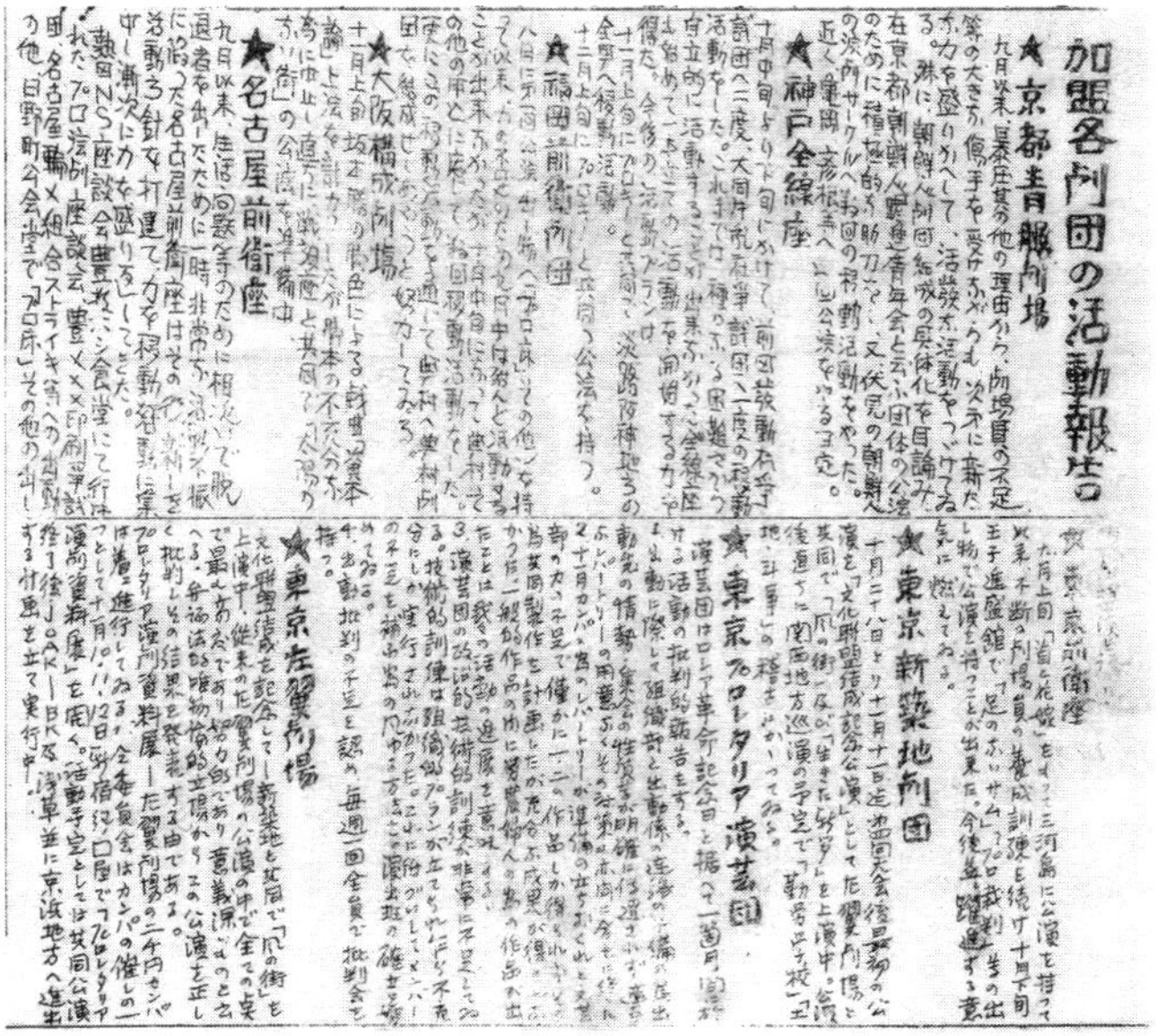
加盟各劇団の活動報告

★京都青服劇場

★福岡前衛劇団

★大阪構成劇場

★名古屋前衛座

★東京新築地劇団

★東京プロレタリア演芸団

★東京左翼劇場

図④：『プロット NEWS』（1931 年 11 月 5 日／ DPRO-0990）第 2 頁 2・3 段目「加盟各劇団の活動報告」

図りながら、全国的に拡大させていこうと画策していたことは明らかである。

大阪協同劇団、北陸新劇協会等の各地方劇団は、中央の新協で上演された作品を上演することが多かったものの、その後は独自の方向性を模索していくこととなる。(12)

一九三五年一二月二三日発行の『月刊 新協劇団』第八号では、「各地に誕生する新協後援会 地方新劇の揺籃」という記事で、後援会は東京、大阪、福岡、名古屋、岡山、青森が発展していること、門司、下関、和歌山が新たに結成されたことを報じ、「青森では後援会と会員の一部から成る劇団「新興舞台」とが緊密に結びついて、模範的な活動をつづけてゐる」「岡山の後援会も劇団「青年舞台」と協力して活動してゐる」というように、一部の地方後援会が新劇の活動と結びついていることを「模範的」だと賞賛している。

これらのことから、新協の後援会組織は、単に劇団をサポートする団体ではなく、労働者のサークル活動を促し、条件がそろえば劇団化して「進歩的演劇」の全国的普及を目指すものであったと考えられる。(13)

また『月刊 新協劇団』第五二号（一九三九年三月、DPRO-1820）の「後援会めぐり（2）東京後援会」では、新協が事務所を置く東京では、一九三九年三月の時点で、有料会員が一五〇〇名、準会員が一〇〇〇名で、世話役が十数名いて、「現在行はれてゐる一般的な活動は、月刊新協、その他の印刷物の発送、入場料の割引、時折の座談会等」であることを明らかにしている。

紙面で地方後援会が確認できるのは第二六号（一九三七年七月）が最後であるが、その時点で、東京、青森、仙台、前橋、名古屋、京都、大阪、神戸、和歌山、金沢、松江、岡山、呉、広島、下関、福岡、熊本（すべて市町村）の各地にわたっている（この内、劇団が事務所になっているのは東京、青森、金沢、呉）。

このように地方後援会を拡大し、活発に公演活動をおこなっていた新協劇団であるが、一九四〇年八月一九日未明、新協、新築地合わせて一〇〇名を超える逮捕者を出した新劇事件がおこる。このことは、同月二四日に各新聞に「新協、新築地解散」という形で報道された。その際、劇団後援会の人数が併せて報じられている。それによると、『読売新聞』（八月二四日朝刊、第三面）では、「〔新協全体の〕後援会員は四千名に近い」とされ、『東京朝日新聞』（八月二七日〔二六日発行〕夕刊、第二面）では、「新協劇団東京後援会（会員千二百名）」とされている。両紙の報道が確かであれば、新協劇団の地方の後援会員は二八〇〇人程度という大きな組織になっていたことがわかる。一方、新築地の会員数は、同じ『読売新聞』[14]の記事では、全国で「約二千名近く」と報じられており、また同じく『東京朝日新聞』では、東京の会員数が一二〇〇人とされている。東京会員は新協と同数であるが、地方会員数は約八〇〇人程度と少ない。これらの記事から、新協における地方との結びつきの強さが窺えるのである。

## 3 〈労働者券〉の行方

新協劇団における入場料について考える際、プロット時代に発行されていた〈労働者券〉の問題が浮かび上がる。プロット時代は、〈労働者券〉の取り扱いについてはプログラム等に記載され、公のものであったが[15]、労働者を観客とすることを禁じられていた新協では、〈労働者券〉は表向き発行しないことになっていた。大笹吉雄が指摘するところでは、この〈労働者券〉の発行を禁止されたことが、旗揚げ公演、第二回公演と連続しての赤字に繫がっていた[16]。

しかしながら、『資料集』に収められた資料を確認していくと、新協もある時期までは〈労働者券〉とみられる優待券を発行していたことが認められるのである。その手がかりとなるのが、『月刊 新協劇団』第一二号（一九三六年五月、DPRO-1617）の村山知義「一号一題　入場料の問題」である。これによると、入場料が高すぎるという観客の声に対して、村山が、「現在、新協劇団では普通券一円、労働者券五十銭、学生団体券八十銭、指定席券一円五十銭となつてゐる」（傍線引用者、以下同じ）と答え、「労働者券」（同記事では「労働者団体券五十銭」とも呼んでいる）の存在に触れている[17]。しかし、この前後のチラシ類には、「労働者券」や「学生団体券」の記載はないため[18]、それらがどこまで公にされていたかが問題となる。

『資料集』に収録されているのは、一九三五年六月に、浅草区小島町の衆楽座（旧・開盛座）でおこなわれた『裏町』『駿東郡院内村』の公演チケットである［図⑤］。ここには、「五十銭」と明記されたチケットの他、「此の券御持参の労働者諸君は40銭」（最下段の小字）と書かれた入場券と同サイズの「公演優待券」が存在しており、その後に「次回公演にもお送り致しますから、どうぞ御記入下さい」という一文の上に、住所、氏名、会名を書

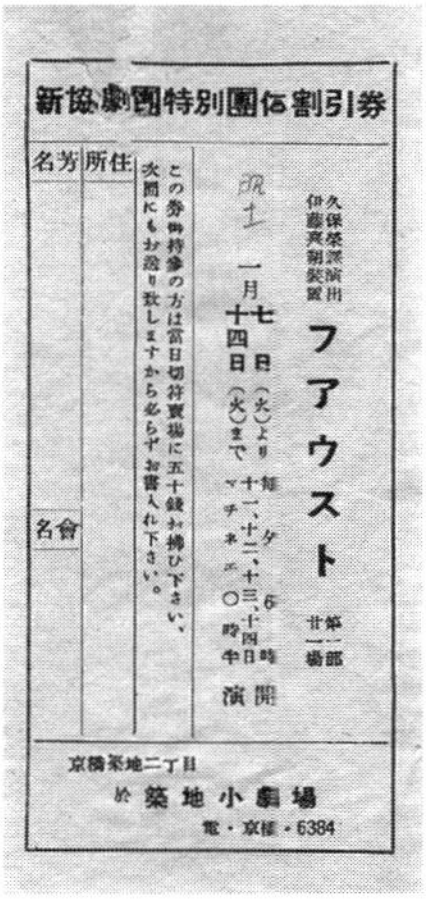


図⑥：新協劇団１月公演『ファウスト』入場券、団体割引券、大入袋（DPRO-1566）上段右端

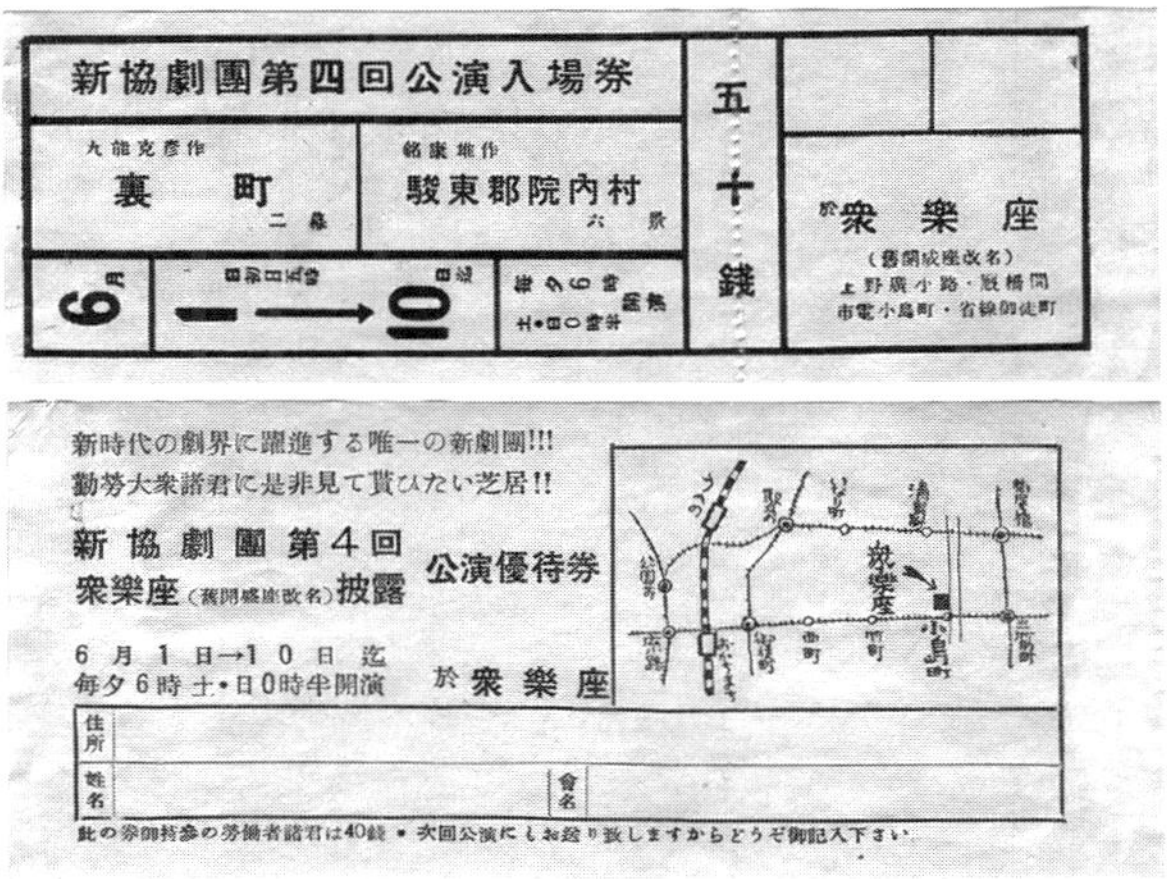


図⑤　上・『裏町』『駿東郡院内村』の公演チケット、下・公演優待券（DPRO-1518）

く欄が設けられている。この優待券には、「勤労大衆諸君に是非見て貰ひたい芝居!!」との記載もあり、観客として労働者を対象としていることが明らかである。しかし、労働者を観客にしようとしたことが当局に知れたためか、詳細は不明だが、この公演は中止となった。

また、一九三六年一月公演の『ファウスト』（ゲーテ作、久保栄訳・演出）は、宣伝用のチラシ（DPRO-1563）では、「入場料一円、指定席二円（於築地小劇場）」とされているが、この公演も通常の入場券とは別に、「新協劇団特別団体割引券」が発行されている［図⑥］。ここにも、「この券御持参の方は当日切符売場に五十銭お払ひ下さい」と注意書きが付されている。さらに、『裏町』の優待券と同様に、「次回にもお送り致しますから必らずお書入れ下さい」と、住所、氏名、会名の記入を促す文言が確認できる。[19] 前述の村山の入場料についての一文と、『裏町』優待券の「五十銭」という金額から、『ファウスト』の「特別団体割引券」が、事実上、〈労働者券〉を意味していたということは想像に難くない。なお、関係者への入場料割引は、松本克平に宛てられた「新協劇団公演半額優待券」(DPRO-1555)からも判るように、「特別団体割引券」とは別に存在している。

これら、実質的な意味での〈労働者券〉はいつ頃まで発行されていたのか。

一九三六年一〇月発行の『月刊 新協劇団』第一七号(DPRO-1658)の「投稿集」欄に、印刷所で働くTという人物から、九月公演の『どん底』の入場料について、「吾々労働者には一円・一円五〇銭と言ふ入場料はとても払へない」と入場料の減額を求める投稿が掲載されている。これに対し編集部は、賛同は示すものの、人件費を含まない経費と入場料の均衡がようやくとれているような状態であると説明した上で、近く入場料の全般的な値下げを敢行すると回答している[20]。

この時点では、すでに〈労働者券〉の発行は廃止されていたのであろうか。前掲注6の『山本安英舞台写真集 資料編』では、一九三六年という年について、「二・二六事件を契機として、ファシズムの傾向が強くなって行き、文化運動への圧迫が強くなり、進歩的な雑誌や労働者の自主的な文化グループが活動できにくくなる」状況にあったことが回想されている。また、同年五月には思想犯保護観察法が成立し、警視庁特高課による監視が一層厳しくなっていくことからも、一九三六年上半期中には廃止されていたと考えるのが妥当であろう。

## 4 戦時下の新協劇団

一九三七年七月、日中戦争が始まり、戦時下の体制が本格化するなか、『東京朝日新聞』(同年九月一九日〔一八日発行〕夕刊、第四面)は、「戦時下の新劇 準備整ふ陣営に意気たかし 新協・新築地・文学座の動向」という見出しの記事を掲載する。新協は、「早くも時局に対応する姿勢を整へ」、上演台本の選択を広範囲に広げ、

「演劇の芸術性を擁護する建前で進み、更に経済情勢の変化から上演費を出来るだけ切りつめ、入場料を安くして経営の統制を計」り、同時に大阪公演を中止したという内容である（大阪公演は後に復活）。一二月二四日には、「新協劇団警視庁に出頭。新協劇団幹事村山知義、長田秀雄、瀧澤修、仁木独人、中村栄二の諸氏は時局にかんがみ警視庁特高課を訪問、劇団今後の活動方針を説明、当局と懇談了解を求む」（「演劇日誌」『テアトロ』一九三八年二月）というように、劇団関係者がみずから当局にうかがいを立てながら、「国策協力の線を打ち出し」（大笹、前掲書四二八頁）ていくようになる。

一九三八年、新協と新築地は精力的に活動した。これについて大笹吉雄は、「演出・演技におけるリアリズムの追求とともに、昭和十三年という年は、現象的にも実質的にも、戦前における新劇の大きなピークを形成した年として記憶されていいだろう」（前掲書四五七頁）と評価している。この年の新協は、『夜明け前』第一部・第二部の上演から始まり、『北東の風』の再演、『春香伝』『火山灰地』の成功、『デッド・エンド』の上演など、劇団史上最も充実した年であった。

その活躍は、新築地に所属していた人々にも、「量こそ決して多くはないが、質的にやはり新協劇団にとってのピークを形成する公演活動」と言わしめるものであった（岡倉・木下、前掲書一七一頁）。

新築地劇団の演出家・岡倉士朗は、一九三八年前後の新劇界の状況を次のように回想している。

一二年に日華事変が始まり、劇界からも応召者があいつぎ、一方杉本良吉などには右翼から脅迫状がまいこみ、特高がつけているという時期に入った時、俳優にとってみると、いつ戦争で、あるいは検挙でつれ去られ殺されるかも知れないから、その日舞台に立つ、そのこと一つに生き甲斐をかけていた。その生身の闘争、情熱があの感動を呼ぶ舞台を作り出したのだとも云える。(21)

このように、緊迫した情勢の中だからこそ豊かな表現が生まれ、劇団としての円熟期を迎えることができたのである。しかしその一方で、一九三七年末から一九三八年にかけて、新協を揺るがす大きな事件が立て続けに起こるのである。

一つ目は、一九三七年一〇月、松本克平らが劇団の研究所でプロレタリア演劇史を講義し、研究生を扇動したという疑いで逮捕された共産党事件である。[22] 同月には、研究生一九名も検挙された。研究生たちの逮捕は翌年五月末まで報道が制限され、一九三八年五月三〇日の各紙夕刊で報じられた。たとえば『読売新聞』（五月三一日〔三〇日発行〕第一夕刊、第二面）には、「十二団体四百名警視庁の大検挙」とある。この報道が出るや否や、『月刊 新協劇団』第四〇号（一九三八年六月、DPRO-1790）は、研究生が個人的に起こした行為であり、劇団は関知していないとする声明を発表している。

二つ目は、一九三七年暮れに起こった、新協演出部の杉本良吉（本名・吉田好正）による、女優岡田嘉子《よしこ》とのソビエト越境事件である。杉本と岡田の失踪を伝える『東京朝日新聞』（一九三八年一月五日朝刊、第一一面）は、「杉本氏は除名か　新協側で協議」と題して、「新協劇団演出部員吉田好正氏の謎の失踪につき同劇団では、四日夜、直に築地小劇場で善後処置につき協議した結果事の如何によつては除名処分に附すべき」という考えに達したことを報じている。翌六日には、杉本の除名が発表され、さらには、『読売新聞』によれば、「良吉、嘉子の越境問題から警視庁の新協劇団並びにこの種の劇壇に対する態度が硬化し特に新協に対しては厳重な監視の眼を注ぐに至つたので同劇団では疑惑を一掃するため改めて七日夜」に協議の上、「「純芸術劇団として進む以外他意なき」旨の声明書」が長田秀雄によって出された。[23]

一九三八年二月発行の『月刊 新協劇団』第三二号（DPRO-1771）の冒頭でも、長田は、「非常時下の演劇文化」

という題で、「支那軍の長期抗戦に対して、わが政府は、いよいよ最後の肝をきめたと云ふ新聞紙の発表をみても非常時局は、当分の間つゞくものと考へなければならない」と述べた上で、それに対して演劇界が何をなすべきか判然としないなか、杉本の事件を契機に、新協は劇団として「芸術的な途をあくまで邁進するだけである」という意志を確認することができたことが「幸福」であったとの考えを示した。これは非常に苦しい言い訳ではあるが、長田には長田の考えがあった。彼は一月七日に出した杉本除籍の声明を再掲しつつ、あくまでも杉本が起こした事件は杉本個人の問題であって劇団とは無関係であることを前面に打ち出していく。また、翌月発行の第三六号(24)(DPRO-1774)でも、長田は「あくまで国策の線に添ふて〔略〕わが国に未だなかつた現代劇の確立に邁進する」として、新協の姿勢を強く示した。この二つの事件、特に杉本の起こした越境事件は、当局に歩み寄ろうとしていた劇団にとって、大きな打撃となったが、長田は劇団を存続させるために最大限の努力を払ったのである。

この後、一九三八年の新協は、三月の『春香伝』公演、四〜五月の『春香伝』関西公演、六月の『火山灰地』公演とつづいた。『火山灰地』の好評を受け、七月末からは東京劇場での大劇場公演がおこなわれた。これが無事に終了したのもつかの間、宇野重吉の応召が報じられた(25)。第四四号(一九三八年九月、DPRO-1797)では、宇野の応召を「宇野重吉勇躍出征」と伝え、他にも新築地の永田靖、新田地作が応召・出征したことに触れている。さらに、同号では、陸軍省に出頭し、慰問袋(一〇〇個)を提出したことで陸軍省より感謝状を受け取ったことが報告されている。

一〇月二七日、日本軍が武漢三鎮を占領すると、第四七号(一九三八年一一月、DPRO-1808)には「武漢三鎮陥落の秋　演劇文化の精鋭総動員」というような文言が躍り、宇野の近況が「元気で訓練を受けて居ます」と報告されている。

第五〇号（一九三九年一月、DPRO-1814）からは、宇野や下元勉、沼田勝夫、石川孝など、出征した劇団員からの手紙を紹介する「手紙と兵隊」の連載が開始され、戦傷や帰還の報告などもたびたび掲載されるようになっていく。第七二号（一九四〇年七月、DPRO-1888）には、「牛込若松町の陸軍病院へ出張して新劇界としては最初の、白衣の勇士慰問新劇公演」とあり、「新劇界最初の慰問公演」を宇野の提案で行ったことが報告されている。このように、劇団員の消息という形式で戦地の様子を紹介し、新協最初の応召者である宇野の扇動によって慰問公演を行うなど、国策に協力的な立場を取らざるを得ない状況が浮き彫りとなるのである。

時局迎合の姿勢は、皇紀二千六百年奉祝芸能祭への参加にも表れている。新協はこの芸能祭で劇団を挙げて『大仏開眼』の公演に臨んだ。『月刊 新協劇団』第六五号（一九四〇年一月）では、紙面に「皇紀二千六百年」の文字が躍り、一面には、「二千六百年を寿ぐ日本文化の前衛」として、新協が積極的に芸能祭に参加していることがアピールされている。

> 悠久ここに皇紀二千六百年、光輝あるこの年を迎へて、咲き誇る日本文化の一翼、わが新協劇団は、たぐひ稀なる日本民族の伝統のもとに新たなる発足をせんとする。／二千六百年奉祝のために、わが劇団は日本文化中央連盟主催になる芸能祭には、衆に先んじて欣然参加、わがくにに文化の黎明期と言はれる奈良朝時代に材をとつた「大仏開眼」を提出することになつた。
>
> （／は改行を示す、以下同じ）

『大仏開眼』は、演出の伊藤道郎《みちお》をアメリカから招き、音楽を伊藤祐司、装置を伊藤熹朔《きさく》が担当し、新築地の千田是也《これや》（本名・伊藤圀夫《くにお》）まで引き込んでいる。彼ら四人は実の兄弟で、各芸術の分野で活躍する伊藤兄弟として著名であった。こうした話題性を前面に押し出した公演が企画されたのである。『月刊 新協劇団』でも臨時号（第六六号、DPRO-1868）や、第六七号（DPRO-1869）で特集が組まれた。また、公演のチラシ（DPRO-1871）には、「輝く世紀の出発に新協劇団は新劇の栄誉にかけてこの作品を全国民の前に捧げる／新劇四十年、始めて得た画期的企画に新協は死活を賭す……」との意気込みが示されている。その上、新協では、上演だけに留まらず、公演期間中の毎土曜日に、西岡虎之助、和辻哲郎、金田一京助、柳田國男といった著名人を招いて作品の舞台となった奈良朝文化についての講座を開いている。

『東京朝日新聞』（一九四〇年八月一〇日〔九日発行〕夕刊、第三面）が、「新文化運動へ　築地小劇場、一歩前進」として報じているところによると、築地小劇場は「従来の演劇中心から一歩前進し時代に応じた新文化運動の中枢としての活動を開始する」こととなり、その一環として、新協の『大仏開眼』上演時の文化講座が好評であったことから、同様の公開講座を継続して行うことになったという。また、この記事では、演劇雑誌『テアトロ』を買収し、運動の機関誌とする計画があることにも触れられている。

新劇界の「新文化運動」は内地に留まらず、一九四〇年二月には、満洲の文化向上工作のための「奉仕隊」が結成され、新協からは村山が、新築地からは山川幸世《ゆきよ》が選出された。新協、新築地では、ともに満洲での巡演が計画され、特に新協では満洲で活動する大同劇団と協力して演劇指導をすることも表明された。『月刊 新協劇団』第七三号（一九四〇年八月、DPRO-1891）に掲載された「開拓地巡演隊について」によれば、「主に素人芝居の演り方を教へるつもりだ。〔略〕また詩の朗読、シユプレヒコールのやり方、簡単な粉粧仕方」などを指導するとあり、主に文化運動の教育が目的であるとされていた。

しかしながら、芸能祭で上演した『大仏開眼』が、皮肉にも新協、新築地の一斉検挙の契機となる。[26] 一九四〇年八月一九日未明の一斉検挙により、新協、新築地は自主的な解散を余儀なくされ、満洲巡演を含む新協の活動も、『月刊 新協劇団』の継続も断たれることになるのである。

## おわりに

一九三八年二月、岸田國士は、「新劇の行くべき道（2）　新協劇団の宣言」のなかで、久板栄二郎の『千万人と雖も我行かん』が上演困難であるという噂を聞き、新協と久板に対し、苦言を呈している。

> あの戯曲作者が若《もし》久板君でなく、これを上演する劇団が新協劇団でなかつたら、或は、現在でも脚光を浴びることができたらうといふことである。この臆測は穿ちすぎであらうか？　私はさうは思はない。〔略〕左翼演劇の旗印はこの厳しい現実の前で、なんら「進歩的」な役割を果すことができなくなつてゐることを率直に認むべきである。[27]

新協とは「対蹠的」だといわれる岸田が、新協を「左翼演劇」として捉えている。これは、杉本の事件を受けてのことだと思われるが、新協は、一方では国策への加担とみられる迎合的な活動をおこないながらも、これとは別に、一九四〇年に入っても、野澤富美子原作『煉瓦女工』の映画製作と舞台化を試み、満洲巡演の際には、芝居や詩の朗読だけでなく、「シュプレヒコールのやり方」を指導しようとしていた。これらのことからも、新協は依然としてプロット時代からの路線を保持していたものと考えられる。

『月刊 新協劇団』を中心に新協を考えると、一九三〇年代後半の変化していく時勢のなか、新協では、プロット時代を彷彿とさせる動きがあった。その反面、警視庁特高課にも信頼されるほどであった非プロット系の長田のように、国策路線を打ち出して劇団を守ろうとした者も存在した。新協劇団とは、この二つの力が拮抗しつつ展開された新劇運動であったことが浮かび上がってくる。両者は対立していたわけではなく、村山、秋田、松本らプロット系の演劇人たちの自由で精力的な活動を、破綻しないよう制御していたのが長田だったといえようか。それゆえ、創作劇が不足していた新劇界において、『火山灰地』『北東の風』といった創作劇の名作を生み出し、脚色『夜明け前』や『春香伝』など時局を歴史に仮託した歴史劇、さらに『どん底』、『アンナ・カレーニナ』といった近代古典劇のすぐれた上演を生み出すことができたのであろう。

（1）村山知義「新劇団大同団結の提唱」（『改造』一九三四年九月）一九一頁。

（2）村山知義「村山知義・演劇的自叙伝」第一〇四回（『テアトロ』一九七六年八月）一二三頁で、村山は当時の各劇団の様子について、「私が牢屋を出て僅か半年の間に、プロット初め、すべての文化団体は解体、消滅を余儀なくされ、劇団は公演を阻まれ、その中心部分は獄中にいるか、保釈中でしょっちゅう刑事につきまとわれている状態なので、古い劇団は活動でき」なかったと述べている。

（3）新協劇団の結成日については諸説あるが、『東京朝日新聞』一九三四年九月一八日朝刊、第一三面では、「十七日午後最後の実行委員会を御茶ノ水文化アパートに開いたが、その結果遂に新らしい単一劇団として「新協劇団」が生れることになつた」と報じられている。委員会で劇団としての方向性がまとまったのが一七日、一方、劇団員が初めて顔を揃えたのが二九日であるため、意見の分かれるところであった。だが、倉林誠一郎『新劇年代記　戦中編』（白水社、一九六九年）七四頁、大笹吉雄『日本現代演劇史　昭和戦中篇Ⅰ』（白水社、一九九三年）三三三頁、祖父江昭二「新協・新築地時代」（『講座日本の演劇6　近代の演劇2』諏訪春雄・菅井幸雄編、勉誠社、一九九六年）一〇四頁は、いずれも一九三四年九月二九日を採用している。また、新協劇団編『新協五週《ママ》年史』（新協劇団、一九三九年）に、「新協劇団結成九月二十九日東京お茶の水文化アパートにて」とあり、『秋田雨雀日記』第二巻（未来社、一九六五年）四一一頁の九月二九日の項に「午後三時から文化アパートの新協劇団の顔合わせへ行く」、「（新協劇団初顔合せ。）」とある記述に合致することからも、九月二九日を結成日とするのが適切だと考える。なお、新協劇団の創立挨拶は、「日本新演劇協会新協劇団　劇団創立の御挨拶」（DPRO-1478、1479）として一〇月付で出されている。

（4）前掲、倉林誠一郎『新劇年代記　戦中編』八〇頁。

（5）前掲、祖父江昭二「新協・新築地時代」一一七～一一九頁。

（6）岡倉士郎・木下順二編『山本安英舞台写真集　資料編』（未来社、一九六〇年）一二二頁。

（7）村山知義「村山知義・演劇的自叙伝」第一〇六回（『テアトロ』一九七六年一〇月）一三九頁。

（8）『新協劇団』『月刊 新協劇団』の編集兼印刷発行人（以下、発行人）は、仁木独人が第一号から第五〇号までを担当するが、仁木の急死（一九三九年一月二六日死去）により、第五一号から第五六号を久板栄二郎が担当、第五九号から最終号となる第七三号までは、北橋義好（皆川滉の変名）が担っている。第五七号の「編輯部から」には、「長い間本紙の編輯に携はつてゐた栗原有蔵」が多忙で『月刊 新協劇団』編集を退いたとある。また、同号の「劇団ニュース」には、「皆川滉（北橋義弘《ママ》）程島武夫、及び直接編集担当者として岩佐氏壽、大町文夫、鈴木悌二、菊地章二」が新たなスタッフとして紹介されている。この五七号は発行人に仁木の名前があるが、実際には五七号から北橋（皆川）が発行人を担当していた可能性が高い（第五八号は現物未確認のため不明）。

（9）村山知義「一号一題　地方と進歩的演劇」（『月刊 新協劇団』第一一号、一九三六年四月、DPRO-1607）。

（10）『月刊 新協劇団』第一〇号（一九三六年三月、DPRO-1585）の「地方の新劇界」には、「地方からの通信は地方相談係と朱書してお送り下さい」とあり、「地方通信」が単なる活動報告ではなく、各地方の劇団等の相談の投書先としても機能していた。

（11）村山知義「地方に於ける演劇に就いて」『大阪協同劇団』第一号（一九三六年一月二五日、DPRO-1574）。

（12）大阪協同劇団の一九三六年初年度に上演された六作品のうち、四作品が新協ですでに上演された演目である。『大阪協同劇団』第六号（一九三七年二月二〇日、DPRO-1702）では、関西における創作劇の不足が嘆かれており、一九三七年度には劇団内作家の創作劇に期待する声が上がっている。実際、六月には多田俊平の『氷解期前』が上演され、その後も新作の創作劇上演に挑んでいる。

（13）「新協劇団関係者手記（村山知義／久保栄）」の「（一）村山知義の手記」（『昭和思想統制史資料』第一四巻、生活社、一九八〇年）五九頁によると、東京公演の際は、「帝大、慶大、東京後援会」などの団体観客から座談会の希望があれば、終演後に「一時間程度の座談会を行ひ」「観客を啓蒙し、また劇団と観客との親しみを増すことを図」ったとある。また、地方公演では、「常例として、宣伝を兼ねて、公演前日に一回、批判のために公演後に一回、一般観客中の有志と座談会を催し」「啓蒙と親密化のために努力し」たと述べている。

（14）『月刊 新協劇団』第五二号（一九三九年三月、DPRO-1820）。

（15）『資料集』に収録されたものでは、一九二九年初演の『全線（暴力団記）』（一九二九年一〇月、於大阪朝日会館）での公演のチラシ（DPRO-0644）に「労働者割引券［五拾銭］は……港区新池田町一丁目七二戦旗社大阪出張所にて取扱ふ」とある。また、左翼劇場の『全線』再演（一九三〇年五月、後に中止）でも、チラシに「労働者諸君は三〇セン」と記載されている。

（16）大笹吉雄『日本現代演劇史　昭和戦中篇Ⅰ』（白水社、一九九三年）三四九頁。

（17）『月刊 新協劇団』は村山が〈労働者券〉の存在について触れた第一二号までは、「予告号」として会員以外にも頒布されていたことが、第一〇号、第一二号の記述から確認できるが、警視庁特高課の監視下におかれていた状況で、『月刊 新協劇団』がどのように扱われていたか、疑問が残る。

（18）例えば、『夜明け前　第二部』一九三六年三月公演のプログラム（DPRO-1598）には、「入場料一円　指定券一円五十銭（団体観劇のご相談に応じます）」とある。また、中止となった一九三六年五月『天佑丸』の公演パンフレット（DPRO-1619）にも、同様の案内しか掲載されていない。

（19）東京左翼劇場の『勝利の記録』の初演（一九三一年五月）の労働者券（DPRO-0910）は、「住所」「氏名」「〇場（〇はパンチ穴で読めないが「職」と推定）」「産業別」を記入する欄がある。他の労働者券にも、通常、住所と氏名のほかに職場を記入する欄があり、これが新協時代には、「会名」に転じたのではないか。一方で、後援会を示す「会名」という可能性もあるが、後援会の割引であれば、その旨を明記できるため、後援会とは考えにくい。

（20）入場料の値下げは一九三八年の新春公演『夜明け前』（於築地小劇場）で実現され、第一部・第二部の通し券Bは一円で売られている。ただし、これについては第三節で触れたように、戦時下の体制に沿った判断である。

（21）岡倉士朗「昭和一〇年代の新劇」（『文学』一九五五年二月）一六頁。

（22）松本克平『八月に乾杯』（弘隆社、一九八六年）一二四頁では、検挙された研究生のなかには、一九三六年の「劇研めぐり」（『月刊 新協劇団』第一三号、一九三六年六月、DPRO-1624）で紹介された慶應義塾大学の演劇研究会の所属劇団である模型劇場のメンバーが含まれており、「彼らが秘かに慶大の先輩野呂栄太郎の「日本資本主義発達史」の研究会をやっていた」ことが検挙の発端だったという。

（23）『読売新聞』一九三八年一月八日朝刊、第七面。

（24）第三五号は『春香伝』の臨時号だが、第三三、三四号は確認できず、日付からみても二号分飛んでいる可能性が高い。

（25）『読売新聞』一九三八年八月一七日（一六日発行）第一夕刊、第三面は、「新協劇団の新人宇野重吉が召集された、新協としては最初の名誉ある応召者なので大喜び、折柄夏期休暇で諸方に散つてゐた劇団幹部をすぐ集めて協議をした結果宇野の出征中は月給全額を支給すること」や、家族の「十分な世話をすること」を申し合わせたこと、妻で女優の関志保子を新協の演技部に起用したことを伝えている。

（26）前掲の『山本安英舞台写真集　資料編』一九二頁には、警視庁特高第一課長（当時）中村絹次郎の「新協・新築地両劇団解散のこと」（『日本談義』一九四〇年一〇月）が収められている。それによると、「新協が築地小劇場でやつた「大仏開眼」の芝居であれは脚本も私が検閲し相当カットもしましたがさて芝居になつてからも矢張いけないと痛感しました」とある。長田の「ロマンチックな内容の原作」が、村山、鈴木英輔、松本によって改作された結果、「大仏建立の裏に当時の農民と奴隷の搾取を暗示したもので昔のイデオロギーを巧妙に表現したもの」へと変貌したと判断したことによる強制解散の決心であったことが述べられている。ただ、中村と同郷の長田に対しては終始同情的で、長田の新劇に対する「努力の成果だけはつぶさない積り」だと明言している。なお、この村山らの改訂版は所在がわからず、内容について正確な情報を得ることができない。

（27）岸田國士「新劇の行くべき道（2）　新協劇団の宣言」（『東京朝日新聞』一九三八年二月七日朝刊、第七面）。

足立 元

# 地方のプロレタリア美術

## 移動展と地方支部

## はじめに

大原社会問題研究所が所蔵しているプロレタリア美術に関する資料は、誰にでも公開されているものだ。その意味で、『昭和戦前期プロレタリア文化運動資料集』（以下『資料集』）に収録された「美術」関係の文献は、ほとんど既知のものに違いない。しかし、これまで誰もそこにある文献を満足に読めなかったのかもしれない。

このたびデジタル化されたことで、ガリ版刷りの報告書などの資料を手軽に、発行年順に並べて読むことが可能となり、通説を覆しうる新たな発見もあった。本論文は、その一端を紹介し、今後『資料集』からさらに見えてくるであろう事柄を指摘する。

まずプロレタリア美術とは何か、そして、どのような研究史があったのかを、確認したい。

プロレタリア美術とは、一九二〇年代後半から三〇年代前半にかけて起こった、共産主義思想に基づく美術運動を指す。その組織的な観点から見た始まりは、一九二五年一二月の日本プロレタリア文芸聯盟美術部（ＲＡ）の設立である。いくつかの改組や離合集散を経て、諸組織が団結したのは一九二九年四月に日本プロレタリア美術家同盟（Ｐ・Ｐ、後にヤップ）が設立されたときである。そして、その組織的運動が終焉したのは、一九三四年三月のヤップ解散声明による。この運動には、絵画派と実用派が混在していた。絵画派は、造型美術家協会出身の矢部友衛、岡本唐貴《とうき》などである。実用派は、ＲＡ以来の柳瀬《やなせ》正夢《まさむ》、大月源二、松山文雄などである。一九二九年四月の合同以前は、実用派が絵画派を「ブルジョア的」だと批判することもしばしばあったが、ともかくも合同を果たした後にはむしろ絵画派の岡本唐貴が運動の理論的なリーダーと見なされるようになってゆく。

この運動は、常に弾圧の対象であり、展覧会では撤回処分が当たり前だった。そのため現存作品はほとんどない。絵画では、大正期に流行した抽象や構成物（今でいうインスタレーション）を捨てて、明治に連なるリアリズムへとあえて逆走した。運動に参加した者は、美術家としての技術を磨く暇もなく社会運動に邁進したため、技術的には未熟な作品ばかりだと当時から批判されてきた。運動の言説はたくさん現れたが、多くは決まり切ったフレーズを繰り返して紙面を埋める文章であり、無駄に晦渋なものばかりだった。結局のところ、十分な作品を残すこともできず、戦後の学生運動のごとき若気の至りであったのかもしれない。だが、後に研究史で述べるように、その再評価は細々とであるが続けられてきている。

事実として、この運動は、一九三〇年前後の画壇に大きな反響をもたらした。主要な出来事を挙げると、一九二八年から三二年まで、毎年一一月か一二月に「プロレタリア美術展」（「プロレタリア美術大展覧会」とも呼ばれる）を開催した。『戦旗』などプロレタリア文化運動機関誌のイラストレーションを担ったばかりではなく、美術雑誌『プロ美術』『美術運動』などを発行し、運動内で独自の言説を生み出した。一九三〇年九月には美術雑誌『アトリエ』で特集「プロレタリア美術の研究と批判」が組まれ、賛同と批判の両論が公の場で戦わされた。一九二九年六月にはP・P内に造型美術研究所を開き、三〇年の六月にそこを「プロレタリア美術研究所」と改称した。ここには多くの労働者や絵の好きな若者が集まったが、その中には後に映画監督になる黒澤明もいた。運動の外側には、帝展の堀田清治《せいじ》、二科展の津田青楓《せいふう》など、直接運動に参加しなくても、社会派的な絵画を発表して運動に同調する有力な画家たちがいた。批判や弾圧はあったが、それはまさにこの運動に見過ごせないほど大きな影響力があったためである。

図①　座談会筆記『美術新論』第 6 巻第 9 号、1931 年 9 月

確かに、美術が社会問題を訴えかけることへの批判は少なくなかった。一九三一年九月の『美術新論』に掲載された漫画［図①］には、イデオロギーを訴える絵に囲まれて、耳をふさぐ観客が描かれている。だが、今日のベネチア・ビエンナーレやドクメンタなど、世界の芸術祭においては、社会変革へのイデオロギーにあふれ、むしろ社会性のない美術のほうが少数派だ。今日の眼から見るならば、この漫画の滑稽さは、プロレタリア美術展のほうにではなく、むしろ観客のほうにあるだろう。その意味で、プロレタリア美術は歴史を先駆けていたとさえいえるのだ。

## 1　研究史

さて、この運動の研究史を振り返ると、何よりも重要で大きな影響力を与えたのが、一九六七年に出版された岡本唐貴・松山文雄編著『日本プロレタリア美術史』[1]である。この運動の当事者であり、戦後に左翼美術家の権威となった二人が、自らの体験記を記したものであり、この本にしか収録されていない文献資料、絵画作品や絵葉書（マッペ）の複写も多い。

ほかにも運動当事者の証言をまとめた文献はある。嚆矢となったのは、一九四三年に英語で刊行された岩松淳《あつし》（八島太郎）の *The New Sun* である。[2] この本は、太平洋戦争中のアメリカで出版され、共産主義のことは伏せつつ、ファシズムに抵抗した日本人の自伝として暖かく迎えられた。須山計一《けいいち》、永田一脩《いっしゅう》などの自伝も、岡本・松山の本には書かれていないことが含まれている。[3] だが、それらは岡本・松山の本以上には参照されてこなかった。

美術史家による実証的な分析や考証は九〇年代後半に始まり、プロレタリア美術が多様な角度から論じられるようになってきた。五十殿利治は『大正期新興美術運動の研究』（一九九八年）で、大正期の三科、昭和期の造型美術家協会、プロレタリア美術へと至る絵画派の展開を実証的に跡づけ、その後の論文ではプロレタリア美術の国際性を論じた。(4) 喜多恵美子はプロレタリア美術運動の韓国語資料から、日韓の知られざる連帯を解き明かした。(5) 喜夛孝臣はプロレタリア美術運動の組織の問題を初めて実証的に論じ、さらにその今日的な意義として、反戦や反帝国主義のメッセージがあったことも訴えた。(6) 吉良智子は『戦争と女性画家』（二〇一三年）などで、プロレタリア美術運動に参加した女性画家をジェンダー論の角度から分析した。(7) 山口泰二は『変動期の画家』（二〇一五年）で、この運動に参加した鳥居敏文のような知られざる画家の足跡をたどってみせた。(8)

さて、研究史の基礎となった岡本・松山の本は、岡本が絵画の部分と全体の歴史を担当し、松山が漫画の部分だけを担当したものであるが、さきほどの絵画派の動向に記述が偏っているという問題が、これまでに指摘されていた。(9) 実用派の肩を持った評価は、一九五七年の中原佑介「日本近代美術史」からあった。(10) 中原は、絵画派のあり方を単に労働運動を絵解きしているに過ぎないと批判し、資本主義社会の中で美術が活きるあり方として、漫画や複製芸術の可能性を指摘した。拙著の『前衛の遺伝子』（二〇一二年）などは、中原の指摘を踏まえて、プロレタリア美術や同時代の漫画について論じたものである。(11)

ところで美術館の展覧会では、特に国公立の美術館では特定の政治団体に肩入れすることになりかねないという懸念から、プロレタリア美術に対してまともに取り組んだ企画展はほとんどない。例外として、市立小樽美術館の「前衛と反骨のダイナミズム」展（二〇〇〇年）、新潟県立近代美術館の「昭和の美術」展（二〇〇五年）、武蔵野市立吉祥寺美術館の「われわれは〈リアル〉である」展（二〇一四年）が挙げられる。(12) そもそもプロレタリア美術には現存作品が少なく、特に展覧会映えする大きな油彩画では大月源二《告別》（一九二九年）しかない。

美術家の個展では、柳瀬正夢、村山知義、岡本唐貴などについてはいくつもあった[13]。だが例えば神奈川県立近代美術館などで開催された村山の個展（二〇一二～一三年）では共産主義との関わりが積極的に触れられなかったように、美術の領域で共産主義の問題はいまだにタブーとなっている観がある[14]。

二〇一五年には、一九二九年末にロシアに渡ったプロレタリア美術展覧会の出品作品三〇点の一部が、ロシアのエルミタージュ美術館に所蔵されていたことが明らかになった[15]。その一つ、岡本唐貴《争議団の工場襲撃》（一九二九年）は、これまで絵葉書（マッペ）しか残っておらず、岡本自身が晩年期の一九七四年に自ら描き直したもの（再制作）によってしか見ることができなかった。マッペや再制作ではない、プロレタリア絵画の大作は、複写で見る限りでも迫力がある。いずれそれらの作品について日本で里帰り展示の機会があれば、プロレタリア美術の再評価も進むであろう。今後の社会や現代美術の中で、これまでの研究史で指摘されてきたプロレタリア美術の可能性、すなわち、リアリズムの問題を再提起したこと、複製芸術の可能性を示したこと、反戦・反帝国主義、アジアとの連帯といった思想を持っていたことは、ますます重要なテーマとなるに違いないからだ。

## 2　『資料集』から見えてきたこと

『資料集』は、研究史が見落としてきた、プロレタリア美術のあり方を教えてくれる。そのうちのいくつかを紹介しよう。たとえば、「プロレタリア美術」という言葉が歴史上いつ登場したのかについて、雑誌では、一九二八年三月の大月源二の記事「プロレタリア美術の開花へ」が最初だとされる[16]。ところが、『資料集』にある一九二八年二月八日付けの依頼状では、「去る一月十四、十五両日福岡市に於て、九州に於ける最初の「プロレタリア美術展」を開催して大センセーションを捲き起した」という記述がある[17]。そこから、雑誌にその言葉が登場するよりも早く、おそらく二五年から二七年の間には、「プロレタリア美術」という言葉が登場したのではないかと考えられる。

もう一つの例を挙げると、一九三二年のプロレタリア美術家同盟による帝国美術院展覧会（帝展）出品と落選について、新たなことが分かった。これまで、岡本の回想による記述においては半ばやけくそのように書かれ、当時の『朝日新聞』記事には嘲笑的に記されていた。(18) だが、「帝展出品に関する声明書」を読むと、これが単に落選を前提とした出品ではなく、むしろ今日の日展批判に通じる意図を持っていたことが分かる。(19)

その声明書には、「天下り審査員反対」とあり、「凡ゆる美術団体の選んだ審査員を帝展の審査員にせよ」（これは後に帝展改組で実現した）「審査を公開せよ」「無鑑査制度反対」「会計を公開せよ」「絵葉書の印税をよこせ」「凡ゆる美術学校、研究所の美術学生を帝展に無料で入場させろ」「府美術館を凡ゆる美術団体に無料で貸せ」、そして最後の要求に「帝展にプロレタリア美術を陳列させろ」と掲げた。その最後の要求を除き、至極まっとうなことではないだろうか。そして、それらの主張は、一九七〇年頃の学生運動における美術家共闘会議（美共闘）の日展粉砕などの声明において、当人たちも知らず、ほとんど繰り返されたことを指摘できる。(20)

さて、一般的にプロレタリア美術とは、東京在住の若者による都市の美術であった。それゆえ、これまでの研究史でも、東京・上野のプロレタリア美術展覧会とその作品、その周辺の漫画、雑誌に現れた論争ばかりに目を向けていた。だが、都市の展覧会だけでは日本における労働者の革命にはなり得ないことを、当時の彼らは二八年の運動初期に既に自覚していた。

永田一脩は、造型美術家協会を合併前に批判した『戦旗』記事の中で、ＡＲが新宿の紀伊國屋書店や小石川の東京共働社などで複数回行った移動展について次のように述べた。「今や我々の展覧会は、あらゆる所に持込まれなければならない。〔略〕もう我々は、申込あり次第何時如何なる所へでも、飛び出して行つて展覧会を開催することが出来る」[21]。このように、農村や労働者街の仮設会場で作品を見せる移動展（巡回展ともいう）の必要性が訴えられていた。

これまで、岡本・松山の本でも移動展については触れられていたが、それはあくまで東京・上野で年に一回開催するプロレタリア美術展覧会が中心で、移動展は付随的なものという扱いであった。他のプロレタリア美術家たちの回想でも、同様である。それは美術だけではなく、プロレタリア演劇においても、劇場公演が重要なものであってトランク劇場などはあまり記録に残らなかった。

だが、美術家が美術館という制度を否定して、そこから労働者街や農村へ飛び出し、美術に全く触れたことのない人々に向けて積極的に作品を示した行為は、果たして本当に、歴史の中で価値のないものだったのだろうか。一体どれほどの移動展が行われたのだろうか。そして、東京以外の地域では、プロレタリア美術はどれほど受け入れられたのだろうか。これらの疑問に答えてくれるものとして、『資料集』には、移動展や地方支部の活動について記したガリ版刷りの報告書が数多く含まれている。雑誌などに加えてそれらの資料を読み込むことで、新たに見えてくることは多い。

以下の節では「地方」という観点から、移動展と地方支部の実態と内容を明らかにしていく。

## 3　移動展の開催回数と入場者数

いつ、どこでプロレタリア美術の移動展が行われたのか。完全な記録は残っていないが、『戦旗』などの雑誌記事、『資料集』収録の報告書などから確認できるものを以下に挙げる。場所の註には典拠となる文献を記した。ただし煩雑な註を避けるために、最後の場所に註をまとめたところもある。（　）内には、同じ土地で複数回おこなわれたときの回数を記し、また入場者数が分かるものには、一般と労働者の合計の数字を記した(22)。以下の場所に関しては、分かる限りのものである。失われた資料も多いことから、移動展はおそらくこれ以上の回数が行われていたと考えられる。

二八年　福岡（二回）(23)、青森(24)、東京（新宿、大島、小石川）(25)、横浜（開催したかは不明）(26)、黒石、函館、郡山、門司、小倉、八代、鹿児島、静岡その他(27)

二九年　棚倉、東京(28)、大阪（三〇〇人）(29)、京都（五一二人）(30)、一ノ関(31)、東北（場所不明）(32)、関東（場所不明）(33)、神戸、新潟、その他四カ所(34)

三〇年　松坂、新潟、棚倉、東京、開催地不明(35)、京都か(36)

三一年　大阪（六回、そのうち四月の展示は一五〇人、開催月不明のものは二四五人、七月のものは六二七人、四五六人）(37)、神戸（三回、そのうち五月のものは五〇〇人）(38)、京都（二回）、青森（青森市、□□石町、弘前市、猿賀村、常磐村、浦町、合計五九三人）(39)。東京・京浜地方（月島、本所、大島町、三ノ輪、大森ガス電気前、新宿など二一カ所）(40)、農闘展の構想（新潟、富山、大阪、岐阜、開催したかは不明）(41)

三二年　農村巡回展（開催したかは不明）(42)、大阪（四回）(43)

三三年　仙台と札幌（開催したかは不明）(44)

ここからいくつかのことが分かる。移動展は、一九二八年一一月に始まる上野の第一回プロレタリア美術展覧会に先だって、同年のうちに少なくとも四回行われていた。

資料から分かる最初の移動展は、福岡支部から本部宛の手紙に記されており、二八年一月の福岡市で開催されたという。そこには「去る一月十四、十五両日福岡市に於て九州に於ける最初の「プロレタリア美術展」を開催して大センセーションを捲き起した我らは〔略〕」とあるので、それが初めての移動展だというわけではないのだろう。(45)おそらく、「プロレタリア美術展」と称した移動展を、一九二五年一二月のＲＡ結成から二七年までの間に、すでに他の地域で開催していたのではないかと推測できる。

また、分かる限りの移動展の開催回数合計は、実際に開催したか不明のものを含めると、およそ七〇回にものぼり、たった五回しか行われなかった上野のプロレタリア美術展覧会の一〇倍以上は行われていたことになる。地域では、北海道の札幌から九州の鹿児島まで広がっていた。ただし、中国地方と四国地方ではなぜか開催されていない。

観客数は十分な記録が残っていないが、仮に移動展一回につき観客数およそ三〇〇人と想定するならば、計七〇回開催として、総計は二万一〇〇〇人にのぼる。一方で、上野の展覧会の入場者数は、前掲『日本プロレタリア美術史』における「プロ展統計（Ａ）」（二八九頁）から拾うと、第一回が二八九九人、第二回が四四五八人、第三回が五〇六一人、第四回が三三二四人、第五回が一三三七人となっていて、全五回の総計で一万七〇七九人となる。移動展の入場者数はあくまで想定の数字でしかないが、移動展のほうが上野の展覧会よりも多くの入場者を集めていた可能性は十分にあるのだ。

すなわち、観客数に関しては確かなことは分からないものの、期間、回数、地域において、移動展は上野の展覧会よりもはるかに大きなものだったことが新たに分かった。当事者たちの回想において、移動展がいかに低く見なされようと、この事実は決して無視できない。

## 4　移動展の限界と創造

移動展は、日本の大部分を占める農村のアジテーションを意図していた。だが一体、都会に住むプロレタリア美術家たちにどれだけ農村を描けるのか、美術によってどれだけ農村の労働者を変えられるのか。美術の領域では、すでに明治末の文部省美術展覧会以来、農民や農村を描くことが奨励されてきた。山本鼎のように長野の農村に入って農民美術を指導してきた先例もある（山本はプロレタリア美術の思想と技術を批判した[46]）。内部からの厳しい自己批判の声もあった。当初は農村で作品展示しても、何も伝わらなかったという彼らの反省のことばも残る。観客が少なかった（あるいは多かった）という報告もある。技術が足りない、貧弱な内容だという声もあった。また、複製画ばかりで原画がないという声もあった。

それでも、プロレタリア美術は移動展のために、迫力のある使い捨てのポスターを創造した。ここで念頭に置いているのは、柳瀬正夢のような例外的に優れた美術家の現存作品ではない。むしろ、雑誌挿絵などにだけ複写として残る、技術的にはそれほど優れていない作品である［図②］。統計ポスター（あるいは統計画）も見過ごせない［図③］。それは、経済状況を視覚化した、今で言うインフォグラフィックであり、これを美術展に展示したことは、きわめて先駆的ではないだろうか。これを農村に持って行っても伝わらなかったという反省もあったが、ただ絵を描くのではなく、そこには社会状況を示すという意図があった。

図②　旧RAのポスター。木部正行・大月源二共編「プロレタリア・ポスターの作り方」（『戦旗』第1巻第8号、1928年12月）

それらは美術を「美しさ」や「永遠性」から切り離したという点で、現代的であったと評することもできる。

木部正行、大月源二は一九二八年に次のように述べた。

「い、ポスターを作ることを断念しなければならない。押収されたら押収に対して、むしり取られたらむしり取りに対して、執拗に闘争する戦闘的プロレタリアの中か

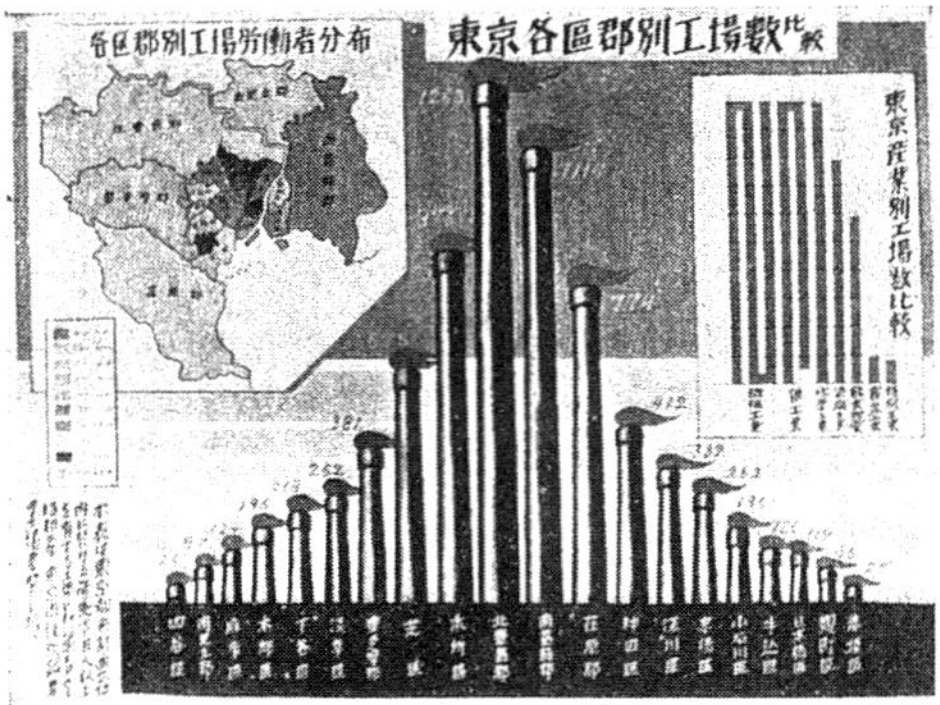


20　統計ポスター　木部正行

図③　木部正行《統計ポスター》（岡本唐貴・松山文雄『日本プロレタリア美術史』造形社、1967年）

らのみ、良きポスターは産み出されるであらう(47)」。

もっとも、移動展の開催には組織的な困難もあった。村山知義は一九三〇年五月に次のように述べた。「我々の美術を最も要求していた諸々の組織も地下に這入り、移動展等の開催は前にも増して困難となつてゐる」(48)。この年は労働運動の頂点と呼んでもいい年であるが、地方の左翼団体への圧力も相当あったことがうかがえる。

移動展に対する内部の批判・無理解もあっただろう。プロレタリア文化運動の理論的な指導者であった蔵原惟人《くらはらこれひと》は、第一回プロレタリア美術展を見たとき、ただ、健康さ、リアリズム、テーマを重視して、ポスターなどに見られる、美術が社会と絡み合うための新しい表現形式を理解しえなかった。むしろ、文展的＝保守的な美術観を引きずって、そこにイデオロギーを加えて論じていたに過ぎない(49)。それは、岡本唐貴らP・P内の絵画派の勢いにもつながっただろう。

## 5　地方支部の声に見る移動展の可能性

こうした移動展を実施または支援した地方支部の活動にも注目する必要がある。東京と地方の関係には活発なところもあった。一九二八年には福岡支部が本部にポスターを要求し、福岡で「プロレタリア美術展」を開催したこともある（DPRO-2001）。一九三〇年に関西地方で開催された「第三回プロレタリア美術展目録」（DPRO-

2034）によると、京都支部、新潟支部、大阪支部、札幌支部、仙台支部、東京支部の順番に作品が並び、東京展とは内容が異なっていた。一九三三年の「東京プロレタリア美術学校学習プラン」（DPRO-2087）には、学生への課題に、仙台展や札幌展への出品画を求めていたことが分かる。

地方支部が発行した画集も現存しないが、それぞれの地に美術の創造的な活動があったことをうかがわせる。一九三一年には、仙台支部が九枚のマッペからなる木版刷り『プロレタリア画集』を発行し、札幌支部がプリント刷り、一〇頁、四六倍判、表紙三色刷の『メーデー闘争カット漫画集』を発行したと伝えられる[50]。

地方支部の中でも、大阪支部の活動と言説は特筆に値する。特に『P．P大阪支部ニュース』は、さまざまなことを教えてくれる。阪神間における活発な展覧会活動、ささやかながら地域住民と協働した制作活動があったこと、大阪戦旗座と協働していたことなど。また、大阪にもプロレタリア美術研究所が存在した。そこでは、絵を描かないでマルクスの本ばかり読むような画学生が多いと批判する内部の意見もあった[51]。ただ、それは今日の美術大学でもたまに見かける光景であって、今日可笑しみを与えるのはその批判者のほうかもしれない。

一九三一年の大阪支部からは、このような声も出た。「たゞ並べた絵によつてアジプロする丈ではだめだ。展覧会の意義はそれだけではない。会場内懇談会及び並べた絵を十分に且親切に説明するなど其他あらゆる技術を持つて動員した労働者農民を我々の直接な友達とするように積極的な努力をするように心がけねばならない[52]」。この地方からの声には、今日の美術館における先進的な鑑賞者教育とほぼ同様の考え方が認められる。プロレタリア美術は、地方において、教育においても進んでいたのかもしれない。

美術のゲリラ戦というべき移動展は、プロレタリア美術家同盟の中で一つの理想として考えられていた。柳瀬正夢は、上野のプロレタリア美術展にはおそらく展覧会主義を嫌って出品しなかったが、移動展には絵画を出品していたことが確認できる[53]。

また、P・Pが一九三一年に出版部および印刷美術研究所を組織していたことは、マッペの大量頒布を意図していたのだろう。[54] それは、松山文雄が一九三〇年に述べたように、「選挙闘争のあらゆる場面、懇談会、茶話会、演説会、其他すべてさゝやかな集会にまでもその席上にはりめぐらされ、又は事務所等を次から次へと移動する為の最も軽便な展覧会の一形式」であり、「移動展闘争の質的飛躍」につながりうるものだった。[55]

## おわりに

結局のところ、プロレタリア美術運動における展覧会の本質は、数の上では圧倒的に多い移動展を中心とみなすならば、形や内容を変えながら、あちこち現れては消えるものだったといえる。作品は、撤回のリスクを前提に制作・出品していたこと、展覧会はすぐに潰されるので展示物は軽量で可搬性の高いものが主であったことも考え合わせる必要がある。つまり、後世の人々が論じたようにこの運動を「上野のプロレタリア美術展」という固定的なものとして捉えてはいけない。むしろ、彼らの展覧会は、新しい思想を拡散するための流動的・即興的なメディアであったのだ。それは、今日の美術館から芸術祭への変化の動向にも通じる。だが、その先駆性と意義を、当時運動の内部でも自覚する者は少数派だった。

（1）岡本唐貴・松山文雄編著『日本プロレタリア美術史』（造形社、一九六七年）。
（2）Taro, Yashima. *The New Sun*. New York: H.Holt, 1943. 拙著「芸術家と社会――戦前から戦後にかけての左翼思想と美術」（『日本美術全集　第一八巻　戦争と美術』小学館、二〇一五年）。
（3）須山計一「一画家の自叙伝」（『須山計一画集』須山計一顕彰会、二〇〇七年）、永田一脩「自伝」（『追悼　永田一脩』鳥海書房、一九八九年）。

（4）五十殿利治『大正期新興美術運動の研究』（スカイドア、一九九八年）、五十殿利治「日本のプロレタリア美術運動とその周辺におけるインターナショナリズム——国際交流展を中心に」（『帝国と美術——一九三〇年代日本の対外美術戦略』国書刊行会、二〇一〇年）。

（5）喜多恵美子「プロレタリア美術運動における日韓交流について」（『現代芸術研究』二〇〇三年四月）。

（6）喜夛孝臣「プロレタリア美術運動と造型美術家協会」（『近代画説』二〇〇六年一二月）、喜夛孝臣「矢部友衛とプロレタリア美術研究所」（『昭和期美術展覧会の研究　戦前篇』中央公論美術出版、二〇〇九年）、喜夛孝臣「プロレタリア美術言説の文脈」（『美術批評家著作選集　第一四巻　プロレタリア美術運動』ゆまに書房、二〇一一年）。

（7）吉良智子『戦争と女性画家——もうひとつの近代「美術」』（ブリュッケ、二〇一三年）、吉良智子『女性画家たちの戦争』（平凡社、二〇一五年）。

（8）山口泰二『変動期の画家』（美術運動史研究会、二〇一五年）。

（9）永田一脩は「プロレタリア美術運動と私」（『日本社会主義文化運動資料九　復刻版『プロレタリア芸術』・『前衛』別巻』戦旗復刻版刊行会、一九八〇年）五三頁において、当時から岡本唐貴や造型を批判してきて「岡本は今でもプロ美術の本流は「造型」だという。大月は死ぬまでプロ芸美術部が主流だといいはった。いずれも絵描きのことだから、仕方のないことかも知れないが、『日本プロレタリア美術運動史』も、正しく理解された本が書かれてほしいものだし、実際にその必要があるのだが」と述べている。

（10）中原佑介「日本近代美術史」（『美術手帖』一九五七年四月—一九五八年六月）。

（11）拙著『前衛の遺伝子——アナキズムから戦後美術へ』（ブリュッケ、二〇一二年）、拙稿「小野佐世男　逆説の漫画家・空談家」（『昭和期美術展覧会の研究　戦前篇』前掲）。

（12）『前衛と反骨のダイナミズム——大正アヴァンギャルドからプロレタリア美術へ』図録（市立小樽美術館、二〇〇〇年）、『昭和の美術　１９４５年まで——〈目的芸術〉の軌跡』図録（新潟県立近代美術館、二〇〇五年）、『われわれは〈リアル〉である　1920s-1950s——プロレタリア美術運動からルポルタージュ絵画運動まで：記録された民衆と労働』図録（武蔵野市立吉祥寺美術館、二〇一四年）。

（13）主要なプロレタリア美術家それぞれのもっとも新しい個展のみ挙げる。

「柳瀬正夢　1900-1945」北九州市立美術館ほか、二〇一三年
「すべての僕が沸騰する　村山知義の宇宙」神奈川県立近代美術館ほか、二〇一二年
「尖端に立つ男　岡本唐貴とその時代　1920-1945」倉敷市立美術館、二〇〇一年
「寺島貞志　青春のリアリズム」萬鉄五郎記念美術館、二〇一二年

（14）拙稿「レビュー　あまりにも偉大でスタイリッシュな若者の姿」（『美術手帖』二〇一二年六月）。

（15）発見された作品六点は『日本美術全集　第一八巻　戦争と美術』（小学館、二〇一五年）に掲載。

（16）大月源二「プロレタリア美術の開花へ」（『プロレタリア芸術』一九二八年三月）、喜夛孝臣「プロレタリア美術言説の文脈」（前掲）五五一―五五二頁の指摘による。

（17）「総選挙ポスター・ビラの送付御依頼について」（日本プロレタリア芸術聯盟福岡支部、一九二八年二月七日、DPRO-2001）。

（18）「帝展プロ派全部落選」（『朝日新聞』一九三一年一〇月一四日朝刊三面）。

（19）「帝展出品に関する声明書」DPRO-2081。

（20）彦坂尚嘉『反覆――新興芸術の位相　新装復刻増補版』（アルファベータブックス、二〇一六年）。

（21）永田一脩「プロレタリア美術展移動展覧会並に造型の●《マ》チ《マ》プブル性を排撃す」（『戦旗』一九二八年七月）。

（22）地方支部の報告書には入場者数を記している場合がある。一般と労働者と分けており、その記録方法は岡本が『日本プロレタリア美術史』（前掲）八二頁に記した上野のプロレタリア美術展覧会も同様である。ここでは、一般と労働者の区別にさほど意味がないと思われるので、合計の数字だけを記す。

（23）前掲「総選挙ポスター・ビラの送付御依頼について」。

（24）註21に同じ。

（25）註21に同じ。

（26）註21に同じ。

（27）「黒石」から「その他」まで、橋浦泰雄「検閲制度とプロ美術」（『プロ美術』一九三〇年一月）によるが、橋浦の記述は正確性に欠けることを留意する必要はある。

（28）「第二回常任中央委員会報告」（ＡＲ書記局、一九二九年二月、DPRO-2012）。

（29）「プロレタリア移動美術展目録」（一九二九年七月、DPRO-2021）。この資料によると、会場・四貫島セツルメント、主催・

日本プロレタリア美術家同盟、後援・ナップ大阪地域協議会、大阪印刷労働組合青年部。会場は大阪のかつての貧民街であり、現在その場所はキリスト教会が建っている。絵画五三点、ポスター三七点、漫画八点、彫刻五点、統計ポスター一四点、さらにカット四〇点、闘争写真三〇点。大がかりな展覧会であった。

(30)『ＰＰ ＮＥＷＳ（日本プロレタリア美術家同盟本部ニュース）』（日本プロレタリア美術家同盟本部、一九二九年七月一八日、DPRO-2023）。

(31)註30に同じ。

(32)註30に同じ。

(33)註30に同じ。

(34)「神戸、新潟、その他四カ所」は、橋浦泰雄「検閲制度とプロ美術」（前掲）による。

(35)「松坂、新潟、棚倉、東京、開催地不明」は松山文雄「移動展の新らしい任務と形態」（『ナップ』一九三〇年一〇月）による。

(36)「第三回プロレタリア美術展目録」（一九三〇年一一月、DPRO-2034）。この資料は開催地不明だが、京都か大阪かもしれない。出品は支部ごととなっており、京都支部、新潟支部、大阪支部、札幌支部、仙台支部、東京支部の順番に並ぶ。同年一一月に上野で行われた第三回のプロレタリア美術展覧会とは内容が大幅に異なる。

(37)「プロレタリア美術家」№20（一九三一年五月三〇日、DPRO-2043）、「ＰＰ大阪支部ニュース」№4（一九三一年六月七日、DPRO-2044）、「住友製鋼争議広援のために！ プロレタリア美術巡回展」（大阪・西九条青年会館、DPRO-2045）。

(38)「ＰＰ大阪支部ニュース」№6（一九三一年八月一〇日、DPRO-2052）。

(39)「プロレタリア美術家」№22（一九三一年八月九日、DPRO-2051）。□は判読不明文字。

(40)前掲「プロレタリア美術家」№20。これによると、メーデーカンパ美術闘争として「東京・京浜地方十一ヶ所巡回展」が開催された。

(41)註39に同じ。

(42)「文化団体協議会結成第一回会議報告」（文化団体協議会書記局、一九三一年八月一九日、DPRO-2409所収）、「農村巡回展覧会に関する件（ＰＰ提出）」。

(43)「第４回プロレタリア美術大展覧会」（大阪巡回、堂島ビルディング三階、一九三二年一月一四日から一八日、DPRO-

2070）。もっとも「第４回プロレタリア美術大阪地方大展覧会出品目録　第４回プロレタリア美術大阪地方大展覧会出品規約（チラシ）」（一九三一年一二月一七日、DPRO-2066）によると、ただ東京の展覧会を巡回させたのではなく、大阪は独自に出品募集をしていたようだ。

「汎太平洋プロレタリア文化記念週間　プロレタリア文化展覧会と文化の夕（チラシ）」（一九三二年三月二〇日、DPRO-2071）、「ＪＡＰ大阪支部ニュース」№13（一九三二年七月二〇日、DPRO-2078）。

(44)「東京プロレタリア美術学校学習プラン」（一九三二年六月七日、DPRO-2087）。学生の課題として、六月の前半には「仙台展出品画」、同月後半には「札幌展出品画」とある。

(45) 註17に同じ。

(46) 山本鼎「美術界時評」（『アトリヱ』一九三〇年一月）、岡本唐貴「山本鼎等はプロレタリア美術を如何に攻撃し歪曲したか」（『プロ美術』一九三〇年二月）。

(47) 木部正行・大月源二共編「プロレタリア・ポスターの作り方」（『戦旗』一九二八年一二月）一六二頁。

(48) 村山知義『プロレタリア美術のために』（アトリヱ社、一九三〇年）六頁。

(49) 蔵原惟人「現代日本のプロレタリア美術――プロレタリア美術大展覧会を見る」（『国際文化』一九二九年一月）。

(50) 前掲「プロレタリア美術家」№20。

(51) 森元宗二「大阪ナップ地区議会ニュース附録　大阪ナップに対する二三の批判」（一九三一年九月、DPRO-2422）。

(52)『ＰＰ大阪支部ニュース』№5（一九三一年七月、DPRO-2049）。

(53) 註29に同じ。ここで柳瀬が出品した出した四点の「絵画」のうち、「産業の合理化」については、『東京パック』一九三〇年五月一日に同名の漫画作品が掲載されている。絵画「産業の合理化」の内容は不明だが、同じタイトルの漫画とモチーフが共通していた可能性はある。他の「退けば餓死だ全国の農民団結せよ」「ダラ幹横行の夜」「建国祭」については不明。

(54) 出版部および印刷美術研究所は上落合に設立された。岡本唐貴の前掲書によると、印刷美術研究所で石版機を導入したが、リトグラフは成功せず、多くの出版物は謄写刷りであった。「こうした仕事におわれてリトを本気でやる人がいなかったためかもしれない」（八一頁）。ここで印刷された数少ない出版物の一つが、松山文雄『ハンセンエホン』（一九三一年九月六日発行、二〇一八年六月、まつやまふみお研究会より復刻版刊行）である。

(55) 松山文雄「移動展の新らしい任務と形態」（『ナップ』一九三〇年一〇月）。

# プロレタリア文化運動における宗教の位置づけ

池田啓悟

## 1　マルクス主義の宗教論

片山潜《せん》や安部磯雄、木下尚江《なおえ》などのキリスト教系社会主義者が存在したように、日本の社会主義運動やプロレタリア文化運動が常に宗教に批判的だったわけではない。すでに明治末には幸徳秋水によって『基督抹殺論』（丙午出版社、一九一一年）なども書かれていたが、マルクス主義系の宗教批判は、一九二七（昭和二）年から佐野学《まなぶ》によって海外理論（主にレーニンなどのロシア系のもの、ただしドイツ語からの重訳）が紹介されたあたりから本格化する。まず一九二七年四月号、六・七月合併号の『マルクス主義』（実質的な共産党の機関誌）にマルクス主義系の宗教論を解説した「社会主義と無神論について」が掲載され、続いて『宗教について』というレーニンの宗教に関する論考が同年七月に希望閣から翻訳出版された。他にも一一月に刊行された『マルクス主義講座1』に「宗教論」を書くなど、佐野はこの年精力的に宗教批判を展開している。

その背景のひとつに、第五二回帝国議会（一九二六年一二月〜一九二七年三月）で取り上げられた第二次「宗教法案」をめぐる、山川均との評価の違いがあった。一九二七年二月五日付の『無産者新聞』は宗教法案を取り上げ、この法案が監督官庁の判断によって行政処分でその宗教の宣布、儀式、行事などを禁止できる点、各教派に教団管理者を置き文部大臣がこれを認可する点などが宗教団体を「国家資本主義トラスト」の「完全なる組織に編入せんとする」ことを目的としていると指摘し、信仰の自由のためにこの法案に反対せよ、と書いていた(1)。

同年四月号の『改造』に掲載された「憲本聯盟劇」で山川均はこの記事に触れ、「すべての宗教が、完全に支配階級の支配の機関になり終つてゐる時に、信教の自由といふ問題はあり得ない」と書いた（ちなみに法案そのものについては「民衆を精神的に支配する最も有効な道具を、国家の直接の監督の下に移そうとするもの」としており、評価にあまり差はない）。佐野はレーニンなどを引用しながらこれを批判し、あわせてマルクス主義における宗教の位置づけを展開したのである。

そこで書かれたのが「社会主義と無神論について」であった。佐野はまず「宗教は私事なり」というのがエルフルト綱領以来の社会主義政策の原則であるといい、しかしこの原則は宗教に対する闘争が第二義的なものであるということを意味しない、という。そして「マルクス、エンゲルスにおける無神論とレーニニズムにおける其発展」を論じるために、マルクスが強い影響を受けたフォイエルバッハの宗教批判から解説を始めている。

その内容を簡単にまとめると、まずフォイエルバッハは「神」というのは人間自身の「実体の規定及び表象」を投影したものであるとした。マルクスはその見解を受け継ぎつつ、フォイエルバッハにおいては抽象的だった「人間」を社会的存在としてとらえなおした。そして宗教的表象の奥には政治関係があり、宗教からの解放のためには政治的闘争が必要であるとした。レーニンはこれを受け、さらに戦術上発展させた、という。

「宗教は私事なり」という原則を「日和見主義者」や「無政府主義者」が「宗教はそのまゝで捨ておけば自然に消滅するといふが如き消極的な解釈をした」ことを批判し、「一般的階級闘争との連関に於てのみ解決せられる」とい

図①　日本戦闘的無神論者同盟の機関誌『戦闘的無神論者』1931年10・11月号（DPRO-2168）

うのを「マルクス主義の宗教闘争上の根本原則」とした。これはつまり宗教批判は階級闘争と関わることでのみ完成する、ということだろう。このあたりの議論はこの論文だけでは分かりにくい点があるので、同年に出されたレーニンの翻訳『宗教について』で補いつつ整理してみよう。

レーニンは「純粋のプロパガンダ」「小冊子や宣伝」によって、宗教を克服できると考えることを「ブルジョア的愚昧」であるという。なぜなら「自然との闘争における野蛮人の無力が、神々、悪魔、奇蹟其他のものを呼びおこす」ように、「搾取者に対する闘争に於ける被搾取者の無力」や「資本の盲目的権力の前に於ける恐怖」こそが「近代的宗教の根源」であり、「資本の支配に対して闘ふこと」を学ぶことによってしか大衆から宗教を除去できないからだ、という（「社会主義と宗教」「宗教に対する労働者党の態度に就て」）。これがレーニンにおける宗教の定義である。

また、レーニンはエンゲルスの『反デューリング論』などを引きながら、宗教を社会主義社会において禁止しようとすることに反対し、宗教は私事であり、そこに国家が干渉すること一切に反対する。その上で、宗教が私事であるのはあくまで国家に対してであり、党に対してではないということを強調する。そのため、「小冊子や宣伝」のみで克服できると考えるのはブルジョア的と否定されるものの、宗教に反対する啓蒙書の類そのものは不要ではなく、あくまで階級闘争の展開に従属するかたちでのみ必要であるとされる。

まとめると、(1)「近代的宗教の根源」は「資本の支配に対する無力や恐怖」である。(2)それを克服するには階級闘争を通じて「資本の支配と戦うこと」が必要である。(3)そのため、パンフレットや無神論の宣伝などの啓蒙によって克服しようとするのは間違いである。(4)宗教を禁止するということも間違った対策である。(5)信心深い労働者には、信仰を否定することではなく、ストライキなどの実際の闘争を通じて克服を目指すべきである。(6)ただし、マルクス主義者はあくまで無神論者であり、労働者獲得のために社会主義を宗教に例えたりするようなことは避けなければならない、といったところであろうか。

佐野はこうしたレーニンの戦術に基づき、信教の自由は問題にならないという山川均を批判するのである。そしてここで紹介されたレーニンの宗教論が、以降のマルクス主義における宗教批判の基調となっていく。

## 2　三木清の宗教論とその批判

一九三〇年一月一日、一宗一派に偏らない宗教専門紙『中外日報』の一面に、三木清は「文芸と宗教とプロレタリア運動」を発表した。先にマルクス主義者側の宗教批判の展開を見てきたが、他方で宗教関係者の側でもマルクス主義に対する関心が高まっていた。例えば一九二八年六月五日にキリスト教、仏教、神道の代表者が集まり「御大典記念日本宗教会議」が開催されたが、大会宣言では「思想の悪化、生活の不安、並に政治の堕落」が現時における「三大恨事」とされ、これを「善導し、解決し、且つ救済」することができるのは「不健全なる唯物主義」ではなく「宗教的信念」によることがうたわれ、「我国体に背反する、共産主義等の結社、及其の運動の絶滅」が決議された（『日本宗教大会紀要』一九二八年一二月）。また宗教専門紙『文化時報』は懸賞によってマルクス主義宗教論撲滅論を募集するなど、(2) 多くは敵対的な反応だった。その一方で、後に新興仏教青年同盟を組織して反ファシズム運動を展開した妹尾義郎《せのおぎろう》、創立期の水平社運動に参加した三浦参玄洞《さんげんどう》などは宗教の改革を目指し、社会主義運動にも共感的な反応を示していた。

こうした関心の高まりの中で、一九二九年あたりから『中外日報』にも社会主義関係の論考が多数掲載されるようになった。そこに書かれたのが三木の「文芸と宗教とプロレタリア運動」である。この中で三木は「マルクス主義にとつて文芸闘争はブルジョア文芸破壊のための闘争である」とともに「プロレタリア文芸建設のための闘争である」のに対し、宗教は「従来の宗教の否定と共に宗教そのもの、潰滅がマルクス主義によつて要求されてゐるもの、如くである」という。

その上で、「嘗ては、自己の大衆性を獲得し、自己を強力にするために例へば、ギリシアの哲学、否な自然科学にさへ、勇敢に結びついていつた宗教が、何故に今日マルクス主義の理論に自己を結びつけてはならないのであらうか」と問いかける。そして「宗教はつねに弱き者、貧しき者、虐げられた人々の味方であらうとした。宗教は今プロレタリア運動の擁護者としてその本来の使命を果さなければならない」という。つまり三木はここで宗教家にマルクス主義と結合するよう呼びかけているのである。

これは同年二月九日から一三日にかけて『中外日報』に発表された「如何に宗教を批判するか」でも同じであった。ここで三木は「単純な、絶対的な宗教否定は機械的唯物論のことであり実証主義のことである。人間が機械でない限り、宗教の問題は人間の存在そのもの、うちに含まれてゐる。この問題は階級なき搾取なき社会の到来と共になくなるやうなものではない」といい、「自然及び社会に関する科学のどのやうな進歩によつても満足させられることの出来ぬ宗教的要求」の存在を指摘する。そして宗教家に「絶対的な否定を説くのでなく」「弁証法的な否定」を主張すべきである、という。「弁証法的な否定」とは、これまでの自己のあり方を否定することで新しいあり方を目指す、そういう否定である。

先に見たようにレーニンは「近代的宗教の根源」を「資本の支配に対する無力や恐怖」に求めている。したがって階級闘争に関わること、および社会主義社会の到来は必然的に宗教の終焉をもたらす、というのが正統とされたマルクス主義の立場であった。ところが三木は「宗教の問題は人間の存在そのもの、うちに含まれてゐる」(前掲「如何に宗教を批判するか」)といい、社会主義の到来によっても消えることのない宗教的欲求があるというのである。それは宗教の定義に関して大幅な変更を迫るものだった。さらに三木清は当時プロレタリア科学研究所（一九二九年創立）の唯物弁証法研究会の責任者でもあった。そうした立場の人間がマルクス主義の定義とは異なる宗教認識を示したことで、多くの反応を呼ぶことになる。

例えば『中外日報』主筆でもあった三浦参玄洞は「スローガン「宗祖に帰れ」とは？――三木氏の論文を読む」（『中外日報』一九三〇年二月二二～二三日）で「三木氏の提唱を支持する」と表明した。また一月一六日に法界雑俎社と中外日報社東京支局の主催で「マルキシズムと宗教の座談会」が開かれたのも反響の内に数えていいだろう（『中外日報』一九三〇年一月一二日に掲載された予定では出席者に三木清の名前も挙がっていた）。また小林多喜二も「宗教の「急所」は何処にあるか？」（『中外日報』一九三〇年二月二一～六日）という論考で宗教を論じている。しかし、一番多い反応は批判的なもので、三木の主張はマルキシズムからの逸脱である、というのである。

例えば同じ『中外日報』紙上に安部大悟《だいご》と服部之総《しそう》による批判が載せられた。批判の主な点は、安部の言葉を引用するなら「マルキシズムによれば、プロレタリヤの解放は階級の揚棄による人類の解放を結果し、従つて宗教は不可避的に消滅する。これこそアナーキズムの観念的宗教否定に対し、階級闘争の具体的実践に宗教否定が齎らされる所以である」（「修正と歪曲――三木教授の試みへの抗弁」『中外日報』一九三〇年二月一三～一四日）という一点につきる。また服部は三木の理解はマルクス主義とはいえず、「マルキシズムに関心をもつ青年宗教家の陥りがちな一種の自慰的解釈」とすらいっている（「三木清氏の宗教学」『中外日報』一九三〇年二月一九～二三日）。服部は「マルキシズムと宗教の座談会」でも三木を批判しており、その中で宗教を論じるときに「宗教は民衆の阿片である」という「マルクスのヘーゲル法律哲学批判序説」からの言葉がよく引用されているが、その前に書いてある「宗教は民衆の幻想的幸福である、宗教的苦痛は現実的苦痛の表現である」という点こそ「マルキシズムに於ける宗教批判の第一テーゼ」ではないか、と指摘している。その上で宗教とはみじめな窮乏状態やそれに基づく階級的搾取状態から解放するための条件が備わっていない歴史段階における「人類解放の要求の現れ」であり、社会主義というのは苦痛からの解放の条件が実現した段階での「アイデアリズム」であり、特にマルクス主義は人類社会の発展法則を発見したがゆえに、そのアイデアリズム実現の方法論を理論としても実践としても見通しのつく状態に持って行くことができたのだという。宗教は現実的苦痛の表現であるという点を重視する服部からすれば、社会主義の実現はそうした現実的苦痛からの解放であり、そこに宗教の残る余地はないということになるのだろう。

これらの批判に対して三木は「宗教闘争と階級闘争――批評家に答へて」（『中外日報』一九三〇年二月二三・二六日）を書いて反論した。ここでの論点は二つある。一つは、これまでも見てきたレーニンの「宗教に対する労働者党の態度に就て」を引用しながら、自分はレーニンもいったように「階級闘争のためには宗教家との協同をも避けてはならぬ」という点を「政策的な意味」で論じたまでだ、ということだった。確かに先の論文で彼は宗教家にマルクス主義と結びつくように呼びかけていた。それは同じレーニンの文献に基づいて信仰の自由のために宗教法案に反対せよと主張していた佐野学とそう違わない態度だったろう。

だが多くの人が反応したのはそちらではなく、宗教の位置づけをめぐる発言の方だった。こちらについて三木は、宗教は「徹頭徹尾階級的なもの」か、それとも「超階級的なもの」なのか、と問いかける。そして「従来の宗教の多くの内容が搾取の廃棄と共に消滅することは明瞭」であるが、それでもなお「搾取なき社会にあつては宗教もそれに応じて全く新しい形態をとるであらう」といい、「隷属と貧困のうちにのみ宗教の原因は求めらるべきでない」という。つまり、従来は階級なき社会とともに宗教そのものがなくなる、とされてきたのを、これまでの形態の宗教はなくなるものの、またそれとは違った形の宗教が登場するだろう、というのである。

こうした流れの中で川内唯彦《ただひこ》「マルクス主義者は宗教に如何なる態度をとるか――三木氏と服部氏の所論に就いて」（『プロレタリア科学』一九三〇年六月号）が書かれる。川内は東京外国語学校ロシア語科で蔵原惟人《くらはらこれひと》の同級生であり、堺利彦を通じて日本共産党の創立大会にも参加した人物である。プロレタリア科学研究所には前身である国際文化研究所時代から関わっていた。四章からなるこの文章は、一章でマルクス主義宗教批判論のあらましが述べられ、二章で宗教の根は人間存在そのもののなかにあるという三木の主張が、社会的生産諸関係の見地から考察されていないと批判される。さらに三章では「階級闘争のためには宗教家との協同をも避けてはならぬ」という三木の政策的主張に対しても、レーニンはそれをあくまで「キリスト教的労働者」を「マルクス主義および無神論へ誘引する例」として挙げていることを強調する。そして四章では三木を批判した服部之総もまた青年宗教家との結合に言及していた点が批判される。そして「たとひ戦術的であるにせよ、僧侶とプロレタリートの結合提携を計ることは極度に拙劣であり危険である」とされ、「俗悪なる仏教マルクス主義の宣伝を控へ」、党あるいは組合の規律に従って行動しようとするときだけは手を組むことができるという。

その後、プロレタリア科学研究所書記局によって「哲学に対する我々の態度——三木哲学に対するテーゼ」（『プロレタリア科学』一九三〇年八月号）が書かれ、三木のプロレタリア科学研究所退会が決定される。プロレタリア文化運動における反宗教組織は、この三木批判の路線の下、彼を批判した川内唯彦を中心に進められることになる。それが日本戦闘的無神論者同盟であった。

## 3　日本戦闘的無神論者同盟の展開

日本戦闘的無神論者同盟（戦無）は、準備会を含めると一九三一年三月から一九三四年五月まで活動した。組織の動きを内務省警保局編『社会運動の状況』や当時の新聞などを参照しながら確認しておこう。一九三一年三月、川内唯彦らプロレタリア科学研究所の唯物弁証法研究会のメンバーを中心に、宗教打倒の組織的運動を起こ

図②　高津正道が主導した日本反宗教同盟（準備会）の会報『反宗教』第1号（1931年10月／DPRO-2162））

そうという計画が持ち上がり、三月二一日と二八日に反宗教闘争同盟設立懇談会を開催し、四月七日に「反宗教闘争同盟準備会」を発足させ、暫定的な綱領や規約を決定した。

三月の反宗教闘争同盟設立懇談会の会合には、日本共産党創立に関わり、福本イズムに反対して共産党を離れ、労農派に身を置いていた高津正道《せいどう》も参加していた。彼は真宗本願寺派の寺の住職の長男でもあり、「マルキシズムと宗教の座談会」にも参加していた。会合で彼は広範な大衆の支持を受けねば運動は困難なため、共産主義者のみならず社会民主主義者などにも参加を呼びかけようと主張したが、他の面々と方針が合わず第二回準備会を途中退席し、独自に反宗教組織創設に乗り出した。それが日本反宗教同盟であり、その会報が『反宗教』（第一号［図②］）である。高津の主義を反映して、日本反宗教同盟は柔軟な運動を展開しようとしたが、財政難もあり、一九三五年頃には実質的な活動は停止したようだ。

日本戦闘的無神論者同盟発起人の一人である秋沢修二の回想によると、その後も高津から組織合同の申し入れがあったものの、戦無側がこれを断ったという。日本戦闘的無神論者同盟側が冷淡な態度を取ったのは、一つには三木清や服部之総を批判したときに方向づけられた路線の影響があったのだろう。佐野学のときにはまだレーニンの発言をもとに信仰の自由を戦術として取り入れるということが行われていた。当然信仰の自由を軸に多様な層との連携が目指されていただろう。しかし川内が三木や服部を批判したときには、宗教家と連携をとることさえ「極度に拙劣であり危険である」とされ、相手が自らの主張を捨て党や組合の規則に従う場合のみ手を取るとされていったのである。

　またこの態度は当時のコミンテルンの戦略を反映したものでもあっただろう。もともとコミンテルンは、一九一四年ドイツ社会民主党が戦争を支持し政府に協力して軍事予算に賛成することで第二インターナショナルが崩壊した後を受け、共産主義者インターナショナルとして創設されたものであった。社会民主主義者に対する反発を最初から持っていたが、一時は労働者統一戦線戦術をとって協力関係を築くことを容認していた。しかし一九二八年に開かれた第六回コミンテルン大会において、資本主義が最初の危機を迎えた第一期、相対的安定期に入った第二期を過ぎ、第三期の最終的崩壊の段階を迎えたと規定し、革命運動を左転換させ、社会民主主義者を「社会ファシスト」と呼んで攻撃対象とみなした。こうした流れを受けて、高津から合同の申し入れがあったとき「川内がとにかく張り切っちゃってね。社民と一緒になれるか、式で、はねのけてしまうわけです」と秋沢修二は回想している(3)。

日本反宗教同盟を粉碎せよ！

中部支部××班　池田三郎

ソヴエート同盟及び中國ソヴエート攻撃のための、帝國主義にとつて不可缺の足場だからだ。だからこそ國際反ソヴエート十字軍の代表たる國際聯盟が、様々なお芝居を演じつゝ、又各帝國主義國の利害の對立にも拘らず。いたい腹を我慢して、日本の明らかな帝國主義的侵略を默認したのだ。
　こういふ一番重大なことは奴等社會民主々義者は押しかくしてしまふ。ソヴエート同盟、中國ソヴエートがぶつつぶされたら世界のプロレタリアートは再びその解放の時期を遠く延ばされるであらう。血と苦難を以てあがなはれたプロレタリアートの政權を奴等の手にとり返されてたるか。今こそプロレタリアートの國際的連帶性にケチをつける者を容捨なく叩きのめさねばならぬ。
　神主坊主がいつもブルジョア地主と同じ腹でこれに奉仕し、プロレタリアートの敵であることは、もう誰にも明らかだ。奴等は平常は漠然な平和主義の假面をかぶつてゐるが、奴等の主人が戦争をやりたがつてゐると忽ち『國家のために』とか、『戰死者慰靈』とか『從軍者慰問』とかで盛に戰爭熱をあふる。特に神道はこの日本の好戦主義の支柱だ。我々はこれを徹底的にバクロし、飽くまでこれと戰はねばならぬ。
　社會民主々義者の反宗教運動は、反宗教運動のこの最も重大な任務を遂行することは出來ない。奴等は神主や坊主の帝國主義戰爭支持を默認してゐる。彼等もやはり同じ穴のムジナだ。宗教、特に神道を先頭とするファシズムの運動は、彼等をもその一翼として引込み、決定的な瞬間には公然たるプロレタリアートの敵としての奴等の正體を白日の下に曝すであらう。

同志諸君！
去る十一月一日堺利彦、高津正道等々の社會民主々義の幹部十四五名が上野自治會館でオレ達の日本戰鬪的無神論者同盟に對立する『日本反宗教同盟』なるイカサマものをデツチ上げた。警視廳の護衛のもとに、自治會館の第何號室とかで深々と身動の埋まるような椅子をよせ集めて、代議員一人も出席しない大會を彼等だけで仲よく（ほんとに仲よく）全國的に結成したといふから笑はせるぢやないか。戰無に對立する組織をデツチ上げる事によつて、勞働者農民が戰無の旗の下に結集するのを喰ひ止めるべく官ケンと協同でやつたのだ。

—（9）—

図③　池田三郎「日本反宗教同盟を粉砕せよ！」（『戦闘的無神論者』1931年12月号）。高津正道の日本反宗教同盟をも明確な敵と位置づけている（DPRO-2175）

　反宗教闘争同盟準備会は同年五月二三日に東京上野自治会館で宗教打倒大演説会を開き、また機関誌『反宗教闘争』（創刊号〔図④〕）を刊行している。これは第三号まで刊行された。さらにこの時期「八・一カンパについての指令」（DPRO-2151）として反戦活動への参加が反宗同盟準備会中央常任委員会によって呼びかけられている。こうした政治闘争への積極的な参加は、

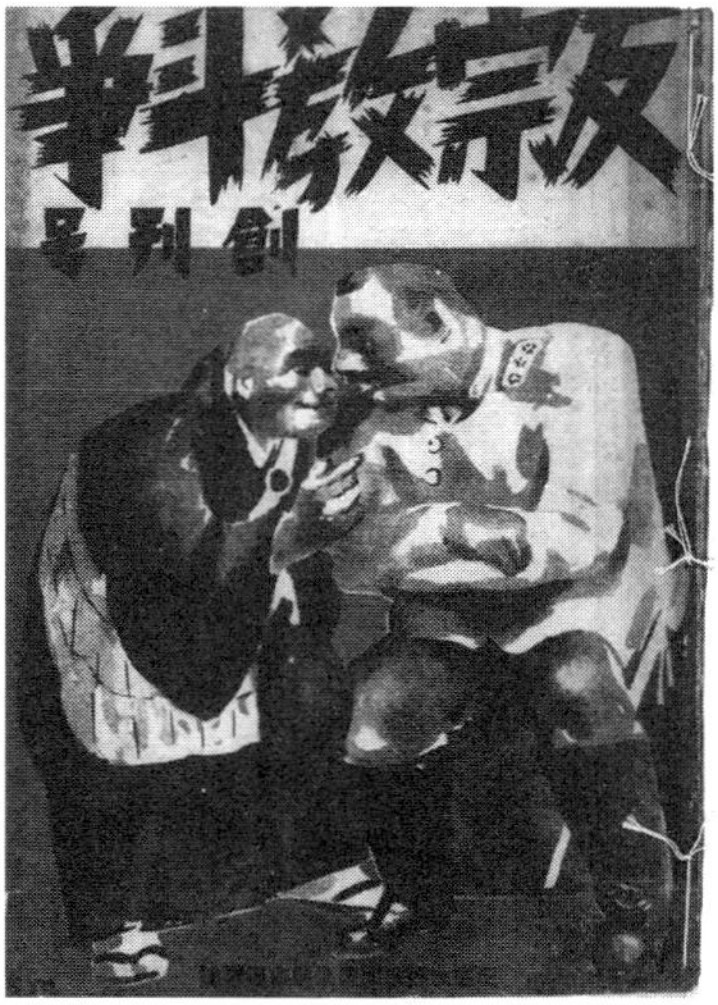


図④　日本戦闘的無神論者同盟の前身、反宗教闘争同盟準備会の機関誌『反宗教闘争』創刊号（1931年6月）。僧侶と軍人が何やら打ち合わせしている様子が描かれている（DPRO-2147）

プロレタリア文化運動全体の特徴であるが、これまで見てきたようにマルクス主義系の反宗教運動は階級社会が消滅することによりおのずと宗教が消滅するという立場であり、そのため政治闘争を重視する姿勢が強かった。『反宗教闘争同盟　号外』（DPRO - 2159）によると八・一カンパでは工場やデパートにて実際に反戦ビラがまかれたようだ。ただこれが官憲の注意をひいたようで、八月一三日に本部総検、二四日にアジトを襲われ、このとき「日韓併合屈辱記念日」及び九月六日の国際青年デーに対する指令を奪われたという。また夏季巡回講演を開催、山梨、長野、新潟、富山、愛知、京都、大阪などを訪れた。

　こうした状況のなか、築地小劇場で九月二〇日に結成大会を開き（ただしこのとき大会そのものは開会宣言と同時に解散を命じられたため、同日三枝博音《さいぐさひろと》の自宅でひそかに創立大会が開かれたという）、このときプロレタリア無神論者インターナショナル（I・P・F）への加盟が決議され(4)、日本戦闘的無神論者同盟と改称している。一〇月二八日に中央常任委員会を開き、日本プロレタリア文化聯盟（コップ）への参加を決議、中絶していた機関誌を再興する決定を下した。

　これに合わせて機関誌を『戦闘的無神論者』（創刊号〔図①〕）と改題し、大衆啓蒙紙として『われらの世界』（第一号、DPRO-2187）を刊行することになった。『われらの世界』は一九三四年五月三〇日の第二九号まで刊行された。

また東京府連（中部・城北・城西・城南・江東の五支部）・仙台・平・甲府・上諏訪・上小・小諸・須坂・中信・南蒲原・富山・京都・大阪・神戸・奈良・松阪・岐阜・名古屋・岡山・石西・長崎・宮崎に支部が確立されたという[5]。

それから一九三二年に建国祭反対運動、花まつり、盂蘭盆反対闘争などを展開しつつ、一九三三年一月二五日に第二回大会が計画され（ただし、本村四郎によると実際には大会は開けず、前日に行われた拡大中央常任委員会がこれに代えられたという[6]）、ここで四二項目あった行動綱領が一四項目へと簡素化される。その際、三二年テーゼの影響を受けて闘争方針が当初の「仏教、とりわけ本願寺」から「天皇制の精神的支柱としての国家神道に対する闘争の強化に転換した」と指摘されている[7]。

三二年秋ごろには活動家が次々と検挙されたこともあって活動が停滞していたが、川内唯彦が奮闘し、唯物論研究会から岩倉政治《まさじ》、佐木秋夫らを引き抜くことで勢力を挽回した。しかしその後も検挙は続き、一九三三年一〇月拡大中央委員会を開催し陣容立て直しをはかるものの、一九三四年五月二九日に中心人物の川内唯彦が検挙され、ついに組織は壊滅する。

## おわりに

こうして日本戦闘的無神論者同盟の歴史を眺めると、柔軟さと宗教への理解の欠如を感じざるを得ない。一九三三年の時点で「坊主や観念論者の反動理論を論駁するのに、たゞ「宗教は阿片なり」を繰り返すのみでは、大衆を獲得することはできない」と自己批判し、「吾々は、まづ日本における宗教および宗教組織の実状、これの反動的役割を具体的に知らねばならぬ〔略〕従来、この方面における吾々の知識の不足は決定的である」（「戦無」第二回大会の成果と自己批判」『プロレタリア文化』一九三三年四月号）と反省せねばならぬほどだった。しかし、一九三〇年の時点ですでに小林多喜二は「宗教は阿片だ、宗教は阿片だぞ、とそれをたとへ千ペン繰りかへしたとしても、そんな事が一体どうなるかといふ事を、私は云ひたいと思ひます」（「宗教の「急所」は何処にあるか？（二）」『中外日報』一九三〇年二月二日）と指摘しており、また服部も「宗教は阿片だ」ということよりも「宗教は民衆の幻想的幸福である、宗教的苦痛は現実的苦痛の表現である」という点こそ「マルキシズムに於ける宗教批判の第一テーゼ」ではないかと指摘していたのだった。

反宗教運動において宗教に関心がないというのは、こうした現実的苦痛、宗教を求める人々の切実さといったものに無関心だということを示してはいないだろうか。マルクス主義無神論運動を論じる際によく引用される文章だが、林達夫はこの運動を「残酷な言い方を以てすれば、一つの笑劇に外ならなかった」という。「戦闘的無神論者であると称した一部マルクス主義者は、その粗雑極まる素朴的合理主義を振り廻す点では明治啓蒙主義者のそれに優るとも劣らなかったようだし、それにその反宗教運動なるものは、ソヴェト・ロシアの猿真似の域を一歩も出でぬ恐ろしくスコラ的なものでもあったのだ」「すなわち、それは宗教に関係あるあらゆる近代的学問――心理学、病理学、社会学、人類学、民俗学、等々の最新の成果を一向に利用しようともせず、ただひたすらマルクスとレーニンとのテーゼの退屈極まるヴァリエーションを繰り返すのみのていたらくであったからお話にもならぬのである」（「宗教について」『林達夫著作集3』平凡社、一九七一年）。これに付け加えるならば、近代的学問の成果を取り入れることだけではなく、宗教を求める人々の現実的苦痛に対しても関心が薄かったといえるだろう。

ただ、プロレタリア文化運動に身を投じた人々が、そもそも学問や抑圧された人々に関心が薄かったわけではないだろう。おそらく、マルクス主義の理論こそもっとも発展した学問であるという思いが他の学問分野への関心を低下させ、マルクス主義に基づく理論や運動こそ最も抑圧された人々の力になると信じたがゆえに、現実に抑圧された人々が何を求めているのかに耳を傾けることから遠ざかってしまったのではないだろうか。

一九三三年六月一〇日、各新聞に鍋山貞親と佐野学の転向が大々的に宣伝される。その中で佐野が獄中で仏教の研究書を読み、「仏教とヤソ教の相違点を知ることが出来た」といい、さらに『大乗起信論義記講義』を読みその深遠さに驚嘆した、とある。[8]これが他でもないマルクス主義無神論理論の紹介者である佐野学の口から語られたということが、プロレタリア文化運動において宗教がついに他人のものでしかなかったということを雄弁に語ってはいないだろうか。

(1) 第二次宗教法案そのものについては、赤澤史朗『近代日本の思想動員と宗教統制』(校倉書房、一九八五年)の第三章「信教の自由」とその限界」が詳しく論じている。
(2) 前掲、赤澤史郎『近代日本の思想動員と宗教統制』一七二頁。
(3) 秋沢修二「戦前の反宗教闘争と無神論の現在的課題」(山本晴義編『現代日本の宗教――宗教イデオロギーへの批判視角』新泉社、一九八五年)一七三~一七四頁。
(4) プロレタリア無神論者インターナショナルについては本村四郎「プロレタリア無神論者インターナショナル――IPF内部抗争と分裂(日本戦無成立前史稿・2)」(『季報唯物論研究』一九八三年九月)に詳細が論じられている。
(5) 田中真人『一九三〇年代日本共産党史論』(三一書房、一九九四年)二〇七頁。
(6) 本村四郎「戦前日本のマルクス主義無神論運動」(前掲『現代日本の宗教』所収)二二一頁。
(7) 前掲、田中真人、二二〇頁。
(8) 中野澄男「佐野・鍋山転向の真相」(『改造』一九三三年七月)二〇一頁。

# 戦旗社支局における謄写版刷りニュースの発行

## 指導方針と読者の間で

武田悠希

## はじめに

戦前のプロレタリア文化運動におけるビラ、ポスター、ニュースなどさまざまな配布文書の作成には、手書きの線をそのまま活用する簡易印刷機である謄写版《とうしゃばん》が利用された。謄写版印刷における製版は、「ヤスリ」と呼ばれる鉄板の上に置いた「ろう（蠟《ろう》）原紙」を、先端が鉄でできた「鉄筆《てっぴつ》」で削って文字や絵などの線を引き、原紙にインクがしみこむ「孔《あな》」をあけることによって行う。原紙を鉄筆で削る際に、「ガリガリ」と音がすることから「ガリ版」と呼び親しまれることになったと言われている。[1]

『昭和戦前期プロレタリア文化運動資料集』（以下、『資料集』と表記）に収められた多数の謄写版刷り文書は、文化運動に関わる人々をつなぎ合わせる役目を果たした。その一つ一つには、弾圧の厳しさ、各地の文化運動や労働運動の様子、地方での活動・組織の形態など、当時の文化運動に関するさまざまな具体的情報が記載されている。それのみならず、原紙を削った人々の筆致を再現するこれらの文書は、当時の文化運動に関わった人々の熱意や関心など、その息づかいをも伝える資料となっている。

以下、本稿では、『資料集』に収められた謄写版刷り資料のうち、戦旗社支局が発行したニュースを取り上げる。一九二〇年代末から三〇年代初めにかけてプロレタリア文化運動の中心となった組織であるナップ（全日本無産者芸術聯盟、のちに全日本無産者芸術団体協議会、ＮＡＰＦ）は、一九二八（昭和三）年に、その機関誌として

『戦旗』を創刊した。創刊当初、合法雑誌として書店に並んだ『戦旗』は、次第に合法性を失い、厳しい弾圧の対象となっていった。戦旗社支局とは、弾圧をかいくぐって『戦旗』を読者に直接配布すること、およびその継続的刊行を可能にするための資金回収を主な目的として、全国に立ち上げられた組織である。

文化運動に対する弾圧が厳しさを増していくなかで、支局から継続的に発行されるニュースは、どのような役割を担っていたのか。謄写版刷りニュースの発行によって『戦旗』と読者を結びつけ、『戦旗』刊行の継続とプロレタリア文化運動の持続を支えていこうとする戦旗社支局の活動や試みの形跡を、『資料集』に収められたニュースの紙面から読み取り、戦前期のプロレタリア文化運動にとって重要なメディアとして機能した謄写版刷り資料が、文化運動の様子をどのように今に伝えているのか、考察してみたい。

## 1　文化運動における謄写版刷り

和紙にパラフィン等を塗った「ろう原紙」を「ヤスリ」の上に置き、「鉄筆」で文字や絵を書く。その原紙に手に持ったローラーでインクをのせ、原紙にあいた孔にインクをしみこませることで下の紙に印刷されるというのが、謄写版印刷の仕組みである。謄写版印刷は、活版など他の印刷手段ほど費用もかからず、電気などの動力や特別な設備も必要とせず、印刷場所にも自由がきくため、手軽な印刷手段として、明治、大正、昭和にわたって日本に広く普及した。

滋賀県の堀井新治郎父子が発明した謄写版は、日清戦争開戦の年（一八九四年）に最新の国産事務用印刷機として世に出て、陸軍御用の軍事通信に採用された。その後、役所など公的機関の事務用印刷機として、教育現場、政治・社会運動、文芸・芸術活動の分野などさまざまな領域で、情報伝達や表現の道具として活躍した。戦後の一九六〇年代までが謄写版の最盛期であったと言われている。

民間に広がりを見せるのが大正期であり、「ガリ版」という愛称も、その頃出てきたものとされている。大正期の文学青年たちの「文学熱」や、全国に広がった労働運動が謄写版印刷の普及を促し、国内に多様な印刷の需要が広がった(2)。

昭和戦前期のプロレタリア文化運動にとって、この謄写版印刷は必要不可欠のものであった〔図①〜⑤〕。

一九二〇年代末から三〇年代初めにかけてプロレタリア文化運動の中心となったナップの機関誌として刊行された文芸雑誌『戦旗』の第二巻第四号（一九二九年四月）には、ビラを刷る労働者たちの姿を描いた、林房雄の「謄写版の奇蹟」という小説が掲載されている。そのなかで林は「謄写版といふ機械〔略〕ちつぽけですばしつこい道具」がいかに運動に従事する者にとって親しみやすい存在かを描いている。

とにかく謄写版は僕達に親しみ深い道具であることには間違ひはない。組合のニュース、研究会の教程、工場や車庫にもちこむビラ「帝国主義××」、「打倒建国会」壁と電柱にはりつける小型のポスター、葉書、案内状、議案、踏絵にする田中大将の似顔、なんでもござれだ。それに技術もたいしていらない。といつてもむろん、原紙の切り方、インキの薄め方、ローラーのまわし方、そのこつをほんとにのみこむまでには、毎日やつても一週間はかゝる。が、それだけの時間で、見事熟練工になつて、「秘密出版工組合」の入会資格が出来あがらうといふのだから、大によろしい。

（一一二〜一一三頁）

『戦旗』第三巻第四号（一九三〇年三月）では、井上修吉が「プリントの書き方」という記事で、謄写版印刷術を解説している。道具の揃え方から、印刷の仕組み、道具を使いこなし、短時間できれいに刷り上げる方法を紹

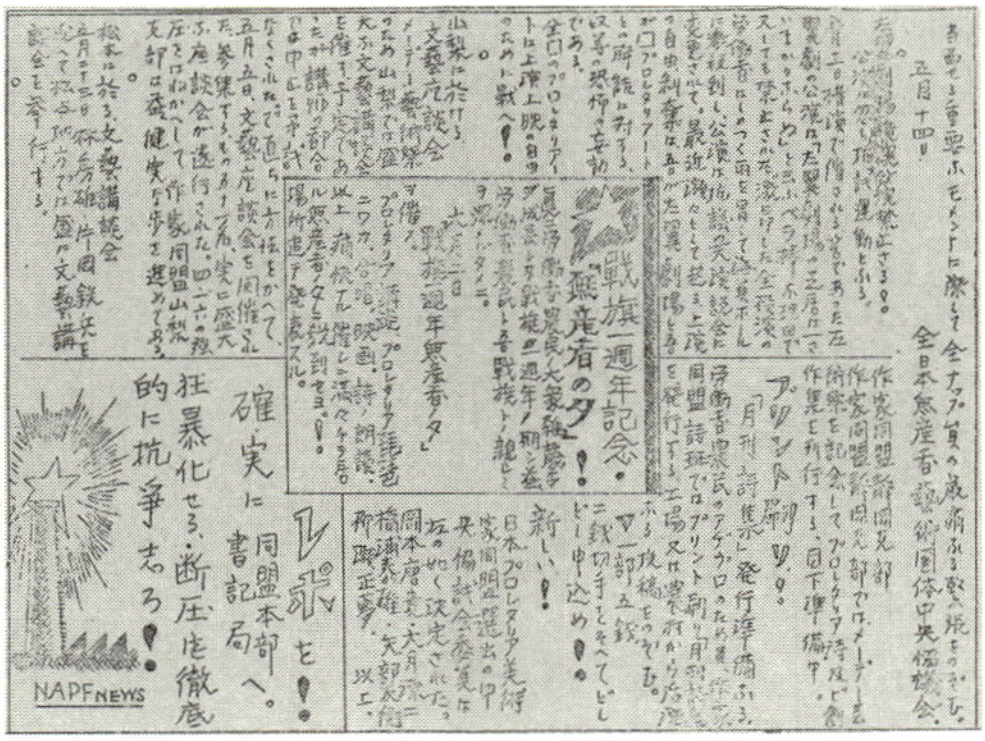


図①　「NAPF ニュース」No.9（全日本無産者芸術団体中央協議会、1929 年 5 月 14 日と日付記載）の 2 枚目。自由な枠線による区切り、カットの挿入、見出しの工夫が見られる（DPRO-2323）

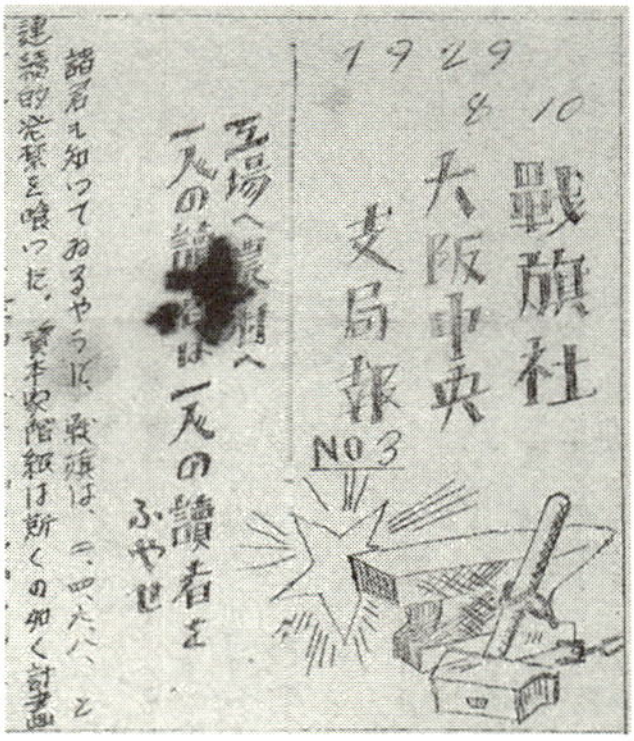


図②　「戦旗社大阪中央支局報」（戦旗社大阪中央支局、1929 年 8 月 10 日発行）の題字部分（DPRO-2335）

介し、「原紙には厚いの（丈夫なの）と薄手（弱いの）とがあつて、前者は五百枚以上を刷る時に用ひ、後者はそれ以下の時に用ひる。大抵薄手は百枚が標準」（一七一頁）など詳細な情報も、読者に有益な「謄写版術の一般常識」（一七五頁）として教授する。

「小さい」からこそ、「争議ニュウスを刷つてゐる処へガサの不意打ちを食つたとしても〔略〕謄写版を小脇に抱えて、次の安全地帯へ跡白波」であるし、「天井裏」でも「田圃の藪の中」でも刷ることができる。また、それ一式さえあれば、「組合のレポートや争議ニュウスやパンフレットやポスタア〔略〕どんなものでも作ることが出来る」と簡易印刷機としての利点

図③　「支局報」（戦旗社大阪中央支局教育出版部、1929 年 10 月 28 日発行）の題字部分。図②③ともに、題字に絵を用いて表現している（DPRO-2341）

戦旗東京支局ニュース
第一号
俺達の任務

図④　「戦旗東京支局ニュース」第１号（戦旗東京支局、1930 年 12 月 13 日発行）。4 コマ漫画が挿入されている（DPRO-2377）

支局ニュース
戦旗社神戸支局
三・四月合併号
発行遅延について
★誌代を完納して戦旗を守れ！
★戦旗に対する不平不満をすぐ送れ！
★戦旗に対する白テロをケットばせ！
★戦旗の発禁発行停止絶対反対！
★労働者農民の出版の自由！
誌代滞納は戦旗をツブスことだ!!
支局財政部
★誌代の完納を実行せよ！

図⑤　「支局ニュース」三・四月合併号、1 頁（戦旗社神戸支局、1931 年 3 月 31 日発行）。見出しなど、さまざまな大きさの字が配置されている（DPRO-0057）

を、労働運動や文化運動に携わる者の立場から説明している（一七〇頁）。このように、最低限の道具と労力さえあれば、誰にでも簡単に少部数を印刷できることと、その持ち運びの良さから、謄写版印刷は、プロレタリア文化運動にとってなくてはならない存在となっていた。

また、印刷表現においての謄写版印刷の特徴は、自由な文書表現と紙面構成が可能な点である。さまざまな字体を表現でき、字や絵の配置も自在で、多色刷りも可能である。本稿で取り上げる謄写版刷りニュースにも、太字による見出し、細かい字で書かれた本文、画面を区切る枠線、漫画やカットの挿入、謄写版印刷を通じて培われた略字[3]（たとえば、「闘争」を「斗争」、「帝国主義」を「帝口主義」）などが窺える。字の癖や勢い、刷り工合などにも、印刷に携わった人それぞれの個性が浮かび上がっている。

## 2　戦旗社支局ニュースの役割

『戦旗』は、一九二八年五月にナップの機関誌として創刊された。ナップとは、全日本無産者芸術聯盟の略称で、一九二八年四月に、日本プロレタリア芸術聯盟（プロ芸）と前衛芸術家同盟（前芸）が共産党を積極的に支持するかたちで合流して結成された芸術団体である。

ナップ結成以前のプロレタリア文化運動は、芸術団体が分裂を繰り返し、プロ芸と、プロ芸から分裂して組織された労農芸術家聯盟（労芸）と、労芸から分裂して組織された前芸とによる三つ巴の状況となっていた。ナップの書記長を務めた鹿地亘《かじわたる》は、ナップ結成時の状況について、次のように書いている。

前芸とプロ芸の合併を中心にして、その他の革命的な芸術グループが、日本共産党の指導的な影響の下で〔略〕結集し、はじめて分裂に終止符をうち、プロレタリヤ芸術運動が統一されて、はなばなしい展開にはいるのが、翌二八年四月。
（鹿地亘『自伝的な文学史』三一書房、一九五九年、五一頁）

続けて鹿地が、ナップが活躍した時期について、日本共産党にとっては「あいつぐ敵の攻撃にさらされ、組織の再建に苦しめられる時期」であり、「ナップの運動には、それに協力する大きい役が負わされた」（五一～五二頁）と書いている通り、ナップ結成の意義は、単に文化運動団体が統一されたというだけではなく、一九二八年三月一五日の日本共産党への大弾圧以降、党を再建し、運動を全国的に拡大し維持していくための足がかりを提供するという点にもあった。

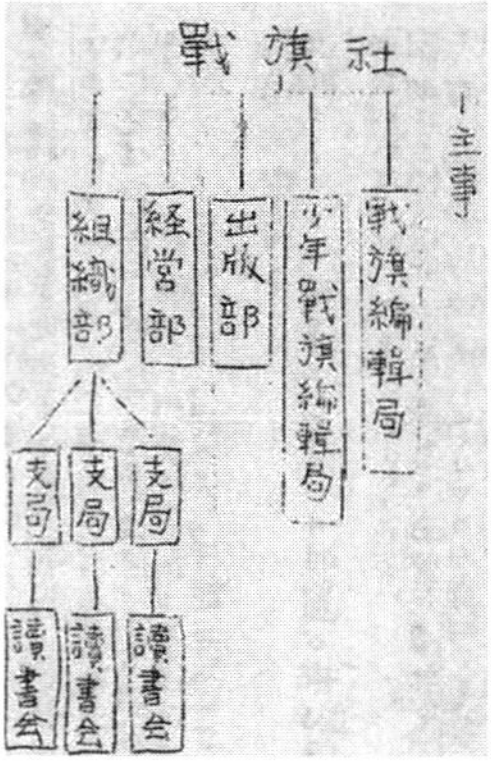

図⑥　戦旗社組織図。「ナップ・ニュース」No.18（ナップ本部、1929 年 11 月 25 日発行）に記載（DPRO-2343）

『赤旗』や『無産者新聞』が完全な非合法下におかれ、大衆の手に届かなくなった状況において、取次を経由して一般書店に並び、全国に届けられる合法誌であったナップの機関誌『戦旗』は、プロレタリア文化の啓発だけでなく、左翼運動全体の拡大を担う出版物として重要な役割を果たした[4]。しかしながら、文化運動および『戦旗』にも警察の取り締まりが波及していく。そうした状況下で、取次と一般書店を経由しない直接配布網の整備が進められることとなる。それを担ったのが、全国に設立されていく戦旗社支局である。

一九二九年前半に、ナップが略称をそのままに全日本無産者芸術団体協議会として再組織されるに併せ、ナップの出版部を戦旗社とし、戦旗社が組織する機関として、支局が全国各地に設立されていくこととなった。各地の支局は、発禁・押収をくぐり抜けて、取次と一般書店を通さずに読者に直接『戦旗』を配布する役目を果たした。同時に、読者から誌代を回収して本社に送り、『戦旗』の刊行資金となる財政的基盤を確保する中継地点としても機能した。戦旗社の組織図は右の図〔図⑥〕のようになっている。

支局を経由する直接配布網によって、『戦旗』は、発禁処分が繰り返されるなかにあっても、読者を拡大し、発行部数を増加させていった。鹿地亘「戦旗一年の跡をたどる」（『戦旗』一九二九年五月、七二〜七五頁）によれば、一九二八年五月の創刊当初は七〇〇〇部であった発行部数が、支局規定が設けられる以前の一九二九年三月の時点ですでに一万部に達している。『戦旗』が繰り返し発禁処分を受けた一九二八年一一月号以降にも、『戦旗』が読者を増やしていたことがわかる。それは、支局の前身となる直接配布の経路が、読者会や地方支部において徐々に形成されていたからである。支局規定は、この配布網を統一的に再組織する目的で設けられた。

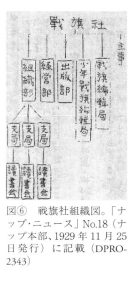

国内にとどまらず海外にも設立された支局は、最大時で二五〇近くにものぼり、『戦旗』の刊行と流通を支え、読者拡大と発行部数の増加に寄与していった。山田清三郎が『日本資本主義発達史講座　文化運動史』（岩波書店、一九三二年）[5]に記載した調査結果によると、支局規定が設けられた一九二九年四月の発行部数は一万一五〇〇部で、支局数は、東京二三、地方五六の合計七九箇所あり、支局によって配布された部数は約二〇〇〇部となっている。一年後の一九三〇年四月の時点になると、二万二〇〇〇部に倍加し、支局数は、東京九四、地方一五六、アメリカ六で合計二五六箇所、支局配布部数は約七〇〇〇部と、三倍近くに増えている。

それのみならず、支局は「未組織大衆」の中に「無産階級運動」を宣伝・煽動するための読者会を組織する任を担った[6]。これは、読者会の成功事例から、支局を中心にして全国に読者会を組織することが方針として定められたものであり、『戦旗』の読者拡大、文化運動の充実、ひいては政治運動への動員の拠点として期待されたものでもあった。『戦旗』第二巻第二号（一九二九年二月）に掲載され、「戦旗支局確立の一般方針」を示した記事（戦旗社「戦旗支局は如何にして組織するか！」）には、「戦旗は未組織大衆（工場、農村、街頭に於ける労働者、農民、商店員、学生）を、無産階級運動の組織に引き込む芸術活動によるアジ、プロの実際的用具である。〔略〕従つて戦旗は芸術愛好者をして単なる戦旗の読者だけに止めるものではない」と注意書きがなされている。

同時に、支局が組織する読者会は、ナップおよび作家同盟が重要視する「読者の通信」を発展させるために必要な、「労農通信網」を確立する意味を持っていた（鹿地亘『自伝的な文学史』〔前掲〕九四～九五頁参照）。

以上のように、支局設立の目的は、直接配布網を確立するだけでなく、読者の声を反映した誌面づくりを実現していくためでもあり、なおかつ読者会を組織することによって、読者同士あるいは読者と中央部とのつながりを確保し、運動を強化していくためでもあった。

この『戦旗』を中心とした文化運動の中継役として、支局の活動において重要視されたのが、各支局に所属する読者に向けられた謄写版刷りニュースの発行である。

各地の戦旗社支局が発行するニュースの文面には、『戦旗』の読者として支局と関わりを持つ人々に向けて、誌代納入や基金参加に関する呼びかけ、デモやイベントの案内、『戦旗』の発禁や戦旗社の組織に対する弾圧の様子、地域で起こった争議や情勢・読者会の様子などを共有するための記事のほか、読者からの投書、風刺漫画などさまざまな情報が掲載されている。

その主な役割は、支局が直接配布網および運動組織の中継役として、中央部の指導方針にしたがい読者への指導を行うことと、読者を支局に結びつけることであったと紙面から推測される。

たとえば、一九二九年一〇月二八日発行の戦旗社大阪中央支局教育出版部「支局報附録」(DPRO-2341)には、次のような記載がある。


読者会のニュース支局報は読者会員のオルガナイザーだ。大阪の情勢(斗争の)をしらせると共に諸君を指導してゆくものだ。これを俺たちの力で月三回発行にしろ!

(「一歩前進――月三回」)


実際に、支局規定が設けられた年に大阪中央支局で発行されたこの日のニュースを見ると、「街頭に働く戦旗読者会員の階級的任務」のように読者への指導や、[7]「ストライキで労働者農民奮起す」「大阪組合青年部協議会組織さる」のような地域の階級闘争に関する情勢を共有する記事などが掲載されている。[8]一方で、ニュースには、読者が意見を交換しあう場としての役目も期待されていた。一九二九年七月一八日発行「戦旗社大阪支局報」第二号(DPRO-2330)に設けられた「読者欄」には、「以後読者欄を常設する。読者会え《ママ》の要求戦旗の批判感想なんでもかまはない腹の底からぶちまけた原稿をなほもドシ〳〵送れ!/ニュース係ヨリ」とある。

一九三一年四月一六日発行、戦旗社神戸支局「支局ニュース」（DPRO-0060）は、「謄写版」の不足を訴え、謄写版を用いて印刷・発行されるニュースが「諸君と支局の結びつきをキン密にさせる」ために「重要な役目をしてゐる」と説明し、新品を購入するための基金への参加を呼びかけている（「謄写板《ママ》三十円基金に早く応じてくれ」）。

このように、各支局のニュースは、中央部からの指導を伝達するとともに、読者からの意見や批判も取り上げることで、地域に散在する読者たちを積極的に文化運動に関わらせ、地域の統括役である支局に結びつけようとした。読者を支局に結びつけ、読者の様子を把握することは、『戦旗』の配布網を軸として全国的に広がるプロレタリア文化運動の組織が、運動を持続させていくために必要としたものであった。

一九二九年四月発行の「ＮＡＰＦ・ＮＥＷＳ」№７（DPRO-2320）には、関西地方の組織活動を担当していた久板栄二郎(9)が提出した「関西ナップ各支部」の意見が掲載されている。久板は、戦旗社と支局について、「読者会の組織方針、教育コース等について充分に審議し指令して貰ひたい」「各支局間の連絡を計り経験交換の機会を作ること」「戦旗社ニュースの発行が必要である」「直接読者とナップ各支部との聯絡の出来るやう手段を講じられたい」のように、支局間での情報共有のために戦旗社ニュースを発行すべき旨と、各読者と組織との連絡を計る手段の必要性を説いている（「協議会並びに各同盟に関する意見――関西地方協議会」の「２．戦旗社に関して」）。

実際に発行された「戦旗社ニュース」№２（一九二九年六月一五日発行、DPRO-2324）を見ると、「本社活動報告」「支局活動報告」（東京地方）、「南葛支局読者会の記」などの報告とあわせて、支局に対する具体的な活動報告の要請が掲載されている。「レポらないレポを出さない」ままだと、「何をやつて居るのか本社にはさつぱり分らない」ため、「読者会の後、又は事件のあつた時は必ずレポしろ」（「支局活動報告」）と呼びかけている。これは支局の活動内容や実態を把握すると同時に、支局が繋げている『戦旗』の読者たちの様子を知るためでもあったろう。読者と直接交流することができないナップや戦旗本社にとって、仲介役である支局が読者の様子を把握することは、運動を発展させていくために、必須のものであった。

同様に、人数を多く抱えている支局にとっても、その地域に点在する各読者の様子は見えないものであったと推測される。一九三〇年五月から『戦旗』誌上に「支局の頁」が設けられるようになるが、第三巻第七号（一九三〇年五月）に掲載された「東京第××号支局責任者」のニュース文を見ると、五〇部以上を配布するこの支局にとっては、各読者の様子が充分には分からず、それを把握するための組織作りに苦心している様子が窺える。

ところが現在ではどうか。我々の支局の仕事には責任者の他に三四人の人が参加してゐるだけだ。支局間の情勢が充分にわからない。〔略〕みんなバラ〱だ。

（「東京第××号支局責任者」『戦旗』一九三〇年五月、一八五頁）

支局が発行する謄写版刷りニュースは、お互いに顔の見えない読者と本社を繋ぐためばかりでなく、読者同士、読者と支局を繋ぐために、発行し続けられた。

## 3 位相の異なる読者たち

支局の読者には、生活水準や労働状況、出自などの点において異なる階層の人々が混在し、同時に、『戦旗』および左翼運動への関心の程度についても位相の異なる人々が並存していた。

支局規定が設けられる以前、『戦旗』第二巻第二号（一九二九年二月）に掲載された盛岡の読者会の報告[10]では、その役割を、「労働者農民の党と一般未組織大衆とが接触するところの中間間接」にあって「政治闘争に堪え得る仲間をその中から引き抜いて来るところの組織」「技術家を、一般プロレタリア芸術愛好家の中から養成し、且つ引き抜いて来る為の橋渡しの組織」「小ブルジョア、インテリゲンチヤの層を「好意的中立」に置くと云ふ役割を持つべきもの」と説明し、読者会員として「一般未組織大衆」「一般プロレタリア芸術愛好家」「小ブルジョア、インテリゲンチヤの層」があることを示している。続けて、「読者会と政党を混同し、これに政治的闘争を行はしめんとするなどは絶対に誤りである」として、この盛岡での読者会が八八名の会員を獲得するほど成功した要因を、「政党には入り得なくても読者会位なら参加し得る程度の人間が如何に多いか」と指摘している。

『資料集』に収録された支局ニュースにおいても、支局が各地域で職業別・地域別に組織する班（読者会）には、労働者、学生、ナップ員など、異なる階層に属する人々、あるいは異なる興味・関心を持つ人々が混在していたことが示されている。

たとえば、一九三〇年七月一日発行、戦旗城北支局「戦旗読者ニュース」№8（DPRO-0052）には、通信班（郵便局班）、交通班、学生班からの通信が掲載されている。

また、一九三一年四月一六日発行、戦旗社神戸支局「支局ニュース」（DPRO-0060）には、「俺達の支局が再建された後もしばらくの間は支局活動が少人数のインテリに限ぎられ支局独特の斗争は少しも発展せず殆んど本の配布に終つてゐた」（「支局読者諸君」、傍点引用者、以下同）とあるが、一九三一年三月三一日発行、戦旗社神戸支局「支局ニュース」（DPRO-0057）紙面の「読者の声」欄には、「一労働者」からの投書が二件寄せられている。

こうした位相の違いは、支局の働き手にもあった。一九二九年一一月二五日ナップ本部発行「ナップ・ニュース」№18（DPRO-2343）の記事「戦旗の充実と戦旗社の発展」には、「東京に於いては落合、高円寺阿佐ヶ谷吉祥寺等に於いては、ナツプのメンバーによる支局が着々成長しつゝある」とある。一方、大阪中央支局の職業的働き手を務めた森元宗二は、労働者、一読者という立場から支局勤めをした事例である。森元は高等小学校卒業後、東京で書店勤めをしていたが、解雇されて大阪の鍍金工場で見習工として働いていた際に、書店で見かけた『戦旗』の愛読者となった。そして、一読者として支局に出入りしているうちに、事務所に住み込んで支局の仕事を手伝うことになったと回想している(11)。

左翼運動、文化運動に対する取り締まりが厳しさを増していくなかで、こうした広がりを持つ読者を抱える読者会をどのように組織し、読者をどのように繋ぎ止め、自主的な運動に発展させていくかという課題が、しばしばニュースで俎上に載せられている。この読者会の位置づけをめぐっては、ナップ本部、戦旗本社、各支局で、異なる意見が存在し、また、地域ごとの差異や、組織中央部の方針の推移による時期ごとの揺れ動きがあったものと推測される。

一九三〇年五月二〇日、ナップ諸団体間に作られていた日本共産党再建のための資金網の一斉検挙が行われ、戦旗社でも多くの人員が検束された。その後、残された人員の間で『戦旗』の位置づけについて議論が起こり、戦旗社はナップから独立することとなる。戦旗社をナップから独立させる提案が起こった経緯を、鹿地亘は次のように推察している。

> 政治運動の側や、党や組合のオルグのあいだに〔略〕しばしば読者会やその会員を党組織、組合組織にそのまま再編成してしまいたがるものもあって、彼らにとっては読者会そのものが目的ではないから、当然読者の抵抗にあうということがおこる。すると文学青年の「非政治性」という非難。そんな文学青年をつくる芸術〔文学〕運動への非難。ついでは「戦旗」をナップにまかせておけないの論議。
>
> （鹿地亘『自伝的な文学史』〔前掲〕九九〜一〇〇頁）

ナップから戦旗社が独立したことは、支局の指導方針にも影響した。

たとえば、大阪中央支局のニュースを見ると、一九二九年の八月一〇日発行の「戦旗社大阪中央支局報」№3（DPRO-2335）の「読者欄」には、読者会での意見交換や勉強を通じて、知識や新たな視点を得たいという読者の投稿が掲載されている。[12] ニュースに掲載された投書をそのまま読者の実態として捉えることはできないにしても、少なくともこうした読者像を期待する方針が、一九二九年八月当時の大阪中央支局、あるいは戦旗社支局にあった可能性は読み取ることができよう。

しかし、一九三一年頃のニュースでは、戦旗社支局を中心とする読者会を、ゆくゆくは組合の分会に発展させ、労働運動の発展に繋げていくべきだという展望が繰り返し呼びかけられていくようになる。一九三一年九月六日発行の「戦旗大阪中央支局ニュース」№16（DPRO-2418）に示された読者への指導は次のようなものである。

> 「戦旗」の読者はしかしいつまでも「戦旗」だけの読者であつてはならない、「戦旗」はプロレタリア文化啓蒙の雑誌であつて基本的な指導又は動員の機関ではないからだ。読者会を組合の分会にまで発展させなければならないし、又俺たちはそれをなし得るのだ。「戦旗」を読んで勉強したゞけでは何にもならぬ、それを実践に生かさねばならぬ。
>
> （「国際無産青年デーを斗へ！」）

『戦旗』の読者や読者会を組合組織に再編成すべきとするこうした指導方針の繰り返しは、一方で、ただ上層部の指示を伝達し、読者を指導するだけでは、支局読者との繋がりを維持し、読者を拡大していくことがなかなか立ち行かない実状があったことを示している。

反対に、一九三〇年六月五日発行の戦旗城北支局「戦旗読者ニュース」№8（DPRO-0051）に掲載された「支局活動に就て」には、「戦旗の作品・編輯法の批判であつて実際の工場内の斗争と結び付いて居なかつた」ような「単純な読者会」では、「あきて欠席する労働者を出し」たという事例が報告されている。

支局が組織する読者会と政治運動との関わりをめぐって、意識の異なる読者たちをどのようにつなぎ合わせ、運動を維持し、拡大していくかという課題には、常に困難がつきまとっていた。そうした運動拡大の現場に巻き起こる苦心の跡が、支局ニュースの紙面には示されている。

## おわりに

一九二八年三月一五日以降、相次ぐ弾圧と財政難のなか、左翼運動およびプロレタリア文化運動の全国的広がりを支えていったのは、『戦旗』と、その直接配布網の仲介役を担う戦旗社支局であった。

各支局は、単に『戦旗』を読者に配布し誌代を回収することだけを目的としていたわけではなく、それぞれに『戦旗』の読者を集めた読者会を組織し、運動を維持していくために様々な策を講じ、尽力した機関であった。

本稿で見てきたように、支局が発行するニュースには、その時々の中央部の指導方針の移り変わりや、読者会に対する認識の変化が反映されている。ニュースが、運動の末端にいる『戦旗』の読者たちに、指導方針を伝達するための媒体であったことは疑いない。

しかしながら、支局のニュースには、運動に読者を結びつけていくことの困難さも同時に示されていた。ニュースに現れる読者たちの姿は、決して一定ではなく、異なる職業や階層に属し、運動や読者会に対する考え方にも幅が見られる。読者会を政治運動の拠点として捉える人もいれば、プロレタリア文化や階級闘争についての学びの場や意見交換の場と捉える人々も存在している。こうした多様な読者を運動に結びつけるため、さまざまな工夫が凝らされたこともまた、ニュースの紙面には示されている。

このように、謄写版刷りの支局ニュースが伝えるのは、上層部の意向を伝達するだけではなく、『戦旗』の読者側の意識を掬い取り、双方向の流れを生じさせようとした支局活動の一面である。

各地の戦旗社支局が発行する謄写版刷りニュースには、丁寧な筆致で書かれたものもあれば、乱れた筆致で読みづらいものもある。多色で刷られたものもあれば、インクがかすれているものもある。こうした筆致や印刷の様子が伝えるのは、限られた状況下で、組織と『戦旗』読者の交流を途切れさせることなく、プロレタリア文化運動を繋いでいこうとする人々の試行錯誤の跡である。それは、弾圧の強化、財政難、人手不足、組織の揺れ動きのなかで、『戦旗』の直接配布網という場を通じて文化運動に関わったさまざまな位相の人々を、いかに交差させ、運動を維持していくかという苦心の過程を示している。

（1）「ガリ版」の愛称については、志村章子『ガリ版文化を歩く——謄写版の百年』（新宿書房、一九九五年）所収の「ガリ版用語集」二九八〜二九九頁参照。

（2）以上、本稿に示したガリ版（謄写版）の概要については、江塚昭典『謄写技術　講習会テキスト』（一九六二年刊）の復刻版（ガリ版ネットワーク、二〇〇三年、新ガリ版ネットワーク、二〇一四年増刷版）、田村紀雄・志村章子編『ガリ版文化史——手づくりメディアの物語』（新宿書房、一九八五年）、志村章子『ガリ版文化を歩く——謄写版の百年』（前掲）、志村章子『ガリ版ものがたり』（大修館書店、二〇一二年）、志村章子「ガリ版はただの印刷機にあらず」、後藤卓也「ガリ版よ、永遠に」、岡田文伸「発明家・堀井新治郎親子の功績を後世に——発祥の地で〝温かみ〟を伝える」（以上、『望星』二〇一五年九月、「特集ガリ版旅行記」所収）を参照した。

（3）略字については、志村章子『ガリ版文化を歩く——謄写版の百年』（前掲）一六九頁参照。

（4）鹿地亘『自伝的な文学史』（三一書房、一九五九年）九八頁、戦旗社「戦旗支局は如何にして組織するか！」（『戦旗』一九二九年二月）一七六～一七七頁参照。

（5）山田清三郎「『戦旗』復刻版に寄せて――個人的な感懐をふくめた解説」（『戦旗　別巻（資料編）』戦旗復刻版刊行会、一九七七年）二二一～二二三頁を参照。

（6）戦旗社「戦旗支局は如何にして組織するか！」（前掲）。

（7）「読者は諸々に散在しているから、だからこそ勇敢な戦旗読者会員は自分の居住地附近に班を確立するため附近に戦旗の宣伝を精力的にねばり強くやるのだ」とある（DPRO-2341）。

（8）「支局報」戦旗社大阪中央支局教育出版部、一九二九年一〇月二八日（DPRO-2341）に記載。他に、ナップおよび『戦旗』が「日和見主義」として対立する「文戦一派」の演説会を揶揄する小文、「獄窓ヨリ」の手紙の紹介、「戦旗防衛茶話会」の案内、「読者会費」滞納者へ毎月一〇銭の納入を訴える一文などが掲載されている。

（9）森元宗二「私の履歴書――戦旗大阪中央支局をめぐって（或は忘れ難き人々）」（『戦旗　別巻（資料編）』戦旗復刻版刊行会、一九七七年。初出『煙』一九七五年一二月）に、一九二九年秋頃、戦旗大阪中央支局とナップ大阪地方協議会の共同事務所に関西地方の文化運動の組織のために来ていたプロットの久板栄二郎とその妻千代が住んでいたと記載がある（一〇四頁）。

（10）「戦列から」欄、「その後の盛岡読者会」（盛岡　吉野眞夫）一七九～一八〇頁。

（11）森元宗二（前掲）参照。

（12）同支局報の二頁左下の欄には、「戦旗社支局報ありがたう。此んな薄つぺらな支局報でも仕事から戻つて来て、きてゐると同志諸君の元気な活ヤクが思ひ出されて、疲れて、だれきつた私の心をひしめて呉れます。此の頃の暑さと十時間の激労に私はすつかり当てられてしまひましたが、是れからしつかり勉強して行きたい。自分の様な無学では何も出来ない。是れから諸君と共にみつちり勉強して行きたいと思ひます」とある。

# プロレタリア文化運動における「婦人」の位置付け

## コップの婦人政策を中心として

泉谷 瞬

『昭和戦前期プロレタリア文化運動資料集』（以下、『資料集』と表記）には、日本プロレタリア文化聯盟（以下コップと表記）の指示によって、下部組織でそれぞれに実践された「婦人」に関する資料が含まれている。本論は、一九三〇年前後のプロレタリア文化運動において、「婦人」と呼ばれる人々がどのような対象として位置付けられていたか、その一端を『資料集』から探るものである。

## 1　関東婦人同盟の解散から見えるもの

戦前の共産党およびプロレタリア文化運動における組織論的な硬直性については既に多くの批判が寄せられているが、(1) そうした性質は組織の「婦人」に対する認識に関しても当てはまるだろう。その前提を理解するために、まずここではコップ婦人協議会の前史とも呼べるような女性運動の流れを簡潔に述べておきたい。

一九二五年、日本労働総同盟（以下、総同盟と表記）が内部の対立により、総同盟と日本労働組合評議会（以下、評議会と表記）の二つに分裂した。このことは、元々の総同盟婦人部内に所属していた婦人活動家たちを分散させたという意味で、戦前の女性運動に大きな影響を与えたと言ってよい。本節では以下、やがて日本共産党婦人部に繋がる評議会系列の関東婦人同盟に焦点を当てる。(2)

評議会の女性活動家たちは独立した婦人同盟の立ち上げを試みたが、内部での論争による対立、そして同時期の普通選挙法実施に向けた労働農民党（以下、労農党と表記）、日本労農党、社会民衆党といった無産政党の分立に引きずられるかのように、女性団体もそれぞれの政党を支持するかたちで分かれていった。(3) ここで労農党系を支持したのが関東婦人同盟（実質的には、労農党は共産党の指揮下にあった）であり、その実績は次のようにまとめられている。

> 一九二七年七月三日、無産婦人団体のトップを切って関東婦人同盟が結成された。同盟は綱領に女性の政治的自由、法的・教育的不平等の撤廃、家庭における封建的束縛からの解放、女性労働者の保護・待遇改善、公娼制度の廃止など幅広い要求をかかげて、猛烈な組織運動を開始した。／各地でおこされる女性労働者のストライキやたたかいにも婦人同盟のメンバーは応援に駆けつけ、寝食を忘れて活動をおこなった。こうしてわずか三ヵ月たらずのうちに二十有余の準備会ができた。／工場地帯では、労農党提唱の労働婦人保護法獲得闘争とからめて組織がつくられていった。〔略〕／同盟の組織は農村部にも伸びた。かつて藤田農場争議をたたかった岡山県の日農の女性たちが、二七年九月二一日まず真っ先に岡山婦人同盟を結成した。
> （鈴木裕子「解説」、鈴木裕子編『日本女性運動資料集成　第4巻　生活・労働Ⅰ　女性労働者の組織化』不二出版、一九九四年、四六頁）

活発な動きを見せる関東婦人同盟は続いて、全国組織結成の準備を進めていた。しかし、活動開始から一年にも満たない二八年三月二六日に、同盟は突然の解散声明を発表する。この解散にまつわる事情は、「「三・一五事件」の弾圧で打撃をこうむって解体した」(4) といったような説明で片付けられていることもあったが、実際の経緯はそう単純ではない。

確かに三・一五事件の影響を受け、三月一九日に予定されていた婦人同盟の全国組織創立大会が無期延期を余儀なくされたという事実は存在する。しかしそれ以前の二七年一二月頃より共産党中央委員会は、いわゆる「二七年テーゼ」に基づく「日本共産党の当面の政策」を作成し、その中で婦人同盟の「根本的欠陥」として、「婦人特有の政治団体として作られていること」「小ブルジョア婦人が指導権を握っていること」という批判内容を挙げ、婦人同盟の活動方針に対して既に懸念を示していた。[5]

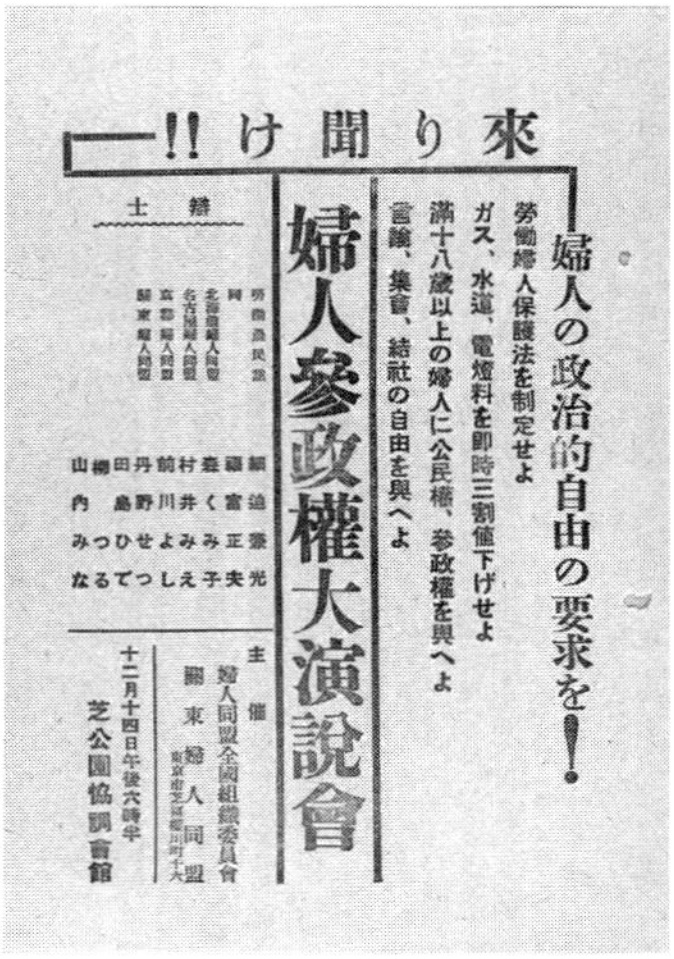

図①「婦人参政権大演説会　来り聞け!!　婦人の政治的自由の要求を!」(DPRO-2809)。主催者の名として関東婦人同盟が記載されている

これについて、関東婦人同盟の活動における理論的背景に福本主義があると指摘する工位静枝は、「この方針転換は、一言でいえばコミンテルンの二七年テーゼで福本イズムが批判されたことの直接的帰結であり、婦人同盟が福本イズムの婦人政策であった以上、いわば当然の反動であったともいえる」[6]と述べている。だが、婦人同盟と福本主義の強固な結合を根拠とするこうした解説に対して波多野操は、性別団体を否定するコミンテルンの方針は「以前から周知のこと」であり、そうした背景にあってコミンテルンの「公式」に「それほど敬意を払わなかった」福本主義の理論が、婦人同盟の推進と一定の親和性を持っていたことを了解しながらも、次のように反論している。

しかし、福本主義の理論そのものから、現実の婦人同盟が生まれてきたのではありません。常識で考えればわかることですが、福本主義の、難解というより以前に、まったく難読な「理論」は婦人活動家たちにとって実際にチンプンカンプンでしかなかったのです。ただ、現実に婦人大衆のあいだで活動していたひとたちは、貧しければ貧しいほどいっそう生活に追われて無自覚消極的になる婦人大衆に近づくためには、婦人だけの大衆団体をつくるのがいちばん良い方法だという初歩的真理を、説明を要しないほど直観的になっとくできたから、婦人同盟の提案に飛びついたのだと思います。関東婦人同盟が成立してから数か月のあいだに全国的に数十の婦人同盟準備会や支部が生まれたことは、このことを示しています。／大正十五年（一九二六年）はじめ頃から昭和二年（一九二七年）の夏にかけては、福本主義の全盛時代でした。だからその頃の左翼労働組合やその他の左翼大衆団体の機関紙や決議文などが、みんな「全無産階級的政治闘争」がなんとやら、いう、福本イズム特有の用語をちりばめていました。だから婦人同盟から出された文書もそういう文句で飾られていたでしょうが、それは婦人同盟だけではなかったので、当時の評議会から出た文書を一見すればわかります。

（波多野操「関東婦人同盟の解散の事情」『歴史評論』第二八七号、一九七四年三月、五一～五二頁）

波多野の論旨は多岐に渡り、この他にも、婦人同盟の指導権を握っていたのが「小ブル婦人」であったという批判が事実無根であることや、「当面の政策」の執筆者に関する分析なども含まれているのだが、犬丸義一と山本千恵はこのなかでも、「当面の政策」に「追加訂正」があるという波多野の注意喚起を受け、その「追加訂正」に「婦人同盟内で「忍耐強く働くこと」という方針」が記された事実を重視している。この記述によって、共産党中央部の決定が実は「同盟即時解散論には連続しない」[7]ことは改めて強調されるべき見解である。党の決定を字義通りに解釈するならばその必要性は緊急でなかったにもかかわらず、それでも関東婦人同盟が即時解散に追い込まれたという矛盾が意味するものは決して小さくない。

以上の経緯を振り返ると、波多野が述べる「とにかく、婦人同盟の存在そのものがけしからん誤謬だから、つ

図② 「第六回国際婦人デーを紀念せよ !!　国際無産婦人デーを期して到るところに現議会の醜悪を語らしめよ !!」（DPRO-2607）

ぶしてしまえ、というふうな、強大な意志を感じないわけにゆきません」[8]という推測は、必ずしも的外れとは言えないかもしれない。三・一五事件の後、結社禁止処分による解散命令が労農党に下ったのは二八年四月一〇日であるため、関東婦人同盟が同年三月末に解散発表を行うのは、順序からしてもやはり逆と考えられるからだ。

関東婦人同盟のこうした余りにも短い活動期間からは、党内部の「婦人」認識が透けて見える。それはすなわち、大衆における婦人層取り込みの拡大を目指しながらも、それら「婦人」の独立は認めず、統制の維持を目論むダブル・スタンダードである。これには元々、評議会の頃より男性幹部たちの「婦人問題」に対する理論的な理解が「もう、まったく、全然だめ」[9]と酷評されるほどの段階であったことも働いているだろう。関東婦人同盟解散の内実は、「二七年テーゼ」に基づく性別団体の禁止や福本主義に対する反動といった表層的な要因よりも、党内部に根本的に潜んでいたミソジニーをまさしく発露させるものであった。これ以降、共産党が関与する婦人運動は、一九三一年三月に設置される共産党婦人部、三一年五月創刊の『婦人戦旗』、そして三二年一月創刊の『働く婦人』編集局の系統に引き継がれることとなる。[10]

また、以下に補足して述べると、関東婦人同盟は結成以前の準備会時代における活動で、二七年三月の国際婦人デーに合わせた討論会を主催している。この宣伝ビラの全文は従来、田島ひで『ひとすじの道――婦人解放のたたかい五十年』（青木書店、一九六八年）や、川口和子・小山伊基子・伊藤セツ『国際婦人デーの歴史』（校倉書房、一九八〇年）に採録されていたが、『資料集』ではビラの実物「第六回国際婦人デーを紀念せよ!! 国際無産婦人デーを期して到るところに現議会の醜悪を語らしめよ!!」［図②］が閲覧可能であることも付言しておく。

## 2 コップにおける婦人政策の認識と文化運動への指令

前節の後半にも記したように、一九三一年三月、共産党中央部に婦人部が設置され（責任者は岩田義道）、三一年九月には婦人部長として児玉静子が就任する。犬丸義一と山本千恵は「日本共産党における婦人部の確立の時期（児玉静子専任婦人部長が確立され、翌三二年一〇月の熱海事件まで、婦人部が存在する時期）にみあい、コップ・フラクションが確立する時期（三一年一一月）のような、日本共産党の組織的整備の最も進んでいた時期」[11]に、『婦人戦旗』および『働く婦人』が創刊された必然性を指摘している（より詳細な出来事としては、コップ結成以前の三一年九月に日本プロレタリア作家同盟が婦人委員会を立ち上げている）。「婦人」への呼びかけは三〇年前後において、前景化されるべき議題として認識されていたのである。コップ婦人協議会の代表者および『働く婦人』編集長には、中條百合子が任命されることとなった［図③］。『婦人戦旗』の頃より今野大力《だいりき》と共に編集作業の大部分を引き受けていた中條は、三二年四月に検挙されるまで誌面作りに奮闘した（その後の編集長は窪川いね子に交代した）。

ここからは『資料集』より、コップにおける婦人政策の一端を見てみよう。一九三一年一〇月二六日付の「日本プロレタリア文化聯盟第4回準備会／日本プロレタリア文化聯盟規約草案」（DPRO-2426）では「各種協議会

図③　『働く婦人』初代編輯長の中條百合子（左）とその後を受け継いだ佐多稲子（日本近代文学館提供）

の組織の仕方について」の項目で、以下のように述べられている（傍線部は引用者による）。

1、少年、青年、婦人、農民等の協議会が作られるに当つて二三の団体で、少年部、婦人部と云ふものを新設して見たり、或は婦人や少年の専門家達が集つて勝手に協議員を選出したりするので左の如く警告することに決定。
A、協ギ会は加盟団体の代表によつて構成さるべきもので、代表を派遣する必要のある団体より選ばるべきである。
B、各団体の少年、婦人に関係するもの全部が入るのではない。
C、各団体は協議会を目的として少年、婦人等の部を設けるべきではない。

他の「少年」や「農民」といった区分と同様に、女性たちの文化運動は、その特殊性を前提とされながらも、コップ中央協議会の強い統制の下に置かれることが結成前より明らかであった。なお、この時点では各団体における婦人部の設置をどのように進めていくべきか、当事者たちの間でも統一的に理解されていなかったことが、「書記局ニュース」第三号（DPRO-2438）からは窺える。

コップ結成の後、「全国協議会第一回拡大中央委員会の意義と任務に就いて」（DPRO-2696）に収録された、一九三二年一月二五日付の後藤信子「我々は婦人運動を如何に遂行して来たかその二三の批判について」には、婦人だけの組合（性別団体）を否定する文言が明記されている。

吾々は今婦人だけの組合を必要とするだらうか、婦人は婦人の活動を男子と別個に指導するといふ必要があるだらうか、私は否と答へる。

P 7　戦無東京府聯ニュース　1932. 3. 5

婦人欄

プロレタリア婦人の解放はプロレタリア婦人の任務である

一職業婦人

神様の恋

図④　『戦無東京府聯ニュース　暁鐘』第７号（DPRO-2185）７頁目。「一職業婦人」による「婦人欄」の記事「プロレタリア婦人の解放はプロレタリア婦人の任務である」

婦人の活動を組合指導機関と別個な組織を持つ事によつてなさうとする事は全く婦人労働者を男子労働者と孤立さす危険性を持つ（関東婦人同盟の例）要は組合全体をして従つて指導をして婦人労働者——未組織のまゝの尨大な——へもつと目を向けさせる様にする事である。

性別団体の創設が不可能であることと引き換えに、機関内における婦人部設置の推進が確定事項となったのである。また、三二年二月に作家同盟の中央常任委員会・婦人委員会名義で発行された「国際無産婦人デーに際して。——作家同盟各支部に婦人委員会をつくれ！」（DPRO-0082）にも、「プロレタリアートの世界観だけが、社会の勤労を基礎として男と女とを同志として考へ得る。レーニンも云つてゐる通りプロレタリアート全体の真の解放だけが婦人を解放するのだ」とあるように、女性に関する一切の問題や特殊な事情の解決は、マルクス・レーニン主義の貫徹によってのみ果たされることが自明的なものとして扱われている。そうであるならば、「婦人」に対する文化運動も、最終的な目的が「婦人をめざめさせ、婦人の階級意識を高め、婦人の文化的自主的活動を促し、婦人の間に階級斗争のまき起るための素地の大きな部分を与へ」ることに帰結するのは必然でもあった（「婦人メンバー獲得のために」DPRO-2451）。

具体的にこうした活動が検討された例として、『資料集』の中からは「プロット教育部ニュース」№1（DPRO-1054）を挙げておこう。「婦人問題研究会に就いて！」と題されたこの文章では、次のように述べられている。

（一）勤労婦人大衆並に労働者農民家族婦人の組織が、特に現在日本の状勢の下で如何に重要な問題であるかは最早や衆知のことである。文化聯盟に於ける婦人協議会は、この問題を文化活動の上でどう取上げるかを討議し、直ちに実践的活動に移すべく努力してゐる。プロット教育部内の婦人問題研究会は、この文聯婦人協議会との、緊密な連絡の下にこの問題「婦人の組織」を演劇を通じて如何に取上るかを、研究し、討議し直ちにこれをプロット教育部を通じて各支部の具体的活動に反映さすべき任務をもつて今設置された。

現在のプロット教育部内の婦人問題研究会は、総て発展した場合には、直接常・中・委の下に婦人に関する対策委員会として設けられ、そこで取上げ決定された問題は、直ちに全国化されるために、その責任者には常・中・委の一人がなり、更に各地方に於ける活動と緊密に結びつくために、各地方支部に支部執委の一人を責任者とする委員会が設けられるべきだらう。婦人問題研究会はその基礎となるべきものである。

このような認識のもと、婦人協議会に対する意見の反映や、演劇サークルを通じての『働く婦人』配布網の拡大などが主な問題として掲げられている。とりわけ具体的な「意見」としては、職場における「婦人スポーツの件」「働く婦人三月号編輯の件」といったものが目立つ。雑誌に対して「プロ婦人の美容法並に化粧法に就いて」の記事掲載を注文しているように、各団体における表現方法の特徴を踏まえる工夫がされていたと考えられる。それは続く「プロット教育部ニュース」№2（DPRO-1066）で、「一つの理論として具体的な活動と切り離したのでは全く意義のないものだ」と断言されている点からも明らかだろう。「婦人サークル員の教育活動は、どういふ問題を、どういふ風に取上げたらいいか、或ひは、婦人同盟員は特にどういふ風に自己教育をされなければならないか」（同上）――文化運動においては、このように「婦人」に対する「教育」が優先事項の一つとして設定されたのである。その他にも、自己教養のための「テキスト」として、『産労』（産業労働時報）と『ソヴエート文化叢書記第二輯』と並んで『働く婦人』を指定している記述が、「プロット大阪支部ニュース」№7（DPRO-1172）には確認できる。

表現者による女性たちへの教化がどの程度功を奏していたのか、それを確実に判断するだけの根拠を揃えることは難しいが、たとえば「構成劇場　友の会ニュース」№3（DPRO-1142）には、「一女車掌」を名乗る人物が、「単に構成劇場の経済的な支援をする丈では何らか物足りないので私としてはもつと積極的に友の会で私達を指導してほしいと思つてゐるのですがどうでせうか」と、自ら「指導」を求める投書を寄せている。投書の実在を信用するかはともあれ、「婦人」に対するこのような「教育する／される」固定的な応答関係こそが、当時のプロレタリア文化運動における理想的形態であったことは確かだろう。(12)

## 3　決意と行動の余白から

これまで見てきた、コップを中心とするプロレタリア文化運動における「婦人」の位置付けをまとめてみたい。「二七年テーゼ」の影響下、日本共産党は一九三〇年前後の時期において婦人層の取り込み拡大を目指した。しかし関東婦人同盟解散の例からも判明したように、「婦人」の獲得は党の基盤を強化させるための戦術にすぎず、女性団体の独立や主体性が認められる余地はそこに存在していない。するとコップの主導するプロレタリア文化運動にとって、「婦人」とはあくまでも教化の対象であり、女性たちが持つ個々の実状やその環境に由来する特殊性などへの細やかな配慮がほとんど見られないことも当然であると言えよう。『資料集』に収められた各文書やニュースの記事は、そうした「婦人」対策の画一的な性格を改めて浮き彫りにするものであった。きわめて政治的な文脈のもとで機能している文化運動であるにもかかわらず、ジェンダーという要素を根本的な意味合いにおいて再考せず、非政治的な位置に排除してしまった組織の論理とその限界については、大いに検証されるべき課題として現代に至ってもなお通用するものだろう。

しかし、ここで一つの疑問を呈したい。文化運動における具体的な実践、その結晶とも呼べる個々の作品とは、組織の方針によって完全に支配されるものなのだろうか。『資料集』によって当時の組織的な戦略性が明らかになればなるほど、その同時代において異質な表現もまた際立つこととなる。本論の最後では、作家同盟の婦人委員会設置以前に創刊され、そしてコップ結成とほぼ同時期に終刊を迎え、その内容が『働く婦人』へ発展的に継承された雑誌『婦人戦旗』に掲載された小説を題材に、このことを考察してみたい。

一九三一年五月に、『戦旗』五月号の臨時増刊として戦旗社より刊行された『婦人戦旗』は、三一年一二月に終刊するまで計四冊を発行したとされている。この四冊にはそれぞれ小説が一編ずつ掲載されている。以下、創刊号から順番に確認していこう。

まず、創刊号（五月号）を飾ったのは、貴司山治《きしやまじ》「チューリップ」である。左翼系組合の常任委員と党の上層部を兼任する男・吉村と、その妻でありモスリン（織物）工場の試験工として働く芳江を主役とする物語は、この夫婦が七ヵ月もの間、なぜか離れて暮らしているという事態を、説明口調ではなく、二人の自然な言動によって描写するところから始まる。「（つゞく）」と記されている末尾によって、連載として予定されていたことが分かるが、さっそく次号の投書欄「赤鉛筆」において批判を浴びてしまう。

> 貴司の小説——あれに頁をさくなんてどうかしてゐる。改造か婦人公論へのつける小説だ。闘士とその細君の活躍——こんな工場職場から離れたものを私達にどうしろといふのかしら。私達婦人労働者はどんなに闘つてゐるか、闘つたらいゝかを書くべきだ。戦旗にのつた「バス車掌七百人」のやうなのをのせてくれ。
> （『婦人戦旗』第一巻第二号、一九三一年八月、二四頁）[13]

この投書の書き手は定かではないが、ともかく貴司の連載小説「チューリップ」は、第一回のみで途絶してしまう。付け加えれば、ここで比較して高く評価されている「バス車掌七百人」（『戦旗』一九三一年一月〜三月）にしても、林田茂雄や加賀信一によって「英雄的主人公の設定を駁すという形で、その濃厚な大衆文学的雰囲気[14]」が槍玉に挙げられていたことから、開始早々に大衆文学的な「面白さ」を予感させる「チューリップ」中断の背景には、芸術大衆化論争の趨勢があることが推測できる。

貴司の代わりに第二号（八月号）に掲載されたのは、窪川いね子の短編「決意」である。争議で派手な運動をしたせいで留置場に入れられた一八歳の八重を、田舎から父が引き取りにやってくる。会社も解雇されたので、仕方なく父と一緒に田舎へ帰ろうとする八重であったが、どうしても仲間の顔が思い浮かんでしまう。上野駅出発の汽車に乗る直前、父に嘘をついてまで左翼活動に戻っていく決意をするところで、作品は閉じられる。

続いて第三号（九・一〇月合併号）には、中條百合子の短編「共同耕作」が掲載された。組合指導のもとで、強欲地主に対する小作争議を威勢よく闘う農村の女性が一応の主人公であると読めるものの、作品の主眼は女性たちが男性と力を合わせて、「敵」である警官や弁護士たちと対等以上に渡り合って行動するエピソードに向けられている(15)。

窪川と中條の両作には、被抑圧者である女性主人公が階級的な自覚を持ち、権力側へ闘争を仕掛けていくという典型的な構図が共通している。貴司の「チューリップ」に比べて、その展開は淀みなく、党の論理において「正しい」女性像が端的に抽出されていると言ってよいだろう。ところが、この流れは次号で断ち切られることとなる。

終刊号である第四号は（一二月号、誌面上の表記では「第五号」）、表紙・裏表紙を合わせても八頁分しかないという、もはや小冊子に近い体裁で発行された。元々は前号に載せられる予定であったという松田解子《ときこ》の短編「勘定日」は、「わたしは本とうに会計の東さんがいやです」という、ある女性労働者の告白から始まる。男性社員たちは、主人公「はつ」の使う方言と、月給「一円七十銭」という賃金の低さを日常的に馬鹿にしてくる。母は一年前に難産で亡くなり、父は長年続けた炭鉱労働のため「ヨロケて寝込んで」いる。家を支えるのは自分しかいない。給料の入った勘定袋を父に見せると、父は裏面に書かれた「慰問金」とは何かと尋ねてくる。戦争が始まってから、慰問金として取られる分、はつの賃金は余計に減るのである。とても生活が成り立たない日々にあって、「巡視だの主任だのの妾になるとお金が貰へる」という方法も脳裏には浮かぶが、「わたしにはとても出来ない」。

地方出身者への差別的な眼差し、妊娠中であっても仕事をやめることができず死んだ母、過酷な労働環境が原因である父の職業病、「慰問金」という名の民衆に対するしわ寄せ、性を売ることへの葛藤——「これだけの要素を関連付けつつ原稿用紙七枚の短編に仕立てた松田解子の計算は緻密極まりない(16)」という評価が語るように、女性労働者を待ち受けるあらゆる状況が組み合わされた物語である。松田が三〇~三一年に書いた作品群の特徴として、「この現実のなかで目ざめ、たたかいに起ちあがっていく労働者、農民の姿(17)」を挙げる文章もあるが、松田の他作品とも、またこれまでの『婦人戦旗』に掲載された窪川や中條の作品とも異なり、「勘定日」には女性労働者が敢然と権力へ立ち向かう姿はどこにも配置されていない。絶望的とも呼べる「現実」を目前にして、はつは何の決意も抱かなければ、何の行動にも至らないまま、次のように語りを終わらせる。

いろ〳〵なことを考へるとわたしは頭が割れそうです。勘定日になつても何の楽しみもありません。どうすればいゝだらう……いつもいつも考へてばかりゐます。（『婦人戦旗』第一巻第四号、一九三一年一二月、七頁）

もちろん、この言葉を受け取った効果によって鼓舞される読者は一定数存在するだろうし、その感情を引き出すための「空所」として末尾を解釈することも十分可能である。しかし、その可能性を含み込みながらも、特定の「正解」を導き出さない記述からは、組織論が唱える戦略と完全には重なりきらない余白——すなわち教化の対象として完全には客体化されない余白——が垣間見える。決意と行動が塗り込まれるはずであった余白の部分に留まり、作品がもたらす身体性と想像力に接近し続ける態度こそが、現代の読者である私たちが持てる一つの倫理ではないだろうか。

プロレタリア文化運動の方針と作品読解を並置する以上の作業は、党による政治の優位性を改めて確認するために必要な行いである。だが、そうした「確認」に終始せず、本論で挙げたような解釈が発生する機会も十分に確保しておくべきだろう。そのことによって、プロレタリア文化運動の複雑な様相は、より明らかな姿をもって私たちの前に現れるに違いない。

（1）たとえば本書収録論文の内藤由直「プロレタリア文化運動における組織の問題」では、同時代における政治の優位性に対する批判の一端が紹介されている。

（2）もう一方に残された、第一次分裂後の総同盟における女性運動の内実に関する研究はきわめて少ないものの、鈴木裕子「「健実派」総同盟婦人部の歴史」（『女性と労働組合（上）――労働組合婦人部の歴史』れんが書房新社、一九九一年）は、その発展を詳細に辿った労作の一つである。

（3）この時期の女性団体において、関東婦人同盟は着目される機会が比較的多いが、ここで分裂していった他の政党を支持した団体については、やはり研究対象として取り上げられることは少ない。そのなかでも石月静恵「無産女性運動の展開」（『戦間期の女性運動』東方出版、一九九六年）は、中間派政党である日本労農党系の全国婦人同盟から無産婦人同盟の活動を調査している点で貴重である。また石月は、一九三〇年代における無産女性団体の活動について、無産政党の再編に大きな影響を受けたことは踏まえながらも、それらの「無産政党と同一視することはできず、女性の要求を反映した独自の活動を展開した」（石月静恵、前掲、三〇八～三〇九頁）とも指摘しており、この観点は女性団体の活動に対する評価とジェンダー規範の兼ね合いにおいて、非常に重要だと考えられる。なお、全国婦人同盟に参加し、中心的な活動をした人物による実際の証言としては岩内とみゑ「製糸工女から中間派無産婦人運動の闘士へ」（渡辺悦次・鈴木裕子編『たたかいに生きて――戦前婦人労働運動への証言』ドメス出版、一九八〇年）がある。あわせて参照されたい。

（4）田中寿美子「革命とファシズムの流れのなかで」（田中寿美子編『女性解放の思想と行動　戦前編』時事通信社、一九七五年）二五三頁。他には石堂清倫「性差別と左翼運動」（鈴木裕子編『日本女性運動資料集成　第4巻　生活・労働Ⅰ

女性労働者の組織化』月報、不二出版、一九九四年）四頁でも、三・一五事件の「余波」による解体と述べられている。

（5）鈴木裕子「解説」（鈴木裕子編『日本女性運動資料集成　第4巻　生活・労働Ⅰ　女性労働者の組織化』前掲）四七～四八頁。

（6）工位静枝「関東婦人同盟――日本における最初のプロレタリア的大衆的単一婦人組織の試み」（『待兼山論叢　史学篇』第五号、一九七二年三月）一六頁。

（7）犬丸義一・山本千恵「『婦人戦旗』・『働く婦人』解説・解題」（『日本社会主義文化運動資料8　復刻版『婦人戦旗』・『働く婦人』』別巻、戦旗復刻版刊行会、一九八〇年）二九～三〇頁。

（8）波多野操「関東婦人同盟の解散の事情」（『歴史評論』第二八七号、一九七四年三月）五〇頁。

（9）小見山富恵「左翼婦人労働運動の先駆――小見山富恵さんに聞く」（渡辺悦次・鈴木裕子編『運動にかけた女たち――戦前婦人運動への証言』ドメス出版、一九八〇年）三二頁。

（10）総同盟の第一次分裂から三〇年代に至るまでの、各無産婦人団体の系統を把握するためには、石月静恵「無産婦人団体系統図」（『戦間期の女性運動』前掲）二五六頁が有用である。

（11）犬丸義一・山本千恵「『婦人戦旗』・『働く婦人』解説・解題」前掲、三四頁。

（12）もっとも、必ずしも上部団体の意向に実直に従うばかりでなく、「上」に対する辛辣な意見が書き留められている資料も存在する。たとえば、「プロット大阪支部ニュース」№5（DPRO-1113）に記されている文面は、上層部への愚痴とも責任回避とも取れるものだが、当事者たちの生々しい感情をこのようなかたちで追体験することができるのも、『資料集』の特徴と言えるだろう。

（13）本論における『婦人戦旗』掲載の文章は、すべて『日本社会主義文化運動資料8　復刻版『婦人戦旗』・『働く婦人』』前掲より引用した。

（14）中川成美「芸術大衆化論争の行方（上）――一九三〇年代文学試論」（『昭和文学研究』第五集、一九八二年六月）二五頁。なお、橋本英吉「二月の諸成果（月評）」（『ナップ』一九三一年三月）一一三頁では、「一般的に云つて、此の作品が『密行廃止』の運動をキツカケとして『分会』が全従業の間に大きな根を張るといふ、プロレタリアートの組織の要求を満してゐること、更に大衆に面白く読まれ得ると云ふ条件を具へて居るといふ二点に於て、成功してゐる」と、作品完結前の時点ではあるが、「バス車掌七百人」について一定の評価が示されている。

（15）宮本顕治は本作を、当時の都市・農村双方における「婦人の解放闘争への積極的参加」に対する作者の「関心」を「スケッチ風」にまとめたものと述べている（宮本顕治「解説」『宮本百合子全集』第四巻、河出書房、一九五一年、三一一頁）。

（16）高橋秀晴『秋田近代小説　そぞろ歩き』（秋田魁新報社、二〇一〇年）一三五頁。その他に、一九三一年九月の満州事変直後という発表時期と、作中の「慰問金」の箇所を結び付け、「戦争勃発という現実への機敏な抗議行動」という作者の意図を汲む評価も存在する（江崎淳「解題・解説」『松田解子自選集』第五巻、澤田出版、二〇〇七年、四〇〇頁）。

（17）佐藤静夫「解説」（『日本プロレタリア文学集・22　婦人作家集（二）』新日本出版社、一九八七年）四四六頁。

# 参考文献目録

池田啓悟（編）

（凡例）

・一九二〇～三〇年代のプロレタリア文化運動に関する戦後の研究文献等を「作品」「資料」「運動」「個人」の各項目に分類して掲示する。

・「個人編」は、人名（五〇音順）ごとに、①戦後刊行の主要著作等、②その人物に関する研究文献（単行本）、③同研究文献（雑誌）、④アルバム・ブックガイド・図録・その他の順に掲載する。①は全集・選集（最新版）や自伝・日記・書簡などに限り、それ以外の著者生前の単行本は含まない。

・一部を除き一九四五年以降に刊行された文献を対象とした。また、編者名や副題は適宜省略した。

## 第1部　作品編

### （1）全集・選集

『日本プロレタリア文学体系』全七巻（青木文庫、一九五三～五五年）

『日本プロレタリア文学大系』全九巻（三一書房、一九五四～五五年）

『日本プロレタリア長篇小説集』全八巻（三一書房、一九五四～五五年）

『日本プロレタリア小説集』全三巻（新日本出版社、一九六三～六四年）

『日本プロレタリア文学選』全二巻（新日本出版社、一九六九年）

『日本プロレタリア文学集』全四〇巻・別巻一（新日本出版社、一九八四～八八年）

鈴木貞美編『モダン都市文学』全一〇巻（平凡社、一九八九～九〇年）

『日本プロレタリア文学評論集』全七巻（新日本出版社、一九九〇年）

『新芸術論システム』全二〇巻（ゆまに書房、一九九一年、復刻版）

『新・プロレタリア文学精選集』全二〇巻（ゆまに書房、二〇〇四年、復刻版）

楜沢健編『アンソロジー・プロレタリア文学』全七巻（森話社、

二〇一三〜一七年、継続中）

### （2）作品集

小田切秀雄編『発禁作品集』（八雲書店、一九四八年）
『日本プロレタリア詩集』（新日本文学会、一九四九年）
『現代日本小説大系』第四〇〜四二巻「プロレタリア文学」（河出書房、一九四九〜五一年）
江口渙・壷井繁治・山田清三郎編『日本のプロレタリア文学名作案内』（青木書店、一九六八年）
『日本現代文学全集』第六九巻「プロレタリア文学集」（講談社、一九六九年）
『土佐プロレタリア詩集　一九三一〜三七』（槇村浩の会、一九七九年）
『日本プロレタリア文学選』（フロンティアニセン、二〇〇五年）
『青森県プロレタリア詩集』（青森文芸出版、二〇一五年、復刻版）
"For dignity, justice, and revolution an anthology of Japanese proletarian literature" Edited by Heather Bowen-Struyk and Norma Field, The University of Chicago Press, 2016.
『教科書で読む名作　セメント樽の中の手紙ほか――プロレタリア文学』（ちくま文庫、二〇一七年）

## 第2部　資料編

### （1）資料集

中野重治・小田切秀雄編『日本プロレタリヤ文学発達史資料――ナップ時代（上）』（八雲書店、一九四八年）
青野季吉・中野重治編『現代文学論大系　第四巻　プロレタリア文学』（河出書房、一九五四年）
小田切秀雄編『プロレタリア文学（日本文学アルバム13）』（筑摩書房、一九五五年）
『現代日本文学論争史』全三巻（未来社、一九五六年）
『昭和批評大系』第一巻「昭和初年代」（番町書房、一九六八年）
『近代文学評論大系』第六〜七巻（角川書店、一九七一〜七五年）
『資料世界プロレタリア文学運動』全六巻（三一書房、一九七二〜七五年）
鈴木裕子編『日本女性運動資料集成』（不二出版、一九九三〜九八年）
喜夛孝臣・五十殿利治編『プロレタリア美術運動』（ゆまに書房、二〇一一年）
『昭和戦前期プロレタリア文化運動資料集［DVD版］』（丸善雄松堂、二〇一七年）

### （2）雑誌細目／雑誌復刻版別冊

小田切進編『現代日本文芸総覧』全四巻（明治文献資料刊行会、

一九六八～七三年）
『現代詩誌総覧』全七巻（日外アソシエーツ、一九九六～九八年）
『大阪文芸雑誌総覧』（和泉書院、二〇一三年）

＊

『『種蒔く人』別冊』（日本近代文学研究所、一九六一年）
『解説「文芸戦線」復刻版　別冊』（日本近代文学館、一九六八年）
『解説『プロレタリア文学』復刻版　別冊』（日本近代文学館、一九七二年）
『戦旗　別巻（資料編）』（戦旗復刻版刊行会、一九七七年）
鳥越信・向川幹雄編『日本社会主義文化運動資料2『少年戦旗』別冊』（戦旗復刻版刊行会、一九七七年）
戦旗復刻版刊行会編『日本社会主義文化運動資料3『ナップ』別巻』（戦旗復刻版刊行会、一九七八年）
祖父江昭二編『日本社会主義文化運動資料7『プロレタリア文化』・『コップ』別巻』（戦旗復刻版刊行会、一九七九年）
『日本社会主義文化運動資料8『婦人戦旗』・『働く婦人』別巻』（戦旗復刻版刊行会、一九八〇年）
『日本資本主義文化運動資料9『プロレタリア芸術』・『前衛』別巻』（戦旗復刻版刊行会、一九八〇年）
プロキノを記録する会編『日本社会主義文化運動資料10　昭和初期左翼映画雑誌別巻』（戦旗復刻版刊行会、一九八一年）
伊藤信吉・秋山清編『プロレタリア詩雑誌集成（日本社会主義文化運動資料4～6）別巻　プロレタリア詩雑詩総覧』（戦旗復刻版刊行会、一九八二年）
小田切進編『マイクロ版近代文学館2『解放』別冊』（日本近代文学館・八木書店、一九八二年）
『日本社会主義文化運動資料11・12・14『文芸戦線』（後期）別巻』（戦旗復刻版刊行会、一九八三年）
祖父江昭二編『日本社会主義文化運動資料13「プロット機関誌・紙」別巻』（戦旗復刻版刊行会、一九八三年）
『日本社会主義文化運動資料21～23『社会派アンソロジー集成』別巻』（戦旗復刻版刊行会、一九八四年）
祖父江昭二編『日本社会主義文化運動資料32『文化集団』別巻』（久山社、一九八六年）
芝田進午ほか著『日本社会主義文化運動資料24～26「唯物論全書」別巻『唯物論全書』と現代』（久山社、一九九一年）
『日本社会主義文化運動資料33「太鼓・詩原」別冊』（久山社、一九八八年）

### (3) 図録

『日本の前衛　Art into life 1900-1940』（京都国立近代美術館、一九九九年）
『前衛と反骨のダイナミズム　大正アヴァンギャルドからプロレタリア美術へ』（市立小樽美術館、二〇〇〇年）
『集団の声、集団の身体　1920・30年代の日本とドイツにおけるアジプロ演劇』（早稲田大学坪内博士記念演劇博物館、二〇〇七年）

『昭和モダン　絵画と文学　1926―1936』（兵庫県立美術館、二〇一三年）
『われわれは〈リアル〉である　1920s―1950s　プロレタリア美術運動からルポルタージュ絵画運動まで』（武蔵野市立吉祥寺美術館、二〇一四年）

**（4）辞典・事典・年表**

山洞書院編輯部編『プロレタリア科学辞典』（大空社、一九九六年、復刻版）
山田清三郎・川口浩編『プロレタリア文芸辞典』（大空社、一九九六年、復刻版）
共生閣編輯部編『改訂プロレタリア辞典』（大空社、一九九六年、復刻版）
『近代日本社会運動史人物大事典』全五巻（日外アソシエーツ、一九九七年）
『日本アナキズム運動人名事典』（ぱる出版、二〇〇四年）
『日本エスペラント運動人名事典』（ひつじ書房、二〇一三年）
浦西和彦『文化運動年表』全二巻（三人社、二〇一五～一六年）
浦西和彦編『日本プロレタリア文学史年表事典』（日外アソシエーツ、二〇一六年）

**（5）官憲資料など（復刻版）**

平出禾『プロレタリア文化運動に就ての研究』（柏書房、一九六五年）
『思想資料パンフレット特輯』（文生書院、一九六八年）
内務省警保局編『社会運動の状況』全一四巻（三一書房、一九七一～七二年）
『思想月報』全六八巻（文生書院、一九七二年）
『特高月報』全一五巻（政経出版社、一九七三年）
青山毅編『プロレタリア文化連盟』（五月書房、一九九〇年）
『思想研究資料　特輯』全九巻（東洋文化社、出版年不明）

**（6）その他**

『現代史資料』全四五巻・別巻一（みすず書房、一九六二～八〇年）
奥平康弘ほか編『昭和思想統制史資料――左翼・文化運動篇』全二五巻・別巻二・補巻一（生活社、一九八〇～八一年）
『続・現代史資料』全一二巻（みすず書房、一九八二～九六年）
『千代田図書館蔵内務省委託本画像（DVD版）』（千代田図書館、二〇一三年）

## 第3部　運動編

**（1）単行本**

民主評論編集部編『闘いのあと――文化運動外史』（民主評論社、一九四八年）
一条重美『日本プロレタリア文芸理論史』（彰考書院、一九四八年）
小田切秀雄編『プロレタリア文学再検討』（雄山閣、一九四八年）

民主評論編集部編『新劇の四〇年』（民主評論社、一九四九年）
山田清三郎『プロレタリア文学史』全二巻（理論社、一九五四年）
山田清三郎『プロレタリア文学風土記――文学運動の人と思い出』（青木書店、一九五四年）
佐藤喜一『北海道文学史稿』（冬濤社、一九五五年）
平野謙編『討論　プロレタリア文学運動史』（三一書房、一九五五年）
蔵原惟人等編『日本プロレタリア文学案内』全二巻（三一書房、一九五五年）
蔵原惟人『日本プロレタリア芸術論』全二巻（和光社、一九五五年）
窪川鶴次郎・平野謙・小田切秀雄編『日本のプロレタリア文学――史的展望と再検討のために』（青木書店、一九五六年）
秋庭太郎『日本新劇史』下巻（理想社、一九五六年）
本多秋五『転向文学論』（未来社、一九五七年）
犬田卯著、小田切秀雄編『日本農民文学史』（農山漁村文化協会、一九五八年）
植村諦『詩とアナキズム――詩論』（国文社、一九五八年）
鹿地亘『自伝的な文学史』（三一書房、一九五九年）
佐々木孝丸『風雪新劇志――わが半生の記』（現代社、一九五九年）
思想の科学研究会編『共同研究　転向』全三巻（平凡社、一九五九年）
秋山清『日本の反逆思想――アナキズムとテロルの系譜』（現代思潮社、一九六〇年）
伊藤整・稲垣達郎編『鑑賞と研究・現代日本文学講座　小説6　プロレタリア文学・モダニズム文学』（三省堂、一九六二年）
立野信之『青春物語――その時代と人間像』（河出書房新社、一九六二年）
伊藤信吉『逆流の中の歌――詩的アナキズムの回想』（七曜社、一九六三年）
蔵原惟人『革命と文化運動』（新日本出版社、一九六五年）
小田切進『昭和文学の成立』（勁草書房、一九六五年）
小牧近江『ある現代史――〝種蒔く人〟前後』（法政大学出版局、一九六五年）
文学批評の会編『プロレタリア文学研究』（芳賀書店、一九六六年）
新日本文学会編『文学運動における創造と批評』（芳賀書店、一九六六年）
江口渙『たたかいの作家同盟記――わが文学半生記　後編』全二巻（新日本出版社、一九六六～六八年）
野淵敏・雨宮正衛『〈種蒔く人〉の形成と問題性』（秋田文学社、一九六七年）
岡本唐貴・松山文雄『日本プロレタリア美術史』（造形社、一九六七年）
蔵原惟人・手塚英孝編『物語プロレタリア文学運動』上巻（新

日本出版社、一九六七年）
松永伍一『日本農民詩史』全五巻（法政大学出版局、一九六七～七〇年）
池田寿夫『日本プロレタリア文学運動の再認識』（三一書房、一九七一年）
日本文学研究資料刊行会編『プロレタリア文学』（有精堂出版、一九七一年）
池田種生・教育運動史研究会編『プロレタリア教育の足跡』（新樹出版、一九七一年）
川口浩『文学運動の中に生きて』（中央大学出版部、一九七一年）
栗原幸夫『プロレタリア文学とその時代』（平凡社、一九七一年）
秋山清『あるアナキズムの系譜――大正・昭和のアナキスト詩人たち』（冬樹社、一九七三年）
津田孝『プロレタリア文学の遺産と現代』（汐文社、一九七四年）
森山重雄『序説　転換期の文学』（三一書房、一九七四年）
秋山清『アナキズム文学史』（筑摩書房、一九七五年）
宮崎晃『差別とアナキズム――水平社運動とアナ・ボル抗争史』（黒色戦線社、一九七五年）
踏み越えし年輪を拡げる会（築地三期会）編『年輪』全五巻（一九七五～九四年）
松本克平『日本社会主義演劇史　明治大正篇』（筑摩書房、一九七五年）
山田清三郎『近代日本農民文学史』全二巻（理論社、一九七六年）
浮田左武郎『プロレタリア演劇の青春像』（未来社、一九七六年）
西杉夫『プロレタリア詩の達成と崩壊』（海燕書房、一九七七年）
森山重雄『文学としての革命と転向』（三一書房、一九七七年）
伊藤信吉『逆流の中の歌――詩的アナキズムの回想』（泰流社、一九七七年）
昭和文学研究会編『昭和文学の諸問題』（笠間書院、一九七九年）
渡辺悦次・鈴木裕子編『たたかいに生きて――戦前婦人労働運動への証言』（ドメス出版、一九八〇年）
渡辺悦次・鈴木裕子編『運動にかけた女たち――戦前婦人運動への証言』（ドメス出版、一九八〇年）
柿沼肇『新興教育運動の研究――1930年代のプロレタリア教育運動』（ミネルヴァ書房、一九八一年）
原菊枝『女子党員獄中記』（三多摩いしずえ会、一九八一年）
飛鳥井雅道『日本プロレタリア文学史論』（八木書店、一九八二年）
林尚男『冬の時代の文学――秋水から「種蒔く人」へ』（有精堂出版、一九八二年）
宅昌一『回想のプロレタリア演劇』（未来社、一九八三年）

山田清三郎『プロレタリア文化の青春像』（新日本出版社、一九八三年）
江津萩枝『メザマシ隊の青春――築地小劇場とともに』（未来社、一九八三年）
金子洋文『種蒔く人伝』（労働大学、一九八四年）
並木晋作・プロキノを記録する会編『日本プロレタリア映画同盟〔プロキノ〕全史』（合同出版、一九八六年）
石堂清倫『異端の視点――変革と人間と』（勁草書房、一九八七年）
森山重雄『文学アナキズムの潜流』（土佐出版社、一九八七年）
小林茂夫『プロレタリア文学ノート』（青磁社、一九八七年）
中央大学人文科学研究所編『希望と幻滅の軌跡――反ファシズム文化運動』（中央大学出版部、一九八七年）
小沢栄太郎・松本克平・嵯峨善兵・信欣三『四人でしゃべった』（早川書房、一九八七年）
林田茂雄『「赤旗」地下印刷局員の物語』（白石書店、一九八七年）
小林茂夫『プロレタリア文学の作家たち』（新日本出版社、一九八八年）
前田角蔵『虚構の中のアイデンティティ　日本プロレタリア文学研究序説』（法政大学出版局、一九八九年）
大森映『労農派の昭和史――大森義太郎の生涯』（三樹書房、一九八九年）
津田孝ほか『座談によるプロレタリア文学案内』（新日本出版社、一九九〇年）
大笹吉雄『日本現代演劇史　昭和戦前編』（白水社、一九九〇年）
湯地朝雄『プロレタリア文学運動』（晩声社、一九九一年）
松本克平『新劇の山脈』（朝日書林、一九九一年）
大岡欽治『関西新劇史』（東方出版、一九九一年）
北条常久『「種蒔く人」研究――秋田の同人を中心として』（桜楓社、一九九二年）
祖父江昭二『二〇世紀文学の黎明期――「種蒔く人」前後』（新日本出版社、一九九三年）
河野さくら・小宮多美江編『PMの思い出――日本プロレタリア音楽（家）同盟１９３０～１９３４』（音楽の世界社、一九九三年）
田中真人『一九三〇年代日本共産党史論』（三一書房、一九九四年）
申銀珠『韓国文学の中の日本近代文学――一九二〇年代の詩と詩人たち』（お茶の水女子大学提出博士論文、一九九五年）
三宅栄治『闘うエスペランティストたちの軌跡――プロレタリア・エスペラント運動の研究』（リベーロイ社、一九九五年）
志村章子『ガリ版文化を歩く――謄写版の百年』（新宿書房、一九九五年）
石月静恵『戦間期の女性運動』（東方出版、一九九六年）
湯地朝雄『ナップ以前のプロレタリア文学運動――『種蒔く

人』『文芸戦線』の時代』（小川町企画、一九九七年）
権錫永『昭和戦争期の知識人――普遍的な知識人の問題として』（北海道大学提出博士論文、一九九八年）
北条常久ほか『大正ヒューマニズムの青春・『種蒔く人』』（弘隆社、一九九八年）
梅田俊英『社会運動と出版文化――近代日本における知的共同体の形成』（御茶の水書房、一九九八年）
『『種蒔く人』の潮流――世界主義・平和の文学』（文治堂書店、一九九九年）
荒俣宏『プロレタリア文学はものすごい』（平凡社、二〇〇〇年）
里見岸雄『天皇とプロレタリア』（暁書房、二〇〇〇年）
浦西和彦『現代文学研究の枝折』（和泉書院、二〇〇一年）
土崎図書館編『「種蒔く人資料室」目録　秋田市立土崎図書館所蔵』（秋田市立土崎図書館、二〇〇一年）
山口守圀『文学に見る反戦と抵抗――私のプロレタリア作品案内』（海鳥社、二〇〇一年）
大地進『黎明の群像――苛烈に生きた「種蒔く人」の同人たち』（秋田魁新報社、二〇〇二年）
佐賀郁朗『受難の昭和農民文学――伊藤永之介と丸山義二、和田伝』（日本経済評論社、二〇〇三年）
李修京『近代韓国の知識人と国際平和運動――金基鎮、小牧近江、そしてアンリ・バルビュス』（明石書店、二〇〇三年）
栗原幸夫『増補新版プロレタリア文学とその時代』（インパクト出版会、二〇〇四年）
垂水千恵『一九三〇年代台湾文学における日本プロレタリア文学の影響』（平成一五～一六年度科学研究費補助金基盤研究C2研究成果報告書、二〇〇五年）
『「種蒔く人」の精神――発祥地秋田からの伝言』（「種蒔く人」顕彰会、二〇〇五年）
『フロンティアの文学――雑誌『種蒔く人』の再検討』（論創社、二〇〇五年）
Miriam Silverberg “Erotic grotesque nonsense : the mass culture of Japanese modern times” University of California Press, 2006.
尾西康充『近代解放運動史研究――梅川文男とプロレタリア文学』（和泉書院、二〇〇八年）
種蒔く人文芸戦線を読む会『『文芸戦線』とプロレタリア文学』（龍書房、二〇〇八年）
磯前順一、ハリー・D・ハルトゥーニアン編『マルクス主義という経験――１９３０―４０年代日本の歴史学』（青木書店、二〇〇八年）
Richard F. Calichman, ed. “Overcoming modernity : cultural identity in wartime Japan” Columbia University Press, 2008.
紅野謙介『検閲と文学――１９２０年代の攻防』（河出書房新社、二〇〇九年）
浦西和彦『浦西和彦――著述と書誌』全四巻（和泉書院、二〇〇九年）
川西政明『新・日本文壇史』第四巻「プロレタリア文学の

人々」（岩波書店、二〇一〇年）
多喜二・百合子研究会編『講座プロレタリア文学』（光陽出版社、二〇一〇年）
楜沢健『だからプロレタリア文学――名文・名場面で「いま」を照らしだす17の傑作』（勉誠出版、二〇一〇年）
武藤武美『プロレタリア文学の経験を読む――浮浪ニヒリズムの時代とその精神史』（影書房、二〇一一年）
大和田茂『社会運動と文芸雑誌――『種蒔く人』時代のメディア戦略』（菁柿堂、二〇一二年）
足立元『前衛の遺伝子――アナキズムから戦後美術へ』（ブリュッケ、二〇一二年）
鳥木圭太『リアリズムと身体――プロレタリア文学運動におけるイデオロギー』（風間書房、二〇一三年）
牧野守・雨宮幸明編『プロキノ作品集（DVD版）』（六花出版、二〇一三年）
鄭百秀『日韓近代文学の交差と断絶――二項対立に抗して』（明石書店、二〇一三年）
内藤由直『国民文学のストラテジー――プロレタリア文学運動批判の理路と隘路』（双文社出版、二〇一四年）
Samuel Perry "Recasting Red culture in proletarian Japan : childhood, Korea, and the historical avant-garde" University of Hawaii Press, 2014.
牧義之『伏字の文化史――検閲・文学・出版』（森話社、二〇一四年）
立本紘之『昭和初期左翼運動における権威性確立過程の研究』（東京大学提出博士論文、二〇一五年）
山口泰二『変動期の画家』（美術運動史研究会、二〇一五年）
中原佑介『日本近代美術史――西洋美術の受容とそのゆくえ』（現代企画室、二〇一五年）
吉良智子『女性画家たちの戦争』（平凡社、二〇一五年）
Sunyoung Park "The proletarian wave : literature and leftist culture in colonial Korea, 1910-1945" Harvard University Asia Center, 2015.
祖父江昭二著、清水博司編『二〇世紀文学としての「プロレタリア文学」』（エール出版社学術部、二〇一六年）
陳朝輝『文学者的革命――論魯迅与日本無産階級文学』（光明日報出版社、二〇一六年）

### （2）雑誌

『運動史研究』第一号～第一七号（三一書房、一九七八～八六年）
『民主評論』第五巻第一号「我が小伝　文化運動外史」（一九四九年一月）
『劇作』第二八号「プロレタリア演劇時代」（一九五〇年一月）
『思想の科学』第五次第三八号「特集　日本のマルクス主義者」（一九六五年五月）
『民主文学』第二六号～第四二号「日本のプロレタリア文学1～13」（一九六八年一月～六九年五月、断続連載）
『民主文学』第二九号「総括・戦後のプロレタリア文学評価」（一九六八年四月）

『文化評論』第八〇号「ナップ結成四〇周年・小林多喜二没後三五周年」（一九六八年五月）
『月刊労働問題』第一三一号「左翼思想の源流と現流」（一九六九年三月）
『唯物史観』第一五号「マルクス主義と文学」（一九七五年七月）
『文化評論』第一七九号「体験記・治安維持法の時代を生きて」（一九七六年四月）
『民主文学』第一五四号「プロレタリア文学をめぐって」（一九七八年九月）
『文学』第四七巻第九号「ロシア革命と現代文学」（岩波書店、一九七九年九月）
『日本文学』第三一巻第六号「プロレタリア文学」（一九八二年六月）
『文学』第五三巻第一号「プロレタリア詩の時代」（岩波書店、一九八五年一月）
『民主文学』第二三八号「プロレタリア文学から学ぶもの」（一九八五年九月）
『民主文学』第二五五号「プロレタリア文学と民主主義文学」（一九八七年二月）
『美術運動』第一一六号「プロレタリア美術運動」（日本美術会、一九八七年二月）
『民主文学』第二六八号「日本プロレタリア文学の新発掘」（一九八八年三月）
『民主文学』第二七二号「ナップ結成六〇周年記念」（一九八八年七月）
『美術運動』第一一七号「特集プロレタリア美術運動2」（日本美術会、一九八八年九月）
『民主文学』第二八五号「天皇問題とプロレタリア文学」（一九八九年八月）
『社会文学』第一九号「プロレタリア作家と〈地方〉」（二〇〇三年九月）
『社会文学』第二〇号「二つの号「帝国」の狭間で――『文芸戦線』八〇周年」（二〇〇四年）
『演劇人』第一八号「共同討議　近代日本の演劇（三）「築地小劇場」とその時代」（二〇〇五年）
『社会文学』第二五号「〈働くこと〉と〈戦争すること〉」（二〇〇七年二月）
『すばる』第二九巻第七号「特集　プロレタリア文学の逆襲」（二〇〇七年七月）
『日本近代文学館年誌』第三号「獄中に散ったテロリストたちの青春」（二〇〇七年九月）
『初期社会主義研究』第二〇号「日本社会主義同盟」（二〇〇八年二月）
『国文学　解釈と教材の研究』第五四巻第一号「プロレタリアの作家たち（再読プロレタリア文学）」（二〇〇九年一月）
『詩人会議』第四七巻第六号「プロレタリア詩再評価」（二〇〇九年六月）

『季論21』第六号「プロレタリア演劇と時代の波」（二〇〇九年［秋号］）
『立命館文学』第六一四号「プロレタリア文学」（二〇〇九年一二月）
『民主文学』第五三二号「労働・闘い・変革の文学を読む――プロレタリア文学の作品から」（二〇一〇年二月）
『国文学　解釈と鑑賞』第七五巻第四号「プロレタリア文学とプレカリアート文学のあいだ」（二〇一〇年四月）
『立命館言語文化研究』第二二巻第三号「プロレタリア芸術とアヴァンギャルド」（二〇一一年一月）
『社会文学』第三五号「『種蒔く人』と秋田」（二〇一二年二月）
『社会文学』第三七号「転向点・一九三三」（二〇一三年二月）
『フェンスレス』創刊号～第五号（二〇一三年三月～一九年三月）
『社会文学』第三九号「関東大震災九〇年とアナキズム文学」（二〇一四年二月）
『日本文学』第六三巻第一一号「政治と文学が協働する場所――プロレタリア文学を読みなおす」（二〇一四年一一月）
『民主文学』第六一七号「プロレタリア文学・民主主義文学に関する評論」（二〇一七年二月）
『昭和文学研究』第七四集「〈マルクス主義〉という経験」（二〇一七年三月）
『横光利一研究』第一六号「横光利一とプロレタリア文学」（二〇一八年三月）

## 第4部　個人編

**【青野季吉】**

①青野季吉『青野季吉選集』（社会思想研究会出版部、一九五三年）
青野季吉『青野季吉日記』（河出書房、一九六四年）

**【秋田雨雀】**

①『秋田雨雀日記』全五巻（未来社、一九六五～六七年）
『秋田雨雀――その全仕事』（共栄社出版、一九七五年）
『秋田雨雀――その全仕事　続』（共栄社出版、一九七六年）
②大沢久明『ファシズムと秋田雨雀』（文芸書房、一九六九年）
藤田竜雄『秋田雨雀研究』（津軽書房、一九七二年）
③『日本児童文学』第八巻第八号「秋田雨雀追悼号」（さくら教材、一九六二年）
『悲劇喜劇』第三九巻第六号「秋田雨雀と藤森成吉」（早川書房、一九八六年六月）

**【新井徹】**

①『新井徹の全仕事――内野健児時代を含む抵抗の詩と評論』（創樹社、一九八三年）

**【市村三男三】**

②市村三男三『市村三男三――信念と不屈のプロレタリア美術作家』（新潟市教育委員会横越教育事務所、二〇〇五年）

**【伊藤永之介】**

①『伊藤永之介作品集』全三巻（ニトリア書房、一九七一～七

三年）

『伊藤永之介文学選集』（和泉書院、一九九九年）

③分銅惇作編『国文学　解釈と鑑賞　別冊』「伊藤永之介生誕百年――深い愛、静かな怒りのリアリズム」（二〇〇三年九月）

【犬田卯】

①犬田卯・住井すえ『愛といのちと――はだしの夫婦愛三十六年』（大日本雄弁会講談社、一九五七年）

『犬田卯短編集』全二巻（筑波書林、一九八二年）

②安藤義道『犬田卯の思想と文学――日本農民文学の光芒』（崙書房、一九七九年）

【今野賢三】

①佐々木久春編『花塵録――「種蒔く人」今野賢三青春日記』（無明舎出版、一九八二年）

【岩崎昶】

①『映画は救えるか――岩崎昶遺稿集』（作品社、二〇〇三年）

②風間道太郎『キネマに生きる――評伝・岩崎昶』（影書房、一九八七年）

【上野壮夫】

①『上野壮夫全集』全三巻（図書新聞、二〇〇九～一一年）

②堀江朋子『風の詩人――父上野壮夫とその時代』（朝日書林、一九九七年）

『上野壮夫研究』（図書新聞、二〇一一年）

【打木村治】

①『打木村治作品集』（まつやま書房、一九八七年）

【江口渙】

①『江口渙自選作品集』全三巻（新日本出版社、一九七二～七三年）

③『文化評論』第一六六号「江口渙追悼」（一九七五年四月）

『民主文学』第一六三号「江口渙追悼」（一九七五年四月）

『民主文学』第三四〇号「江口渙没後一五周年」（一九九〇年一月）

『民主文学』第四〇〇号「江口渙没後二〇年」（一九九五年一月）

【江馬修】

①『江馬修作品集』全四巻（北溟社、一九七三年）

②永平和雄『江馬修論』（おうふう、二〇〇〇年）

【大江満雄】

①森田進編『大江満雄集――詩と評論』全一巻（思想の科学社、一九九六年）

②渋谷直人『大江満雄論――転形期・思想詩人の肖像』（大月書店、二〇〇八年）

【大月源二】

②金倉義慧『画家大月源二――あるプロレタリア画家の生涯』（創風社、二〇〇〇年）

【大宅壮一】

①青地晨編『大宅壮一日記』（中央公論社、一九七一年）

『大宅壮一全集』全三〇巻（蒼洋社、一九八〇～八二年）

②ノンフィクション・クラブ編『大宅壮一と私――追悼文集』（季竜社、一九七一年）
大隈秀夫『大宅壮一における人間の研究』（山手書房、一九七七年）
大宅壮一全集編集実務委員会編『大宅壮一読本』（蒼洋社、一九八二年）
新藤謙『大宅壮一とその時代』（東京書籍、一九八三年）

【岡本唐貴】
①『岡本唐貴画集』（岡本唐貴画集刊行会、一九六三年）
『岡本唐貴自伝的回想画集』（東峰書房、一九八三年）

【小熊秀雄】
①『小熊秀雄全集』全五巻（創樹社、一九九〇～九一年）
金倉義慧編『「小熊秀雄全集」未収録資料集――大正十二・三年の「旭川新聞」を中心に』（旭川市中央図書館、二〇〇三年）
②法橋和彦『小熊秀雄における詩と思想――その民衆性の問題によせて』（創映出版、一九七二年）
佐藤喜一『評伝小熊秀雄』（ありえす書房、一九七八年）
小田切秀雄・木島始編『小熊秀雄研究』（創樹社、一九八〇年）
黒古一夫『小熊秀雄論――たたかう詩人』（土曜美術社、一九八二年）
高野斗志美『小熊秀雄――青馬の大きな感覚』（花神社、一九八二年）
板橋区立美術館編『東京の落書き１９３０Ｓ’展図録　長谷川利行と小熊秀雄の時代』（板橋区立美術館、一九八八年）
岡田雅勝『小熊秀雄』（清水書院、一九九一年）
小川恵以子『詩人とその妻――小熊秀雄とつね子』（創樹社、一九九三年）
『小熊秀雄／村山陽一／丹野利雄　夭折の画家たち・旭川篇』（北海道立旭川美術館、一九九五年）
塔崎健二『灰色に立ちあがる詩人――小熊秀雄研究』（旭川振興公社、一九九八年）
田中益三・河合修編『小熊秀雄とその時代』（せらび書房、二〇〇二年）
法橋和彦『暁の網にて天を掬ひし者よ――小熊秀雄の詩の世界』（未知谷、二〇〇七年）
金倉義慧『北の詩人小熊秀雄と今野大力』（高文研、二〇一四年）
宮川達二『海を越える翼――詩人小熊秀雄論』（コールサック社、二〇一四年）
③『三彩』第三〇六号「詩人　小熊秀雄の絵画」（一九七三年八月）
『新日本文学』第三三巻第八号「小熊秀雄・人とその仕事」（一九七八年八月）

【小野十三郎】
①『小野十三郎自選詩画集』（五月書房、一九七四年）
『定本小野十三郎全詩集　１９２６―１９７４』（立風書房、

一九七九年）
『小野十三郎著作集』全三巻（筑摩書房、一九九〇～九一年）
②明珍昇『小野十三郎論――風景にうたは鳴るか』（土曜美術社出版、一九九六年）
山田兼士・細見和之編『小野十三郎を読む』（思潮社、二〇〇八年）
③『現代詩手帖』第三九巻第一一号「追悼・小野十三郎」（思潮社、一九九六年一一月）
『新日本文学』第五二巻第二号「特集　詩の変革をめざして――小野十三郎追悼」（一九九七年三月）
『詩人会議』第五一〇号「小特集　小野十三郎」（二〇〇五年三月）
『現代詩手帖』第五一巻第一〇号「特集　小野十三郎再読」（思潮社、二〇〇八年一〇月）

**【遠地輝武】**

①『遠地輝武全詩集』（新日本詩人社、一九六一年）
②『遠地輝武研究』（新日本詩人社、一九六八年）
③『遠地輝武研究』（遠地輝武研究会、一九八〇年）

**【鹿地亘】**

①鹿地亘『回想記「抗日戦争」のなかで』（新日本出版社、一九八二年）
『鹿地亘作品集』（朝日書房、一九五四年）
②井上桂子『中国で反戦平和活動をした日本人――鹿地亘の思想と生涯』（八千代出版、二〇一二年）
③『民主文学』第二五三号「鹿地亘追悼」（一九八二年一〇月）

**【片岡鉄兵】**

①『片岡鉄兵全集』全九巻（日本図書センター、一九九五年）
『片岡鉄兵資料集』（岡山県鏡野町芳野公民館、一九七〇年）
②瀬沼壽雄編『片岡鉄兵　書誌と作品』（京王書林、二〇〇〇年）

**【金子洋文】**

①『金子洋文作品集』全二巻（筑摩書房、一九七六年）
須田久美編『金子洋文短編小説選』（冬至書房、二〇〇九年）
②秋田市立土崎図書館編『金子洋文資料目録　秋田市立土崎図書館所蔵』（秋田市立土崎図書館、二〇〇七年）
須田久美『金子洋文と『種蒔く人』――文学・思想・秋田』（冬至書房、二〇〇九年）

**【金親清】**

①『金親清著作集』全三巻（金親清著作集刊行会、一九七二～七五年）
金親清『わが文学・わが青春――激動の時代を生きて』（犬吠文学会、一九八六年）
②金親清追悼文集編集委員会編『追悼金親清――民衆の心を継承した作家』（なのはな出版、一九九二年）

**【神近市子】**

①『神近市子著作集』全六巻（学術出版会、二〇〇八年）
②杉山秀子『プロメテウス――神近市子とその周辺』（新樹社、二〇〇三年）

**【神山茂夫】**
①『神山茂夫著作集』全四巻（三一書房、一九七五年）

**【亀井勝一郎】**
①『亀井勝一郎全集』全二一巻（講談社、一九七一～七五年）
②利根川裕『亀井勝一郎――その人生と思索』（大和書房、一九六七年）
武田友寿『遍歴の求道者亀井勝一郎』（講談社、一九七八年）
渡部治『亀井勝一郎研究序説』（現代思想研究会、二〇一六年）

**【貴司山治】**
①貴司山治研究会編『貴司山治全日記（DVD版）』（不二出版、二〇一一年）
伊藤純編『丹波アリラン――貴司山治小説集』（貴司山治net資料館、二〇一三年）
伊藤純編『「ゴー・ストップ」初版発禁版翻刻』（貴司山治net資料館、二〇一三年）
②貴司山治研究会編『貴司山治研究』（不二出版、二〇一一年）
③『フェンスレス』創刊号「貴司山治と〈占領・開拓〉の時代」（占領開拓期文化研究会、二〇一三年三月）

**【窪川鶴次郎】**
①窪川鶴次郎『昭和十年代文学の立場――窪川鶴次郎一巻本選集』（河出書房新社、一九七三年）

**【久保栄】**
①宇野重吉編『久保栄全集』全一二巻（三一書房、一九六二年）
②村上一郎『久保栄論』（弘文堂、一九五九年）
宇野重吉編『久保栄研究』（劇団民芸、一九五九年）
大西貢編『久保栄研究史の輪郭』（愛媛県立宇和高等学校、一九六六年）
澤田誠一『久保栄の思い出』（ぷやら新書、一九七二年）
北海道文学館久保栄文学展実行委員会編『久保栄文学アルバム』（北海道文学館、一九七三年）
井上理恵『久保栄の世界』（社会評論社、一九八九年）
北海道文学館編『久保栄と北海道――激動の時代を生きた劇作家の軌跡　北海道立文学館特別企画展図録』（北海道文学館、一九九六年）
吉田一『久保栄『火山灰地』を読む』（法政大学出版局、一九九七年）
吉井よう子編『久保栄――小笠原克評論集』（新宿書房、二〇〇四年）
北海道文学館編『久保栄資料目録』（北海道文学館、二〇〇五年）
祖父江昭二『久保栄・「新劇」の思想』（エール出版社、二〇一八年）
③『悲劇喜劇』第三七巻第八号「久保栄」（一九八四年八月）
『悲劇喜劇』第五八巻第八号「久保栄と三好十郎の今」（二〇〇五年八月）

【蔵原惟人】
①『蔵原惟人評論集』全一〇巻（新日本出版社、一九六六～七九年）
②『文化評論』第三六三号「追悼・蔵原惟人氏」（一九九一年四月）
『民主文学』第三五五号「蔵原惟人追悼特集」（一九九一年四月）

【黒島伝治】
①佐藤和夫編『定本黒島傳治全集』全五巻（勉誠出版、二〇〇一年）
②森山重雄『黒島伝治論――その文学形成と農民小説』（香川県立図書館、一九七三年）
浜賀知彦『黒島伝治の軌跡』（青磁社、一九九〇年）
『黒島伝治展　生誕101年記念――平和への祈り』（神戸親和女子大学国語国文学会、一九九九年）
山口守圀『プロレタリア文学運動と黒島伝治』（海鳥社、二〇一三年）

【原理充雄】
②高橋夏生『西灘村の青春――原理充雄　人と作品』（風来舎、二〇〇六年）

【小林多喜二】
①『小林多喜二全集』全七巻（新日本出版社、一九九二年）
②蔵原惟人・中野重治編『小林多喜二研究』（解放社、一九四八年）
小田切秀雄『小林多喜二』（新日本文学会、一九五〇年）
蔵原惟人『小林多喜二と宮本百合子』（河出書房、一九五三年）
多喜二・百合子研究会編『年刊多喜二・百合子研究』第一集・第二集（河出書房、一九五四年・五五年）
多喜二・百合子研究会編『小林多喜二読本』（三一書房、一九五八年）
手塚英孝『小林多喜二』（新日本出版社、一九六三年）
中野重治『小林多喜二と宮本百合子』（講談社、一九七二年）
阿部誠文『小林多喜二――その試行的文学』（はるひろ社、一九七七年）
津田孝『小林多喜二の世界』（新日本出版社、一九八五年）
蔵原惟人『小林多喜二・宮本百合子論』（新日本出版社、一九九〇年）
篠原昌彦『近代北海道文学論への試み――有島武郎・小林多喜二を中心に』（生活協同組合道央市民生協、一九九六年）
土井大助『青春の小林多喜二』（光和堂、一九九七年）
小笠原克『小林多喜二とその周圏』（翰林書房、一九九八年）
布野栄一『小林多喜二の人と文学』（翰林書房、二〇〇二年）
倉田稔『小林多喜二伝』（論創社、二〇〇三年）
松澤信祐『小林多喜二の文学』（光陽出版社、二〇〇三年）
松本忠司『魂のメッセージ――ロシア文学と小林多喜二』（東銀座出版社、二〇〇四年）
白樺文学館多喜二ライブラリー編『小林多喜二生誕100年・没

後70周年記念シンポジウム記録集』（白樺文学館多喜二ライブラリー、二〇〇四年）
白樺文学館多喜二ライブラリー　企画・編集、島村輝監修『生誕100年記念小林多喜二国際シンポジウムｐａｒｔ２報告集』（東銀座出版社、二〇〇四年）
伊豆利彦『戦争と文学――いま、小林多喜二を読む』（白樺文学館多喜二ライブラリー、二〇〇五年）
畑中康雄『小林多喜二〝破綻〟の文学――プロレタリア文学再考』（彩流社、二〇〇六年）
白樺文学館多喜二ライブラリー編、張如意監修『いま中国によみがえる小林多喜二の文学――中国小林多喜二国際シンポジウム論文集』（東銀座出版社、二〇〇六年）
藤田廣登『小林多喜二とその盟友たち』（学習の友社、二〇〇七年）
右遠俊郎『小林多喜二私論』（本の泉社、二〇〇八年）
不破哲三『小林多喜二時代への挑戦』（新日本出版社、二〇〇八年）
小林多喜二原作、藤生ゴオ作画『劇画「蟹工船」　小林多喜二の世界』（講談社、二〇〇八年）
鈴木邦男『『蟹工船』を読み解く――魂の革命家小林多喜二』（データハウス、二〇〇九年）
浜林正夫『『蟹工船』の社会史――小林多喜二とその時代』（学習の友社、二〇〇九年）
三浦光則『小林多喜二と宮本百合子――三浦光則文芸評論集』（日本民主主義文学会、二〇〇九年）
ノーマ・フィールド『小林多喜二――21世紀にどう読むか』（岩波書店、二〇〇九年）
オックスフォード小林多喜二記念シンポジウム論文集編集委員会編『多喜二の視点から見た身体・地域・教育』（小樽商科大学出版会、二〇〇九年）
小林セキ述、小林廣編『母の語る小林多喜二』（新日本出版社、二〇一一年）
大田努『小林多喜二の文学と運動』（日本民主主義文学会、二〇一二年）
荒木優太『小林多喜二と埴谷雄高』（ブイツーソリューション、二〇一三年）
荻野富士夫編『多喜二の文学、世界へ――２０１２小樽小林多喜二国際シンポジウム報告集』（小樽商科大学出版会、二〇一三年）
尾西康充『小林多喜二の思想と文学――貧困・格差・ファシズムの時代に生きて』（大月書店、二〇一三年）
荻野富士夫編『闇があるから光がある――新時代を拓く小林多喜二』（学習の友社、二〇一四年）

③『文化評論』第八〇号「ナップ結成四〇周年・小林多喜二没後三五周年」（一九六八年五月）
『民主文学』第一〇二号「小林多喜二（総特集）」（一九七〇年三月）
『豊輪』第七号「小林多喜二特集号」（日本民主主義文学同盟

豊島支部編、一九七二年）
『民主文学』第一三七号「小林多喜二没後四〇周年記念（特集）」（一九七三年一月）
『文化評論』第一三九号「回想・小林多喜二（プロレタリア文化運動と小林多喜二）」（一九七三年一月）
『文化評論』第二〇一号「小林多喜二没後四十五周年」（一九七八年一月）
『民主文学』第一九八号「小林多喜二没後四十五周年記念」（一九七八年一月）
『文化評論』第二六三号「小林多喜二没後五十年」（一九八三年一月）
『民主文学』第二五七号「小林多喜二没後五十周年記念特集」（一九八三年一月）
『民主文学』第三一七号「小林多喜二没後五五周年記念」（一九八八年一月）
『文化評論』第三八七号「没後六〇年の小林多喜二」（一九九三年三月）
『民主文学』第三七七号「小林多喜二没後六〇年」（一九九三年一月）
『民主文学』第四三八号「小林多喜二没後六五年」（一九九八年一月）
『民主文学』第四九八号「小林多喜二没後七十年・生誕百年」（二〇〇三年一月）
関西勤労協・戦前の出版物を保存する会編『保存会ニュース』第二二七号「小林多喜二生誕一〇〇年記念特集号」（二〇〇三年一〇月）
神谷忠孝・北条常久・島村輝編『国文学　解釈と鑑賞　別冊』「文学」としての小林多喜二」（二〇〇六年九月）
『民主文学』第五五八号「小林多喜二没後七十五年」（二〇〇八年一月）
『民主文学』第六二二号「小林多喜二没後八〇年」（二〇一三年一月）
④小笠原克『小林多喜二（新潮日本文学アルバム28）』（新潮社、一九八五年）
小樽多喜二祭実行委員会編『小林多喜二と小樽――ガイドブック』（新日本出版社、一九九四年）
『小林多喜二をめぐって――生誕100年小林多喜二展開催記念』（小樽文學舍、二〇〇三年）
『ガイドブック小林多喜二の東京』（学習の友社、二〇〇八年）
『私たちはいかに「蟹工船」を読んだか――小林多喜二「蟹工船」エッセーコンテスト入賞作品集』（白樺文学館多喜二ライブラリー、二〇〇八年）
『小林多喜二草稿ノート・直筆原稿（ＤＶＤ版）』（雄松堂書店、二〇一一年）
神村和美『小林多喜二全作品ガイドブック』（さくむら書房、二〇一四年）

**【小牧近江】**

②北条常久『種蒔く人　小牧近江の青春』（筑摩書房、一九九五年）

【佐々木孝丸】

②砂古口早苗『起て、飢えたる者よ――〈インターナショナル〉を訳詞した怪優・佐々木孝丸』（現代書館、二〇一六年）

【佐左木俊郎】

①佐左木俊郎『佐左木俊郎選集』（英宝社、一九八四年）

【佐多稲子】

①佐多稲子『佐多稲子全集』全一八巻（講談社、一九七七年）

②塚本雄作『労働者文学その側面――佐多稲子と〈驢馬〉の周辺』（労働者文学会議、一九八七年）

長谷川啓『佐多稲子論』（オリジン出版センター、一九九二年）

北川秋雄『佐多稲子研究』（双文社出版、一九九三年）

小林裕子編『佐多稲子』（日外アソシエーツ、一九九四年）

小林裕子『佐多稲子――体験と時間』（翰林書房、一九九七年）

婦人民主クラブ編『群れ翔ぶ――佐多稲子追悼集』（婦人民主クラブ、一九九九年）

日本近代文学館編『佐多稲子文庫目録』（日本近代文学館、二〇〇二年）

小林隆久『救済者としての都市――佐多稲子と宇野浩二における都市空間』（木魂社、二〇〇三年）

小林裕子・長谷川啓編『佐多稲子と戦後日本』（七つ森書館、二〇〇五年）

小林美恵子『昭和十年代の佐多稲子』（双文社出版、二〇〇五年）

川口祐二『近景・遠景――私の佐多稲子』（ドメス出版、二〇〇六年）

『佐多稲子――中野重治・野上弥生子ほか来簡が語る生の足跡』（博文館新社、二〇〇六年）

北川秋雄『佐多稲子研究（戦後篇）』（大阪教育図書、二〇一六年）

③『くれない――佐多稲子研究』創刊号〜第一二号（佐多稲子研究会、一九六九年〜二〇一八年）継続中

『群像』第五三巻第一二号「追悼　佐多稲子」（一九九八年一二月）

『新日本文学』第六〇二号「佐多稲子追悼」（一九九九年五月）

『新日本文学』第六四九号「佐多稲子生誕一〇〇年記念」（二〇〇四年）

『芸術至上主義文芸』第三八号「佐多稲子と川端康成」（二〇一二年一一月）

『草茫々通信』第一二号「凝視の先に――佐多稲子の文学」（二〇一八年六月）

④『佐多稲子・壺井栄アルバム』（角川書店、二〇〇五年）

佐多稲子研究会編『凛として立つ――佐多稲子文学アルバ

ム』（菁柿堂、二〇一三年）

【里村欣三】

①『里村欣三著作集』全一二巻（大空社、一九九七年）

②高崎隆治『従軍作家里村欣三の謎』（梨の木舎、一九八九年）

大家眞悟『里村欣三の旗——プロレタリア作家はなぜ戦場で死んだのか』（論創社、二〇一一年）

里村欣三顕彰会編『里村欣三の眼差し——里村欣三生誕百十年記念誌』（吉備人出版、二〇一三年）

【佐野碩】

②藤田富士男『ビバ！エル・テアトロ！——炎の演出家佐野碩の生涯』（オリジン出版センター、一九八九年）

岡村春彦『自由人佐野碩の生涯』（岩波書店、二〇〇九年）

菅孝行編『佐野碩・人と仕事』（藤原書店、二〇一五年）

【島木健作】

①『島木健作全集』全一五巻（国書刊行会、二〇〇四年）

②伊藤信吉『島木健作論』（小学館、一九四四年）

小笠原克『島木健作』（明治書院、一九六五年）

宮井進一『島木健作と私——党および農民運動を背景として』（一九六六年）

福田清人・矢野健二編『島木健作』（清水書院、一九六九年）

横田庄八『思い出の島木健作』（えぞまつ豆本の会、一九八二年）

新保祐司『島木健作——義に飢ゑ渇く者』（リブロポート、一九九〇年）

北村巖『島木健作論』（近代文芸社、一九九四年）

【杉本良吉】

①菅井幸雄編『演出者の手記——杉本良吉演劇論集』（新日本出版社、一九八〇年）

②大西功『ストルイピン特急——越境者杉本良吉の旅路』（関西書院、一九九五年）

平澤是曠『越境——岡田嘉子・杉本良吉のダスビターニャ』（北海道新聞社、二〇〇〇年）

【鈴木賢二】

④鈴木賢二『没後30年鈴木賢二展　昭和の人と時代を描く——プロレタリア美術運動から戦後版画運動まで』（栃木県立美術館、二〇一八年）

【鈴木泰治】

②尾西康充・岡村洋子編『プロレタリア詩人・鈴木泰治——作品と生涯』（和泉書院、二〇〇二年）

【薄田研二】

①薄田研二『暗転——わが演劇自伝』（東峰書院、一九六〇年）

【須山計一】

①『須山計一画集』（新葉社、二〇〇七年）

④『須山計一展　風刺のこころ・写実のまなざし』（目黒区美術館、一九八九年）

『須山計一展』（長野県伊那文化会館編、信濃毎日新聞社、一九九〇年）

『須山計一展』（八十二文化財団、一九九七年）

『須山計一　人と山河をみつめて　特別展』（飯田市美術博物館、二〇〇二年）

【千田是也】

①千田是也『もうひとつの新劇史――千田是也自伝』（筑摩書房、一九七五年）

千田是也『千田是也演劇対話集』全二巻（未来社、一九七八年）

千田是也『千田是也演劇論集』全九巻（未来社、一九八〇～九二年）

千田是也・藤田富士男『劇白千田是也』（オリジン出版センター、一九九五年）

②菅孝行『戦う演劇人――戦後演劇の思想　鈴木忠志・浅利慶太・千田是也』（而立書房、二〇〇七年）

③『悲劇喜劇』第三六巻第二号「千田是也」（一九八三年二月）

【高田保】

①高田保『高田保著作集』全五巻（創元社、一九五二～五三年）

②榊原勝『高田保伝』（風濤社、一九八二年）

岡村青『ブラリ浅草青春譜――高田保劇作家への道』（筑波書林、一九九七年）

【高橋辰二】

①高橋辰二文学顕彰会編『高橋辰二遺作品集』（青磁社、一九八九年）

【高見順】

①『高見順日記』全八巻（勁草書房、一九六四～六五年）

『高見順全集』全二〇巻・別巻一（勁草書房、一九七四年）

②石光葆『高見順』（清水書院、一九六九年）

奥野健男『高見順』（国文社、一九七三年）

土橋治重『永遠の求道者高見順』（社会思想社、一九七三年）

『高見順文庫概要』（日本近代文学館、一九七七年）

上林猷夫『詩人高見順――その生と死』（講談社、一九九一年）

梅本宣之『高見順研究』（和泉書院、二〇〇二年）

小林敦子『生としての文学――高見順論』（笠間書院、二〇一〇年）

坂本満津夫『評伝・高見順』（鳥影社、二〇一一年）

川上勉『高見順――昭和の時代の精神』（萌書房、二〇一一年）

【田木繁】

①『田木繁全集』全三巻（青磁社、一九八二～八四年）

③『新日本文学』第二五巻第四号「『田木繁詩集』をめぐって」（一九七〇年四月）

『新日本文学』第五二巻第一〇号「詩人・田木繁追悼」（一九九七年一二月）

『新日本文学』第五七巻第一〇号「『田木繁の集い』報告」（二〇〇二年一二月）

【田口運蔵】

②荻野正博『弔詩なき終焉――インターナショナリスト田口運

蔵』（御茶の水書房、一九八三年）

【武田麟太郎】

①武田麟太郎『日本三文オペラ――武田麟太郎作品選』（講談社、二〇〇〇年）

武田麟太郎『武田麟太郎全集』全一三巻（日本図書センター、二〇〇三年）

②佐藤善一『濁流の季節に――武田麟太郎とその周辺』（三笠書房、一九七三年）

大谷晃一『評伝武田麟太郎』（河出書房新社、一九八二年）

浦西和彦・児島千波編『武田麟太郎（人物書誌大系21）』（日外アソシエーツ、一九八九年）

③『風雪』第三巻第三号「追憶の武田麟太郎」（一九四九年三月）

【谷口善太郎】

①谷口善太郎『綿――谷口善太郎小説選』（新日本出版社、一九七二年）

②加藤則夫『たにぜんの文学』（ウインかもがわ、二〇一二年）

谷口善太郎を語る会編『谷善と呼ばれた人――労働運動家・文学者・政治家として』（新日本出版社、二〇一四年）

④京都民報社編『日本共産党代議士谷口善太郎の歩んだ道　写真集』（京都民報社、一九六六年）

【津田青楓】

①津田青楓『自撰年譜』（私家版、一九四〇年）

【壺井栄】

①『壺井栄全集』全一二巻（文泉堂出版、一九九七～九九年）

②壺井繁治・戎居仁平治編『回想の壺井栄』（青磁社、一九七三年）

森玲子『壺井栄』（牧羊社、一九九一年）

鷺只雄編『壺井栄』（日外アソシエーツ、一九九二年）

戎居仁平治『壺井栄伝』（壺井栄文学館、一九九五年）

西沢正太郎『「二十四の瞳」をつくった壺井栄――壺井栄人と作品』（ゆまに書房、一九九八年）

鷺只雄『評伝壺井栄』（翰林書房、二〇一二年）

小林裕子『壺井栄』（新典社、二〇一二年）

③『国文学　解釈と鑑賞』第六二巻第一〇号「壺井栄・北畠八穂の世界」（一九九七年一〇月）

④佐々木正美『壺井栄物語――半生の記　二幕七場』（高松ドラマ・サロン、一九七二年）

【壺井繁治】

①『壺井繁治全詩集』（国文社、一九七〇年）

『壺井繁治全集』全五巻（青磁社、一九八八～八九年）

②大波一郎『炎の水脈――壺井繁治覚え書』（さぬかいと文学会、一九八四年）

③『民主文学』第一七〇号「壺井繁治追悼」（一九七五年一一月）

『詩人会議』第三五巻第一三号「創立三五周年記念号　壺井繁治生誕百年」（一九九七年一二月）

『詩人会議』第三六巻第一〇号「壺井繁治」（一九九八年九

月）

【鶴彬】

②楜沢健『だから鶴彬――抵抗する17文字』（春陽堂書店、二〇一一年）

【鶴田知也】

①鶴田知也『鶴田知也作品集』（新時代社、一九七〇年）

鶴田知也『コシャマイン記ベロニカ物語――鶴田知也作品集』（講談社、二〇〇九年）

②小正路淑泰『鶴田知也著作目録』（鶴田知也顕彰事業推進委員会、一九九三年）

小正路淑泰『鶴田知也参考文献目録』（鶴田知也顕彰事業推進委員会、一九九四年）

【手塚英孝】

①『手塚英孝著作集』全三巻（新日本出版社、一九八二～八三年）

【徳永直】

①『一つの歴史――徳永直遺稿集』（新読書社出版部、一九五八年）

『徳永直文学選集』（熊本出版文化会館、二〇〇八年）

『徳永直文学選集2』（熊本出版文化会館、二〇〇九年）

②久保田義夫『徳永直論』（五月書房、一九七七年）

浦西和彦編『徳永直（人物書誌大系1）』（日外アソシエーツ、一九八二年）

和田崇『徳永直の創作と理論――プロレタリア文学における労働者作家の大衆性』（立命館大学提出博士論文、二〇一四年）

③『文化評論』第一四〇号「回想・徳永直――没後一五周年に寄せて」（一九七三年三月）

『徳永直研究』創刊号～第三号（熊本近代文学研究会、一九七七～七八年）

熊本近代文学研究会編『方位』第五号「徳永直」（三章文庫、一九八二年）

『民主文学』第三一八号「徳永直没後三〇周年によせて」（一九八八年三月）

『民主文学』第四三九号「徳永直没後四〇年」（一九九八年三月）

『民主文学』第五五九号「徳永直没後五十年記念」（二〇〇八年三月）

【中野重治】

①中野重治『中野重治全集』全二八巻・別巻一（筑摩書房、一九九六～九八年）

松下裕・竹内栄美子編『中野重治書簡集』（平凡社、二〇一二年）

竹内栄美子・丸山珪一編『中野重治・堀田善衛　往復書簡1953―1979』（影書房、二〇一八年）

②清水昭三『中野重治と林房雄』（神無書房、一九六七年）

亀井秀雄『中野重治論』（三一書房、一九七〇年）

日本共産党編『中野重治批判――変節者の共産党攻撃にたい

して』（日本共産党中央委員会出版局、一九七四年）
西沢舜一『文学と現代イデオロギー――中野重治・小田切秀雄批判』（新日本出版社、一九七五年）
河口司『中野重治論』（オリジン出版センター、一九七八年）
木村幸雄『中野重治論――詩と評論』（桜楓社、一九七九年）
木村幸雄『中野重治論――作家と作品』（桜楓社、一九七九年）
杉野要吉『中野重治の研究――戦前・戦中篇』（笠間書院、一九七九年）
桶谷秀昭『中野重治――自責の文学』（文芸春秋、一九八一年）
日本文学研究資料刊行会編『中野重治・宮本百合子』（有精堂出版、一九八一年）
佐多稲子『夏の栞――中野重治をおくる』（新潮社、一九八三年）
満田郁夫『中野重治の茂吉ノオト』（童牛社、一九八四年）
小林広一『中野重治論――日本への愛と思索』（而立書房、一九八六年）
岡田孝一『中野重治――その革命と風土』（武蔵野書房、一九八六年）
石堂清倫『異端の視点――変革と人間と』（勁草書房、一九八七年）
石堂清倫『中野重治との日々』（勁草書房、一九八九年）
中野重治研究会編『中野重治と私たち――「中野重治研究と講演の会」記録集』（武蔵野書房、一九八九年）
定道明『中野重治私記』（構想社、一九九〇年）
円谷真護『中野重治　ある昭和の軌跡』（社会評論社、一九九〇年）
石堂清倫『中野重治と社会主義』（勁草書房、一九九一年）
高橋克博編『中野重治資料集』（印南書房、一九九二年）
林淑美『中野重治――連続する転向』（八木書店、一九九三年）
岡井隆『斎藤茂吉と中野重治』（砂子屋書房、一九九三年）
津田道夫『中野重治『甲乙丙丁』の世界』（社会評論社、一九九四年）
藤森節子『女優原泉子――中野重治と共に生きて』（新潮社、一九九四年）
木村幸雄『中野重治論』（おうふう、一九九五年）
小川重明『中野重治拾遺』（武蔵野書房、一九九八年）
松下裕『評伝中野重治』（筑摩書房、一九九八年）
竹内栄美子『中野重治〈書く〉ことの倫理』（エディトリアルデザイン研究所、一九九八年）
ミリアム・シルバーバーグ著、林淑美・林淑姫・佐復秀樹訳『中野重治とモダン・マルクス主義』（平凡社、一九九八年）
佐藤健一編『中野重治『村の家』作品論集成』（大空社、一九九八年）
松尾尊兊『中野重治訪問記』（岩波書店、一九九九年）

小田切秀雄『中野重治――文学の根源から』（講談社、一九九九年）
林尚男『中野重治の肖像』（創樹社、二〇〇一年）
定道明『中野重治伝説』（河出書房新社、二〇〇二年）
石堂清倫『わが友中野重治』（平凡社、二〇〇二年）
鄭勝云『中野重治と朝鮮』（新幹社、二〇〇二年）
竹内栄美子『中野重治――人と文学』（勉誠出版、二〇〇四年）
竹内栄美子『批評精神のかたち――中野重治・武田泰淳』（EDI学術選書、二〇〇五年）
島崎市誠『中野重治』（龍書房、二〇〇八年）
竹内栄美子『戦後日本、中野重治という良心』（平凡社、二〇〇九年）
林淑美『批評の人間性――中野重治』（平凡社、二〇一〇年）
小川重明『中野重治余滴』（菁柿堂、二〇一一年）
藤枝静男『志賀直哉・天皇・中野重治』（講談社、二〇一一年）
津田道夫『回想の中野重治――『甲乙丙丁』の周辺』（社会評論社、二〇一三年）
竹内栄美子『中野重治と戦後文化運動――デモクラシーのために』（論創社、二〇一五年）
③
『新潮』第七六巻第一一号「追悼・中野重治」（一九七九年一一月）
『群像』第三四巻第一一号「中野重治追悼」（一九七九年一一月）
『文芸』第一八巻第一〇号「中野重治追悼」（一九七九年一一月）
『新日本文学』第三四巻第一二号「中野重治　人とその全仕事」（一九七九年一二月）
『日本文学』第二九巻第七号「中野重治」（一九八〇年七月）
『新日本文学』第三五巻第一二号「中野重治論」（一九八〇年一二月）
『中野重治研究会会報』創刊号～第一一号（中野重治研究会、一九八五～九五年）
『国文学　解釈と鑑賞』第五一巻第七号「中野重治の文学世界」（一九八六年七月）
『日本古書通信』第五四巻第八号「中野重治著書目録」（一九八九年八月）
『梨の花通信』創刊号～第六六号（中野重治の会、一九九一年～二〇一八年、継続中）
『中野重治・丸岡の会　会報』第一号～第六号（一九九六～二〇〇一年）
『中野重治研究』第一号（中野重治の会、一九九七年）
『言語文化』第一六号「中野重治歿後二〇年」（明治学院大学言語文化研究所、一九九九年六月）
『社会文学』第一四号「中野重治」（二〇〇〇年六月）
『中野重治の会会報』第一号～第九号（中野重治の会、二〇〇三～〇八年）

④中野重治研究会編『中野重治――文学アルバム』（能登印刷、一九八九年）
『中野重治文庫目録――中野重治記念文庫収蔵』（丸岡町民図書館、一九九六年）
『中野重治（新潮日本文学アルバム64）』（新潮社、一九九六年）
『中野重治と北海道の人びと　市立小樽文学館特別展』（市立小樽文学館、二〇〇〇年）
『中野重治原稿資料目録』（石川県、二〇〇八年）

**【中野鈴子】**

②エリザベス・グレイス著、稲木信夫訳『日本女性プロレタリア詩人中野鈴子』（私家版、二〇一六年）

**【中野秀人】**

①『中野秀人散文自選集』（文化再出発の会、一九四一年）
『中野秀人全詩集』（思潮社、一九六八年）
『中野秀人作品集』（福岡市文学館、二〇一五年）

**【中村鬼十郎】**

①中村鬼十郎『あだ波　作品集』（作家社、一九七四年）

**【中本たか子】**

①中本たか子『わが生は苦悩に灼かれて』（白石書店、一九七三年）
中本たか子『愛は牢獄をこえて――伝記・中本たか子』（大空社、一九九九年）

**【新居格】**

②和巻耿介『評伝新居格』（文治堂書店、一九九一年）

**【新田潤】**

①『新田潤作品集』全五巻（一草舎出版、二〇〇五年）
②滝澤昌忠『新田潤の小説』（鳥影社、二〇〇九年）

**【沼田流人】**

②武井静夫『沼田流人伝――埋れたプロレタリア作家』（倶知安郷土研究会、一九九二年）

**【橋本英吉】**

②黒木庸人『橋本英吉ノオト――作家たちの手紙』（黒木庸人、二〇〇八年）

**【八田元夫】**

①八田元夫『私は海峡を越えてしまった――八田元夫戯曲集』（新日本出版社、一九七七年）

**【林房雄】**

①『林房雄著作集』全三巻（翼書院、一九六八〜六九年）
『日本の原点――林房雄対談集』（日本教文社、一九七二年）
『林房雄評論集』全四巻（浪曼、一九七三〜七四年）
『林房雄コレクション』全三巻（夏目書房、二〇〇一〜〇三年）
②三島由紀夫『林房雄論』（新潮社、一九六三年）

**【葉山嘉樹】**

①『葉山嘉樹日記』（筑摩書房、一九七一年）
『葉山嘉樹全集』全六巻（筑摩書房、一九七五〜七六年）
②浅田隆『葉山嘉樹論――「海に生くる人々」をめぐって』

（桜楓社、一九七八年）
広野八郎『葉山嘉樹・私史』（たいまつ社、一九八〇年）
浦西和彦編『葉山嘉樹（人物書誌大系16）』（日外アソシエーツ、一九八七年）
森山重雄『葉山嘉樹『誰が殺したか』――事実と虚構の間』（土佐出版社、一九八八年）
はらてつし『作家煉獄――小説葉山嘉樹』（オリジン出版センター、一九九二年）
浅田隆『葉山嘉樹――文学的抵抗の軌跡』（翰林書房、一九九五年）
鈴木章吾『葉山嘉樹論――戦時下の作品と抵抗』（菁柿堂、二〇〇五年）
浦西和彦『年譜　葉山嘉樹伝（浦西和彦著述と書誌　第三巻）』（和泉書院、二〇〇八年）
原健一『葉山嘉樹への旅』（かもがわ出版、二〇〇九年）
楜沢健ほか著、三人の会編『葉山嘉樹・真実を語る文学』（花乱社、二〇一二年）
③『植民地文化研究――資料と分析』第五号「葉山嘉樹没後六〇年記念の集い　葉山嘉樹と現代」（二〇〇六年）

【久板栄二郎】
①久板栄二郎『久板栄二郎戯曲集』（テアトロ、一九七二年）
③『悲劇喜劇』第三七巻第一号「久板栄二郎」（一九八四年一月）

【土方与志】
①『演出者の道――土方與志演劇論集』（未来社、一九六九年）
②尾崎宏次・茨木憲『土方与志――ある先駆者の生涯』（筑摩書房、一九六一年）
津上忠『評伝演出家土方与志』（新日本出版社、二〇一四年）

【平沢計七】
①大和田茂・藤田富士男編『平沢計七作品集』（論創社、二〇〇三年）
②藤田富士男・大和田茂『評伝平沢計七――亀戸事件で犠牲となった労働演劇・生協・労金の先駆者』（恒文社、一九九六年）

【平田小六】
①『平田小六短篇集』（昭森社、一九七二年）
②対馬美香『大館出身の希有な文学者・平田小六の生涯』（大館市、一九九八年）

【平林たい子】
①『平林たい子全集』全一二巻（潮出版社、一九七六～七九年）
②板垣直子『平林たい子』（東京ライフ社、一九五六年）
『平林たい子追悼文集』（平林たい子記念文学会、一九七三年）
戸田房子『燃えて生きよ――平林たい子の生涯』（新潮社、一九八二年）
宮坂栄一編『平林たい子研究』（信州白樺、一九八五年）
阿部浪子『平林たい子――花に実を』（武蔵野書房、一九八八

六年）
宮坂勝彦編『平林たい子』（銀河書房、一九八六年）
村野民子『沙漠に咲く――平林たい子と私』（武蔵野書房、一九九一年）
群ようこ『妖精と妖怪のあいだ――評伝・平林たい子』（文芸春秋、二〇〇五年）
村野民子『刻を彫って――平林たい子を偲ぶ』（鉱脈社、二〇一二年）
グプタ・スウィーティ『平林たい子――社会主義と女性をめぐる表象』（翰林書房、二〇一五年）
岡野幸江『平林たい子――交錯する性・階級・民族』（菁柿堂、二〇一六年）
③『文芸』第一一巻第四号「平林たい子追悼」（一九七二年四月）
『自由』第一四巻第四号「追悼　平林たい子氏」（一九七二年四月）
④『平林たい子記念文庫目録』（諏訪市図書館、一九七二年）

**【平林初之輔】**

①『平林初之輔文芸評論全集』全三巻（文泉堂書店、一九七五年）
『平林初之輔探偵小説選』（論創社、二〇〇三年）
②大和田茂『社会文学・一九二〇年前後――平林初之輔と同時代文学』（不二出版、一九九二年）
菅本康之『モダン・マルクス主義のシンクロニシティ――平林初之輔とヴァルター・ベンヤミン』（彩流社、二〇〇七年）
④『平林初之輔写真集』（平林初之輔生誕百年事業実行委員会、一九九二年）

**【平林彪吾】**

①『鶏飼ひのコムミュニスト――平林彪吾作品集』（三信図書、一九八五年）
②松波盛太郎『平林彪吾』（新生緑地帯詩社、一九四四年）
松元眞『父平林彪吾とその仲間たち――私抄文学・昭和十年前後』（図書新聞、二〇〇九年）

**【藤沢桓夫】**

①『藤沢桓夫長篇小説選集』全一四巻（東方社、一九五四～五六年）
④『藤澤桓夫展　大阪を代表する作家――年譜・著作一覧』（大阪市立阿倍野図書館、二〇一〇年）

**【藤森成吉】**

①藤森成吉『藤森成吉全集』全九巻（小峰書店、一九四七～四八年、未完）
②日本国民救援会編『藤森成吉追悼集』（日本国民救援会、一九七七年）
③『全線』第一九巻第一号「文豪、藤森成吉追悼」（全線社、一九七八年一月）
④神奈川県立神奈川近代文学館編『藤森成吉文庫目録』（神奈川文学振興会、一九九〇年）

**【細井和喜蔵】**

①『細井和喜蔵全集』全四巻（三一書房、一九五五～五六年）

②細井和喜蔵を顕彰する会編『『女工哀史』から80年――いま、和喜蔵の声が聞こえる　細井和喜蔵没後80年「女工哀史」出版80年記念誌』（あまのはしだて出版、二〇〇七年）

和久田薫『『女工哀史』の誕生――細井和喜蔵の生涯』（かもがわ出版、二〇一五年）

**【細田源吉】**

②山田泰男『川越出身の作家細田源吉』（さきたま出版会、一九九八年）

④川越市立博物館編『細田源吉文書（川越市立博物館収蔵文書目録13）』（川越市立博物館、二〇一五年）

**【本庄陸男】**

①『本庄陸男遺稿集』（北書房、一九六四年）

『本庄陸男全集』全五巻（影書房、一九九三～九六年）

②小笠原克・木原直彦編『本庄陸男――その人と作品』（文学碑「石狩川」建立委員会、一九六四年）

布野栄一『本庄陸男の研究』（桜楓社、一九七二年）

松田貞夫『本庄陸男そのオホーツクの家をめぐって』（紋別市立図書館、一九八四年）

③『文学』「本庄陸男年譜・研究文献目録」（一九五七年一〇月）

**【前田河広一郎】**

①前田河広一郎『青春の自画像――遊びは学問なり』（理論社、一九五八年）

②桜井増雄『地上の糧――前田河広一郎伝　伝記長編小説』（游心出版、一九九一年）

中田幸子『前田河廣一郎における「アメリカ」』（国書刊行会、二〇〇〇年）

③『社会主義文学』第九号「前田河広一郎の人と作品（座談会）」（一九五八年六月）

**【槇本楠郎】**

①プロレタリア児童文学研究会編『槇本楠郎理論資料集』（子どもの文化研究所、一九七二年）

**【松田解子】**

①松田解子『回想の森』（新日本出版社、一九七九年）

『松田解子全詩集』（未来社、一九八五年）

『松田解子自選集』全一〇巻（沢田出版、二〇〇四～〇九年）

②渡邊澄子『松田解子百年の軌跡――気骨の作家』（秋田魁新報社、二〇一四年）

③『民主文学』第五二三号「松田解子追悼特集」（二〇〇五年三月）

『民主文学』第五二四号「松田解子追悼特集（二）」（二〇〇五年四月）

④松田解子の会編『松田解子――写真で見る愛と闘いの99年』（新日本出版社、二〇一四年）

**【村松正俊】**

①『村松正俊全詩集』（永田書房、一九八二年）

『村松正俊著作撰集』全二巻（ブレイク・アート社、一九八五〜八六年）

【松本克平】

①松本克平『八月に乾杯——松本克平新劇自伝』（弘隆社、一九八六年）

【間宮茂輔】

②間宮武『六頭目の馬——間宮茂輔の生涯』（武蔵野書房、一九九四年）

【丸山定夫】

①丸山定夫『丸山定夫・役者の一生』（ルポ出版、一九七〇年）

②菅井幸雄編『俳優・丸山定夫の世界』（未来社、一九八九年）

【丸山義二】

②霞城館編『丸山義二——生涯・人柄・作品』（霞城館、一九九六年）

霞城館編『丸山義二の年譜と作品目録』（霞城館、一九九六年）

名倉保夫『もの書き60年——農民作家丸山義二の生涯』（孔文社、一九九九年）

【宮本顕治】

①『宮本顕治文芸評論選集』全四巻（新日本出版社、一九六六〜六九年）

『宮本顕治公判記録』（新日本出版社、一九七六年）

『宮本顕治獄中からの手紙——百合子への十二年』全二巻（新日本出版社、二〇〇二年）

『宮本顕治著作集』全一〇巻（新日本出版社、二〇一二〜一三年）

②高知聡『宮本顕治——批判的評伝』（月刊ペン社、一九七三年）

飯塚繁太郎『評伝　宮本顕治』（国際商業出版、一九七六年）

中村勝範『宮本顕治論』（永田書房、一九七八年）

武藤功『宮本顕治論——その政治と文学』（田畑書店、一九九〇年）

③『民主文学』「追悼　宮本顕治」（二〇〇七年一〇月）

【宮本百合子】

①『宮本百合子全集』全三三巻・別冊一（新日本出版社、二〇〇〇〜〇四年）

黒澤亜里子編『宮本百合子と湯浅芳子——往復書簡』（翰林書房、二〇〇八年）

②臼井吉見編『宮本百合子研究』（津人書房、一九四八年）

宮本百合子追想録編纂会編『宮本百合子』（岩崎書店、一九五一年）

戸台俊一編『宮本百合子研究』（春潮社、一九五二年）

多喜二・百合子研究会編『宮本百合子読本』（淡路書房新社、一九五七年）

本多秋五編『宮本百合子研究』（新潮社、一九五七年）

宮本顕治『宮本百合子の世界』（新日本出版社、一九六三年）

島為男『宮本百合子——抵抗に生きた大正精神』（桜楓社、一九六七年）

中村智子『宮本百合子』（筑摩書房、一九七三年）
多喜二・百合子研究会編『宮本百合子——作品と生涯』（新日本出版社、一九七六年）
水野明善『近代文学の成立と宮本百合子』（新日本出版社、一九八〇年）
日本文学研究資料刊行会編『中野重治・宮本百合子』（有精堂出版、一九八一年）
西沢舜一『若い女性におくる宮本百合子論』（新日本出版社、一九八一年）
不破哲三『宮本百合子と十二年』（新日本出版社、一九八六年）
吉田千代子『百合子と郡山——郷土に生きる宮本百合子』（福島県女性のあゆみ研究会、一九八八年）
蔵原惟人『小林多喜二・宮本百合子論』（新日本出版社、一九九〇年）
沼沢和子『宮本百合子論』（武蔵野書房、一九九三年）
大森寿恵子『若き日の宮本百合子』（新日本出版社、一九九四年）
岩淵宏子『宮本百合子——家族、政治、そしてフェミニズム』（翰林書房、一九九六年）
津田孝『宮本百合子と今野大力——その時代と文学』（新日本出版社、一九九六年）
岩淵宏子・北田幸恵・沼沢和子編『宮本百合子の時空』（翰林書房、二〇〇一年）
佐藤静夫『宮本百合子と同時代の文学』（本の泉社、二〇〇一年）
平林たい子『林芙美子・宮本百合子』（講談社、二〇〇三年）
多喜二・百合子研究会編『いまに生きる宮本百合子』（新日本出版社、二〇〇四年）
池田啓悟『宮本百合子における女性労働と政治——一九三〇年代プロレタリア文学運動の一断面』（風間書房、二〇一五年）
③『民主文学』第一〇一号「宮本百合子」（一九七〇年）
『国文学　解釈と鑑賞』第七一巻第四号「宮本百合子の新しさ」（二〇〇六年四月）
④大森寿恵子編『宮本百合子——文学とその生涯　写真集』（新日本出版社、一九七六年）

**【三好十郎】**

①『定本三好十郎全詩集』（永田書房、一九七〇年）
『三好十郎日記』（五月書房、一九七四年）
『三好十郎著作集』全一二巻・別巻一（不二出版、二〇一四年）
②大武正人『私の三好十郎伝』（秋田書房、一九六八年）
八田元夫『三好十郎覚え書』（未来社、一九六九年）
三好まり『泣かぬ鬼　父三好十郎』（東京白川書院、一九八一年）
西村博子『実存への旅立ち——三好十郎のドラマトゥルギー』（而立書房、一九八九年）

田中単之『三好十郎論』（菁柿堂、一九九五年）
片島紀男『悲しい火だるま――評伝・三好十郎』（日本放送出版協会、二〇〇三年）
③『新劇』第六五号「三好十郎追悼」（一九五九年二月）
『日本演劇学会紀要』第二〇号「三好十郎」（一九八二年）
『悲劇喜劇』第三七巻第一一号「三好十郎」（一九八四年一一月）
『日本演劇学会紀要』第二七号「三好十郎をめぐって」（一九八九年）
④早稲田大学図書館編『三好十郎没後三十年記念展図録』（早稲田大学図書館、一九八八年）

**【村山知義】**

①『演劇的自叙伝』全四巻（東邦出版社・東京芸術座出版局、一九七〇～七七年）
『村山知義戯曲集』全二巻（新日本出版社、一九七一年）
『村山知義グラフィックの仕事』（本の泉社、二〇〇一年）
『村山知義童画集』（婦人之友社、二〇〇四年）
②勝山俊介『「死んだ海」・村山知義の仕事』（あゆみ出版、一九九七年）
岩本憲児編『村山知義　劇的尖端』（森話社、二〇一二年）
③『民主文学』第一八九号「村山知義追悼」（一九七七年六月）
『テアトロ』第四一二号「村山知義氏追悼」（一九七七年六月）
『水声通信』第三号「村山知義とマヴォイストたち」（二〇〇六年一月）
『民主文学』第五五四号「村山知義の仕事を振り返る――没後三十年」（二〇〇七年一〇月）
④『村山知義の美術の仕事』（未来社、一九八五年）
『村山知義と柳瀬正夢の世界　グラフィックの時代』（板橋区立美術館、一九九〇年）
『すべての僕が沸騰する　村山知義の宇宙』（読売新聞社・美術館連絡協議会、二〇一二年）

**【森山啓】**

①『森山啓文学選集』（橋本確文堂企画出版室、一九九七年）
②『森山啓の記録――その人と文学』（小松市立図書館、二〇〇四年）
④小松文芸懇話会編『森山啓作品年表』（小松文芸懇話会、一九五七年）
小松市立図書館編『森山啓追悼特別展』（小松市立図書館、一九九一年）

**【八島太郎】**

①Taro Yashima "The New Sun" New York, Henry Holt and Company, 1943.
②宇佐美承『さよなら日本―絵本作家・八島太郎と光子の亡命』（晶文社、一九八一年）

**【柳瀬正夢】**

①須山計一等編『柳瀬正夢画集』（新日本出版社、一九六四年）
『柳瀬正夢全集』全四巻（三人社、二〇一三～一六年）

②まつやま・ふみお『柳瀬正夢』（五味書店、一九五六年）
井出孫六『ねじ釘の如く――画家・柳瀬正夢の軌跡』（岩波書店、一九九六年）
③歴史科学協議会編『歴史評論』第五二〇号「反戦と抵抗の画家――柳瀬正夢」（一九九三年八月）
柳瀬正夢研究会編『ねじ釘　柳瀬正夢研究誌』第一号～第四号（柳瀬正夢研究会、二〇〇二～〇六年）
④『柳瀬正夢展　大正アバンギャルドの旗手　その知られざる青春』（朝日新聞社、一九八六年）
『ねじ釘の画家　没後四十五年柳瀬正夢展』（ムサシノ出版、一九九〇年）
『柳瀬正夢展　画布からあふれ出した筆跡　没後50年記念』（町立久万美術館、一九九五年）
『柳瀬正夢展　生誕100年記念』（愛媛県美術館、二〇〇〇年）
『槿の画家・柳瀬正夢展　武蔵野美術大学柳瀬正夢コレクション20周年記念』（武蔵野美術大学美術資料図書館、二〇〇八年）
落合朋子・河村朱音・那須孝幸編『柳瀬正夢　1900―1945』（読売新聞社・美術館連絡協議会、二〇一三年）

**【山川亮】**

②小泉修一『輝く晩年――作家・山川亮の歌と足跡』（光陽出版社、二〇〇四年）

**【山田清三郎】**

①山田清三郎『わが生きがいの原点』（白石書店、一九七四年）

**【山本安英】**

①山本安英『女優という仕事』（岩波書店、一九九二年）
②福田和彦『演劇に生きる――山本安英と杉村春子』（刀江書院、一九五九年）
宮岸泰治『女優山本安英』（影書房、二〇〇六年）
③『テアトロ』第三〇九号「山本安英研究」（一九六九年三月）
『悲劇喜劇』第四七巻第二号「山本安英追悼」（一九九四年二月）
④木下順二・岡倉士朗編『山本安英舞台写真集　写真篇・資料篇』（未来社、一九六〇年）
『山本安英の仕事――写真集』（『写真集　山本安英の仕事』刊行会、一九九一年）

**【湯浅克衛】**

①池田浩士編『カンナニ――湯浅克衛植民地小説集』（インパクト出版会、一九九五年）
②辛承模『植民地日本語文学の混淆性――張赫宙・湯浅克衛の文学を中心に』（名古屋大学提出博士論文、二〇〇七年）

**【和田伝】**

①『和田伝全集』全一〇巻（家の光協会、一九七八～七九年）
②上野資純『和田伝氏の作品における相模方言』（武蔵野書院、一九六七年）
厚木市立中央図書館編『和田伝――生涯と文学』（厚木市教育委員会、一九八八年）
厚木市立中央図書館編『和田伝著作目録調査報告書　第一

次』（厚木市立中央図書館、一九九三年）

厚木市文化財協会編『和田傳——相模平野に生きた農民文学作家』（厚木市、二〇〇〇年）

**【渡辺順三】**

①『烈風のなかを——私の短歌自叙伝』（新読書社出版部、一九五九年）

『渡辺順三全歌集』（短歌新聞社、一九九六年）

②碓田のぼる『手錠あり——評伝・渡辺順三』（青磁社、一九八五年）

碓田のぼる『占領軍検閲と戦後短歌——続評伝・渡辺順三』（かもがわ出版、二〇〇一年）

碓田のぼる『渡辺順三研究』（かもがわ出版、二〇〇七年）

# 左翼演劇公演一覧表

村田裕和（編）

・東京を本拠地とする左翼劇団の内、①種蒔き座・表現座、②先駆座、③トランク劇場、④前衛座、⑤解放座・解放劇場、⑥前衛劇場、⑦プロレタリア劇場、⑧左翼劇場・中央劇場、⑨文戦劇場・同志劇場・新同志座の公演活動について、劇団ごとに創立年次順に掲載する。
・主として『昭和戦前期プロレタリア文化運動資料集』に収録されているチラシ、プログラム、ニュースを参照した。③④⑥⑦⑧については「中央劇場上演目録史」（1934年）を参照した。
・★1～6は、左翼劇場が同劇団の公演として遡ってカウントしたもの（「中央劇場上演目録史」による）。これにより左翼劇場の第6～11回公演は存在しない。
・◆は上演禁止・不許可、◇は部分的に禁止・途中終了を示す（詳細は備考欄参照）。

## ①種蒔き座・表現座（1922年）

| 公演名称 | 禁止 | 戯曲名 | 幕場 | 原作者 | 演出者 | 装置者 | 上演期間 | 上演場所 | 観客数 | 備考 |
|---|---|---|---|---|---|---|---|---|---|---|
| 種蒔き座（種蒔き社第一回文芸講演会余興） | ◆ | ダントン | ― | ロマン・ロラン作 | ― | ― | 1922・3・15 | 神田　青年会館 | ― | 「『革命裁判所』の場を準備してゐたんだが、当日禁止された。（略）役割はダントンが俺（佐々木）、平林初之輔が検事、その他金子洋文なんかだつた」（『プロレタリア演劇』創刊号p88、佐々木孝丸の証言） |
| 表現座　ロシア飢饉救済公演 | | 或る日の一休 | ― | 武者小路実篤 | ― | ― | 8月 | 秋田 | ― | ロシア飢饉救済金募集。佐々木孝丸・金子洋文・今野賢三ら |

| 公演名称 | 禁止 | 戯曲名 | 幕場 | 原作者 | 演出者 | 装置者 | 上演期間 | 上演場所 | 観客数 | 備考 |
|---|---|---|---|---|---|---|---|---|---|---|
| 表現座　第一回合同公演 | | 赭土に芽ぐむもの | 1幕 | 中西伊之助原作、京谷周一脚色 | 秋田雨雀・金子洋文 | 小生夢坊 | 9月下旬 | 有楽座 | ― | 辻潤の享楽座との合同公演（享楽座は新舞踊「元始」1幕、表現歌舞劇「享楽主義者」1幕）。『東京朝日新聞』1922・6・20 |
| 表現座 | | 赭土に芽ぐむもの | 1幕 | 中西伊之助 | ― | ― | 12・22、12・23 | 鉄道倶楽部 | ― | 『東京朝日新聞』1922・11・9 |
| | | 旧藩主と火事 | 1幕 | 金子洋文 | ― | ― | | | | |

## ②先駆座（1923～25年、28年）

| 公演名称 | 禁止 | 戯曲名 | 幕場 | 原作者 | 演出者 | 装置者 | 上演期間 | 上演場所 | 観客数 | 備考 |
|---|---|---|---|---|---|---|---|---|---|---|
| 第1回試演 | | 手榴弾 | 1幕3場 | 秋田雨雀 | ― | 柳瀬正夢 | 1923・4・21、4・22 | 土蔵劇場 | ― | 河瀬子爵邸跡地の土蔵を相馬愛蔵が購入し改装した小劇場 |
| | | 火あそび | 1幕 | ストリントベルヒ | ― | | | | | |
| 第2回試演 | | 運まかせ | 1幕 | アナトール・フランス作、佐々木孝丸訳 | 秋田雨雀（舞台監督）、川添利基（演出監督） | 柳瀬正夢・佐藤武夫 | 1924・4・26、4・27 | 下戸塚スコット・ホール | 約2000人 | 観客数『プロレタリア演劇』創刊号p91、秋田雨雀の証言 |
| | | 水車小屋 | 1幕 | 秋田雨雀 | | | | | | |
| | | なかま同志 | 4幕 | ストリンドベルク作、楠山正雄訳 | | | | | | |
| 第3回試演 | | アイヌ族の滅亡 | 1幕 | 秋田雨雀 | 秋田雨雀 | 柳瀬正夢 | 1925・5・22～5・24 | 万世アーケード演芸場 | ― | |
| | | エチル・ガソリン | 1幕 | 長谷川如是閑 | 佐々木孝丸 | | | | | |
| | | 鯨 | 1幕 | ユージン・オニール作、北村喜八訳 | 川添利基 | | | | | |

| 公演名称 | 禁止 | 戯曲名 | 幕場 | 原作者 | 演出者 | 装置者 | 上演期間 | 上演場所 | 観客数 | 備考 |
|---|---|---|---|---|---|---|---|---|---|---|
| 夏期公演 | | エチル・ガソリン | 1幕 | 長谷川如是閑 | ― | ― | 8・1～8・5 | 渋谷聚楽座 | ― | |
| | | ダンブロ | ― | 前田河広一郎 | ― | ― | | | | |
| | | ジュリー嬢 | ― | ストリントベリ作、楠山正雄訳 | ― | ― | | | | |
| 再起第1回公演 | | スダラの泉 | 1幕 | 秋田雨雀 | 川添利基、東清人（助） | 阪本繁雄 | 1928・6・25、6・26 | 築地小劇場 | ― | 秋田雨雀帰朝記念、日露芸術協会・先駆座共同主催 |
| | | 赤い星 | 5幕12場 | ア・ボグダノフ作、大宅壮一訳、工藤恒脚色 | | | | | | |
| 第2回公演 | | メトロポリス | 5幕22場 | テア・フォン・ハルボオ女史原作、川添利基改作脚色 | 川添利基、東清人（助） | 阪本繁雄 | 11・30～12・2 | 築地小劇場 | ― | |

## ③トランク劇場（1926年～1927年）

| 公演名称 | 禁止 | 戯曲名 | 幕場 | 原作者 | 演出者 | 装置者 | 上演期間 | 上演場所 | 観客数 | 備考 |
|---|---|---|---|---|---|---|---|---|---|---|
| 1 | | 或る日の一休 | 3場 | 武者小路実篤 | 佐々木孝丸、八田元夫（助） | 柳瀬正夢 | 1926・2・26、2・29 | 小石川共同印刷争議団団員詰所 | ― | 共同印刷争議応援 |
| | | エチル・ガソリン | 1幕 | 長谷川如是閑 | | | | | | |
| 2 | | 犠牲者 | 2幕 | 久板栄二郎 | 佐野碩 | 柳瀬正夢・村山知義 | 10・2、10・3 | 芝協調会館 | ― | 無産者新聞一周年記念宣伝週間「無産者の夕」 |
| | | カムチヤツカ行 | 1幕 | 久板栄二郎 | 小野宮吉 | | | | | |
| | | 馬鹿殿評定 | 1幕 | 長谷川如是閑 | 千田是也 | | | | | |
| | | 二階の男 | 1幕 | A・シンクレア、佐野碩訳 | 堤正弘 | | 10・4 | 川崎公会堂 | ― | |

| 公演名称 | 禁止 | 戯曲名 | 幕場 | 原作者 | 演出者 | 装置者 | 上演期間 | 上演場所 | 観客数 | 備考 |
|---|---|---|---|---|---|---|---|---|---|---|
| 3 | | 二階の男 | 1幕 | A・シンクレア、佐野碩訳 | 堤正弘 | 村山知義 | 10・30 | 俸給生活者組合総会席上 | — | |
| 4 | ◇ | 地獄の審判 | 2場 | 佐々木孝丸 | 佐々木孝丸 | 佐々木孝丸 | 12月 | 浅野セメント争議団員詰所 | — | 二日目禁止 |
| 5 | ◆ | 炭坑夫 | 1幕 | ル・メルテン、佐野碩訳 | 佐野碩 | 林一郎 | 1927・2・17 | 巣鴨会館 | — | 労働農民党北部支部主催（日付の順序は「中央劇場上演目録史」のママ） |
| | ◆ | 地獄の審判 | 2場 | 佐々木孝丸 | 佐々木孝丸 | 佐々木孝丸 | | | | |
| | | エチル・ガソリン | 1幕 | 長谷川如是閑 | 佐々木孝丸 | 柳瀬正夢 | 2・16 | 大塚演芸場 | — | |
| | | 犠牲者 | 2幕 | 久板栄二郎 | 佐野碩 | 村山知義 | | | | |
| | | 二階の男 | 1幕 | A・シンクレア、佐野碩訳 | 千田是也 | | | | | |
| 6 | | 戦闘は継続する | 2幕 | 久板栄二郎 | 佐野碩 | 千田是也 | 2・20 | 大崎松菊演芸場 | — | 労働農民党荏原支部主催 |
| | | 犠牲者 | 2幕 | 久板栄二郎 | 佐野碩 | 村山知義 | | | | |
| | | 二階の男 | 1幕 | A・シンクレア、佐野碩訳 | 千田是也 | 村山知義 | 2・21 | 五反田 | — | |
| 7 | ◆ | 馬 | 1幕 | エル・アンドリエーフ、江馬貞雄訳 | 佐野碩 | 千田是也 | 3・20 | 報知講堂 | — | 議会解散請願運動全国協議会主催 |
| | | 戦闘は継続する | 2幕 | 久板栄二郎 | 佐野碩 | | 3・21 | 青山会館 | — | |
| | | 馬鹿殿評定 | 1幕 | 長谷川如是閑 | 千田是也 | | | | | |

| | | | | | | | | | | | |
|---|---|---|---|---|---|---|---|---|---|---|---|
| 8 | 無産者の夕 | | 逃亡者 | 1幕 | ウイツト・フオーゲル、小川信一訳 | 小野宮吉 | 村山知義 | 5・10、5・11 | 芝協調会館 | — | 無産者新聞主催 |
| | | | 復興紀年祭 | 6場 | 久板栄二郎 | 佐野碩 | | | | | |
| 9 | | | 逃亡者 | 1幕 | ウイツト・フオーゲル、小川信一訳 | 小野宮吉 | 村山知義 | 5・14、5・15 | 鶴見演芸場 | — | 労働農民党京浜支部主催 |
| | | | 復興紀年祭 | 6場 | 久板栄二郎 | 佐野碩 | | | | | |
| | | | 地獄の審判 | 1幕 | 佐々木孝丸 | 佐々木孝丸 | | | | | |
| 10 | | | 陸のつきる処 | 1幕 | 前田河廣一郎 | 西川光 | 村山知義 | 5・28、5・29 | 上野自治会館 | — | 労働者診療所後援会主催、商大劇研東明会と共演 |
| | | | 進水式 | 2幕 | 村山知義 | 佐々木孝丸 | | | | | |
| | | | 逃亡者 | 1幕 | ウイツト・フオーゲル、小川信一訳 | 佐野碩 | | | | | |
| 11 | | | 摩天閣 | 1幕 | ウイツト・フオーゲル、江馬貞雄訳 | 佐野碩 | — | 6・3 | 関東電気本部茶話会席上（朗読） | — | |
| | | | 地獄の審判 | 2場 | 佐々木孝丸 | 佐々木孝丸 | — | | | | |
| 12 | | | 二階の男 | 1幕 | A・シンクレア、佐野碩訳 | 千田是也 | — | 6・8 | 関東電気千住支部茶話会席上（朗読） | — | |
| | | | 地獄の審判 | 2場 | 佐々木孝丸 | 佐々木孝丸 | — | | | | |

## ④前衛座（1926年～1927年）

| 公演名称 | 禁止 | 戯曲名 | 幕場 | 原作者 | 演出者 | 装置者 | 上演期間 | 上演場所 | 観客数 | 備考 |
|---|---|---|---|---|---|---|---|---|---|---|
| 新劇大会（秋田公演） | | エチル・ガソリン | 1幕 | 長谷川如是閑 | 佐々木孝丸 | 村山知義 | 1926・10・26 | 秋田演芸館 | — | 主催・秋田県演劇協会 |
| | | 二階の男 | 1幕 | A・シンクレア、佐野碩訳 | 千田是也 | | 10・27 | 土崎劇場 | — | 主催・土崎演劇協会 |
| | | 青山田一家 | 1幕 | 今野賢三 | 佐野碩 | | 10・28 | 能代劇場 | — | 主催　能代演劇協会 |
| | | 牝鶏 | 1幕 | 金子洋文 | 佐々木孝丸 | | | | | |
| 第1回公演 | | 解放されたドン・キホーテ（★1） | 10場 | A・ルナチャルスキイ、千田是也・辻恒彦訳 | 佐野碩 | 村山知義 | 12・6～12・8 | 築地小劇場 | — | |
| 〔第2回公演〕 | ◆ | プリンス・ハアゲン | 5幕6場 | A・シンクレア、佐野碩訳 | 村山知義 | 村山知義 | 1927・4・25～4・29 | 築地小劇場 | — | |
| | ◆ | 手 | 1幕 | 前田河広一郎 | 千田是也 | 柳瀬正夢 | | | | |
| 千田是也を送る会 | | 手 | 1幕 | 前田河広一郎 | 千田是也 | 千田是也 | 4・29 | 築地小劇場 | — | 人形座、石井漠ほか出演 |
| 新潟公演 | | 地獄の審判 | 2場 | 佐々木孝丸 | 佐々木孝丸 | 村山知義 | 6・14 | 新潟市大勝館 | — | |
| | | 炭坑夫 | 1幕 | ル・メルテン、佐野碩訳 | 佐野碩 | | | | | |
| | | 進水式 | 2幕 | 村山知義 | 佐々木孝丸 | | | | | |
| | | 二階の男 | 1幕 | A・シンクレア、佐野碩訳 | 千田是也 | | | | | |

| | | | | | | | | | | |
|---|---|---|---|---|---|---|---|---|---|---|
| 新潟公演 | ◆ | 早鐘 | 1幕 | 小野宮吉 | 佐々木孝丸 | 村山知義 | 6月 | 新潟県葛塚町 | — | |
| | ◇ | 地獄の審判 | 2場 | 佐々木孝丸 | 佐々木孝丸 | 佐々木孝丸 | | | | 上演中禁止 |
| 第2回公演 | | プリンス・ハアゲン（★2） | 5幕6場 | A・シンクレア、佐野碩訳 | 村山知義 | 村山知義 | 6・27〜6・29 | 築地小劇場 | — | |
| 松本公演 | | 二階の男 | 1幕 | A・シンクレア、前衛座訳 | 前衛座 | 村山知義 | 8・5、8・6 | 松本市松本座 | — | 松本市前衛座後援会主催 |
| | | スカートをはいたネロ | 10場 | 村山知義 | 村山知義 | | | | | |
| | | 息子 | 1幕 | 金子洋文 | 佐々木孝丸 | | | | | |
| 関西公演 | | 進水式 | 2幕 | 村山知義 | 村山知義 | 村山知義 | 9・10<br>9・12 | 大阪朝日会館<br>京都岡崎公会堂 | —<br>— | 労働農民党近畿支部・大阪前衛座後援会主催、京都帝国大学劇研究会・群集劇場後援。大阪公演、『進水式』第2幕後中止解散。『二階の男』『やっぱり奴隷だ』は事前禁止。京都公演、詳細不明 |
| | ◆ | カイゼリンと歯医者 | 3幕 | 村山知義 | 村山知義 | | | | | |
| | ◆ | 二階の男 | 1幕 | A・シンクレア、前衛座訳 | 佐々木孝丸 | | | | | |
| | ◆ | 炭坑夫 | 1幕 | ル・メルテン、前衛座訳 | 佐々木孝丸 | | | | | |
| | ◆ | 人形劇 やっぱり奴隷だ | 7場 | 村山知義 | 村山知義 | | | | | |

## ⑤解放座（1927〜28年）・解放劇場（1931年）

| 公演名称 | 禁止 | 戯曲名 | 幕場 | 原作者 | 演出者 | 装置者 | 上演期間 | 上演場所 | 観客数 | 備考 |
|---|---|---|---|---|---|---|---|---|---|---|
| 解放座　第1回試演 | | 悪指導者 | 5幕 | オクタヴ・ミルボオ作、石川三四郎訳 | 飯田豊二 | 柳川槐人 | 1927・10・10、10・11 | 築地小劇場 | ― | アナキズム系演劇団体 |
| 解放座　第2回公演 | | 法の外に | 5幕23場 | レフ・ルンツ作、上脇進訳 | 古田徳次郎 | 柳川槐人 | 1928・1・17、1・18 | 築地小劇場 | ― | |
| | | 俺達は犯人だ！！（別名『審判』） | 1幕 | 飯田豊二 | 飯田豊二 | 柳川槐人 | 1928・1・17、1・18 | 築地小劇場 | ― | |
| 解放座　第3回公演 | | 誰が罪（?） | ― | ― | ― | ― | ― | （江東区） | ― | 飯田豊二「人柄を見た」（『私の知っている人達』1970年） |
| 解放劇場　第1回公演 | | ボストン | 5幕22場 | アプトン・シンクレア作 | ― | ― | 1931・2・7、2・8 | 築地小劇場 | ― | |

## ⑥前衛劇場（1927〜28年）

| 公演名称 | 禁止 | 戯曲名 | 幕場 | 原作者 | 演出者 | 装置者 | 上演期間 | 上演場所 | 観客数 | 備考 |
|---|---|---|---|---|---|---|---|---|---|---|
| 第1回公演 | | ロビン・フット（★3） | 3部45場 | 村山知義 | 村山知義 | 村山知義 | 1927・11・18〜11・21 | 築地小劇場 | ― | ロシア革命十周年記念 |
| 2 | | 偽造株券 | 1幕6場 | 藤森成吉 | 佐々木孝丸 | 金須孝 | 1928・1・12〜1・13 | 朝日講堂 | ― | |
| | | 時は来らん（★4） | 3幕 | ロマン・ローラン作 | 村山知義・佐々木孝丸 | 金須孝・村山知義 | 1928・1・12〜1・13 | 朝日講堂 | ― | |

| 公演名称 | 禁止 | 戯曲名 | 幕場 | 原作者 | 演出者 | 装置者 | 上演期間 | 上演場所 | 観客数 | 備考 |
|---|---|---|---|---|---|---|---|---|---|---|
| 3 | | 勇ましき主婦 | 1場 | 村山知義 | 村山知義 | 村山知義 | 3・5 | 名古屋御園座 | — | 新興文学全集刊行記念 |
| | | 踊子になった書記の妻 | 1場 | 村山知義 | 村山知義 | 村山知義 | 3・7 | 京都岡崎公会堂 | — | |
| | | 偽造株券 | 1幕6場 | 藤森成吉 | 佐々木孝丸 | 金須孝 | 3・8 | 大阪朝日開館 | — | |
| | ◆ | スカートをはいたネロ | 10場 | 村山知義 | 佐々木孝丸 | 金須孝 | 3・9 | 静岡若竹座 | — | |
| 新興文学全集刊行記念公演 | | 進水式 | 2幕 | 村山知義 | 村山知義 | 村山知義 | 3・15 | 早稲田大学講堂 | — | 進む劇場『誰が一番馬鹿だ』『ミハイルの没落』、前衛劇場『進水式』 |
| 5 | | フロリアン・ガイエル | 6幕 | ハウプトマン作 | — | — | 4・2〜4・4 | 築地小劇場 | — | 左翼劇場結成のため上演されず |

## ⑦プロレタリア劇場（1927年）

| 公演名称 | 禁止 | 戯曲名 | 幕場 | 原作者 | 演出者 | 装置者 | 上演期間 | 上演場所 | 観客数 | 備考 |
|---|---|---|---|---|---|---|---|---|---|---|
| 〔北海道・東北公演〕 | ◇ | 炭坑夫 | 1幕 | ル・メルテン、佐野碩訳 | 佐野碩 | — | 1927・8・6〜8・7 | 函館 | — | 労働農民党北海道支部聯合会主催（道内すべて上演禁止） |
| | | | | | | | 8・8、8・9 | 小樽 | — | |
| | ◇ | 犬にされたカスペル | 1幕 | カスパア・ハウゼル、皆川晃改作 | 平松豊彦・佐野碩 | 平松豊彦 | 8・10、8・11 | 札幌 | — | |
| | ◇ | 足の無いマルチン | 5場 | カスパア・ハウゼル、皆川晃改作 | 平松豊彦・佐野碩 | 平松豊彦 | 8・12、8・13 | 旭川 | — | 上演禁止に抗議するプロ芸のビラ［図①］ |
| | ◇ | 逃亡者 | 1幕 | ウイツト・フオーゲル、小川信一訳 | 佐野碩 | — | 8・14、8・15 | 名寄 | — | |

| | | | | | | | | | | |
|---|---|---|---|---|---|---|---|---|---|---|
| 〔北海道・東北公演〕 | ◇ | 二階の男 | 1幕 | A・シンクレア、佐野碩訳 | 佐野碩 | ― | 8・18 | 青森 | ― | 青森労農党支部聯主催（『カスペル』『逃亡者』『油でり』禁止） |
| | ◆ | 油でり | 1幕 | 久板栄二郎 | 佐野碩 | ― | 8・21、8・22 | 仙台 | ― | 宮城労農党支部聯主催（『二階の男』『油でり』禁止） |
| 労農党の夕 | ◆ | 1 人形劇 犬にされたカスペル | 1幕 | カスパー・ハウゼル、皆川晃改作 | 平松豊彦 | ― | 9・26、9・27 | 築地小劇場 | ― | 労農新聞基金募集応援委員会主催 |
| | | 2 命令一下（「油でり」改作）（★5） | 1幕 | 久板栄二郎 | 佐野碩 | 平松義彦 | | | | |
| | ◆ | 3 母 | 1幕 | ウイットフォーゲル、川口浩訳 | ― | ― | | | | |
| | ◆ | 4 炭坑夫 | 1幕 | ル・メルテン、佐野碩訳 | 佐野碩 | ― | | | | |
| | | 5 二階の男 | 1幕 | A・シンクレア、佐野碩訳 | 平松豊彦 | 平松豊彦 | | | | |
| | | 6 郊外の家 | 1幕 | 久板栄二郎 | 佐野碩 | 平松義彦 | | | | |
| | | 7 逃亡者 | 1幕 | ウイットフォーゲル、小川信一訳 | 佐野碩 | 佐野碩 | | | | |
| 第1回公演 | | 足のないマルチン | 5場 | カスパア・ハウゼル、皆川晃改作 | 平松豊彦 | 平松豊彦 | 11・12〜11・4 | 築地小劇場 | ― | 日本プロレタリア芸術聯盟主催、プロレタリア芸術祭・ロシア革命十周年記念祭 |

| 公演名称 | 禁止 | 戯曲名 | 幕場 | 原作者 | 演出者 | 装置者 | 上演期間 | 上演場所 | 観客数 | 備考 |
|---|---|---|---|---|---|---|---|---|---|---|
| 第1回公演 | | 一九二七年（★6） | 12場 | 鹿地亘 | 佐野碩 | 平松義彦 | 11・12〜 11・4 | 築地小劇場 | ― | |
| | ◆ | 歴史の審判 | 3景 | 谷一・佐藤武夫 | 佐藤武夫 | 佐藤武夫 | | | | |

## ⑧左翼劇場・中央劇場（1928年〜1934年）

| 公演名称 | 禁止 | 戯曲名 | 幕場 | 原作者 | 演出者 | 装置者 | 上演期間 | 上演場所 | 観客数 | 備考 |
|---|---|---|---|---|---|---|---|---|---|---|
| 第1回公演 | ◆ | 磔茂左衛門 | 5幕 | 藤森成吉 | 村山知義 | 村山知義 | 1928・4・21〜 4・24 | 築地小劇場 | ― | 東京左翼劇場結成第一回公演。『磔茂左衛門』は上演禁止のため『進水式』『やっぱり奴隷だ』に変更上演。『嵐』は予定通り |
| | | 進水式 | 2幕 | 村山知義 | 村山知義 | 村山知義 | | | | |
| | | やっぱり奴隷だ | 7場 | 村山知義 | 村山知義 | 村山知義 | | | | |
| | ◆ | 嵐 | 4場 | 鹿地亘 | 佐野碩、皆川晃（助） | 林一郎 | | | | |
| 移動劇場 | | 二階の男 | 1幕 | A・シンクレア、佐野碩訳 | 佐野碩 | ― | 5・20 | 大崎沖電気組合大崎分会上演 | ― | |
| | | 炭坑夫 | 1幕 | ル・メルテン、佐野碩訳 | 佐野碩 | ― | 5・24 | 東海堂争議応援 | ― | |
| 第2回公演 | ◆ | 白蟻 | 1幕 | ワルテル・トロッペンツ、松崎啓次訳 | 村山知義 | 村山知義 | 9・20 | 報知講堂 | 約1500人 | 無産者新聞創刊三周年記念公演（公演後デモとなる）。『白蟻』を『首を切るのは誰だ？』および『やま』に変更 |
| | | やま（『炭坑夫』改題） | 1場 | ル・メルテン、佐野碩訳 | 佐野碩、大村利美（助） | | | | | |
| | | 首を切るのは誰だ？ | 1幕 | 三好十郎 | 村山知義 | | | | | |
| | | 父 | 6幕 | 久板栄二郎 | 佐野碩 | | | | | |

| 公演名称 | 禁止 | 戯曲名 | 幕場 | 原作者 | 演出者 | 装置者 | 上演期間 | 上演場所 | 観客数 | 備考 |
|---|---|---|---|---|---|---|---|---|---|---|
| 第3回公演 | ◆ | 巡洋艦ザリヤー（原名『崩壊』） | 4幕 | ベ・ラヴレニヨフ、杉本良吉訳 | 佐野碩 | 村山知義 | 10・30、11・1 | 築地小劇場 | ― | ロシア革命十一周年プロレタリア芸術祭 |
| 無産者の夕 | | 嵐 | 4幕 | 鹿地亘 | 佐野碩 | 林一郎 | 12・9 | 本所　亀楽座 | 約500人 | 新労農党結党基金募集 |
| | | 早鐘 | 1幕 | 小野宮吉 | 小野宮吉 | | | | | |
| | | 首を切るのは誰だ？ | 1幕 | 三好十郎 | 佐野碩 | | | | | |
| 農民劇の夕べ | | 首を切るのは誰だ？ | 1幕 | 三好十郎 | ― | ― | 12・15 | 八街町繭市場　八雲館 | ― | 全国農民組合千葉県聯合会第1回大会（「中央劇場上演目録史」には未採） |
| | | 荷車 | 1幕 | 佐々木孝丸 | ― | ― | | | | |
| | | 早鐘 | 1幕 | 小野宮吉 | ― | ― | | | | |
| | | 地獄の審判 | 2幕 | 佐々木孝丸 | ― | ― | | | | |
| 第4回公演 | | ダントンの死 | 11場 | ア・トルストイ、佐々木孝丸・杉本良吉訳 | 佐野碩・村山知義、西郷謙二（助） | 村山知義 | 1929・1・26～1・29 | 築地小劇場 | 2254人 | |
| 第5回公演 | ◇ | 足のないマルチン | 5場 | カスパア・ハウゼル、皆川晃改作 | 佐野碩 | 林一郎 | 5・4 | 本所公会堂→上野自治会館 | ― | メーデー記念芸術祭。5月1日の予定のところ、興行禁止のため会場変更 |
| | ◇ | 怒濤 | 3幕5場 | 納富誠武 | 佐野碩 | | | | | |
| 横浜公演 | ◆ | 不明 | ― | ― | ― | ― | 5・11 | 横浜　海員ホーム | ― | 新無産者新聞日刊促進京浜地方委員会主催。禁止 |
| 無産者の夕 | | 不明 | ― | ― | ― | ― | 6・2 | 不明 | ― | 戦旗一周年記念芸術祭 |
| 第12回公演 | | 全線（『暴力団記』改題） | 4幕9場 | 村山知義 | 佐野碩、杉本良吉（助） | 村山知義 | 6・27～7・3 | 築地小劇場 | 2852人 | 『全線』チラシ［図②］ |

| | | | | | | | | | | |
|---|---|---|---|---|---|---|---|---|---|---|
| 第1回関西地方公演 | | 母 | 4幕8場 | マキシム・ゴリキー原作、左翼劇場文芸部脚色 | 佐野碩・小野宮吉、大岡欽治(助) | 金須孝・村山知義 | 10・16、10・17 | 大阪 朝日会館 | 4000人 | 大阪戦旗座・京都青服劇場共演。当初予定の『全線』につづき、『足のないマルチン』も上演禁止。『母』『莫迦の療治』に変更 |
| | | 莫迦の療治 | 1幕 | ハンス・ザックス、村山知義翻案 | 仲島淇三 | ― | 10・18、10・19 | 京都 華頂会館 | ― | |
| 第13回公演 | ◆ | 地獄の審判 | 2場 | 佐々木孝丸 | 佐々木孝丸 | 島公靖 | 11・18、11・19 | 上野 自治会館 | ― | 革命十二周年記念、労働者ニコニコ大会。『点呼』『地獄の審判』不許可。その後、すべて禁止 |
| | ◆ | 点呼 | 2場 | 村山知義 | 佐野碩 | ― | | | | |
| | ◆ | 莫迦の療治 | 1幕 | ハンス・ザックス、村山知義翻案 | 小野宮吉、門馬隆(助) | 宮良正哉 | | | | |
| | ◆ | 荷車 | 1幕 | 佐々木孝丸 | 小野宮吉 | 宮良正哉 | | | | |
| | ◆ | サム(『足のないマルチン』改題) | 5景 | カスパー・ハウゼル、文芸部訳 | 佐野碩 | 山村吉哉 | | | | |
| 第14回公演 | | 太陽のない街 | 4幕12場 | 徳永直原作、小野宮吉・藤田満雄脚色 | 村山知義、杉本良吉(助) | 村山知義・金須孝 | 1930・2・3～2・11 | 築地小劇場 | ― | 新築地劇団応援 |
| 第15回公演 | | 太陽のない街 改作 | 4幕11場 | 徳永直原作、小野宮吉・藤田満雄脚色 | 村山知義、杉本良吉(助) | 金須孝 | 3・3～3・9 | 築地小劇場 | ― | 満員、再演 |
| 〔第16回公演〕 | ◆ | トラックのお土産 | 2幕 | 久板栄二郎 | ― | ― | 5・2、5・3 | 上野 自治会館 | ― | メーデー記念として上演予定のところ禁止 |
| | ◆ | 暴力五人男 | ― | 富田常雄 | ― | ― | | | | |

| 公演名称 | 禁止 | 戯曲名 | 幕場 | 原作者 | 演出者 | 装置者 | 上演期間 | 上演場所 | 観客数 | 備考 |
|---|---|---|---|---|---|---|---|---|---|---|
| 〔第16回公演〕 | ◆ | プロレタリアレヴュー及落語 | — | — | — | — | 5・2、5・3 | 上野 自治会館 | — | |
| プロレタリア演芸大会 | | 密偵 | 4幕5場 | マルセル・トルー、落合三郎訳編 | 土方與志、香川晋 | 吉田謙吉 | 5・2～5・6 | 築地小劇場 | 2225人 | メーデー記念、新築地劇団共同プロレタリアニコニコ大会。他に合唱映画新内 |
| 公演と音楽と劇の会 | | アジ太・プロ吉消費組合の巻 | 2場 | 中村栄二・新城信一郎 | 中島淇三 | — | 5・11 | 高円寺高松座 | — | 西郊消費組合創立五周年記念、西郊消費組合家庭会主催。新居格・秋田雨雀ら講演、関鑑子独唱 |
| | | 荷車 | 1幕 | 佐々木孝丸 | 富田常雄 | — | | | | |
| 第16回公演 | ◆ | 巴里を焼く | 5幕20場 | ブルノー・ヤジエンスキイ原作、佐々木孝丸脚色 | 小野宮吉 | 島公靖 | 5・31～6・11 | 築地小劇場 | — | 『巴里を焼く』不許可 |
| | | 全線（『暴力団記』改題） | 4幕9場 | 村山知義 | 佐野碩、山川幸世・富田常雄(助) | | | | | |
| 城北消費組合第1回創立記念日大会 | | サム 荷車 プロ床 | — | — | — | — | 7・5 | — | — | |
| 第2回プロレタリア映画の夕 | | プロ床 | 2場 | 島公靖 | — | — | 6・13 | 報知講堂 | — | 応援出演 |
| 第17回公演 | | 不在地主 | 4幕11場 | 小林多喜二原作、小野宮吉・島公靖脚色 | 佐々木孝丸、山川幸世・西郷謙二(助) | 金須孝 | 10・4～10・16 | 市村座 | — | 新築地劇団助演。13日までに変更（DPRO-0808） |

| | | | | | | | | | | |
|---|---|---|---|---|---|---|---|---|---|---|
| 左翼新内岡本文彌公演 | | 荷車 | 1幕 | 佐々木孝丸 | — | — | 10・24、10・25 | 読売講堂 | — | プログラムに「左翼劇場応援出演」とある |
| 第18回公演 | | 炭塵（ガス） | 序曲・11場 | 三好十郎 | 佐々木孝丸、山川幸世（助） | 金須孝 | 12・6～12・17 | 築地小劇場 | — | プログラム（DPRO-0838）に「無名戦士に捧ぐ」とある。当初15日までの予定のところ連日満員につき17日まで日延べ |
| 移動小公演（移動ニコニコ大会） | ◇ | そら豆の煮えるまで | 1幕 | 島公靖 | 佐野碩 | 左翼劇場美術班 | 1931・1・18、1・19 | 築地小劇場 | — | 築地小劇場公演は禁止。このプログラム（DPRO-0858）には『青年教育』があり、『馬鹿の療治』はない。会場不明の他のプログラム（DPRO-0856）では、その逆となっている |
| | ◇ | プロ裁判 | 1幕 | 新城信一郎 | 山川幸世 | | | | | |
| | ◇ | 二人羽織 | 1幕 | 山本三吉 | 山川幸世 | | 2・1、2・2 | 上野自治会館 | 約600人 | |
| | ◇ | 馬鹿の療治 | 1幕 | 村山知義編 | 山川幸世 | | 2・13、2・14 | 千住館 | — | |
| | ◇ | おまつり | 1幕 | 三好十郎 | 門馬隆 | | 3・6、3・7 | 早稲田高田会館 | — | |
| | ◇ | 青年教育 | 1幕 | 松永博 | 佐野碩 | | | | | |
| 第19回公演 | | 掘出し物 | 1場 | 文芸部 | 佐野碩 | — | 3・27～4・5 | 市村座 | 7966人 | |
| | | 戦列への道 | 9場 | 徳永直原作、藤田満雄脚色 | 山川幸世、矢口文吉（助） | 金須孝 | | | | |
| | | 西部戦線異状なし | 5幕12場 | E・M・ルマルク原作、村山知義脚色 | 佐野碩、杉本良吉（助） | 島公靖 | | | | |
| 第20回公演 | | 銅像 | 1幕 | 藤田満雄 | 浅海行夫、矢口文吉 | 金須孝 | 5・1～5・14 | 築地小劇場 | 7143人 | メーデー記念公演 |
| | | 勝利の記録 | 3幕7場 | 村山知義 | 佐野碩、杉本良吉・西郷謙二（助） | 島公靖 | | | | |

| 公演名称 | 禁止 | 戯曲名 | 幕場 | 原作者 | 演出者 | 装置者 | 上演期間 | 上演場所 | 観客数 | 備考 |
|---|---|---|---|---|---|---|---|---|---|---|
| 北九州地方公演 | | 太陽のない街 | 4幕10場 | 徳永直原作、小野宮吉・藤田満雄脚色 | 村山知義・杉本良吉・西郷謙二 | 島公靖 | 6・14、6・15 | 博多大博劇場 | 2960人 | 福岡消費組合などからなる左翼劇場公演委員会主催 |
| | | | | | | | 6・19 | 若松旭座 | — | 若松沖仲仕労働組合主催。門司では国粋主義暴力団の妨害により中止、負傷者を出す |
| | | | | | | | 6・20、6・21 | 八幡旭座 | 677人 | |
| | | プロ裁判 | 1幕 | 新城信一郎 | 矢口文吉 | | — | 門司旭座 | — | 国粋主義暴力団の妨害により中止 |
| | | | | | | | 6・24、6・25 | 小倉常盤座 | 871人 | |
| 第21回公演 | | 恐山トンネル | 9場 | 三好十郎 | 西郷謙二・矢口文吉 | 金須孝 | 7・18～8・2 | 築地小劇場 | 6427人 | 『生きた新聞』（赤色スポーツ、宗教反対、三党合同、ソヴエート五ヶ年計画、トルクシブ鉄道建設、フーヴア景気、アルメニアの兄弟を救へ！） |
| | | 生きた新聞（赤色レヴュー） | 7場 | 左翼劇場文芸部 | 村山知義、浅海行夫（助） | 村山知義・島公靖 | | | | |
| 東京近郊農村巡回公演（埼玉・東京） | | 小作人 | 3幕6場 | 立野信之 | 矢口文吉・門馬隆 | 菊池良吉 | 8・11 | 川越舞鶴館 | 303人 | 新宿上演不能、立石に変更 |
| | | 泥棒 | 1幕 | 島公靖 | | | 8・13、8・15 | 府下立石演舞場 | 245人 | |
| | | 三湯合同 | 1幕 | 小野宮吉 | | | | | | |
| | | 早鐘 | 1幕 | 小野宮吉 | | | | | | |

| 公演 | | 演目 | 幕場 | 作 | 演出 | 装置 | 月日 | 会場 | 入場者 | 備考 |
|---|---|---|---|---|---|---|---|---|---|---|
| 東京近郊農村巡回公演〔千葉〕 | | 荷車 | 1幕 | 佐々木孝丸 | 矢口文吉・門馬隆 | 菊池良吉 | 8・17 | 一ノ宮公会堂 | 307人 | 千葉県下にては『小作人』禁止のため『傷だらけのお秋』に変更 |
| | | 早鐘 | 1幕 | 小野宮吉 | | | 8・18 | 成田 田鶴座 | 138人 | |
| | | 三湯合同 | 1幕 | 小野宮吉 | | | 8・19 | 佐原 壽座 | 145人 | |
| | | 傷だらけのお秋 | 4幕 | 三好十郎 | 西郷謙二 | | 8・20、21 | 千葉市公会堂 | 260人 | |
| 第二回関西公演 | ◆ | 勝利の記録 | 3幕7場 | 村山知義 | 佐野碩・杉本良吉・西郷謙二 | 島公靖 | 9・16、17 | 大阪 朝日会館 | 1831人 | 『勝利の記録』上演禁止のため『全線』を上演。『全線』さらに改題を命ぜらる。大阪戦旗座、京都青服劇場、神戸全線座助演。『生きた新聞』（アルメニアの兄弟へ！、反宗教、三湯合同、トゥルクシブ鉄道の建設、五ヶ年計画）。プログラムには第二輯とあるが内容は第一輯と同様 |
| | | 京漢工人流血記〔『暴力団記』『全線』改題〕 | 4幕9場 | 村山知義 | 佐野碩、杉本良吉（助） | 島公靖 | 9・19 | 神戸 八千代座 | 834人 | |
| | | 生きた新聞 第二輯 | 5場 | 左翼劇場文芸部 | 村山知義・杉本良吉、浅海行夫（助） | 村山知義 | 9・20、21 | 京都 日の出会館 | 1093人 | |
| 戦旗の夕 | | 二人羽織 | 1幕 | 山本三吉 | — | — | 9・19、20 | — | — | 東京留守組による出動 |
| 〔出動〕 | | 二人羽織 | 1幕 | 山本三吉 | — | — | 9・21 | 月島魚市場消費組合 | — | 東京留守組による出動 |
| 第1回左翼・新築地共同公演 | | 風の街 | 10景 | ヴニ・キルション、杉本良吉訳 | 土方與志・杉本良吉、矢口文吉・岡倉士朗（助） | 村山知義・島公靖 | 10・28〜11・11 | 築地小劇場 | 8256人 | 革命十四周年・日本プロレタリア文化聯盟結成記念、日本プロレタリア音楽家同盟応援 |
| | | 生きた新聞 第二輯 | 2場 | 左翼劇場文芸部 | 村山知義、浅海行夫・北市武（助） | 村山知義 | | | | 『生きた新聞』（ファッショ人形、文化聯盟結成） |

| 公演名称 | 禁止 | 戯曲名 | 幕場 | 原作者 | 演出者 | 装置者 | 上演期間 | 上演場所 | 観客数 | 備考 |
|---|---|---|---|---|---|---|---|---|---|---|
| 京浜公演 | | 暴力団記（『京漢工人流血記』改題） | 4幕9場 | 村山知義 | 杉本良吉、矢口文吉 | 金須孝 | 12・17 | 横浜　由村座 | 593人 | |
| | | プロ裁判 | 1幕 | 新城信一郎 | 杉本良吉、矢口文吉 | | 12・18 | 鶴見演芸場 | 173人 | |
| | | 荷車（改作） | 1幕 | 佐々木孝丸 | 杉本良吉、矢口文吉 | | 12・19、12・20 | 川崎演芸場 | 243人 | |
| 第22回公演 | ◇ | 赤いメガホン | 18景 | 文芸部編 | 村山知義 | 村山知義 | 12・31～1932・1・20 | 築地小劇場 | 8883人 | 『赤いメガホン』チラシ［図③］ |
| | | 1 謹賀新年（シュプレッヒ・コール） | — | 久保栄編 | | | | | | |
| | | 2 年が変ったが（漫画掛合） | — | 村山知義 | | | | | | |
| | | 3 霜（詩朗読） | — | 伊藤信吉 | | | | | | |
| | | 4 夜なべ（詩朗読） | — | 山田一 | | | | | | |
| | | 5 飢饉 | 1場 | 八田元夫 | | | | | | |
| | | 6 農民を救へ（シュプレッヒ・コール） | — | 島公靖 | | | | | | |
| | | 7 口先ばかりでなく（人形劇） | — | 島公靖 | | | | | | |

| | | | | | | | | | | |
|---|---|---|---|---|---|---|---|---|---|---|
| 第22回公演 | | 8 工代会議（シュプレツヒ・コール） | ― | 三好十郎 | 村山知義 | 村山知義 | 12・31〜1932・1・20 | 築地小劇場 | | 18景中5景上演禁止（プログラムには1〜14まである） |
| | | 9 子供をめぐる | 2場 | 村山知義 | | | | | | |
| | | 10 弁当（子供芝居） | ― | 島公靖 | | | | | | |
| | | 11 泥棒（鮮語劇） | ― | ― | | | | | | |
| | | 12 デマ（掛け合ひ） | ― | 久保栄 | | | | | | |
| | | 13 プロットの歌（合唱） | ― | 小野宮吉 | | | | | | |
| | | 14 トラムの歌（合唱） | ― | 久保栄訳 | | | | | | |
| 京浜公演 | ◆ | 赤いメガホン | ― | 文芸部編 | 村山知義 | 村山知義 | 1・31、2・1 | 横浜市記念会館 | ― | 横浜青年劇場結成記念のための同劇団の『青年訓練所』も禁止 |
| 国際演劇デー東京支部共演 | ◇ | 赤い火花の人々 | 3景 | 村山知義 | 杉本良吉 | 金須孝 | 2・14〜2・23 | 築地小劇場 | 6002人 | 13日は所轄署により上演禁止さる。新築地、メザマシ隊、鮮語劇団、前衛座、横浜青年劇場共同公演。プログラムでは22日まで |
| 北関東信州地方公演 | | 土地に闘ふ（『土地闘争』改題） | 3幕6場 | 和田勝一 | 西郷謙二 | 菊池良吉 | 3・9 | 中込 中込座 | 443人 | 検閲の都合にて新築地劇団公演として上演。茨城・栃木・群馬・山梨の各県全部禁止。中込座では新築地の名を借りて上演 |

| 公演名称 | 禁止 | 戯曲名 | 幕場 | 原作者 | 演出者 | 装置者 | 上演期間 | 上演場所 | 観客数 | 備考 |
|---|---|---|---|---|---|---|---|---|---|---|
| 北関東信州地方公演 | | 首を切るのは誰だ? | 1幕 | 三好十郎 | 西郷謙二 | 菊池良吉 | 3・10 | 上田 上田劇場 | 498人 | |
| | | | | | | | 3・11 | 松本 松本座 | 660人 | |
| | | プロ裁判 | 1幕 | 新城信一郎 | 西郷謙二 | | 3・12 | 飯田 若松座 | 509人 | |
| | | 農民を救へ | 1場 | 島公靖 | 西郷謙二 | | 3・13 | 上諏訪 都座 | 802人 | |
| 第23回公演 | | 志村夏江 | 4幕13場 | 村山知義 | 杉本良吉、陣龍二・志村永二(助) | 金須孝 | 4・5~4・24 | 築地小劇場 | 7746人 | メーデー準備公演。上演禁止のため久板作『さあメーデーだ』を途中より上演 |
| | ◆ | 生きた新聞 第三輯 メーデー特輯号 | — | 久保栄、久板栄二郎 | 矢口文吉、千田是也 | — | | | | |
| | | さあメーデーだ | — | 久板栄二郎 | — | — | | | | |
| 第2回左翼・新築地共演 | | 変な機械 | 7景 | 島公靖 | 島公靖 | 島公靖 | 5・1~5・20 | 築地小劇場 | 6654人 | メーデー記念公演 |
| | | 大里村 | 8景 | 和田勝一 | 土方與志・西郷謙二・岡倉士朗、石川尚・宮坂徳(助) | 金須孝 | | | | |
| 第24回公演 | | パン | 9景 | ヴエ・キルシヨン、東建吉訳 | 千田是也、門馬隆(助) | 金須孝 | 6・1~6・19 | 築地小劇場 | 6822人 | 序闘論劇禁止 |

| | | | | | | | | | | |
|---|---|---|---|---|---|---|---|---|---|---|
| 国際労働者演劇オリンピアーデ 左翼・新築地共演 | ◆ | 鍛冶屋の歴史 | 3幕6場 | 佐々木孝丸 | 西郷謙二、門馬隆 | ― | 7・23～8・6 | 築地小劇場 | 2282人 | 反戦文化闘争週間。モスコー派遣・革命競争中間ゴール・プロット東京支部競演 |
| | | 風の街 | 10景 | ヴエ・キルション、杉本良吉訳 | 土方與志・杉本良吉、岡倉士朗・依田一郎(助) | 金須孝・村山知義 | | | | |
| 第25回公演 | | 青年デーの為に | 1場 | 黒岩康一 | 西郷謙二 | ― | 8・20～9・5 | 築地小劇場 | 3371人 | 8月公演。9・4国際青年デーにつき休み |
| | | 中国湖南省 | 6景 | 東建吉 | 門馬隆 | 金須孝 | | | | |
| モスコー派遣送別公演 | ◆ | 北樺太油田 | 8場 | 久板栄二郎 | 千田是也、島公靖(助) | 金須孝 | 9・20～9・25 | 築地小劇場 | 2081人 | 送別公演として派遣全員によってモスクワでも上演されるはずのもの |
| | | 村の工事場 | 3場 | 大澤幹夫 | 松原卓一、大岡欽治 | 田邊達 | | | | |
| | | 勝利の記録 | 3幕7場 | 村山知義 | (佐野碩)西郷謙二 | 菊池良吉 | | | | |
| 第26回公演 | | 朝川炭坑(第三期研究所卒業製作) | 4景 | 田代三世 | 瓜生元・井上行三・下瀬むら | 小林正於 | 11・10～11・24 | 築地小劇場 | 3867人 | 十一月七日記念・ソヴエート文化宣伝週間・コップ結成一周年記念11月公演 |
| | | ドニエプロストロイ(シュプレヒコール) | 1場 | 東建吉 | 東建吉 | | | | | |
| | | 逆立つレール | 序幕10景終曲 | 藤田満雄・佐々木孝丸・東建吉・戸川静子 | 東建吉、泉廉太(助) | 金須孝 | | | | |

| 公演 | | 演目 | 幕・場 | 作 | 演出 | 装置 | 日程 | 会場 | 観客数 | 備考 |
|---|---|---|---|---|---|---|---|---|---|---|
| 第27回公演 | | 機関庫 | 6幕 | 大澤幹夫 | 東建吉、九木義夫(助) | 菊池良吉 | 1933・1・27～2・10 | 築地小劇場 | 3015人 | 新春公演 |
| 国際的十日間 左翼・新築地合同浅草公演 | | 全線 | 4幕9場 | 村山知義 | 西郷謙二 | 金須孝 | 2・13～2・20 | 浅草カジノ・フォーリー | ― | プロット傑作週間。『吼へろ支那』は『砲艦コクチエフエル』と改題を命ぜらる |
| | | 砲艦コクチエフエル | 9景 | ア・ドレチヤコフ、大隈俊雄訳 | 岡倉士朗・杉原貞雄、依田一郎(助) | 田邊達 | | | | |
| 国際的十日間 関西公演 | ◇ | 機関庫 | 6幕 | 大澤幹夫 | 東建吉、西郷謙二・九木義夫(助) | 菊池良吉 | 2・25 | 神戸 八千代座 | ― | 左翼・新築地共同公演（全線座／青服劇場／戦旗座・構成劇場・メガホン隊がそれぞれの地域ごとに共演）。神戸上演禁止。京都は興行不許可につき座談会を開催。大阪は二日とも日本生産党の妨害により途中解散 |
| | | | | | | | 2・26 | 京都 日ノ出会館 | 150人 | |
| | | | | | | | 2・28、3・1 | 大阪 中央公会堂 | 2500人 | |
| 第28回公演 | | 恐怖 | 9場 | ア・アフイノーゲーノフ、黒田辰男・上田進・湯浅芳子・熊澤復六・文芸部訳 | 峰桐太郎・陣龍二 | 菊池良吉 | 5・5～5・21 | 築地小劇場 | 3045人 | 左翼劇場五周年記念・国際革命演劇同盟（モルト）・第一回世界大会・国際演劇オリムピアード代表派遣・メーデー公演 |
| 中央劇場改名披露公演 | ◆ | 烟る安治川 | 4幕10場 | 久板栄二郎 | 佐々木孝丸、島公靖(助) | 菊池良吉 | 1934・2・15～2・28 | 築地小劇場 | ― | 国際演劇デー東京左翼劇場改名披露公演。上演不可能カット中止 |
| 中央劇場改名披露公演 | | 斬られの仙太 | 10幕 | 三好十郎 | 佐々木孝丸、陣龍二(助) | 菊池良吉 | 5・12～5・31 | 築地小劇場 | ― | 5・25、5・26休演 |

## ⑨文戦劇場・同志劇場・新同志座（1930年～1932年）

| 公演名称 | 禁止 | 戯曲名 | 幕場 | 原作者 | 演出者 | 装置者 | 上演期間 | 上演場所 | 観客数 | 備考 |
|---|---|---|---|---|---|---|---|---|---|---|
| 文戦劇場第1回農村巡回公演（秋田） | ◇ | 廃兵 | ― | 間宮茂輔 | 間宮茂輔 | 安藤英男 | 1930・9・13～9・22 | 一日市伊藤座 森岳村 下井河村 五城目町 土崎港町 | 約3500人 | 「秋田・新潟農村巡回公演」として準備されていたが新潟は不許可、「秋田農民組合巡回公演」となる。『農民一揆戦』は第3幕禁止 |
| | | 売られる田地 | 1幕 | 伊藤貞輔 | | | | | | |
| | ◇ | 農民一揆戦 | 3幕 | 金子洋文 | | | | | | |
| 文戦劇場第2回農村巡回公演（東京南部） | | 売られる田地 | 1幕 | 伊藤貞輔 | 間宮茂輔 | 安藤英男 | 10・24、10・25 11・2 11・3 | 荏原演舞場 蒲田梅宮館 羽田劇場 | ― ― ― | |
| | | 蒼ざめた大統領 | 4幕7場 | 金子洋文 | 大山寛光 | 安藤英男 | | | | |
| 文戦劇場新潟公演 | | 狂人と偽狂人 | 2場 | 細田民樹 | ― | ― | 1931・2・20～ | 新潟県高田市 大漁座 今町 加茂町 見附町 五泉町 村松町 三條町 福島県白川町 | 約5500人 | 全農新潟支部聯、全農高田出張所、観客総計7500人という証言もあり |
| | | 與茂七は死なゝい | 4幕10場 | 間宮茂輔 | ― | ― | | | | |
| 同志劇場第1回公演 | | 狂人と偽狂人 | 2場 | 細田民樹作、工藤恒（脚色） | 生田嘉郎 | 西七郎 | 7・5、7・6 | 三河島豊島館 | ― | 同志劇場公演・文戦劇場助演・全国大衆党後援（同志劇場は全国大衆党三河島支部内に事務所を置き3月に誕生） |
| | | 喜劇 村の闘ひ | 1幕 | 金子洋文 | 金子洋文 | 千葉春洋 | | | | |
| | | 賃金奴隷宣言 | 3幕6場 | 岩藤雪夫、千葉春洋（脚色） | 生田嘉郎 | 西七郎 | | | | |

| 公演名称 | 禁止 | 戯曲名 | 幕場 | 原作者 | 演出者 | 装置者 | 上演期間 | 上演場所 | 観客数 | 備考 |
|---|---|---|---|---|---|---|---|---|---|---|
| 争議応援（同志劇場第2回公演） | | 喜劇 村の闘ひ | 1幕 | 金子洋文 | ― | ― | 7・26 | 亀戸 演芸場 | 約750人 | 同志劇場公演・ローヤルセルロイド争議応援 |
| | | 賃金奴隷宣言 | 3幕6場 | 岩藤雪夫、千葉春洋（脚色） | ― | ― | | | | |
| プロレタリヤの夕（同志劇場第3回公演） | | 喜劇 村の闘ひ | 1幕 | 金子洋文 | ― | ― | 8・17 | 日暮里 愛隣団 | 約400人 | 同志劇場公演・文戦劇場助演。「関東合同・日暮里石塚争議団への応援を兼ねてやることになった」とある |
| | | 賃金奴隷宣言 | 3幕6場 | 岩藤雪夫、千葉春洋（脚色） | ― | ― | | | | |
| 文戦劇場第3回農村巡回公演（群馬） | | なぞ | | 工藤恒 | ― | ― | 12・24 | 笠懸村（野天芝居） | 約1000人 | 長野・群馬での巡回を予定していたが、長野県は全面禁止（伊那町12・20、飯島村12・21、赤穂村12・22、上諏訪12・23） |
| | | 権十と組合 | | 里村欣三 | ― | ― | | | | |
| | | 鉱山の学校 | | 伊藤永之介 | ― | ― | 12・25 | 尾島町 | 1350人 | |
| | | 喜劇 村の闘ひ | 1幕 | 金子洋文 | ― | ― | 12・26 | 強戸村 石橋座 | 1150人 | |
| 文戦劇場第4回農村巡回公演（岐阜） | | 権十と組合 | ― | 里村欣三 | ― | ― | 1932・3・25 | 下石町 陶盛座 | 約1300人 | 山梨・静岡は全面禁止 |
| | | 喜劇 村の闘ひ | 1幕 | 金子洋文 | ― | ― | 3・26 | 土岐津町 土岐津座 | 約300人 | |
| | ◆ | 鉱山の学校 | ― | 伊藤永之介 | ― | ― | 3・27 | 瑞浪町 常盤座 | 約1000人 | |
| | | なぞ | ― | 工藤恒 | ― | ― | 3・28 | 多土見町 豊岡劇場 | 約1200人 | |
| 労農文化の夕（文戦劇場） | | 喜劇 村の闘ひ | 1幕 | 金子洋文 | ― | ― | 6・19 | 上野 自治会館 | 約700人 | 労農文化聯盟結成記念。「労農演劇同盟」に所属 |

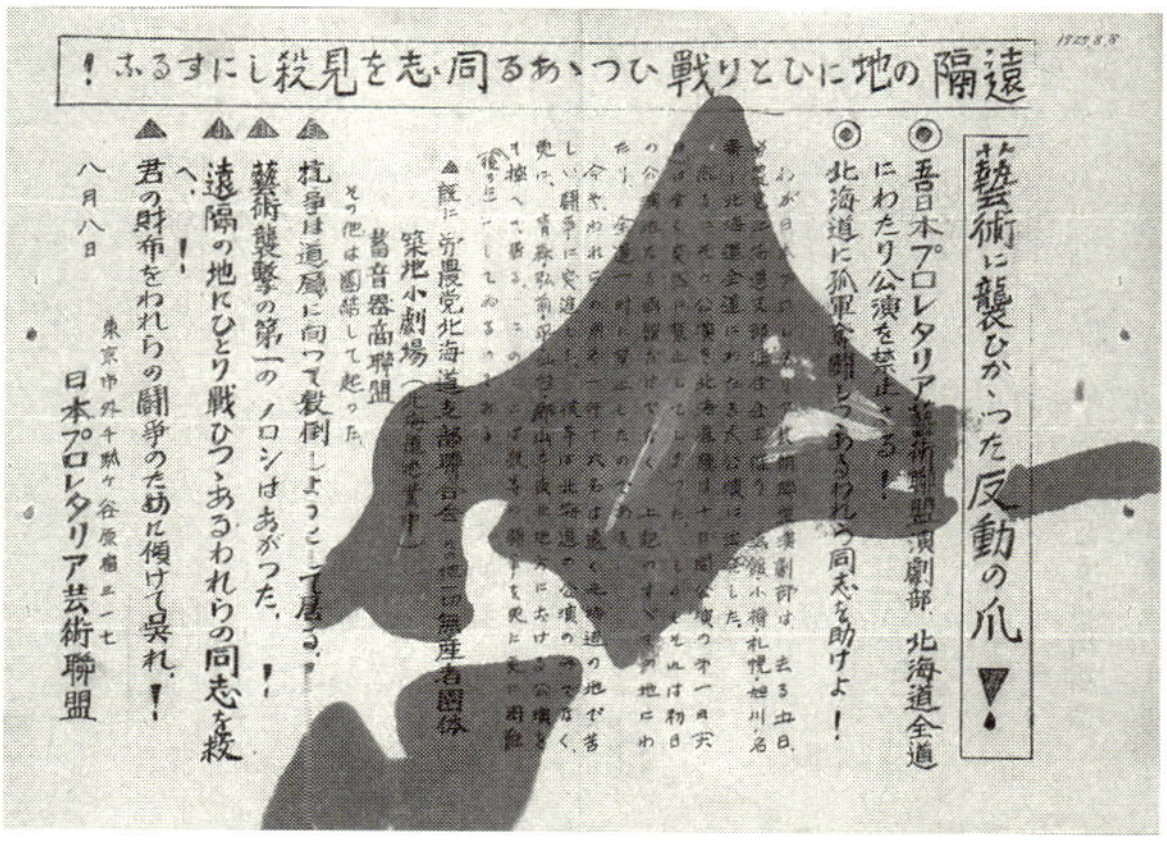

図①　上演禁止に抗議するプロ芸のビラ（DPRO-2267）

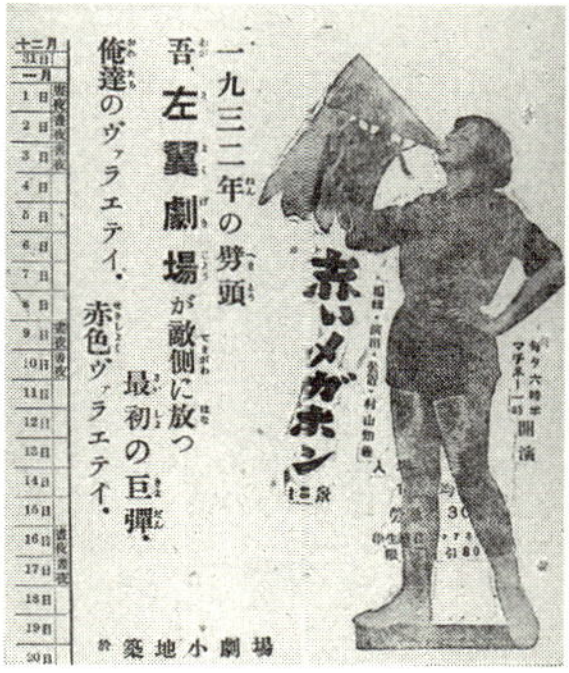

図③　『赤いメガホン』チラシ（DPRO-1015）

図②　『全線』チラシ（DPRO-0605）

| | | | | | | | | | | |
|---|---|---|---|---|---|---|---|---|---|---|
| 文戦劇場第5回農村巡回公演（静岡） | | 〔不明〕 | ― | ― | ― | ― | 9・24〜9・27 | ― | ― | 全農富士出張所主催。雑誌『レフト』2巻1号により公演実施を確認できるが詳細不明 |
| 新同志座第1回公演 | | 剣 | 2幕4場 | 金子洋文 | ― | ― | 12月 | 上野自治会館 | ― | 同志劇場の一部が合流。顧問金子洋文・岩内善作 |
| | | 炭坑夫 | 3幕 | ル・メルテン作 | ― | ― | | | | |

# 団体名および略称一覧

資料研究会（編）

・本書および『昭和戦前期プロレタリア文化運動資料集』を対象として、プロレタリア文化運動に関連するおもな団体・組織の正式名称とその略称をABC順・五〇音順に掲載する。
・正式名称には「よみ」の末尾に★を付した。（前）は前身、（後）は後身を表す。ただし前身・後身は広い意味で捉えており、厳密に改称・改組の関係にない場合もある。複数の団体名がある場合は合併または分裂の関係を示す。
・当時の資料では、以下の略称の他、「〇〇拡中委（拡大中央委員会）」「〇〇常中委（常任中央委員会、常任中央執行委員会）」「〇〇地協（地域協議会）」といった省略形が頻繁に用いられている。
・濁音、半濁音は清音として扱い、拗音（ゃ・ゅ・ょ）、促音は直音として扱う（別記せず五〇音順に配列）。

| | よみ | 名称 | 略称・別称等 | 前身／後身 |
|---|---|---|---|---|
| A | | | | |
| | AR | A・R（→日本プロレタリア美術家同盟） | | |
| C | | | | |
| | CAL | C・A・L（→児童芸術教育研究所） | | |
| I | | | | |
| | IATB | IATB（→国際労働者演劇同盟） | | |
| | IPF | IPF（→プロレタリア無神論者インターナショナル） | | |
| K | | | | |
| | KCFF | KCFF（→日本プロレタリア文化聯盟） | | |
| M | | | | |
| | MORP | MORP（→国際革命作家同盟） | | |
| | MORT | MORT（→国際革命演劇同盟） | | |
| N | | | | |
| | NALP | NALP（→日本プロレタリア作家同盟） | | |
| | NAPF | NAPF（→全日本無産者芸術団体協議会、→全日本無産者芸術聯盟） | | |

| | よみ | 名称 | 略称・別称等 | 前身／後身 |
|---|---|---|---|---|
| P | PEU | P・E・U（→日本プロレタリア・エスペランティスト同盟） | | |
| | PM | P・M（→日本プロレタリア音楽家同盟） | | |
| | PP | P・P（→日本プロレタリア美術家同盟） | | |
| あ | あおふくげきじょう★ | 青服劇場 | 京都青服劇場 | |
| い | いーぺーえふ | イーペーエフ（→プロレタリア無神論者インターナショナル） | | |
| え | えるきの | エル・キノ（→労農映画同盟） | | |
| お | おおさかこうせいげきじょう | 大阪構成劇場（→構成劇場） | | |
| | おおさかせんきげきじょう | 大阪戦旗劇場（→戦旗劇場） | | |
| | おおさかせんきざ | 大阪戦旗座（→戦旗座） | | |
| | おおさかぷろれたりあびじゅつけんきゅうしょ★ | 大阪プロレタリア美術研究所（参照→プロレタリア美術研究所） | | |
| か | かいほううんどうぎせいしゃきゅうえんかい★ | 解放運動犠牲者救援会 | 救援会 | （後）日本赤色救援会 |
| | かんとうふじんどうめい★ | 関東婦人同盟（参照→婦人同盟） | | |
| き | きゅうえんかい | 救援会（→解放運動犠牲者救援会、→日本赤色救援会、→日本労農救援会） | | |
| | きょうとあおふくげきじょう | 京都青服劇場（→青服劇場） | | |
| け | げきだんつきじしょうげきじょう★ | 劇団築地小劇場 | | （前）築地小劇場（劇団） |
| こ | こうせいげきじょう★ | 構成劇場 | 大阪構成劇場 | （後）戦旗劇場 |
| | こうべぜんせんざ | 神戸全線座（→全線座） | | |
| | こくさいかくめいえんげきどうめい | 国際革命演劇同盟（参照→日本プロレタリア演劇同盟） | MORT、モルト | |
| | こくさいかくめいさっかどうめい | 国際革命作家同盟（参照→日本プロレタリア作家同盟） | MORP、モルプ | |

| | | | | |
|---|---|---|---|---|
| こ | こくさいぶんかけんきゅうしょ★ | 国際文化研究所 | | (後)プロレタリア科学研究所 |
| | こくさいろうどうしゃえんげきどうめい | 国際労働者演劇同盟(参照↓日本プロレタリア演劇同盟) | IATB、テアインテルン | |
| | こっぷ | コップ(↓日本プロレタリア文化聯盟) | | |
| さ | さゔぇーとのとものかい | サヴェートの友の会(↓ソヴェートの友の会) | | |
| | さくどう | 作同(↓日本プロレタリア作家同盟) | | |
| | さっかどうめい | 作家同盟(↓日本プロレタリア作家同盟) | | |
| | さびえーとのとものかい | サビエートの友の会(↓ソヴェートの友の会) | | |
| | さよくげいじゅつどうめい★ | 左翼芸術同盟 | 左芸 | (後)全日本無産者芸術聯盟 |
| | さよくげきじょう★ | 左翼劇場 | 東京左翼劇場 | (前)プロレタリア劇場、(前)前衛劇場、(後)中央劇場 |
| | さんぎょうろうどうちょうさしょ★ | 産業労働調査所 | 産労 | |
| | さんろう | 産労(↓産業労働調査所) | | |
| し | じどうげいじゅつきょういくけんきゅうしょ★ | 児童芸術教育研究所 | C・A・L | |
| | しんきょう | 新協(↓新協劇団) | | |
| | しんきょう | 新教(↓新興教育研究所) | | |
| | しんきょうげきだん★ | 新協劇団 | 新協 | |
| | しんこうきょういくけんきゅうしょ★ | 新興教育研究所 | 新教 | |
| | しんつきじ | 新築地(↓新築地劇団) | | |
| | しんつきじげきだん | 新築地劇団 | 新築地 | (前)築地小劇場(劇団) |
| | しんろうのうとう | 新労農党(↓労農党) | | |
| | しんろうのうとうそしきじゅんびかい★ | 新労農党組織準備会 | 新党組織準備会 | [備考]「労働者農民党」を結党、即日禁止 |

## せ

| よみ | 名称 | 略称・別称等 | 前身／後身 |
|---|---|---|---|
| ぜんえいげいじゅつかどうめい★ | 前衛芸術家同盟 | 前芸 | （後）全日本無産者芸術聯盟 |
| ぜんえいげきじょう★ | 前衛劇場 | | （前）前衛座、（後）左翼劇場 |
| ぜんえいざ★ | 前衛座（参照→東京前衛座、参照→名古屋前衛座） | | （後）前衛劇場 |
| せんきげきじょう★ | 戦旗劇場 | 大阪戦旗劇場 | （前）戦旗座、（前）構成劇場 |
| せんきざ★ | 戦旗座 | 大阪戦旗座 | （後）戦旗劇場 |
| ぜんきょう | 全協（→日本労働組合全国協議会） | | |
| ぜんげい | 前芸（→前衛芸術家同盟） | | |
| ぜんこくのうみんくみあい★ | 全国農民組合 | 全農 | |
| ぜんこくろうどうくみあいどうめい★ | 全国労働組合同盟 | 全労 | |
| ぜんせんざ★ | 全線座 | 神戸全線座 | |
| ぜんにほんむさんしゃげいじゅつだんたいきょうぎかい★ | 全日本無産者芸術団体協議会 | ＮＡＰＦ、ナップ、全日本無産者芸術団体中央協議会 | （前）全日本無産者芸術聯盟、（後）日本プロレタリア文化聯盟 |
| ぜんにほんむさんしゃげいじゅつだんたいちゅうおうきょうぎかい | 全日本無産者芸術団体中央協議会（→全日本無産者芸術団体協議会） | | |
| ぜんにほんむさんしゃげいじゅつれんめい★ | 全日本無産者芸術聯盟 | ＮＡＰＦ、ナップ | （前）左翼芸術同盟、（前）闘争芸術家同盟、（前）前衛芸術家同盟、（前）日本プロレタリア芸術聯盟、（後）全日本無産者芸術団体協議会 |
| ぜんのう | 全農（→全国農民組合） | | |
| せんむ | 戦無（→日本戦闘的無神論者同盟） | | |
| ぜんろう | 全労（→全国労働組合同盟） | | |

| | 読み | 団体名 | 略称 | 備考 |
|---|---|---|---|---|
| そ | そゔぇーとのとものかい★ | ソヴェートの友の会 | サヴェートの友の会、サビエートの友の会、ソブエートの友の会 | （後）日ソ文化協会 |
| | そぶえーとのとものかい | ソブエートの友の会（↓ソヴェートの友の会） | | |
| た | だいにぶんせんだとうどうめい★ | 第二文戦打倒同盟 | 第二「文戦」打倒同盟、労農芸術家聯盟解体派 | |
| ち | ちゅうおうげきじょう★ | 中央劇場 | | （前）左翼劇場 |
| つ | つきじしょうげきじょう★ | 築地小劇場（↓築地小劇場（劇団）、↓築地小劇場（劇場）） | | |
| | つきじしょうげきじょう（げきじょう） | 築地小劇場（劇場） | | |
| | つきじしょうげきじょう（げきだん） | 築地小劇場（劇団） | | （後）新築地劇団、（後）劇団築地小劇場 |
| て | てあいんてるん | テアインテルン（↓国際労働者演劇同盟） | | |
| と | とうきょうさよくげきじょう | 東京左翼劇場（↓左翼劇場） | | |
| | とうきょうぜんえいざ★ | 東京前衛座 | | ［備考］プロット東京支部に所属 |
| | とうそうげいじゅつかれんめい★ | 闘争芸術家聯盟 | 闘芸 | （後）全日本無産者芸術聯盟 |
| な | なごやぜんえいざ★ | 名古屋前衛座 | | ［備考］プロット愛知支部に所属 |
| | なっぷ | ナップ（↓全日本無産者芸術団体協議会、↓全日本無産者芸術聯盟） | | |
| | なるぷ | ナルプ（↓日本プロレタリア作家同盟） | | |
| に | にっそぶんかきょうかい★ | 日ソ文化協会 | | （前）ソヴェートの友の会 |
| | にほんせきしょくきゅうえんかい★ | 日本赤色救援会 | 救援会 | （前）解放運動犠牲者救援会 |

| よみ | 名称 | 略称・別称等 | 前身／後身 |
|---|---|---|---|
| に | | | |
| にほんせんとうてきむしんろんしゃどうめい★ | 日本戦闘的無神論者同盟 | 戦無、日本戦斗的無神論者同盟 | （前）反宗教闘争同盟準備会［備考］プロレタリア無神論者インターナショナル（I・P・F、イーペーエフ）日本支部 |
| にほんぷろれたりあえいがどうめい★ | 日本プロレタリア映画同盟 | プロキノ | |
| にほんぷろれたりあえすぺらんてぃすとどうめい★ | 日本プロレタリア・エスペランティスト同盟 | プロエス、P・E・U、ポエウ | |
| にほんぷろれたりあえんげきどうめい★ | 日本プロレタリア演劇同盟 | プロット | （前）日本プロレタリア劇場同盟［備考］国際労働者演劇同盟（IATB、テアインテルン）日本支部、国際革命演劇同盟（MORT、モルト）日本支部 |
| にほんぷろれたりあおんがくかどうめい★ | 日本プロレタリア音楽家同盟 | P・M | |
| にほんぷろれたりあかがくどうめい★ | 日本プロレタリア科学同盟 | プロ科、プロレタリア科学者同盟 | （前）プロレタリア科学研究所 |
| にほんぷろれたりあげいじゅつれんめい★ | 日本プロレタリア芸術聯盟 | プロ芸 | （前）日本プロレタリア文芸聯盟、（後）全日本無産者芸術聯盟 |
| にほんぷろれたりあげきじょうどうめい★ | 日本プロレタリア劇場同盟 | プロット | （後）日本プロレタリア演劇同盟 |
| にほんぷろれたりあさっかどうめい★ | 日本プロレタリア作家同盟 | NALP、ナルプ、作家同盟、作同 | ［備考］国際革命作家同盟（MORP、モルプ）日本支部 |
| にほんぷろれたりあしゃしんかどうめい★ | 日本プロレタリア写真家同盟 | プロフォト | |
| にほんぷろれたりあびじゅつかどうめい★ | 日本プロレタリア美術家同盟 | A・R、P・P、ヤップ | |
| にほんぷろれたりあびじゅつどうめい | 日本プロレタリア美術同盟（→日本プロレタリア美術家同盟） | | |

| | | | | |
|---|---|---|---|---|
| に | にほんぷろれたりあぶんかれんめい★ | 日本プロレタリア文化聯盟 | KOPF、コップ、文化聯盟 | （前）全日本無産者芸術団体協議会 |
| | にほんぷろれたりあぶんげいれんめい★ | 日本プロレタリア文芸聯盟 | プロ聯 | （後）日本プロレタリア芸術聯盟 |
| | にほんろうどうくみあいぜんこくきょうぎかい★ | 日本労働組合全国協議会 | 全協 | |
| | にほんろうのうきゅうえんかい★ | 日本労農救援会 | 救援会 | |
| | にほんろうのうとう★ | 日本労農党 | 日労党 | |
| は | はんしゅうきょうとうそうどうめいじゅんびかい★ | 反宗教闘争同盟準備会 | | （後）日本戦闘的無神論者同盟 |
| ふ | ふじんどうめい★ | 婦人同盟（参照↓関東婦人同盟） | | |
| | ぷろBC | プロB・C（↓無産者産児制限同盟） | | |
| | ぷろえす | プロエス（↓日本プロレタリア・エスペランティスト同盟） | | |
| | ぷろか | プロ科（↓日本プロレタリア科学研究所、↓日本プロレタリア科学同盟） | | |
| | ぷろきの | プロキノ（↓日本プロレタリア映画同盟） | | |
| | ぷろげい | プロ芸（↓日本プロレタリア芸術聯盟） | | |
| | ぷろっと | プロット（↓日本プロレタリア演劇同盟、↓日本プロレタリア劇場同盟） | | |
| | ぷろふぉと | プロフォト（↓日本プロレタリア写真家同盟） | | |
| | ぷろれたりあかがくけんきゅうしょ★ | プロレタリア科学研究所 | プロ科 | （前）国際文化研究所、（後）日本プロレタリア科学同盟 |
| | ぷろれたりあかがくしゃどうめい | プロレタリア科学者同盟（↓日本プロレタリア科学同盟） | | |
| | ぷろれたりあげきじょう★ | プロレタリア劇場 | | （前）トランク劇場、（後）左翼劇場 |

| | よみ | 名称 | 略称・別称等 | 前身／後身 |
|---|---|---|---|---|
| ふ | ぷろれたりあびじゅつけんきゅうしょ★ | プロレタリア美術研究所（参照↓大阪プロレタリア美術研究所） | | |
| | ぷろれたりあむしんろんしゃいんたーなしょなる | プロレタリア無神論者インターナショナル（参照↓日本戦闘的無神論者同盟） | | |
| | ぷろれん | プロ聯（↓日本プロレタリア文芸聯盟） | | |
| | ぶんかれんめい | 文化聯盟（↓日本プロレタリア文化聯盟） | | |
| ほ | ぽえう | ポエウ（↓日本プロレタリア・エスペランティスト同盟） | | |
| む | むさんしゃさんじせいげんどうめい★ | 無産者産児制限同盟 | プロB・C | |
| も | もると | モルト（↓国際革命演劇同盟） | | |
| | もるぷ | モルプ（↓国際革命作家同盟） | | |
| や | やっぷ | ヤップ（↓日本プロレタリア美術家同盟） | | |
| ろ | ろうげい | 労芸（↓労農芸術家聯盟） | | |
| | ろうどうのうみんとう★ | 労働農民党 | 労農党 | |
| | ろうのうえいがどうめい★ | 労農映画同盟 | エル・キノ | |
| | ろうのうげいじゅつかれんめい★ | 労農芸術家聯盟 | 労芸 | |
| | ろうのうげいじゅつかれんめいかいたいは | 労農芸術家聯盟解体派（↓第二文戦打倒同盟） | | |
| | ろうのうとう★ | 労農党（参照↓新労農党組織準備会、参照↓日本労農党、参照↓労働農民党） | 新労農党 | ［備考］正式名称「労農党」。ただし、一般に「労農党」といえば別政党の「労働農民党」を指す |
| | ろうのうぶんかだんたいれんめい | 労農文化団体聯盟（↓労農文化聯盟） | | |
| | ろうのうぶんかれんめい★ | 労農文化聯盟 | 労農文化団体聯盟 | |

# 日本プロレタリア文化運動組織変遷図［1921－1934］　村田裕和（編）

（凡例）

- ・『種蒔く人』以降のプロレタリア文化運動に関係する組織・団体の変遷を示す。
- ・『昭和戦前期プロレタリア文化運動資料集』の他、各団体機関誌、各種年表などを参照した。
- ・斜体字は演劇関係団体および関連事項を示す。グレー網掛けは主な劇団の流れを示す。
- ・太枠線は下部組織・地方組織を有する主要な文化運動団体を示す。
- ・元資料により日付・人名その他の情報に異同が多くある。

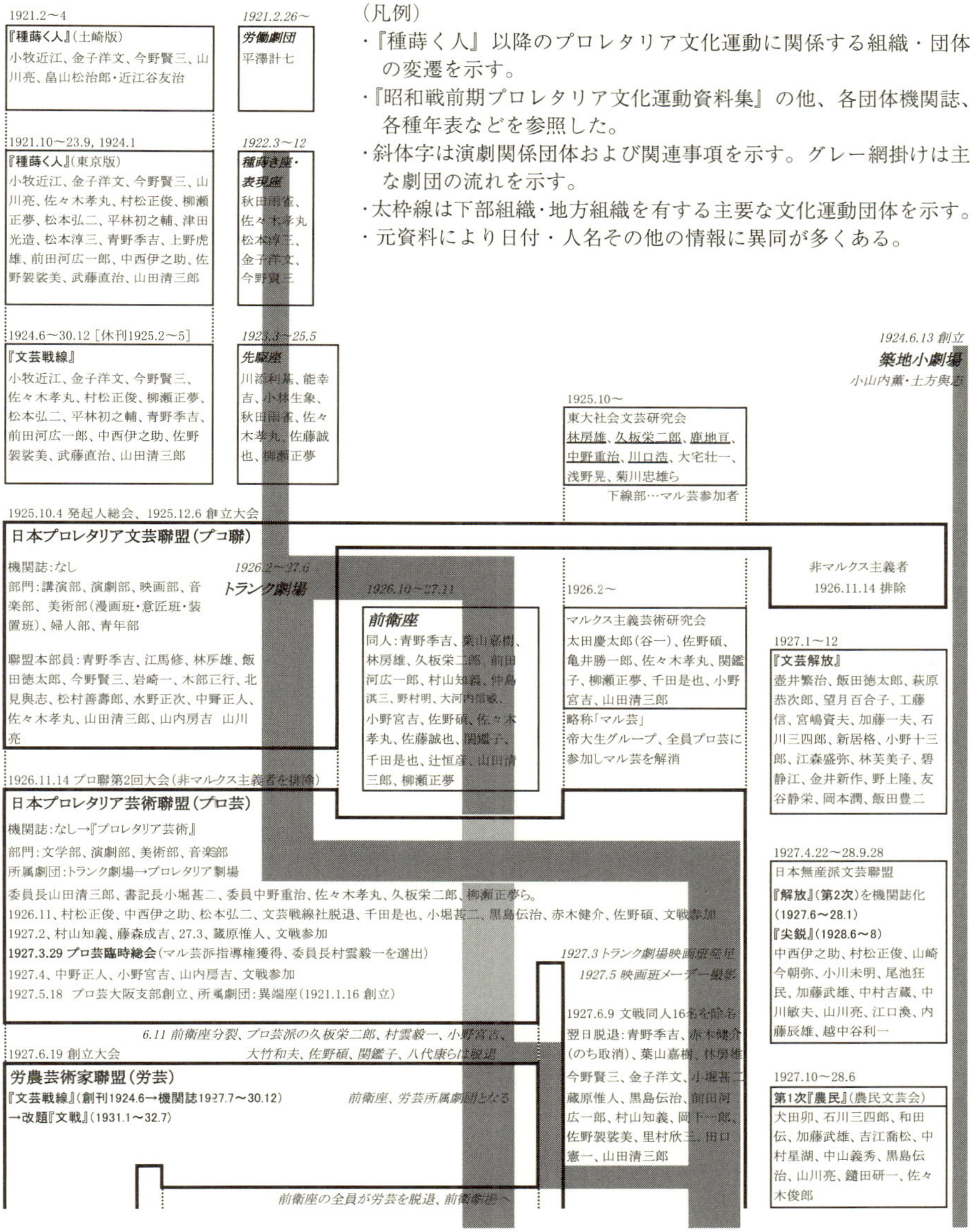

（労農芸術家聯盟）
1927.11.11 分裂
残留者：
青野季吉、山内房吉、石井安一、武藤直治、佐野袈裟美、金子洋文、前田河広一郎、小牧近江、今野賢三、小堀甚二、平林たい子、里村欣三、岡下一郎、黒島伝治、葉山嘉樹、守谷治久、今西成美、伊藤貞助、寺島幸夫、鶴田知也、狭間祐行、岩藤雪夫、山田禄子

1927.11.12 創立総会

**前衛芸術家同盟（前芸）**
**『前衛』**（1928.1～4）

文学部：藤森成吉、山田清三郎、蔵原惟人、林房雄、田口憲一、本荘可宗、中野正人、上野壮夫、仁木二郎、金熙明、槙本楠郎、早川郁男、川口浩、白須孝輔、梅原義弘、辻恒彦
美術部：鶴丸昭彦、小山喜美子、向山磯衛、佐藤敬（下線＝美術部兼任者）

*1927.11～28.1*
***前衛劇場***
演劇部＝前衛劇場：村山知義、佐々木孝丸、小川信一、佐藤誠也、佐藤吉之助、秦よしえ、井阪次男、永田一脩、金須孝、仲島洪三、藤田満雄、田口勲、吉田好正、湧島義博、藤木貞治、永田脩二、鄭翊朝、山下清、久保田満、鶴丸睦彦、青木堯、濱野かの子、関根俊二、服部保基、飯村孝、川崎恒夫、田邊孝、藤枝丈夫、木村睦太郎、千葉春洋、石上豊城、槇玲子

（日本プロレタリア芸術聯盟）
*1927.7～28.4*
***プロレタリア劇場***
*（トランク劇場改称）*
*映画班（佐々元十）*

**『プロレタリア芸術』創刊**
（1927.7～28.4）
11.14 前芸支持を表明
12.13 第1回全国大会
代議員54名出席
1928.3.1
プロレタリア演劇研究所

*（築地小劇場）*

1927.11.29～28.11.28
全国芸術同盟
**『第一戦線』**（1928.5～7）
村松正俊、松本淳三、久野豊彦、尾瀬敬止、山川亮

1928.1 創立
闘争芸術家聯盟（闘芸）
**『闘争芸術』**（1928.2）
杉井滋夫、山下一郎

1928.2.5 創立
左翼芸術同盟（左芸）
**『左翼芸術』**（1928.5）
壺井繁治、江森盛弥、三好十郎、上田進、高見順、明石鉄也、千光寺一、中島信

1928.3.13 創立大会

**左翼文芸家総聯合**
**『戦争に対する戦争――反軍国主義創作集』**（南宋書院、1928.5.25）
前衛芸術家同盟、日本プロレタリア芸術聯盟、闘争芸術家聯盟、左翼芸術同盟、日本無産派文芸聯盟、全国芸術同盟、農民文芸会、帝大同人雑誌聯盟有志、労農芸術家聯盟（当日不参加）／個人参加：小川未明、山内房吉、大宅壮一、松本正雄、加藤由蔵、橋爪健、高橋誠次郎、秋哲夫、森本巌夫

1929.2.11
文芸思想大講演会
［本郷仏教会館］
（登壇）鶴田知也、今野賢三、武本龍夫、金子洋文、葉山嘉樹、細田源吉、岩淵威夫、小堀甚二、前田河広一郎、青野季吉、里村欣三

1929.8
婦人部発足

1929.10.12
文芸思想大講演会
［報知新聞社］
前田河広一郎、黒島伝治、稲村順三、山本和子、葉山嘉樹、向坂逸郎、細田源吉、中西伊之助、平林たい子、細田民樹、岩淵威夫、小堀甚二、堺利彦、青野季吉

1930.1.31
選挙対策協議会
衆院選候補、堺利彦、中西伊之助を応援、金子洋文は秋田で立候補
2.17 第17回総選挙
堺、中西、金子落選

1930.3.19
春季総会

1928.3.25 プロ芸・前芸 合同声明　4.29 創立大会

**全日本無産者芸術聯盟（NAPF、ナップ）**
**『戦旗』**（1928.5～31.12）　**『無産者グラフ』**（1928.11～29.[ ]）
部門：文学部、美術部（RA）、演劇部、音楽部、出版部
移動講演、移動美術展、移動演劇、移動合唱隊を組織
1928.4.15 東京支部創立総会 （4.28 創立大会）
1928.5.20 大阪支部創立準備会
プロ芸大阪支部、大阪戦旗座、前衛読者会、関西学院社会文芸研究会、明日への劇場、群集劇場
1928.6.12 大阪支部創立（機関誌**『ナップフ』1928.8**）
1928.6 映画部設置
佐々元十、岩崎昶、中島信、井阪次男、上村修吉、大森二郎ら。移動映画隊、組織される
1928.9 日本プロレタリア映画聯盟（河本正男、岸松雄ら）映画部に合流

*1928.4～34.2*
***東京左翼劇場***
*映画部*
*移動劇場部*
*1928.4～33.6*
***大阪戦旗座***
*（群集劇場・明日への劇場が合流）*
*1928.6.2*
***金沢 前衛劇場***
*（旧プロ芸金沢支部演劇部・トルコ座合同）*

1928.4.28
闘芸・左芸、解体声明

1928.6～9
日本プロレタリア映画聯盟
**『プロレタリア映画』**（28.6～8）
→ナップ映画部に合流

1928.9.8～29.9.30
国際文化研究所
**『国際文化』**（28.11～29.10）
→プロレタリア科学研究所

1928.10.13～29.12.-
新興童話作家聯盟
→作同、『少年戦旗』に合流

1928.11
無産者歌人連盟
**『短歌戦線』**（1928.12～29.）
→プロレタリア歌人同盟

1928.12.25 臨時全国大会

**全日本無産者芸術団体協議会（NAPF、ナップ）**
**『戦旗』**（1928.5～31.12 〈機関誌1930.8まで〉）
**『ナップ』**（1930.9～31.11）

［中央協議会］（創立時）

| | | |
|---|---|---|
| 議長：橋浦泰雄　書記長：鹿地亘 | | |
| 中央協議員 | 文学団体：山田清三郎、中野重治、蔵原惟人、鹿地亘（以上東京）、久板栄二郎（神戸）、下川儀太郎（静岡）、岡田（大阪） | |
| | 演劇団体：佐藤武夫、佐々木孝丸、佐野碩、村山知義（左翼劇場）、三木武夫（大阪左翼劇場）、松永敏（金沢前衛劇場） | |
| | 美術団体：木部正行、永田一脩、橋浦泰雄、大月源二、柳瀬正夢 | |
| | 映画団体：仲島信、井阪次男、佐々元十 | |
| | 音楽団体：守田正義 | |
| 活動部：出版部長山田清三郎、機関誌戦旗編輯部長佐藤武夫 | | |
| 編輯委員 | 協議会選出：村山、大月、中島、守田、白須孝輔 | |
| | 作家同盟選出：山田、中野、壺井、蔵原惟人、三好十郎、立野信之、川口浩、猪野謙二、佐藤、鹿地亘 | |

［プロット加盟劇団］
＊日付はプロット加盟日
*1929.2.4*
***東京 左翼劇場***
***大阪 戦旗座***
***金沢 前衛劇場***
***静岡 前衛座***
*1929.3.5*
***京都 青服劇場***
*1929.6*
***松本 青服劇場***
*1929.12.17*
***高知 街頭座***

*1928.12.25 小山内薫急死*
*1929.3.24 築地小劇場分裂*
*1929.4.5 創立*
***新築地劇団***
*（残留組、劇団築地小劇場）*

1927.11.16～29.4.6
造型美術家協会
**『造形美術』**（1928.4～29.3）
矢部友衛、岡本唐貴、浅野孟府、寺島貞志郎、吉原義彦、原弘、山上嘉吉、平山鉄夫、吉田謙吉、野村達二、池田寿夫、福井愛新、牧島貞一、里仙二、寄本司麟、市村三男三、小熊金之助
→美術家同盟に合流

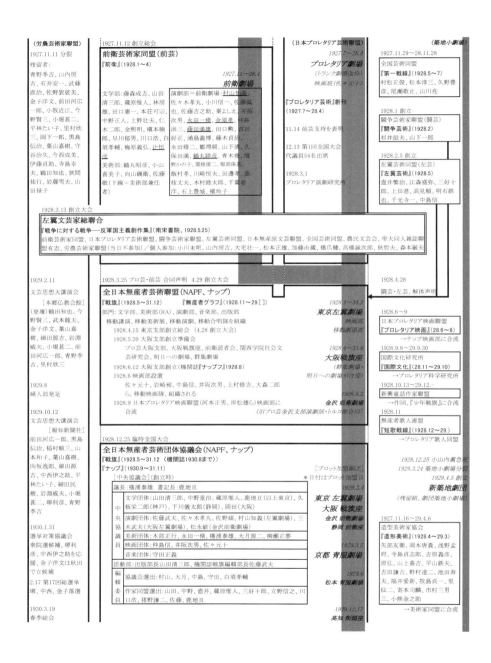

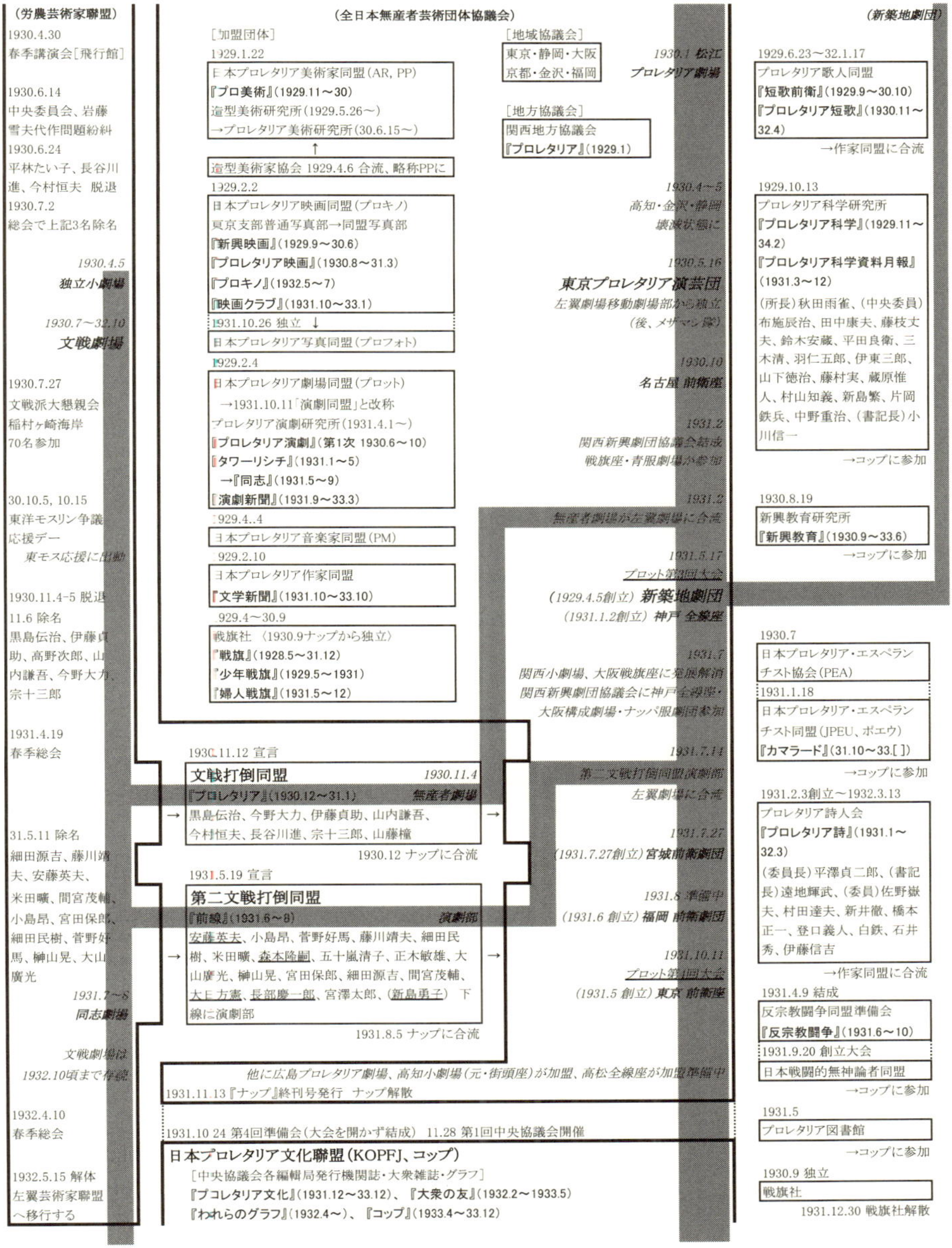


 日本プロレタリア文化運動組織変遷図［1921-1934］

1932.6.19 創立大会

## 労農文化聯盟

『労農文化』(未確認)

[中央執行委員会]

委員長:金子洋文

中央委員:黒田寿夫(医療)、高津正道・広木勇(反宗教)、金子洋文・泉嘉夫(演劇)、福田新生・白銀功(美術)、鶴田知也・小見(映画)、草野大・三宅ひさ子(エス語)、波多野敏夫・板倉信雄(排酒)、田原春次・岩崎正三郎(スポーツ)、平野学・長野兼一郎(科学)、永井叔・桐野(音楽)、青野季吉・伊藤永之介(文学)

常任中央委員:鶴田、広木、田原、波多野、白銀 ／書記:田中忠一郎、田中蓚、小沼良 ／出版部:鶴田(部長)、高津、伊藤、青木壮一郎 ／企画部:田原(部長)、大久保哲夫(主任)、泉、白銀、堀切秀夫 ／調査部:広木(部長)、泉(主任)、長野 ／財政部:波多野(部長)、田原(主任)、小笠原一郎、賣間善兵衛 ／組織宣伝部:伊藤(部長)、平野(主任)、原木雄一郎、岩崎、永井、板倉

[加盟団体](創立日)

**文学同盟**(32.6.17)

今野賢三(委員長)

医療同盟

反宗教同盟(31.11.1)

演劇同盟

***文戦劇場・建設・劇団・岡山農民座・三河島劇場***

美術同盟

映画同盟(エルキノ)

エスペラント語同盟

排酒同盟(32.6.16)

スポーツ同盟(32.4.12)

科学同盟

音楽同盟

---

(**日本プロレタリア文化聯盟**)

[各協議会発行雑誌]

**『働く婦人』**(1932.1～33.4)、**『小さい同志』**(1932.3)

**『우리동무(ウリトンム)』**(1932.5～33.9)

[中央協議会](創立時)

中央協議員:中野重治、壺井繁治、中條百合子、小林多喜二(作家同盟)、岡本唐貴、大月源二(PP)、村山知義、土方與志、小野宮吉(プロット)、佐々元十、岩崎昶(プロキノ)、貴司山治、土井栄二(プロフォト)、福田上一、山本正夫(PM)、武藤丸楠、牧島五郎(ポエウ)、永田広志、佐野袈裟美、石川湧(戦無)、寺島一夫、風早八十二、小川信一(プロ科)、山下徳治、田部久(新教)、小林琴子、中根孝之助(プロBC)

書記局:○小川信一(＝大河内信威)、小野宮吉、牧島五郎、窪川鶴次郎、礒野駿、長尾正良、大森詮夫

婦人協議会:○中條百合子
『働く婦人』編輯長:神近市子

少年協議会:○山下徳治
『小さい同志』編輯長:山下徳治

青年協議会:○牧島五郎

農民協議会:○黒島伝治

機関誌編輯局:○寺島一夫(＝波多野一郎)、川口浩、岡本唐貴、上村修吉、武藤丸楠、永田広志、生江健次

大衆雑誌編輯局:○中野重治(編輯長)

グラフ編輯局:○大月源二(編輯長)

出版部:○壺井繁治

資料部:○武藤丸楠

朝鮮協議会(1932.2設置):
○ 各部会の長

[加盟団体]

無産者産児制限同盟(プロBC)
**『無産者産児制限』**(第3号1933.1.30)

日本プロレタリア美術家同盟(PP→ヤップ)
東京プロレタリア美術学校(1932.4.11)
**『プロレタリア美術』**(1931.12～32.4)
**『美術新聞』**(1931.12～33.5)
**『美術運動』**(1933.9～12)

日本プロレタリア映画同盟(プロキノ)
プロレタリア映画研究所(1932.1)
**『映画クラブ』**(1931.10～33.12)
**『プロキノ』**(1932.5～7)
**『プロレタリア映画』第2次**(1933.5～9)

日本プロレタリア演劇同盟(プロット)
**『プロット』**(1932.1～9)
**『プロレタリア演劇』**(第2次 1933.1～6)
**『プロット』第2次**(1933.8～12)
**『演劇新聞』**(1931.9～33.3)
**『芝居の友』**(1933.1, 33.6)

日本プロレタリア・エスペランチスト同盟
**『エスペランチスト』**(33.12～)、**『ポエウ』**

日本プロレタリア音楽家同盟(PM)
→日本プロレタリア音楽同盟(33.4～)
**『音楽新聞』**(1931.12～32.3)

プロレタリア歌人同盟 1932.1.17 合流 ↓

プロレタリア詩人会 1932.3.13 合流 ↓

日本プロレタリア作家同盟(ナルプ)
**『プロレタリア文学』**(1932.1～33.10)
**『文学新聞』**(1931.10～33.10)
**『農民の旗』**(1933.3～)

作家同盟大阪支部
**『大阪の旗』**(1932.8～33.[ ])

作家同盟関西地方委員会準備会
**『プロレタリア文学』**(1933.[ ]～12)

日本プロレタリア写真家同盟(プロフォト)

日本戦闘的無神論者同盟(戦無)
**『戦闘的無神論者』**(1931.11～)
**『われらの世界』**(1932.3～34.[5])

プロレタリア科学研究所(プロ科)
→日本プロレタリア科学同盟(33.1.3 ～)
**『プロレタリア科学』**(1929.11～34.2)
**『プロレタリア科学研究』**(1931.5～32.12)
**『われらの科学』**(1932.4～33.4)
**『科学新聞』**(1933.4～)

新興医師聯盟

新興教育研究所(新教)
→新興教育同盟準備会(～33.11.7)
**『新興教育』**(30.9～33.6)、**『教育新聞』**

プロレタリア図書館(～1933.2 除名)
→共立図書雑誌回読会(33.2頃 改称)
**『読書の友』**(33.1.25～)

---

1932.7.3 創立

## 左翼芸術家聯盟(レフト)

**『レフト』**(32.9～33.11)→**『新文戦』**(34.1)

青木壮一郎、青野季吉、石山健二、伊藤永之介、今野賢三、泉嘉夫、岩淵威夫、越後谷隆治、金子洋文、小牧近江、工藤恒、桐野一郎、鈴木清次郎、田中忠一郎、鶴田知也、檜六郎、福田新生、古野丁一郎、水木棟平、水野光夫、村田利雄

32.7.23 15名脱退受理
↓
1932.8.4 創立

## プロレタリア作家クラブ

**『労農文学』**(1933.1～34.1)

広野八郎、葉山嘉樹、原木雄一郎、井上健次、石井安一、岩藤雪夫、前田河広一郎、中井正晃、中澤幸成、里村欣三、白銀功、白鳥葉子、田中蓚、田口運蔵、等々力徳重、棚橋軌一、高橋辰二、田辺若男、今井治平衛、田川清

---

[プロット加盟劇団](1932.8現在)
＊日付は創立・結成日

青森支部 1932.7.17～33.9.18
- **八戸 前衛劇場** 1932.2頃
- **黒石 農民劇場**▽◎ 31.8.22
- **金田 赤い鎌劇団** ▽◎

東京支部 1931.12.3
- **東京 左翼劇場**
- **新築地劇団**
- **東京 前衛座** ◇◎
- **メザマシ隊** ◎ 1932.1(前、プロレタリア演芸団)
- **東京鮮語劇団** ☆ 31.12.3(後、三・一劇場)
- **江東暁座** ◇◎

神奈川支部
- **横浜 青年劇場**

愛知支部 1931.12.20
- **名古屋 前衛座**(前、新美術座 1929.10)
- **革新劇団** ☆◇◎ 31.12.20

大阪支部 1931.12.20～34.3.20
- **大阪 戦旗座**
- **大阪 構成劇場** 1929.10(前、桃源座 1928.7)
- **大阪 メガホン隊** ◎ 32.3.15(戦旗座から独立)

京都支部 1932.2.1
- **京都 青服劇場** 1929.3.5

兵庫支部 1931.11.25
- **神戸 全線座** 1931.1.2

岡山支部 1931.12.6
- **岡山 前線座** 1931.10.14

〈支準〉
札幌:**メガホン演芸団**
宮城:**前衛劇団** ◇ 1931.7.27
千葉:**建設座** ◇
南信:**長野 青年座**
広島:**小劇場**
福岡:**前衛劇団** 1931.6

〈支部・支準未確立〉
松坂 **労農劇団** ◇◎
松江 プロレタリア劇場×
高松 全線座×
高知 職場座 ◇×

◇ 労働者自立劇団
▽ 農民自立劇団
☆ 朝鮮語劇団
◎ アヂ・プロ隊
× 活動不能状態
支準…地方支部準備委員会
(＊加盟準備中の劇団を除く)

*1933.6～7* ***大阪 戦旗劇場***
*(戦旗座・構成劇場、合同)*

1934.2.4 創立（合同大会）

**労農芸術家聯盟**

**『新文戦』**（1934.2〜12）（＊『レフト』の巻号を引き継ぐ）

（新文戦）青野季吉、青木壮一郎、金子洋文、檜六郎、伊藤永之介、鈴木清次郎、鶴田知也、村田利雄、古野丁一郎、田中忠一郎、北村巌、桐野一郎、岩淵威夫、今野賢三、越後谷隆治、飛島一郎、泉嘉夫、石山健二、小牧近江、水木棟平、水野光夫

（労農文学）前田河広一郎、葉山嘉樹、原木雄一郎、里村欣三、中井正晃、石井安一、高橋辰二、広野八郎

（日本プロレタリア文化聯盟）

1933.11.7　新興教育同盟準備会解散

1933.11.22　無産者産児制限同盟解散

1934.1.16　美術家同盟解散

1934.2.22　作家同盟解体声明書発表

1934.3.28　美術家同盟解体声明書発表

1934.7.15　プロット解体宣言書発表

*プロット加盟劇団、相次ぎ活動不能状態に*

*1934.2〜5*

*（東京左翼劇場改名→）* **中央劇場**

*1929.4.5〜40.8.23* **新築地劇団**

*1934.9.29〜40.8.23* **新協劇団**

*1935.9.1〜40.8.30* **大阪協同劇団**

## 関連年表

・ナップ及びコップに関する事項を中心とする。

**1928年（昭和3）**

3.25　プロ芸・前芸合同　全日本無産者芸術聯盟（ナップ）結成

4.28　ナップ創立大会［追分町帝大基督教青年会館］

5.1　プロレタリア美術展覧会（〜15日）［新宿紀伊国屋書店］

10.7　無産者美術団体協議会結成（ナップ、労芸、造型美術家協会）

11.27　第1回プロレタリア美術大展覧会（〜12.7）［上野美術館］

12.25　全日本無産者芸術団体協議会（ナップ）結成［聯盟本部］

**1929年（昭和4）**

1.22　日本プロレタリア美術家同盟（AR）創立大会［ナップ本部］

2.2　日本プロレタリア映画同盟（プロキノ）創立大会［ナップ本部］

2.4　日本プロレタリア劇場同盟（プロット）創立

2.10　日本プロレタリア作家同盟創立大会［浅草信愛会館］

3.5　山本宣治、暗殺される。

4.4　日本プロレタリア音楽家同盟（PM）創立

4.6　美術同盟と造型美術家協会合同大会（略称AR→PP）

5.26　造型美術研究所開所式［東京府長崎村］

6.23　プロレタリア歌人同盟創立

10.13　プロレタリア科学研究所創立総会［本郷仏教会館］

12.1　第2回プロレタリア美術大展覧会（〜12.15）［上野美術館］

**1930年（昭和5）**

3.9　PP第2回大会［造形美術研究所］

4.4　プロット第2回大会［築地小劇場］

4.5　プロキノ第2回大会［内山光之宅］

4.6　作家同盟第2回大会［仏教青年会館］

5.16　「戦旗」防衛三千円基金募集関西巡回講演（〜5.21）

8.19　新興教育研究所創立

10.5　プロレタリア歌人同盟第2回大会

12.8　大阪プロレタリア美術研究所開所［浪速区恵美須町］

11.15　国際革命作家同盟（モルプ）成立（11.6 〜ハリコフ会議）

11.25　第3回プロレタリア美術大展覧会（〜12.14）［日本美術協会］

**1931年（昭和6）**

1.18　日本プロレタリア・エスペランチスト同盟（ポエウ）創立

2.3　プロレタリア詩人会創立大会

3.29　第2回プロレタリア音楽会［築地小劇場］

4.19　PP第3回大会

4.23　プロキノ第3回大会［新宿紀伊國屋書店］

4.29　解放運動犠牲者救援弁護士団創立［小川町ライオン・ベーカリー］

5.17　プロット第3回大会［築地小劇場］

5.24　作家同盟第3回大会［築地小劇場］

6.6　無産者産児制限同盟創立

6.17　ソヴエートの友の会準備会［白十字］

7.23　PM第1回大会［四谷区旭町二葉保育園］

8.1　プロレタリア印刷美術研究所の確立声明

8.19　プロレタリア文化聯盟懇談会（発起人会に変更）

8.24　日本プロレタリア写真家同盟（プロフォト）準備会結成

10.11　プロット第4回大会［築地小劇場］

10.11　新興教育研究所第2回総会［万世橋アメリカンベーカリー］

10.27　プロレタリア巡回図書館創立

11.12　ナップ拡大中央協議会、ナップ解体を決定［本部事務所］

11.28　第4回プロレタリア美術大展覧会（〜12.13）［上野自治会館］

**1932年（昭和7）**

1.20　日本プロレタリア文化聯盟、日本赤色救援会に団体加盟

2.15　国際演劇デー（IATBデー）

3.20　ポエウ第2回大会［基督教青年会館］

3.24　コップ大弾圧はじまる

4.11　東京プロレタリア美術学校開校（プロレタリア美術研究所改称）

5.11　作家同盟第5回大会［築地小劇場］

5.16　プロキノ第4回大会［築地小劇場］

5.20　ヤップ第4回大会（4.21略称をPPからヤップに変更）

5.21　ソヴエートの友の会、日ソ文化協会と改称

7.10　PM第2回大会［戸塚町同盟事務所］

9.23　ソヴエートの友の会（上記と別組織）、発会式

9.25　唯物論研究会発起人会［三信ビル内東洋軒］

10.15　国際労働者演劇同盟（テアインテルン）第1回世界大会

10.29　全ソヴエート作家同盟組織委員会第1回総会［モスクワ］

11.18　第5回プロレタリア美術大展覧会（〜11.27）［上野自治会館］

12.8　朝鮮の夕、コップ朝鮮協議会設立1周年記念［築地小劇場］

12.11　第5回プロレタリア音楽会［築地小劇場］

**1933年（昭和8）**

1.3　日本プロレタリア科学同盟結成を宣言

2.20　小林多喜二、虐殺される　3.15 労農葬［築地小劇場］

4.16　プロット第5回全国大会［築地小劇場］

6.7　佐野学・鍋山貞親、転向声明（6.10報道）

6.11　作家同盟第6回大会（延期、拡大中央委員会を開催）

7.23　新興教育同盟準備会、プロ科への発展的解消を決議

参考文献：浦西和彦『文化運動年表　明治・大正編』（三人社　2015年）、同『文化運動年表　昭和戦前編』（三人社、2016年）

# あとがき

昭和戦前期プロレタリア文化運動資料研究会は、立命館大学の中川成美教授（現・名誉教授）を代表として二〇一四年九月に結成された。その準備作業は二〇一二年から始まっており、本書は約五年にわたる研究成果をまとめたものである。

資料研究会では、本書冒頭の凡例にも記したように、二〇一七年一〇月に『昭和戦前期プロレタリア文化運動資料集［DVD版］』（丸善雄松堂）を刊行した。本書は『資料集』を用いた最初の研究論文集でもある。

当初の研究会メンバーは、雨宮幸明、池田啓悟、泉谷瞬、伊藤純、浦西和彦、白井かおり、武田悠希、玉川薫、鳥木圭太、内藤由直、中川成美、正木喜勝、村田裕和、和田崇（敬称略）の一四名であった。その後、第三回研究会から鴨川都美、第四回から足立元、立本紘之の各氏が加わった。

研究会のこれまでの活動は以下のとおりである。

二〇一二年
二月二一～二三日　第一回小樽文学館調査（伊藤・鳥木・和田）
七月三一日～八月二日　第二回小樽文学館調査（伊藤・鳥木・村田・和田）
二〇一三年
三月一一日　浦西和彦先生宅訪問、協力依頼（伊藤・村田・他一名）

五月二四日・二七日　第一回大原社会問題研究所調査（伊藤・村田）
八月一二日　浦西和彦先生宅訪問、資料受領（伊藤・鳥木・白井）
一一～一二月　立命館大学において「浦西資料」の撮影作業
一二月一五日　浦西和彦先生宅訪問、経過報告（伊藤、鳥木、武田）

二〇一四年
三月二六～二七日　第二回大原社会問題研究所調査（村田・澤辺）
九月二一日　第一回研究会（龍谷大学大宮学舎）

二〇一五年
三月一五日　第二回研究会（龍谷大学大宮学舎）
六月一〇日　第一回札幌大学図書館調査（村田）
九月一八日　第三回研究会（キャンパスプラザ京都）
一二月一～二日　第二回札幌大学図書館調査（鴨川）

二〇一六年
一月一二日　大原社会問題研究所訪問、協力依頼（出野・村田）
二月八日　札幌大学図書館訪問、協力依頼（村田）
三月二二～二四日　第三回札幌大学図書館調査（鴨川・正木・村田・竹内・日向）
六月一三～一五日　第三回大原社会問題研究所調査（村田）
八月一九日・二二～二六日　第四回大原社会問題研究所調査・撮影（足立・池田・出野・鴨川・立本・鳥木・村田）

九月二～四日　第四回研究会（北海道教育大学旭川校）
一二月一九日　札幌大学図書館訪問、資料受領（村田）
二〇一七年
四月二二日　浦西和彦先生宅訪問、資料の今後について相談（伊藤・出野）
九月九～一〇日　第五回研究会（立命館大学朱雀キャンパス）
一一月一日　浦西和彦先生宅訪問、経過報告（伊藤・村田）
一一月一日　日本近代文学館訪問（伊藤・出野）

研究会では、撮影された資料を一点ずつ確かめながら有効な情報を抽出し、データベース化するという作業を二〇一四年から一七年までおこなった。これは本当に気の遠くなるような作業だった。

これまでの研究では、同時代の公式メディア（機関紙誌）か官権側の記録だけが一次資料で、運動の現場で流通していた紙片を直接参観できたのはごく一部の研究者だけだった。検索機能付きのＤＶＤ版『資料集』によって、そのような状況が打破され、組織内部のニュース・ビラ・チラシ、あるいは公演パンフレットなど、運動の実態に即した生の資料に容易にアクセスすることが可能となった。

データベースの情報はまだ不完全であり、今後改訂の必要があるが、そのためにもこれらをさらに精査しつつ、文化運動の全体像を探究し、その中に正しく位置づけていかなければならない。文化運動の「全体像」などというものが簡単に示しうるとは思わないが、『資料集』や本書を通して見えてきたことは、プロレタリア文化運動の大衆運動・地方文化運動としての実践的な側面はまだまだ未解明であり、面白いテーマがいくつも眠っているということである。

また研究方法という点でも、本書は画期的な側面をもっている。従来、プロレタリア文化運動の研究は、文学・演劇・美術などの研究分野ごとに分かれていて、ほとんど交流なしにおこなわれていた。当時の文化運動が、こうしたジャンル別の体制で運営されていたことと無関係ではないが、戦前の運動がたえず協働的・ジャンル越境的な実践をこころみていたのに対して、研究者同士の交流は非常に不活発であった。

しかし、資料研究会には、文学研究者が多数であるとはいえ、さまざまなジャンルでプロレタリア文化運動の研究にたずさわってきた者たちが集まっている。私たちは、それぞれの研究分野では「傍流」でしかなかったプロレタリア芸術や文化運動をめぐって、ジャンルの壁を越えて熱く議論を交わすことができた。プロレタリア文化運動研究は、縦割りに陥りがちな人文系の研究スタイルを大きく変化させる可能性を秘めているのではないだろうか。今回の論集では実現できなかったが、論文の共同執筆なども、むしろ自然なものとして要求されてくるだろう。

資料研究会では二〇一八年に新規メンバー二名があらたに加わり、第六回研究会も開催した。今後も研究を継続し、さまざまな形で研究成果を公開できるよう努力していきたい。

資料研究会の調査活動も含めて、本書をまとめるにあたっては次の機関や方々のご理解とご協力を賜った。心よりお礼申し上げる（五〇音順・敬称略）。

市立小樽文学館、大原社会問題研究所、札幌大学図書館、日本近代文学館、丸善雄松堂株式会社

出野直子、榎一江、鈴木玲、横山悟

栗山雄佑、小森誠二、椰木慎太郎、道下真貴（立命館大学大学院）

澤辺真人、鈴木瞬、竹内芳郎、日向大介（北海道教育大学大学院）

本書を上梓するにあたり、森話社の大石良則さんにたいへんお世話になった。とても丁寧なお仕事と冷静なアドバイスで完成まで導いてくださった。執筆者全員感謝の気持ちで一杯である。

最後になるが、資料研究会の会員で、プロレタリア文学や大阪文学に関する書誌研究の第一人者であった浦西和彦氏が二〇一七年一一月一六日に亡くなった。完成がずいぶん遅くなったが、本書を浦西先生に捧げたい。

本研究はＪＳＰＳ科研費 JP15K02238, JP18HP5058 の助成を受けたものです。

二〇一九年一月

村田裕和

第652号、2017年8月）

鳥木圭太（とりき けいた）
立命館大学・助教。日本近現代文学。
『リアリズムと身体――プロレタリア文学運動におけるイデオロギー』（風間書房、2013年）、「佐多稲子『歯車』に見る「政治と文学」――ハウスキーパーという再生産労働」（『草茫々通信』第12号、2018年6月）

正木喜勝（まさき よしかつ）
学芸員。近代日本演劇史。
「村山知義研究――劇場の中の革命」（博士論文、2010年）、「共有領域としてのプロレタリア演劇――前進座の誕生とその背景」（神山彰編『交差する歌舞伎と新劇』森話社、2016年）

鴨川都美（かもがわ さとみ）
久留米工業高等専門学校・准教授。日本近代演劇・文学。
「村山知義『暴力団記』の歴史的意義――搾取の構造とプロレタリアートの形象」（『社会文学』第39号、2014年2月）、「原爆戯曲を覆う抑制――「島」／「ゼロの記録」の受容から」（『日本文学』第66巻第11号、2017年11月）

足立　元（あだち げん）
二松学舎大学・専任講師。美術史。
『前衛の遺伝子――アナキズムから戦後美術へ』（ブリュッケ、2012年）、「前衛のちひろ1947-1952」（『生誕100年　いわさきちひろ、絵描きです。』東京ステーションギャラリー、2018年）

池田啓悟（いけだ けいご）
立命館大学等非常勤講師。日本近代文学。
『宮本百合子における女性労働と政治』（風間書房、2015年）、「慈善と信念をめぐって――宮本百合子「貧しき人々の群」論」（『立命館文学』第652号、2017年8月）

武田悠希（たけだ ゆき）
武庫川女子大学等非常勤講師。日本近代文学。
「押川春浪『英雄小説武侠の日本』の小説像――素材・構造・執筆動機を鍵として」（『日本近代文学』第91集、2014年11月）、「「日露戦争 写真画報」における押川春浪――家庭を対象とした雑誌編集の実践」（『近代文献調査研究論集』国文学研究資料館研究成果報告書、2016年3月）

泉谷　瞬（いずたに しゅん）
大谷大学・任期制講師。日本近現代文学。
「暴力からの脱出／他者への接近――津村記久子「地下鉄の叙事詩」論」（『日本文学』第63巻第9号、2014年9月）、「出向者のクィア・リーディング――伊藤計劃『虐殺器官』と津村記久子「十二月の窓辺」」（『昭和文学研究』第77集、2018年9月）

［編者］

中川成美（なかがわ しげみ）
立命館大学・特別任用教授・名誉教授。日本近現代文学・文化、比較文学。
『語りかける記憶——文学とジェンダー・スタディーズ』（小沢書店、1999年）、『モダニティの想像力——文学と視覚性』（新曜社、2009年）、『戦争をよむ——70冊の小説案内』（岩波新書、2017年）

村田裕和（むらた ひろかず）
北海道教育大学旭川校・准教授。日本近代文学。
『近代思想社と大正期ナショナリズムの時代』（双文社出版、2011年）、「アナキズム詩の場所——小野十三郎『半分開いた窓』における〈不穏な郊外〉」（『文芸研究』第183集、2017年3月）

［執筆者］（掲載順）

伊藤　純（いとう じゅん）
八田元夫演出研究所演出部（1955～59年在籍）。プロレタリア文化運動研究者。現在、貴司山治net資料館を管理・運営している。
「小林多喜二の死と貴司山治——貴司を出所とする「党生活者校正刷」（小樽文学館所蔵）をめぐって」（『水脈』第9号、2010年3月）、「プロレタリア文化運動と"コミンテルン三二年テーゼ"——「昭和戦前期プロレタリア文化運動資料研究会」の資料集成作業の中から」（『フェンスレス』第4号、2016年9月）

玉川　薫（たまがわ かおる）
市立小樽文学館館長。日本近代文学。
企画展「伊藤整の『日本文壇史』展」（1998年）、『昭和歌謡全集　北海道編』（1999年）他の展示構成・図録編集

立本紘之（たてもと ひろゆき）
法政大学大原社会問題研究所・兼任研究員。日本近現代史。
「一九二〇年代日本左翼運動における「知」の転換——ドイツからロシアへ」（『東京大学日本史学研究室紀要』第17号、2013年3月）、「戦前期日本における「防共」概念の社会的意義と後景思潮」（榎一江編『戦時期の労働と生活』法政大学出版局、2018年）

内藤由直（ないとう よしただ）
立命館大学・准教授。日本近代文学。
『国民文学のストラテジー』（双文社出版、2014年）、『戦後史再考——「歴史の裂け目」をとらえる』（共著、平凡社、2014年）

和田　崇（わだ たかし）
三重大学・准教授。日本近代文学。
『演歌の明治ン大正テキヤ——フレーズ名人・添田唖蝉坊作品と社会』（共著、社会評論社、2016年）、「日独プロレタリア文学の往来——雑誌"Die Links-kurve"を中心に」（『立命館文学』

革命芸術プロレタリア文化運動

発行日……………………………2019 年 2 月 20 日・初版第 1 刷発行

編者……………………………中川成美・村田裕和
発行者………… …………………大石良則
発行所………… …………………株式会社森話社
〒 101-0064 東京都千代田区神田猿楽町 1-2-3
Tel 03-3292-2636
Fax 03-3292-2638
振替 00130-2-149068
印刷……………………………株式会社シナノ
製本……………………………榎本製本株式会社

ISBN 978-4-86405-136-1 C1095

## 剽窃の文学史——オリジナリティの近代

**甘露純規**　いつの時代も、書く行為には剽窃の問題がつきまとう。では剽窃かどうかを判断するオリジナリティの概念は、いつ、いかにして生まれたのか。明治時代、出版界で繰り広げられた剽窃事件の数々を丹念に追いながら、オリジナリティ誕生の過程を跡づける。四六判 440 頁／ 3600 円（各税別）

## 伏字の文化史——検閲・文学・出版

**牧義之**　戦前～戦中期、検閲をパスするために、危険と思われる箇所に編集者や著者が施した伏字。広汎な一次資料から伏字の実態を明らかにし、自由を賭した出版界と検閲との攻防を活写する。A5 判 448 頁／ 4800 円

## 検閲と発禁——近代日本の言論統制

**水沢不二夫**　戦前から戦中に繰り広げられた、発禁をめぐる出版界と体制側の熾烈な攻防。検閲原本に残された痕跡から、思想弾圧の実態を明らかにし、当時の作家たちが検閲とどう対峙したかをさぐる。A5 判 472 頁／ 5800 円

## 村山知義 劇的尖端

**岩本憲児編**　大正後期、熱気と頽廃の前衛ベルリンから帰国後、美術・文学等の多彩な領域で活躍したアヴァンギャルド芸術家・村山知義。本書では主に演劇・映画にかかわる軌跡を中心にたどる。四六判 416 頁／ 3800 円

## 歌舞伎と革命ロシア——一九二八年左団次一座訪ソ公演と日露演劇交流

**永田靖・上田洋子・内田健介編**　1928 年、二代目市川左団次一座はなぜソ連で歌舞伎初の海外公演を行ったのか。それを見たソ連の人々の反応はどのようなものだったのか。日ソ双方の背景や事情をさぐり、当時の記事や批評を翻訳することで、歌舞伎を初めて見たソ連側の反応を明らかにする。A5 判 392 頁／ 4800 円

## 演技術の日本近代

**笹山敬輔**　歌舞伎・新劇・プロレタリア演劇等の日本近代演劇史を演技術の視点から再考察し、演技における「型」と「心」の関係など、さまざまな演技術の形態や変遷を明らかにする。A5 判 304 頁／ 5200 円